U0516428

中國佛教思想資料選編

（全十冊，附索引）

石　峻　樓宇烈　方立天　許抗生　樂壽明　編

三

隋唐五代卷（二）

中華書局

目　録

杜　順

【簡介】　杜順，道號法順，因俗姓杜，故史稱杜順和尚，生於公元五五七年（陳武帝永定元年），死於公元六四〇年（唐太宗貞觀十四年），雍州萬年（在今陝西西安）人。他十八歲出家，師事因聖寺僧珍。起初只是一般禪僧，其傳記中有許多符會的神異傳説。後來，他依據華嚴經宣傳佛教教義，相傳著有華嚴五教止觀和華嚴法界觀門等文，爲以後華嚴宗所注重，因而被追推爲華嚴宗初祖。

其實，這兩部著作究竟是否爲杜順所作，是一個疑問。但在這兩部著作中，包含了華嚴宗最初的判教説和法界圓融的思想。如在華嚴五教止觀中，作者依據佛教各種經論中不同的教義，把止觀（定慧）分爲五類：一、法有我無門（小乘教），二、生卽無生門（大乘始教），三、事理圓融門（大乘終教），四、語觀雙絶門（大乘頓教），五、華嚴三昧門（大乘圓教）。這一分類，經過智儼和法藏的發揮、修正，形成了華嚴宗獨特的、區別於當時其他各宗派的判教説。又如，在華嚴法界觀門中，作者把華嚴經的主要思想概括爲：一、真空觀，二、理事無礙觀，三、周徧含容觀。以後經過智儼和法藏的補充、發展，成爲華嚴宗的重要思想之一，卽關於“四法界”的理論。

本書全錄了杜順的華嚴五教止觀一文，至於華嚴法界觀門一文，因在澄觀的華嚴法界玄鏡和宗密的注華嚴法界觀門中均有全文，所以不再單錄了。

一、華嚴五教止觀

行人修道,簡邪入正,止觀法門有五:

　　　一法有我無門小乘教　　　二生即無生門大乘始教

　　　三事理圓融門大乘終教　　　四語觀雙絕門大乘頓教

　　　五華嚴三昧門一乘圓教

第一法有我無門

　　夫對病而裁方,病盡而方息;治執而施藥,執遣而藥已。爲病既多,與藥非一,隨機進修,異所以方便不同。今偏就五停心中,爲衆生著我者,説界分別觀。

　　衆生從無始已來,執身爲一計我、我所,然計我有二種:一、即身執我,二、離身執我。言離身執我者,謂外道計身內別有神我者是也。廣如經論中破,於此不更繁文。言即身執我者,如來慈悲爲破此病故,都開四藥以治四病。其中別門,各有藥病,具如後釋。

　　言四病者:一、執身爲一我,二、執四大,三、執五陰,四、執十二入。言四藥者:一、色心兩法,二、四大五陰,三、十二入,四、十八界是也。

　　次釋,若衆生執身爲一我而成病者,即説色心二法爲藥,亦云此中乃有色心二法,云何爲一我耶?衆生聞此,遂即轉執色心爲實成病,即爲開一色爲四色,即四大是也,開一心爲四心,即五陰中四陰是也。此乃是四色、四心,云何但執一色、一心爲一我耶?衆生又即轉執四色、四心成病,佛即爲合四大爲一色,即五陰中色陰是也,合四心爲一心,即十二入中意入是也。衆生聞此,又更轉執成病,佛即爲分一色爲十一色。言十一者，即十二入中内五根外六塵成十一色也。開一心爲七心，即十八界中六識並意識是也。此乃是十八界，云何直執一色、一心爲有我耶？衆生聞此，遂悟得入空也。

然十八界中，各有三種，謂内界、外界、中界。又就三種中，各分爲二：一者病三，二者藥三。言病三者，一、内執六根總相爲我者是也，二、外執六塵總想爲我所者是也，三、總計中間六識總相爲我見者是也，謂我見、我聞、我覺、我知者是也。次言藥三者，一、分内六根爲六界，謂眼界等是也，治前計我之病也；二、分外六塵爲六界，謂色界等是也，治前計我所之病；三、分中間我見聞等爲六識，謂眼識界、耳識界等者是也，治前我見聞等病。是已上三處合明帶數，標稱分齊差別，彼此不同，總舉題綱，名爲十八界法也。所言界者，別也；十八者，數也。

故言十八界，即於前一一法上各有六重：一者名，二者事，三者體，四者相，五者用，六者因。所言名者，眼根口中是説言者是也。所言事者，名下所詮一念，相應如幻者是也。所言體者，八微事也。言八微者，堅、溼、煖、動、色、香、味、觸者是也。所言相者，眼如香蘓華，亦云如蒲桃埵是也。所言用者，發生眼識者是也。又有四義：一、眼識作眼根者是也；二、發生眼識；三、眼識屬眼根；四、眼識助眼根者是也。所言因者，賴耶識根種子者是也。耳根如斜跛窠相，鼻根如覆爪甲相，舌根如偃月刀相，身根如立地蛇相，意根據小乘，如芙蓉相，若據大乘，以四惑俱生爲相。四惑者，我貪、我慢、我癡、我見也。意根體者，阿賴耶識是也。事者，名下所詮與意識内緣一念相應執我者是也。除意根體事，餘根準眼根思之可知。

第二外六塵者，一一是有六種。一者名，口中言説，色塵者是也。二者事，名下所詮一念，與眼識相應者是也。三者體，八微者是也。四者相，青黄赤白者是也。五者用，引生眼識者是也。六者因,阿賴耶識中色種子者是也。聲塵以大小長短音聲爲相,香塵以香臭等爲相,味塵以酸鹹甘辛苦爲相,觸塵(以)冷暖澁滑、硬輭輕重等爲相也,法塵以方圓長短形量等爲相。其法塵以無明爲體,除法塵外,餘五塵準色塵思之。

中間六識者,一名,口中言説眼識者是也。二事者,名詮不及,妙得不亡者是也。三體者,用如來藏爲體。四相者,清淨圓滿爲相也。五用者,得境了知爲用也。六因者,以阿賴識中眼識種子者是也。然意識中事者,名下所詮與正理不相應者是也,以一切往礙爲相。除意識事相外,餘五識準眼識思之。

其名事等一界既六,總計十八界都一百八界也。有經用此爲一百八煩惱,所治之病既爾,能治之藥亦然,俱根、塵、識等,並以藏識爲體。故楞伽經云:“藏識海常住境界,風所動恒起諸識,浪騰躍而轉生。”據此經文,是爲可證。若行者觀此十八界,斷前等煩惱,得離我、我所,此卽解能觀之心,是智所觀之境無人,名得人無我智也。人我雖去,法執猶存。法執者,謂色心也。問:此中法執色心,與前破一我色心何別耶?答:前則一身爲有人,故舉色心以破見,乃至如是展轉,開一身爲十一色,開一心爲七心等。至此,始知從衆緣和合生,故人見始亡。鑒理未明,猶執衆緣以爲實有,有斯異也。此略出説小乘破我執。明界分別觀竟。

第二生卽無生門

生卽無生門者,就此門中先簡名相,後入無生門。

今初簡名相者,且就世間隨取一物,徵卽得。今且就一枕上徵。問:不違世間,喚作何物?答:是枕。問:復是何?答:是名。又問:此是何枕?答:是木枕。又問:木枕復是何?答:不是名。又問:既不是名,喚作何物?答:是句。又問:枕喚作何物?答:不是句。又問：既不是句，喚作何物？答：是名。又問：名將作何用？答：名將呼事。又問：索將來？答：枕到來也，卽指到來者，是何止不須語？此是默答。更問：定是何物？答：不是枕。又問：既不是枕，枕向何處去？答：是名。又問：名在何處？答：口中言說者是。又問：此既不是枕，喚作何物？答：離言。又問：何以得知離言？答：由眼見故，假言詮。又問：若假言詮，喚作言何物？答：是事。又問：事有多種，或是相事，或是色事，或是理事？答：此是相事。又問：相亦有多種，或邪或方圓等相？答：此是方相。又問：方相有多種，言多種者，名同事別。答：此是枕名下方相。又問：名相事，八識之中是何心攝？答：眼識門中，第六意識心中名相事。又問：從何處得此名相事，忽然於意識心中現耶？答：從種子來。問：何以得知？答：此枕名相不得作席名相，故得知從種子來也。問：種子從何處得？答：從邪師邊得。又問：當得之時云何得？答：由於見聞熏成種子故。又問：此名相事，既在意識心中，卽合心內看，何故心外向前看？答：向前看時，此名相全在心裏。又問：何以得知？答：眼識但見色，名相事在意識心內。又問：我迷人，唯見名相，汝智者，既見色者相貌，云何何者是色，却問迷人？汝見名相相貌，云何迷人？答曰：四稜六面者是智人。問曰：向稜處看，當見稜耶？見色耶？迷人審諦觀察。答云：唯見色，不見稜，餘稜面上亦同此問答。迷人問曰：既全是色者，名相何在？智人答曰：名相在汝心中。迷人不伏。智人問曰：有何所以不伏？迷人答曰：如我現見佛授記寺門樓；名相是我心中向前看者，名相亦遂在我心中。何故一人取得，一人取不得？智人却問曰：汝取名相來。迷人答：言已取得訖。智人問曰：取得何物？迷人答曰：取得名相。又問：名相頓耶，硬耶？答云：硬。智人云：放著硬但，取名相，莫取硬來。迷人答：硬及名相俱得。又問：便可見耶？答：不可見。更問：見何物？答：但見名相。迷人却問：既取名相得，唯取得名相何在？智人答云：名相在迷人心裏。迷人不伏名相在心中。智人問曰：何以不伏？迷人答：既種種名相俱在我心中，何故不齊得硬？答：得硬。若得硬者，是現名相，不得硬者，以是過去名。又難曰：意識不得現量境，云何得有過去現量境耶？答：二種名俱在過去，於中有獨行不獨行差別故。又問曰：既二種名相皆是妄識，經云何有獨影像，有帶質影像？答：言帶質者，亦是獨影心緣，方相是比量境故，不是現量境故。今說別以共，眼識不共，故說別也。又問：分別何故不同？答曰：分別有顯了、有憶持二種不同，是故有託質影，有不託質影，分別不同故也。迷人又問曰：我唯見二種名相，汝智者見何法？答曰：智人唯見色法，不見名相。此簡名竟。

次，入無生門者。夫智人觀色法者，且如色法，眼識得時實無分別，不是不得而無分別，此即是法，眼識親證如色無異。及其意識不了，妄計我，生假分別，倒見沈淪於一事中，真妄齊致。何者意識分別不如法也？言真妄者，眼識得，故名真，意識緣，故爲妄。真妄懸差不等，是故證法無人。何以故？法無分別故。經云：“法無分別，若行分別，是即分別，非求法也。”色法既爾，心法亦然，準以思之，如色無異。故經云：“五識所得境，當體如來藏”等。是則入初門之方便，契自位之妙門，略説大意如斯，廣釋如經論中説。

又，諸法皆空，相無不盡，於中復爲二觀：一者無生觀，二者無相觀。言無生觀者，法無自性，相由故生，生非實有，是則爲空，空無毫末，故曰無生。經云：“因緣故有，無性故空。”解云：“無性即因緣，因緣即無性。”又中論云：“以有空義，故一切法得成。”又經云：“若一切法不空者，則無道無果”等。第二無相觀者，相即無相也。何以故？法離相故。經云：“法離於相，無所緣故。”又經云：“一切法皆空，無有毫末，相空無有分別，由如虛空。”又門論云：“無性法亦無，一切皆空故。”觀如是法，離情執故，故名爲觀。問：一切法皆空，云何成觀耶？答：只以一切法皆空故，是故得成觀也，若不空者，卽是顚倒，何成觀也？問：作如是觀者，治何等病耶？答：治上執法之病。何者？法實非有，妄見爲有。由妄見故，卽謂真如、涅槃可得，生死有爲可捨。爲斯見故，是故成病。今知法空，如法無謬，故成於觀。故經云：“如如與法界菩提，及實際種種意，生身我説爲心量”等。又經云：“以無分別空，故云觀也。”諸法皆空，相無不盡，略申綱紀。準以思之，前門則得人無我智，此始教菩薩則得人法二空，亦名法無我智也。

第三事理圓融觀

夫事理兩門圓融一際者，復有二門：一者心真如門，二者心生滅門。心真如門者是理，心生滅門者是事，卽謂空有無二，自在圓融，隱顯不同，竟無障礙。言無二者，緣起之法，似有卽空，空卽不空，復還成有；有空無二，一際圓融，二見斯亡，空有無礙。何以故？真妄交映，全該徹故。何者？空是不礙有之空，卽空而常有；有是不礙空之有，卽有而常空。故有卽不有，離有邊有；空卽不空，離無邊空。空有圓融，一無二故；空有不相礙，互形奪故。雙離兩邊，故經云：“深入緣起，斷諸邪見，有無二邊，無復餘習。”又經云：“因緣故法生，因緣故法滅，若能如是解，斯人疾成佛。”又經云：“甚深如來藏，恒與七識，俱二種攝受生，智者則遠離。”又經云：“染而不染，難可了知，不染而染，難可了知。”依是義，故得有止觀雙行，悲智相導。何者？以有卽空而不有，故名止；以空卽有而不空，故名觀。空有全收，不二而二，故亦止亦觀；空有互奪，二而不二，故非止非觀。言悲智相導者，有卽空而不失有，故悲導知而不住空；空卽有而不失空，故智導悲而不滯有。以不住空之大悲，故恒隨有以攝生；以不滯有之大智，故常處空而證滅。滅則不滅之滅，滅而非滅；生則無生之生，生而非生。生非生，故生相紛然而不有；滅非滅，故空相法然而不空。空相法然而不空，故生死涅槃而不一；生相紛然而不有，故涅槃生死而不殊。何以故？空有圓融，一不一故。亦可分爲四句：以有卽空故，不住生死；以空卽有故，不住涅槃；空有一塊而兩存，故亦住生死、亦住涅槃；以空有相奪兩不存，故不住生死、不住涅槃。其猶水波爲喻，高下相形是波，溼性平等是水。波無異水之波，卽波以明水；水無異波之水，卽水以成波。波水一而不礙殊，水波殊而不礙一。不礙一，故處水卽住波；不礙殊，故住波而不居水。何以故？水之與波別而不別。故經云："衆生卽涅槃相，不復更滅；亦得涅槃卽衆生性，不復更生。"又經云："如來不見生死，不見涅槃，生死涅槃等無差別。"又經云："於無爲界，現有爲界，而亦不壞無爲之性，於有爲界等亦然。"又經云："非凡夫行，非聖賢行，是菩薩行。"解云："凡夫行者著有，賢聖行者住無。"今既有無無二而二，二而不二，是故雙離兩失，頓絕百非。見心無寄，故名觀也。

第四語觀雙絕門

夫語觀雙絕者，經云："言語道斷，心行處滅"者是也。卽於上來空有兩門，離諸言論心行之境，唯有真如及真如智。何以故？圓融相奪，離諸相故，隨所動念，卽皆如故。竟無能所爲彼此，故獨奪顯示染不物。故經云："唯如如及如如智獨存"等。又經云："諸法寂滅相不可以言宣。"又經云："法離一切觀行。"又經云："若解真實者，無菩提。"問：若云空有圓融，語觀雙絕者，卽離觀行，云何證入耶？答：非是默而不言，但以語卽如，故不異於法，是以無言，觀行亦爾，反上可知。故經云："有三十二菩薩，各說二而不二，不二而二，名入不二法門。次至維摩，默答寂無言説，名真入不二法門。文殊歎曰：善哉，善哉！默然無言是真入不二法門。"解云："維摩雖默無言，即是説法。”何以故？以諸菩薩皆得解故。何者？言説觀行，即是法也。問：空有無二，遂令大士無言，性相鎔融，致使觀心無措者。信如其説，今修學者未審以何方便而證契耶？答：即於此空有法上，消息取之。何者？以空攝於有，有而非有，有見斯盡；以有攝於空，空而非空，空執都亡。空有即入，全體交徹，一相無二。兩見不生，交徹無礙而不礙；兩相俱存，互奪圓融而不廢。兩非雙泯，故契圓珠而自在；諸見勿拘，證性海而無羂。蕭然物外，超情離念，逈出擬議，頓塞百非，語觀雙絶，故使安心冰釋，諸見雲披，唯證相應，豈關言説。是以維摩默答，欲表理出言端；天女盛談，欲彰性非言外。性非言外，言即無言；理出言端，不説即説。不説即説，故絶情慮之思議；言即無言，故殄解心之圖度。以斯融奪，豈筆説能申？唯證相應，當自知耳。故經云：“如人飲冷水，唯自知也。”此意在言外，勿執言思理。理不出言，莫捐而求理，諦解研竅，復自顯。然委細瑩磨，故應明耳。但須勤加用力，專志勿移，行坐卧中，無令暫廢，久作不已，白黽自分，深可信矣。故經云：“如人渴須水，穿鑿於高原，施功不已，漸見溼土，知水必近。”又經云：“譬如人鑽火未熱而止息，火勢隨止滅。”懈怠者亦然。又論云：“如人夢渡河水，因勇猛力而得覺也，若也用功間斷，纔作還休，求悟終自難期，望解虚盈歲月。”何者？無始習業，垢重難穿，雖有覺心，隨見隨滅，若不剋勤懇切，無以成於行，心隨日妄以爲懷，徒自疲於筋力。夫是行者，存意思之。

第五華嚴三昧門

但法界緣起，惑者難階，若先不濯垢心，無以登其正覺。故大智論云：“如人鼻下有糞臭，沈麝等香亦爲臭也。”故維摩經云：“無以生滅心行，説實相法。”故須先打計執，然後方入圓明。若有直見色等諸法從緣，卽是法界緣起也，不必更須前方便也。如其不得直入此者，宜可從始至終，一一徵問，致令斷惑盡迷，除法絶言，見性生解，方爲得意耳。問曰：云何見色等諸法，卽得入大緣起法界耶？答曰：以色等諸事，本真實亡詮，卽妄心不及也。故經云："言説別施行，真實離文字。"是故見眼耳等事，卽入法界緣起中也。何者？皆是無實體性也，卽由無體幻相方成，以從緣生，非自性有，故卽由無性得成幻有，是故性相渾融，全收一際。所以見法卽入大緣起法界中也。問：既言空有無二，卽入融通者，如何復云見眼耳等，卽入法界中耶？答：若能見空有如是者，卽妄見心盡，方得順理入法界也。何以故？以緣起法界離見亡情，繁興萬像故。問：既知如是，以何方便令得入耶？答：方便不同，略有三種：

一者，徵令見盡。如指事問云何者是眼，如已前小乘中六種。簡之，若入一切諸法，但名門中收，無有一法非名者。復須責其所以知眼等是名。如是展轉，責其所以，令其亡言絶解。

二者，示法令思。此復有二門：一，剥顛倒心既盡，如指事以色香味觸等，奪其妄計，令知倒惑。所有執取，不順於法，卽是意識無始妄見熏習所成。無始急曳，續生三界，輪環不絶。若能覺知此執，卽是緣起，當處無生。二者，示法斷執。若先不識妄心，示法反成倒惑；若不示法令見，迷心還著於空。所以先剥妄心，後乃示法令見。

三者，顯法離言絶解。就此門中，亦爲二：一、遮情，二、表德。言遮情者。問：緣起是有耶？答：不也。卽空，故緣起之法無性卽空。問：是無耶？答：不也。卽有，故以緣起之法卽由無始得有故也。問：亦有亦無耶？答：不也。空有圓融，一無二故，緣起之法空有一際，無二相故也。如金與莊嚴具思之。問：非有非無耶？答：不也。不礙兩存，故以緣起之法空有互奪，同時成也。問：定是無耶？

答：不也。空有互融兩不存，故緣起之法空奪有盡，唯空而非有，有奪空盡，唯有而非空。相奪同時，兩相雙泯。二，表德者。問：緣起是有耶？答：是也。幻有不無故。問：是無耶？答：是也。無性即空故也。問：亦有亦無耶？答：是也。不礙兩存故。問：非有非無耶？答：是也。互奪雙泯故。

又，以緣起故，是有；以緣起故，是無；以緣起故，是亦有亦無；以緣起故，是非有非無。乃至一不一，亦一亦不一，非一非不一；多不多，亦多亦不多，非多非不多。如是，是多是一，亦是多亦是一，非是一非是多。即不即四句準之。如是，遮表圓融無礙，皆由緣起自在故也。若能如是者，方得見緣起法也。何以故？圓融一際，稱法見故。若不同時，前後見者，是顛倒見，非正見也。何以故？前後別見，不稱法故。

問：如是見已，云何方便入法界耶？答：言入方便者，即於緣起法上，消息取之。何者？即此緣起之法，即空無性，由無性，故幻有方成。然此法者，即全以無性為其法也，是故此法即無性而不礙相存也。若不無性，緣起不成，以自性不生，皆從緣起。故既全收性盡，性即無為，不可分別，隨其大小，性無不圓，一切亦即全性為身。是故全彼為此，即性不礙幻相，所以一具眾多，既彼此全體相收，不礙彼此差別也。是故彼中有此，此中有彼。故經云：“法同法性，入諸法故。”解云：“法者，即舉緣起幻有法也。同性者，緣起即空而不礙此相，故全收彼為此；以彼即空而不礙彼相，故（全收此為彼）。”既此彼全收，相皆不壞，是故此中有彼，彼中有此。非但彼此相收，一切亦復如是。故經云：“一中解無量，無量中解一，展轉生非，實智者無所畏。”又云：“於一法中解眾多法，眾多法中解了一法。”如是相收，彼此即入，同時頓現，無前無後，隨一圓融，即全收彼此也。

　　問：法既如是，智復如何？答：智順於法。一際緣成，冥契無簡，頓現不無先後。故經云："普眼境界清淨身，我今演說人諦聽。"解云："普眼者，即是法智相應，頓現多法也，即明法唯普眼智所知簡，非餘智境界也。境界者，即法明多法互入，猶如帝網天珠，重重無盡之境界也。清淨身者，即明前諸法同時即入終始，難原緣起集成，見心無寄也。"然帝釋天珠網者，即號因陀羅網也。然此帝網，皆以寶成，以寶明徹，遞相影現，涉入重重，於一珠中同時頓現，隨一即爾，竟無去來也。今且向西南邊取一顆珠驗之，即此一珠能頓現一切珠影，此一珠既爾，餘一一亦然。既一一珠一時頓現一切珠，既爾餘一一亦然。如是重重無有邊際，即此重重無邊際珠影，皆在一珠中炳然顯現，餘皆不妨。此若於一珠中坐著時，即坐著十方重重一切珠也。何以故？一珠中有一切珠，故一切珠中有一珠時，亦即坐著一切珠也，一切反此。準以思之，既於一珠中入一切珠，而竟不出此一珠，於一切珠入一珠，而竟不起此一珠。

　　問：既言於一珠中入一切珠，而竟不出此一珠者，云何得入一切珠耶？答：只由不出此珠，是故得入一切珠，若出此一珠入一切珠者，即不得入一切珠也。何以故？離此珠內無別珠故。問：若離此珠內無一切珠者，此網即但一珠所成，如何言結多珠成耶？答：只由唯獨一珠，方始結多為網。何以故？由此一珠獨成網故。若去此珠，全無網故。問：若唯獨一珠者，云何言結成網耶？答：結多珠成網者，即唯獨一珠也。何以故？一是總相具多成故。若無一，一切無故。是故此網一珠成也。一切入一，準思可知。問：雖西南邊一珠總收十方一切珠盡，無餘方各各有珠，云何言網唯一珠成耶？答：十方一切珠者，總是西南方一顆珠也。何以故？西南邊一珠即十方一切珠故。若不信西南邊一珠即是十方一切珠者，但以墨點點西南邊一珠者，一珠著時即十方中皆有墨點。既十方一切珠上皆有墨點，故知十方一切珠即是一珠也。言十方一切珠不是西南邊一珠者，豈可是人一時遍點十方一切珠耶？縱令徧點十方一切珠者，即是一珠也，此一爲始。既爾餘爲初亦然。重重無際，點點皆同，杳杳難原，一成咸畢。如斯妙喻，類法思之，法不如然，喻同非喻，一分相似，故以爲言。何者？此珠但得影相攝入，其質各殊，法不如然，全體交徹。故經云"以非喻爲喻"等也。諸有行者，準喻思之。

盧遮那佛過去行	令佛刹海皆清淨
無量無數無邊際	彼一切處自在徧
如來法身不思議	無色無相無倫匹
示現色相爲衆生	十方受化靡不現
一切佛刹微塵中	盧遮那現自在力
弘誓佛海震音聲	調伏一切衆生類

（據日本藏經書院刊印續藏經第一輯第二編第七函第五册）

〔附〕　杜　順　傳

釋法順，姓杜氏，雍州萬年人。禀性柔和，未思沿惡。□辭親遠戍，無憚艱辛。十八棄俗出家，事因聖寺僧珍禪師受持定業。

珍姓魏氏，志存儉約，野居成性。京室東阜地號馬頭，空岸重邃，堪爲靈窟，珍草創伊基，勸俗修理，端坐指撝，示其儀則。忽感一犬，不知何來，足白身黃，自然馴擾，徑入窟內，口銜土出，須臾往返，勞而不倦。食則同僧，過中不飲。既有斯異，四遠響歸，乃以聞上。隋高重之，日賜米三升，用供常限，乃至龕成，無爲而死。今所謂因聖寺是也。

順時躬視斯事，更倍歸依，力助締構，隨便請業。末行化慶州，勸民設會，供限五百。及臨齋食，更倍人來，供主懼焉。順曰："無所畏也，但通周給而莫委供所。"由來千人皆足。

嘗有張河江、張宏暢者，家畜牛馬，性本弊惡，人皆患之，賣無取者。順示語慈善，如有聞從，自後更無觝齧。其道發異，類爲如此也。嘗引衆驪山，夏中棲静，地多蟲蟻，無因種菜。順恐有損害，就地示之，令蟲移徙，不久往視，如其分齊，恰無蟲焉。

順時患腫，膿潰外流，人有敬而唻者，或有以帛拭者，尋卽瘥愈。餘膿發香，流氣難比。拭帛猶在，香氣不歇。三原縣民田薩埵者，生來患聾，又張蘇者，亦患生瘂，順聞命來與共言議，遂如常日，永卽瘂復。武功縣僧爲毒龍所魅，衆以投之，順端拱對坐，龍遂託病僧言曰："禪師既來，義無久住，極相勞嬈。"尋卽釋然。故使遠近瘴癘滛邪所惱者，無不投造。順不施餘術，但坐而對之。識者謂有陰德所感，故幽靈偏敬致。

其言教所設，多抑浮詞，顯言正理。神樹鬼廟，見卽焚除，巫覡所事，躬爲摒擋。禎祥屢見，絶無障礙。其奉正也如此。而篤性綿密，情兼汎愛，道俗貴賤，皆事邀延。而一其言問，胸襟莫二。或復重痼難治，深願未果者，皆隨時指示，普得遂心。時有讚毀二途，聞達於耳，相似不知，翻作餘語。因行南野，將度黃渠，其水汎溢，屬涉而度，岸既峻滑，雖登還墮。水忽斷流，便隨陸而度。及順上岸，水尋還復，門徒目覩而不測其然也。所以感通幽顯，聲聞朝野，多有鄙夫利其財食。

順言不涉世，令不留心，隨有任用，情志虛遠。但服粗弊，卒無兼副，雖聞異議，仍大笑之。其不競物情又若此也。今上奉其德，仰其神，引入内禁，降禮崇敬。儲宮王族，懿戚重臣，戒約是投，無爽歸禁。

以貞觀十四年，都無疾苦，告累門人，生來行法，令使承用。言訖如常坐定，卒於南郊義善寺，春秋八十有四。臨終雙鳥投房，悲驚哀切。因卽坐送於樊川之北原，鑿穴處之。京邑同嗟，製服亙野。肉色不變，經月逾鮮，安坐三周，枯骸不散。自終至今，恆有異香流氣屍所。學侶等恐有外侵，乃藏於龕內，四衆良晨赴供彌滿。

弟子智儼，名貫至相，幼年奉敬，雅遵餘度，而神用清越，振績京皋。華嚴、攝論，尋常講說，恆至龕所化導鄉川，故斯塵不絕矣。

（選自金陵刻經處本唐道宣續高僧傳卷三四）

續法: 初祖杜順和尚傳

初祖名法順，勅號帝心，俗姓杜氏，雍州萬年縣杜陵人也。生於陳武帝永定二年，纔三日，有乳母自來求哺養，滿三月，騰空而去。孩提時，常於宅後塚上爲衆說法，聞者莫不信悟，因名爲說法塚。年十五，代兄統兵勦賊，桶水擔薪，供給十萬軍衆有餘。一夜潛取諸營所著垢衣，浣淨悉徧。未舉鋒刃，賊寇盡退。不樂官榮，請歸養親。

至十八，卽於因聖寺魏珍禪師處，投禮出家。禪師親與披剃，時感地動，地神捧盤承髮，四衆奇之。後行化慶州，齋主請僧，止三百衆，忽有五百貧人相隨赴應，主慮供不備。尚曰:“但心平等，無有不辦。”齋畢，五百人化爲羅漢，駕雲而去。張弘暢家畜牛馬，性極弊惡，尚示以慈善，不復觝齧。及引衆驪山棲靜，將種菜，地多蟲蟻，乃巡疆定封，蟲便外徙; 遂得耕墾無傷。尚患腫，膿潰外流，人有唉之者，香味難比，或以帛拭者，香氣不散。尋卽瘥愈，與人消腫。三原縣人田薩埵者，生來患聾，召之卽能聽。又，張蘇者，亦患生瘂，語之卽能言。武功縣僧，爲毒龍所魅，衆求救，卽端拱對坐，龍遂托病僧言，禪師既來，義無久住，頃卽釋然。故使遠近瘴癘、淫邪所惱者，莫不投造，尚亦不施餘術，但向之禪觀，無弗痊者。乃至神樹龍廟，見即燬除，巫覡所事，躬爲屛當。世人皆異之，號之爲燉煌菩薩。

由此，聲聞於朝，隋文帝甚加信敬，給月俸供之。後因詣南山，屬橫渠汎溢，從者驚懼，尚率衆同涉，水卽斷流，徐步而過，纔登岸，水復如故。時分衞供應，齋主抱兒乞消災延壽之記，尚熟視曰："此汝冤家也，當與之懺悔。"齋畢，令抱兒至河邊，尚抛之入水，夫婦捬膺號叫。尚曰："汝兒猶在。"卽以手指之，其兒化爲六尺丈夫，立於波間，瞋責之曰："汝前生取我金帛，殺我推溺水中，不因菩薩與我解怨，誓不相赦。"夫婦默然信服。偶將道履一緉，置於市門，三日不失。人問其故，尚曰："吾從無量刼來，不盜他人一錢，報應如是。"爲盜者聞之，悉悔心易過。

尚稟性柔和，操行高潔，學無常師，以華嚴爲業，住静終南山，遂準華嚴經義，作法界觀文。集成已，投巨火中，禱曰："若契合聖心，令一字無損。"忽感華嚴海會菩薩現身讚歎，後果無燬。時弟子中，唯智儼獨得其奧。僧有樊玄智，安定人也，弱歲修道於京城，南投爲上足。尚令誦華嚴，勸依法界觀門，修善賢行。久之，每誦經際，口中頻獲舍利，前後數百粒。尚嘗作法身頌曰："嘉州牛喫草，益州馬腹脹，天下覓醫人，炙豬左膊上。"縱透達摩禪者，見之並皆捲舌。唐太宗仰慕神德，詔請入內。帝自親迎，問曰："朕苦寒熱，久而不愈，師之神力，何以蠲除？"尚曰："聖德御宇，微恙何憂，但頒大赦，聖躬自安。"上從之，疾遂瘳。因賜號曰帝心，宮廷內外，禮事如佛。貞觀十四年十月二十五日，普會有緣於雍州南郊義善寺，聲色不渝，忽言別衆。復入內辭太宗，昇太階殿，化於御床。帝留大內供養七日，時年八十四也。遺體若生，異香時發，經一七已，勅同座送樊川北原鑿壙垄之，卽今會聖院也。京邑同嗟，製服亘野，龕中面色經月彌鮮，安座三週全身不散，隨建塔於長安南華嚴寺。

　　尚未示寂前，一門人來辭曰，往五臺禮文殊，尚微笑，説頌曰：
"遊子漫波波，臺山禮土坡，文殊祇這是，何處覓彌陀。"彼不喻而
去。方抵山麓，遇老人曰："子來何爲？"曰："禮文殊來。"曰："大士
已往長安教化衆生去也。"曰："誰爲是？"曰："杜順和尚也。"僧聳然
失聲曰："是我師也。"奄忽中，老人乃失。兼程而歸，適滻水瀑漲，
三日方濟。到時，尚已前一日化去矣。以此驗知是文殊應身也。
餘廣傳記。

　　　　　　　　　　（選自金陵刻經處本清續法法界宗五祖略記）

智　儼

【簡介】　智儼，俗姓趙，生於公元六〇二年（隋文帝仁壽二年），死於公元六六八年（唐高宗總章元年），天水（今甘肅天水西南）人。他十二歲從杜順出家，聰慧好學，到處求教。後又從至相寺智正鑽研華嚴經，並從以前地論師慧光的華嚴疏中得到啓發，深入領會華嚴經別乘一教的地位和其中關於法界無盡緣起的思想。從而闡發了"十玄門"、"六相義"等思想，奠定了華嚴宗的主要理論基礎。

所謂"六相義"，是依據華嚴經法界緣起説，來分析一切現象都具有：總、別、同、異、成、壞六種相。其中，總、同、成是説，每一種緣起中，都具有各種成分（總），各部分互相依待而成一總體（同），由是而各部分緣起法才能結合成一種法界（成）。相反，別、異、壞是説，每一種緣起中，各種成分都有其差別（別），各部分互相生成，而仍是各各有別（異），由是各部分並沒有離開自己的地位去與其他部分結合成一種緣起法界（壞）。智儼認爲，這六相中，雖然兩兩相反相對，但又是兩兩相順相成，同時具足，互相圓融無礙的。因此，總別、同異、成壞都只是相對的，而不是絕對的。從而豐富了華嚴經關於法界緣起的理論。

所謂"十玄門"，也是對華嚴經無盡緣起，圓融無礙理論的發揮。它的主要内容是説，一切法無論在時間上，還是在空間上都是互相包攝的。一法中包含一切法，一一法中有無量法，乃至一卽一切，一切卽一，以此反復説明緣起無盡和圓融無礙的道理。"十玄"

的名目是智儼創造的,但他講的十玄名目(詳細名目可看他的華嚴
一乘十玄門)與以後法藏所講的十玄名目略有不同,因此以後華嚴
宗傳人稱智儼講的"十玄門"爲"古十玄",而稱法藏在華嚴探玄記
中所立的"十玄門"爲"新十玄"。

智儼爲以後華嚴宗追尊爲二祖。他的著作除本書所選録者
外,重要的還有華嚴搜玄記十卷,華嚴經内章門孔目章四卷等。

一、華嚴一乘十玄門

明一乘緣起自體法界義者,不同大乘二乘緣起,但能離執常斷
諸過等。此宗不爾,一卽一切,無過不離,無法不同也。今且就此華
嚴一部經宗,通明法界緣起,不過自體因之與果。所言因者,謂方
便緣修,體窮位滿,卽普賢是也。所言果者,謂自體究竟寂滅圓果,
十佛境界,一卽一切。謂十佛世界海,及離世間品,明十佛義是也。
問:文殊亦是因人,何故但言普賢是其因人耶？答:雖復始起發於
妙慧,圓滿在於稱周,是故隱於文殊,獨言普賢也。亦可文殊普賢
據其始終,通明緣起也。今辨此因果二門者,圓果絶於説相,所以
不可以言説而辨;因卽明其方便緣修,是故略辨也。問:不思議法
品等亦明果德,何故得於因門説耶？答:此等雖是果德,對緣以辨
果,非是究竟圓寂之果,是故與因同一會説也。今約教就自體相辨
緣起者,於中有二:一者舉譬辨成於法,二者辨法會通於理。

所言舉譬辨者,如夜摩天會菩薩雲集品説云:譬如數十法,增
一至無量,皆悉是本數,智慧故差別也。今舉此十數爲譬者,復有
二門:一、異體門,二、同體門。就異體門中復有二:一者,一中多,
多中一。如經云:"一中解無量,無量中解一,展轉生非實,智者無

所畏。"此約相說也。二者，一即多，多即一。如第七住，經云："一即是多多即一，義味寂滅悉平等，遠離一異顛倒相，是名菩薩不退住。"此即約理說也。今約十數明一中多、多中一者，若順數，從一至十向上去；若逆數，從十至一向下來。如一者一，緣成故，一中即有十，所以一成故；若無十，一即不成，無性緣成故。一中即有十，所以一成故，二三四等一切皆成也。若一住自性，十即不成，十若不成，一亦不成也。問：既其各各無性，何得成其一多耶？答：此由法界實德緣起力用普賢境界相應，所以一多常成不增不減也。如維摩經云："從無住本，立一切法。"又論云："以有空義故，一切法得成也。"問：此門攝法界，爲盡爲不盡耶？答：亦有盡義，亦無盡義。何者？十中一，即是盡；一中十，具說即無盡也。又復知一中等皆具盡不盡義也。次明一即多多即一者，還同前門中向上去向下來也。如似一即十，緣成故，若一非十，十不成也。從上向下來亦如是，十即一，緣成故，若十非一，一不成也。問：何但一不成，十亦不成？答：如柱若非舍，爾時則無舍，若有舍亦有柱，即以柱即舍，故有舍復有柱。一即十，十即一，故成一復成十也。問：若一即十，此乃無有十，那得言一之與十，乃言以即故得成耶？答：一即十即非一者，非是情謂一，所謂緣成一。緣成一者，非是情謂一故。故經云："一亦不爲一，爲欲破諸數。"淺智者著諸法，見一以爲一也。問：前明一中十，此明一即十，有何別耶？答：前明一中十者，離一無有十，而十非是一。若此明一即十者，離一無有十，而十即是一，緣成故。問：若一多要待緣成者，爲是同時，爲是先後耶？答：緣成故，常同時而先後。所以然者，一即十，十即一，故常同時。而向上去，向下來，故有前後也。問：既有明先後去來，即是有增減，何名不動本相耶？答：雖先後去來，而常不動。故經云："不來相而來也。"如一即多，而不動一相，如此一相，亦非情謂一。多亦如是，雖多卽一，而不壞多相，亦非情謂多。問：此之一多，既是緣成，不同情謂者，爲是本來有此一多，爲是始有耶？答：今本有不有者，爲欲就智辨本有，爲自就一多體辨耶？若自就一多體辨，不論智者，體卽息諸論道，同於究竟圓果，離説相故。今若辨一多者，約智説也。如經云"智慧差別"故，又云"智者無所畏"，故約智説一多也。若約智故辨本有者，以智照故，本有如室中空，開門見時，此空卽是本有。如涅槃經："見佛性已，卽非三世攝。"問：亦得是始有以不？答：見時始言有，不見不言有，故亦名始有。問：若一多之體，由智照故，卽通本有及本不有者，此智照時，得通有照不照以不？答：本有故，智卽非照；本不有故，由智故照。明知亦通照不照，一切諸法例如此也。

二、明同體門者，還如前門相似，還明一中多多中一，一卽多多卽一。今就一中門説者，還明向上去向下來，其中逆順各具十門。今略舉其始終，約十一而説者。如似一中十，緣成故，若無十，一不成。二三亦如是，十中一亦如是。問：此同體門中，與前異體門中，有何別耶？答：前異門言一中十者，以望後九，故名一中十。此門言一中十者，卽一中有九，故言一中十也。問：若一中卽有九者，此與前異體門一卽十有何別耶？答：此中言一有九者，有於自體九，而一不是九。若前別體門説者，一卽是彼異體十，而十不離一。問：一中既自有九者，應非緣成義。答：若非緣成，豈得有九耶？問：一體云何得有九？答：若無九，卽無一。次明同體門中一卽十者，還言一者一，緣成故，一卽十。何以故？若十非一，一不成故。一卽十既爾，一卽二三亦然，逆順各十門亦然。問：此中言自體一卽十者，與前同體一中十有何別耶？答：前明同體一中有十，而一非是十。此明一卽十，而一卽是十，以爲異也。問：此明一體卽十，爲攝法盡以不？答：隨智差別故，亦盡亦不盡。何者？如一若攝十即名爲盡，若具説即無盡。問：爲自門無盡，爲攝餘門亦無盡耶？答：一無盡，餘亦無盡；若餘不盡，一亦不盡。若成一，一切即成；若不成一，一切不成。是故此攝法即無盡復無盡，成一之義。於三四義，由若虛空，即是盡，更不攝餘，故名無盡，故亦攝盡不盡也。問：既言一即攝盡者，爲只攝一中十，亦攝他處十？答：攝他十亦有盡不盡義。何以故？離他無自故，一攝他處，即無盡，而成一之義；他處十義，如虛空，故有盡。上明舉十數爲譬説竟。

此下明約法以會理者，凡十門：

一者同時具足相應門_{此約相應無先後説}　　二者因陀羅網境界門_{此約譬説}

三者秘密隱顯俱成門_{此約緣説}　　四者微細相容安立門_{此約相説}

五者十世隔法異成門_{此約世説}　　六者諸藏純雜具德門_{此約行説}

七者一多相容不同門_{此約理説}　　八者諸法相即自在門_{此約用説}

九者唯心迴轉善成門_{此約心説}　　十者託事顯法生解門_{此約智説}

就此十門，亦一一之門，皆復具十，會成一百。所言十者：一教義，二理事，三解行，四因果，五人法，六分齊境位，七法智師弟，八主伴依正，九逆順體用，十隨生根欲性。所言教義者，教即是通相別相三乘五乘之教，即以別教以論別義，所以得理而忘教。若入此通宗，而教即義，以同時相應故也。第二理事者，若三乘教辨，即異事顯異理，如諸經舉異事喻異理。若此宗，即事是理，如入法界等經文是。體實即是理，相彰即是事。第三解行者，如三乘説解而非行，如説人名字而不識其人。若通宗説者，即行即解，如看其面，不説其名而自識也。相顯爲行，契窮後際爲解。第四因果者，修相爲因，契窮爲果。第五人法者，文殊顯其妙慧，普賢彰其稱周，明人即法也。第六分齊境位者，參而不雜，各住分位，即分齊境位。第七法智師弟者，開發爲師，相成即弟子。第八主伴依正者，舉一爲主，餘即爲伴，主以爲正，伴即是依。第九逆順體用者，即是成壞義也。

第十隨生根欲性者，隨緣常應也。如涅槃經云："此方見滿，餘方見半，而月實無虛盈。"若此宗明者，常增減而常無增減，以同時相應。然此十門，體無前後。相應既其具此十門，餘因陀羅等九門，亦皆具此十門。何但此十門，其中一一皆稱周法界，所以舉十門者，成其無盡義也。

今釋第一同時具足相應門者，即具明教義理事等十門同時也。何以得如此耶？良由緣起實德法性海印三昧力用故得然，非是方便緣修所成故得同時。今且據因果同時者，若小乘說因果者，即轉因以成果，因滅始果成；若據大乘因果，亦得同時，而不彰其無盡。如似舍緣以成舍，因果同時成，而不成餘物。以因有親疏故，所以成有盡。若通宗明因果者，舉疏緣以入親，是故如舍成時，一切法皆一時成。若有一法不成者，此舍亦不成。如似初步若到，一切步皆到，若有一步非到者，一切步皆非到。故經云："雖成等正覺，不捨初發心。"又如大品經云："非初不離初，非後不離後，而明菩提也。"問：既言一步即到者，何須用第二步耶？答：汝言一步即到者，爲是多即一以否？又言何用第二步者，此第二步爲是一即多以否？若初步是多一，第二步即一多者，云何乃言一步到，不用第二步耶？若不一是多一，多亦不是一多者，何但一步不能到，雖行多步終是不到。故知一步與多步，常有到不到義。因中尚爾者，果中亦無果義故。涅槃經云："智者應當定說亦有亦無。"今舉一步到者，即是法界緣起海印定力說到不到，不同情謂說到不到。故經云："唯應度者乃能見之。"而復不失因果，不墮斷常。故經云："深入緣起，斷諸邪見"，斯之謂也。問：若因果同時，即因成果。因即成果，那得言不失因果耶？答：如地論云："依緣二種義，示現二種時。"依因義者名爲因，依果義者名爲果，豈得失於因果耶？又且既言因果同時，那得言失？若其失者，何名因果同時耶？因果同時既如此，教義理事等同時亦然。問：既言同時相應者，今舉因果一事，卽得具前教義等十門以否？答：今但舉十門者，欲成其無盡。若論三種世間圓融，可但一事具此十門，亦具無盡無量法界虛空法門，成其無盡復無盡。若但就別事說，不成無盡者，只同大乘義也。

　　第二，因陀羅網境界門者，此約譬以明，亦復具有教義等十門。如梵網經卽取梵宮羅網爲喻。今言因陀羅網者，卽以帝釋殿網爲喻。帝釋殿網爲喻者，須先識此帝網之相以何爲相。猶如衆鏡相照，衆鏡之影現一鏡中。如是影中復現衆影，一一影中復現衆影，卽重重現影，成其無盡復無盡也。是故如第七地讚請，經云："於一微塵中，各示那由他，無量無邊佛，於中而説法。"此卽智正覺世間。又云："於一微塵中，現無量佛國，須彌金剛圍，世間不迫迮。"此卽據器世間。又云："於一微塵中，現有三惡道，天人阿修羅，各各受業報。"此卽據衆生世間。又云："如一微塵所示現，一切微塵亦如是。故於微塵現國土，國土微塵復示現，所以成其無盡復無盡。"此卽是其法界緣起。如智如理，實德如此，非卽變化對緣方便故説。若是大乘宗所明，卽言神力變化故，大小得相入。或云菩薩力故入，又言不二故入，不同一乘説。問：若此宗明相入，不論神力，乃言自體常如此者，斯則渾無疆界，無始無終，何緣得辨因果教義等耶？答：以隨智差別故，舉一爲主，餘則爲伴。猶如帝網，舉一珠爲首，衆珠現中。如一珠卽爾，一切珠現亦如是。是故前經舉一菩薩爲主，一切菩薩圍繞，一一菩薩皆悉如是。又如諸方皆來證誠，同其名號，一切十方證誠，皆亦如是。所以成其無盡復無盡，而不失因果先後次第，而體無增減。故經云："一切衆生盡成佛，佛界亦不增，衆生界亦不減。若無一衆生成佛，衆生界亦不增，佛界亦不減"也。

　　第三，秘密隱顯俱成門者，此約緣起説也，還具前教義十門。

所言隱顯者,如涅槃經半字及滿字。昔說半字故,半字卽顯,滿字
卽隱;今日說滿字者,滿字卽顯,半字卽隱。此卽約緣而說隱顯。
又如月喻品云:"此方見半,他方見滿,而彼月性實無虧盈,隨緣所
見,故有增減。此卽是大乘宗中說。若通宗辨者,不待說與不說,
常半常滿,隱顯無別時。如彼月性,常滿而常半,半滿無異時。是
故如來於一念中八相成道,生時卽是滅時。同時俱成故,所以稱秘
密。如似十數一,卽上卽是顯,二三四至十卽爲隱。又,眼根入正
受卽是顯,於色法中三昧起卽名隱,而此隱顯體無前後,故言秘
密也。

第四,微細相容安立門者,此就相說。如一微塵,此卽是其小
相,無量佛國須彌金剛山等,卽其大相。直以緣起實德無礙自在,
致使相容,非是天人所作故安立。如似一微塵中,有穢國土,而卽
於此微塵中,具有不可說淨國在此微塵中,而於彼穢國不相妨礙,
而此淨國之相仍亦不失。乃至有諸國土,尸羅盆幢形三方及四維
等國,在此一微塵中,常不相妨礙。故普賢品云:"一切諸世界,入
一微塵中,世界不積聚,亦復不離散。"故知若與普賢相應,能於一
微塵中,見不可說國土,而不雜亂,不增不減,豈可須彌納芥子,將
爲難事哉! 理事等十門安立相容亦如是。問: 此相容門與前因陀
羅網門有何別耶? 答: 諸門隱映互相顯發,重重復重重,成其無盡
者,卽是因陀羅網門中攝;若諸門一時具顯不相妨礙,卽是相容門
中攝。

第五,十世隔法異成門者,此約三世說。如離世間品說十世
者:過去說過去,過去說未來,過去說現在,現在說現在,現在說未
來,現在說過去,未來說未來,未來說過去,未來說現在,三世爲一
念,合前九爲十世也。如是十世,以緣起力故,相卽復相入,而不失
三世。如以五指爲拳不失指。十世雖同時,而不失十世。故經云:

"過去劫入未來，現在劫入過去，現在劫入過去，未來劫入現在。"又云："長劫入短劫，短劫入長劫，有劫入無劫，無劫入有劫。"又云："過去是未來，未來是過去，現在是過去，菩薩悉了知。"又云："無盡無數劫，能作一念頃，非長亦非短，解脫人所行。"如是十世，相入復相即，而不失先後短長之相，故云隔法異成。教義理事等十門，相即相入，而不失先後差別之相，故名異成也。

第六，諸藏純雜具德門者，此約諸度門說。何者？如似就一施門說者，一切萬法皆悉名施，所以名純；而此施門即具諸度等行，故名爲雜。如是純之與雜不相妨礙，故名具德。如大品經一念品，明從始至終不出一念，即名爲純；而此一念之中具於萬行，即名爲雜。雖爾，而與此中純雜義別。何者？如彼經一念者，同是無得相應，不明緣起德用。若此明純者，若約施門，一切皆施，若說忍門，一切皆忍。說忍門者，諸行如虛空，即名爲純；而此忍門具足諸門，即名爲雜。純雜不相亂，故名具德，故不同彼念品。又，問：此與六度相攝義有何別耶？答：六度相攝義者，如似以施攝諸度，而諸度非是施；若此明者，以施攝諸門，無門不是施。以緣起力故，不同六度相攝故，一攝於九十，而九十等皆是一，是故名爲純；而一內即具九十等，是故復名雜，故知不同相攝義。問：此與大品相資義復有何別耶？彼中資者，闕一即不成，此中十數，闕一亦不成。彼此二義未審有何別耶？答：彼言相資者，而能非是所，今言十成一，而一即是十，所以不同資義。

第七，一多相容不同門者，此約理說。以一入多，多入一，故名相容；即體無先後，而不失一多之相，故曰不同。此即緣起實德，非天人所作。故經云："以一佛土滿十方，十方入一亦無餘，世界本相亦不壞，自在願力故能爾。"又如普賢品云："一切衆生身，入一衆生身，一衆生身，入一切衆生身。"又云："一切諸世界，令入一塵中，世界不積聚，亦復不雜亂。"須彌入芥子，此即不説也。

第八，諸法相即自在門者，此約用説。還就約教義理事等十門，取其三種世間圓融無礙自在。故一即攝一切，成其無盡復無盡。以其無盡故，相即復相入，此約用以説。問：此明其無盡復無盡，相即復相入，與前因陀羅網，及微細相容門，有何差別耶？答：如譬説同體門中説者，若就隱映相應，互相顯發，重重復重重，成其無盡者，即是因陀羅網門攝；若諸門一時具顯，不相妨礙者，是相容門攝；若就三世圓融無礙自在，相即復相入，成其無盡復無盡者，即是此門攝。問：若如是相即即復相入，成其無盡復無盡者，此乃渾無疆界，何始何終，何因何果耶？答：此據法界緣起體性，成其無盡復無盡，故先後因果不失。雖不失先後，而先後相即復相入，故成其無盡。以先後相即復相入，故初發心時便成正覺，如前章門一即一切，無盡亦復無盡。二三亦復爾，故此經歎初發心功德云："彼一念功德，深廣無邊際，如來分別説，窮劫不可盡。"此即明其一即一切，成其一切無盡。又云："何況於無量，無數邊劫，具足修諸度，諸地功德行。"此即是從二三至九十，皆成無盡。以是故，從十信終心，至十住十行及十迴向地等，皆悉明成佛者，良由始終相即復相入，成無盡故。問：如前明果德絶於説相，云何十信終心，即具佛果德用耶？若十信同果德者，即果德是可説之相，何不可説耶？答：因位菩薩有果德者，欲彰果德是不可説。是故歎德文云："菩薩在此一地，普攝一切諸地功德。"問：若一地即攝一切諸地功德，一即一切，初即攝後者，一門即具，何用餘門也？答：若無餘門，一門即不成故。如一升即攝一斗，若無升，此斗即不成。問：若無升即無斗者，今舉一升，即得一斗以否？若一升不得一斗，一行不得具一切行。答：十升合成一斗，既無其升時，將何作斗？故知無升即無斗，有升即有斗。今舉升即斗，斗升之外，無別升斗，如龜毛兔角不可得。初心卽成佛，成外無別修，其相如虛空。是故言初心成佛者，非謂不具諸功德。如經說普莊嚴童子，一生具見佛聞法，卽得三昧，卽至後際見佛滅度後，復得三昧，如經一生得見聞。若熏習二生成其解行，三生得入果海，同一緣起大樹，而此三生只在一念。猶如遠行，到在初步，然此初步之到，非謂無於後步。明此童子得入果海，非不久植善根。問：既言久修始得者，云何言一念得耶？答：言久修行善根者，卽在三乘教攝，從三乘入一乘，卽是一念始終具足。故經云："初發心時便成正覺，乃至具足慧身不由他悟。譬衆流入海，纔入一滴，卽稱周大海，無始無終。若餘江河水之深，不及入大海一滴故，卽用三乘中修三乘多劫，不及與一乘中一念故。下明善財從文殊所發心求善知識，經歷一百一十城已，而不如一念得見普賢菩薩。故知得入此緣起大海，一念豈不成佛耶！至如初坐用心之徒，但取靜心卽言成佛者，此亦謂佛成在，而不得是圓極之成。如諸江河亦得是水，未得同如大海之水。此中通辨一念成佛義者。若小乘說，要三大阿僧祇劫滿，百劫修行相好業，始得成佛。行若滿，意欲不成佛，亦不得。故無一念成佛義。若大乘明一念成佛義者，凡有二種：一者，會緣以入實性，無多少故，明一念成佛義。如大品經一念品義是也。二者，行行既滿，取最後念，名爲成佛。如人遠行，以後步爲到。此亦分用緣起，而明三僧祇劫修道，地前是一僧祇，初地至七地是二僧祇，八地至十地是三僧祇。然亦不定。由有一念成佛故，明知不定。若一乘明一念成佛，如大乘取最後一念成佛，卽入一乘。以後望初，初念卽是成。何故？以因果相卽，同時相應故。欲論其成者，成復成，成復成；衆生欲在後成佛者，在後復在後，在後復在後。故不思議品云："諸佛如來非不先覺，爲衆生故；於念念中新新斷結，亦不住學地，而成正覺故。"今舉一念成者，卽與佛同時，位未見究竟故，復有淺深之殊。如人始出門，及與久遊他土，雖同在空中，而遠近有別。是故信住等位，各各言成佛者，而復辨其淺深。此須善思之。

第九，唯心迴轉善成門者，此約心說。所言唯心迴轉者，前諸義教門等，並是如來藏性清淨真心之所建立。若善若惡，隨心所轉，故云迴轉善成；心外無別境，故言唯心。若順轉，即名涅槃。故經云："心造諸如來。"若逆轉，即是生死。故云："三界虛妄，唯一心作，生死涅槃，皆不出心。"是故不得定說性是淨及與不淨，故涅槃云："佛性非淨，亦非不淨，淨與不淨，皆唯心故，離心更無別法故。"楞伽經云："心外無境界，無塵虛妄見。"問：若心外更無別境，有無皆由心成者，如人先見部外有物，別有人去物時，心由謂有。爾時物實無，何名由心成耶？答：若隨虛妄心中轉者，此部外物，亦隨心之有無，此亦心隨去物不去物而轉。若論如來藏性真實淨心說者，此物不動本處，體應十方，性恆常轉，縱移到他方，而常不動本處，此即緣起自在力。然非是變化幻術所爲，是故雖復七處九會，而不離寂滅道場。維摩云："文殊師利，不來相而來，不見相而見。"此之謂也。

第十，託事顯法生解門者，此約智說。言託事者，如經舉金色世界之事，即顯始起於實際之法，一切幢一切蓋等事，是行體也。又如法界品云："開樓觀門相，見彌勒菩薩所行因事，至菩提道場。"以樓觀則菩提相，所以言顯法生解也。若大乘宗中所明，亦託事以顯法，即以異事顯於異理法。此中以事即法，故隨舉一事，攝法無盡。故前舉旛幢等，皆言一切，所以不同大乘說也。此中明因果者，如一乘說也。

　　　　　　　　　　　　　　（據金陵刻經處本）

二、華嚴五十要問答

卷　上

今建五十要問答，以顯一乘文義節。

　　一、十佛及名義，離世間品中釋。

　　問：云何見佛，及佛名數，一乘三乘小乘等教中不同義？答：依小乘教，見色身佛三十二相等，則是實見。眼根與境，同時相應，見實色相，名爲見佛。若依三乘，見佛實色身等三十二相，不名見佛，由與分別徧計合故；假使見可似之相，卽是謂似，亦非見佛；若知無性，無來去相，卽色是空，非色滅空等，不如所謂，是名見佛，由與佛體相應故。依一乘教，見聞已去，乃至會知無生相，及應十數見其十佛：一、無著佛，安住世間成正覺故。二、願佛，出生故。三、業報佛，信故。四、持佛，隨順故。五、涅槃佛，永度故。六、法界佛，無處不至故。七、心佛，安住故。八、三昧佛，無量無著故。九、性佛，決定故。十、如意佛，普覆故。名爲見佛，由如是見順正理故，則能覩見無上如來。何以故？以是成菩提分法，及解脫分法，粗細差別，對機生信，初始不同故。二，一乘等佛名數差別多少云何者，一乘教佛，名數有十。如華嚴經說：一、無著佛，二、願佛，三、業報佛，四、持佛，五、涅槃佛，六、法界佛，七、心佛，八、三昧佛，九、性佛，十、如意佛。三乘佛有三：一、法身佛，二、報身佛，三、化身佛。小乘佛有二：一、生身佛，二、化身佛。法身佛，亦名自性身，卽本有真如也。二、報身佛，亦名應身。三、化身佛，亦名應身，則修生行德成也。若依小乘二佛，生身佛、化身佛，並修生慈悲愛行成也。若歎佛德，若一若少若多時者，是三乘；若多歎少時，乃至多時多歎，是一乘也。

二、受職義，十住品後釋。

問：諸教成佛受職云何？答：若小乘受職，但人義中教成，無別事義。若三乘受職，依理天處成，亦不論理事教義位別。依一乘受職，即具教義理事位等。廣如華嚴經説。

三、衆生作佛義，十稠林後釋。

問：依諸教中，有情衆生作佛云何？答：依小乘教，於一時中，但菩薩一人，慈悲愛行，依三十三心，次第作佛，餘見行者，並不作佛，但得二種涅槃，住無餘也。若依三乘始教，則半成佛，半不成佛。若直進及回心二人，修行滿十千劫，住堪任地者，並皆成佛。若未至此位，則與一闡底迦位同，如此人等，並皆不成佛。此據位語。若依此判，四句分別，準亦可知。此如瑜伽菩薩地説。若依三乘終教，則一切有情衆生，皆悉成佛。由他聖智顯本有佛性，及行性故，除其草木等。如涅槃經説。依一乘義，一切衆生，通依及正，並皆成佛。如華嚴經説。以此義準上四句義，即是一乘共教，非別教也。

四、成佛前後義，四十無礙辨後釋。

問：諸教有情一切衆生成佛前後自他云何？答：依小乘教，但一人成佛，若餘人成佛，前後不同時。若教化有情，後時作佛，由無十方佛故。依三乘教，有十方佛，故得同時他處成佛。若他有情，亦得能化所化同時成佛，爲進退不定故。若依一乘教，於念念中成佛，皆盡所化有情。在諸位中，十住以去，乃至菩提，皆盡衆生界。成佛徧滿，無有前後，爲同一緣起大樹故也。

五、一念成佛義，亦四十無礙辨後釋。

問：一念成佛，與多劫成佛，差別云何？答：依小乘教，世界成壞大劫，滿三阿僧祇，定得成佛，無一念成佛者。依三乘教，或一念成佛。此有二義：一、由覺理，位滿足時，唯一念故；二、會緣從實時，法性無多少長短，一成卽一切成，一切成卽一成故。若據一三千界，定三僧祇成佛，此依華嚴一百二十數說僧祇義。若通餘世界，亦不定三僧祇，如勝天王經說。依一乘義，成佛時節，並皆不定。爲十方世界時節不同，因陀羅世界等，並據當分報位說有爲諸劫相作及相入等，故無定時。仍不違時法也。

六、他方佛成化義，第二品初雲集品中釋。

問：依諸教相，他方諸佛應化云何？答：依小乘教，無他方佛，假使有者，卽是此方佛往彼變化。依三乘教，十方淨土所有諸佛，並是實報，無有變化。若權起不定始終，令有情機知變化者，卽屬化攝；若色究竟處，及菩提樹下，二佛相對，有其兩義：一、以化顯報，卽菩提樹下，顯蓮華藏世界海中佛，是報故也；二、以報顯化，舉色究竟處成高大身，顯菩提樹下，是化義也。若依一乘，但有十佛，依行分說，不分修生及本有義。若體解大道，體卽一切種體，相卽一切種相，用卽一切種用也。諸方現佛，若名若義，皆依釋迦海印定現，無別佛也。

七、佛母眷屬義，後摩耶中釋。

問：佛母摩耶諸眷屬等義相云何？答：依小乘教，佛母摩耶，此贍部州是實佛母，餘世界中則無實也，爲佛是化故。依三乘始教，於一三千所有佛等，並是化佛，摩耶眷屬等，亦卽非實。諸三千界處，亦有別佛，化義同前。淨土之中，佛母等諸眷屬者，亦唯是化。仍是法門化，非八相化也。若三乘終教，如三千等同類世界現成佛者，並是化佛。何以知之？大智度論，成佛世界，廣引如疏，得知並是一佛化境，多處現身，故是化也。摩醯首羅天身，亦是化作。由權顯閻浮菩提樹下，是化佛故，蓮華藏世界所有佛者，是實報也。通體相用，十方淨土所現佛者，是報佛也，所有親屬，是法門也，爲現引此娑婆小根異習衆生故。如大無量壽經説。若依一乘，所有諸佛，在釋迦佛所化教網名義顯現者，並是釋迦佛海印定力。以此義準，諸眷屬等，皆悉同然。體相用義，及變化改性等，準此可知也。

八、佛情根義，第二品初請中釋。

問：佛諸情根，相入相作，差別云何？答：依小乘教，佛菩薩等，諸根相作，但變化成，非改性也。依三乘教，變化及改性，並得自在。三乘者有二義，一據本性。即大乘菩薩緣覺聲聞，若依現覺，總名大乘菩薩人也。今攝本性，從大乘簡耳，即變化改性二義皆成也。依一乘教，變化改性，並依緣起本法顯現，亦無別性可變可改。若現爲者，同前化攝也，仍一乘之體。有彼凡有身，復有其聖德，直進大乘；有彼聖德，無凡有身，漸悟及小乘；有彼凡身，有聖德、而凡身非聖法也。

九、佛菩薩因果通局義，盧舍那品後釋。

問：佛及菩薩因果二位云何差別？答：依小乘教，一人依一界，依一心，次第成佛，因果相稱，現量可知，但斷惑因果盡不盡別。若依三乘，多身多心多處現成，非一行業，佛亦如此，一切處成。唯蓮華藏世界海佛，及三世間智正覺之一分，義相可知。但分齊邊量，從此三千世界有情，準十方處以爲邊量，不論因陀羅及微細世界所有境界。若依一乘，所有成佛因果分齊邊量，則通因陀羅秘密微細一切境界分齊，盡三世間分齊邊量。如華嚴經普賢門準也。所有修行斷惑等因果二位，皆盡不盡也。

十、諸教修道總別義，第十地初離垢三昧説。

問：諸教修道所有總別業時節分齊云何？答：依小乘教，諸菩提分總報業，從發心初始次第修行，臨欲成佛，十地終心，百劫別修相好業，是實非化。若依三乘始教，是化非實；若依終教，及直進菩薩，並從發心以來，一切並修，十地終後，無別百劫修相好業。依一乘教，分與終教相同，既十信已來即成佛，即成菩薩行，亦無別時修別相好業。何以故？現十地後修相好業者，爲迴聲聞。由聲聞人偏修智分，不修福分，今現別修，顯彼信心無慢敬愛故也。

十一、成佛不成佛義，稠林後釋。

問：菩薩修道成佛不成佛差別云何？答：依小乘教，但修菩提分業，除有退者，皆悉成佛，無不成佛。依三乘教，實行修道，皆悉成佛，若對異機，現不成佛。若約正理，無成不成。依一乘教，皆對前機。若須成佛，則數數成，皆新新斷結成佛，亦不住學地成佛。若對不成機，則常不成。由如大海，於諸位中無有溢滿，即楞伽經菩薩一闡提是。若對異病機，則無成不成。若對普賢，則亦成亦不成也。

十二、佛相貌義，第三知識中釋。

問：諸教立佛相貌云何？答：依小乘教，以人相爲佛，一切智等，即屬於法。依三乘教，亦德亦相，是佛相貌。依一乘教，是德是相，是非德是非相，由緣起理，具足逆順作不作義故。

十三、大師小師義，二地攝生戒釋。

問：大師及小師差別云何？答：依小乘教，和上爲大師，闍黎爲小師，佛非大師非小師。依三乘教，佛爲大師，餘者並爲小師。何以故？若小乘人，別位製入無餘涅槃果故，權於下位立大小師。一乘大小師，依理爲正耳，非由相事也。

十四、信滿成佛義，賢首品釋。

問：十信作佛，與十地終心作佛，差別云何？答：若但言十信作佛，不論十地終心作佛，則是三乘教。何以故？由法義道理不具故。若具五位及九位作佛，即是一乘圓教攝也。何以故？由具教義等具足説故。小乘佛，三乘佛，並是阿含佛；一乘佛，是義佛也。

十五、劫減佛興義，十地後地利益後釋。

問：劫減佛興世分齊云何？　答：依小乘教，百年爲劫減。依三乘教，有二種減：一、時減非善減，二、時減亦善減。八萬劫以下大位爲時減，百年以下大位爲善減，五濁等諸惡增故。

十六、菩提樹爲始義，十住曾初釋。

問：華嚴經教，因何據菩提樹及佛爲始？　餘說法處及菩薩有情並說爲末？　答：若據迷論，舉心動念，並是徧計，即空無法。今由佛智，善覺本性，息相還原，設教綱維，皆是佛智，故據佛爲始。離佛以外，無有一法也。

十七、佛身常無常義，性起品菩提中釋。

問：佛身常耶？無常耶？　答：依小乘，佛無常。依三乘，佛亦常亦無常。法身佛，究竟故常；離不離，故無常也。應身，一證究竟故常；隨對下位聲聞凡夫得見增減，故是無常。化身如火，有處然，有處滅，故是無常；化德相續，故說常也，盡未來際故。一乘十佛，是常是無常，非常非無常。用不說爲說，故佛是常；與阿含相應，故是無常。隨緣起際，故非常非無常也。

十八、佛轉依義，地品同相不同相釋。

問：諸教佛轉依差別云何？　答：依小乘教，轉滅、轉成、轉位、轉顯。現惑得滅，故轉滅；行德滿，故轉成；轉凡夫性得聖人性，故轉位；聖人法流現在世，故轉顯也。依三乘教，轉滅、轉成、轉位、轉顯。或得現在上心，及種滅，及性滅，故轉滅；諸德圓滿，及性滿，故轉成；轉凡夫依得聖人依，及不轉不德，成轉位；法身離惑，及無離相，名轉顯也。依一乘教，本有及本有修生，修生及修生本有，四位常然，廣如疏說。滅惑不滅，究竟常然，故轉依義，通其九世及十世，非如前小乘及三乘教，一世及三世也。

十九、轉四識成四智義，亦地品不同相處釋。

問：轉滅四識成四智，其義云何？答：依小乘教，但有五識及意識，無彼賴耶及末那，亦無四智可成。若依三乘教，則有四識轉滅成四智。而此四智，約三乘終教，及直進菩薩教，四智並從意識成。何以故？爲一切果報及末那識得起現行，並從意識位遠緣成故。若異熟賴耶，親從種發，種子同類，即從上心意識而生，況復發智從本識種類等次第發者。此義不可。但佛菩薩，將四智名寄顯四識，顯其本識及末那識，是有決定，非親四識自類生智。何以故？末那本識及五識等不成總報，思業及聞思簡擇不得有故。若有發思業，則須別者受生。有此過也，教亦無文。若法性賴耶如來藏識，全即不合自起發思。故佛地經及無性攝論等二教不同，由爲有別義。佛地經云：“當知有五種法，攝大覺地。何等爲五？所謂清淨法界，大圓鏡智，平等性智，妙觀察智，成所作智。”下次第釋，乃至成所作智，通成三業作用。無有別文，屬當賴耶、末那、意識、五識，別成轉依得四種智。又如無性攝論，由轉阿賴耶識等八事識蘊，得大圓鏡智等四種妙智，如數次第，或隨所應。當知此中，轉阿賴耶識故，得大圓鏡智。雖所識境不現在前，而能不忘不限時處，於一切境常不愚迷，無分別行，能起受用佛智影像。轉染汙末那故，得平等性智。初現觀時，先已證得，於修道位，轉復清淨。由此安住無住涅槃，大慈大悲，恆與相應，能隨所樂現佛影像。轉五觀識故，得妙觀察智。具足一切陀羅尼門，三摩地門，由如實藏，於大會中，能現一切自在作用，能斷諸疑，能雨法雨。轉意識故，得成所作智。普於十方一切世界，能現變化，從都史多天宮而没，乃至涅槃，能現住持一切有情利樂事故。上文既云隨所相應，故知別配轉四識依，成四種智，此義不定。但爲文意隨義顯法，取其一義，不得定然。如寄惑顯位，準即可知。當知教意方便顯法，故作此説。若約三乘初教，此亦可爾。如成唯識論外疑云：“若末那識自類不發智者，聖人位中卽有所少。"爲答此疑，有其四句：或有法凡聖共有，或有法凡有聖無，或有法聖有凡無，或有法凡聖俱無。凡聖俱有者，謂如來藏五義；凡聖俱無者，謂徧計性；凡無聖有者，謂常身；聖無凡有者，謂無常身。既有此句，末那凡有聖無，有何過也。此之一義，唯三乘教説，一乘不共教無。若約三乘始教門中，對小乘人容有此義。何以故？爲對小乘，不説如來藏，不染而染，染而不染，成賴耶故。

二十、教相義，第十地釋名分釋。

問：一乘教相建立云何？答：此義相難，今舉喻顯。如一樓觀，內外嚴飾，盡其功思，唯有一門。有智慧者，能扣開門，示無智者。一乘教義，亦復如是。性起樹藏，內莊一乘，外嚴三乘及小乘等。有一覺門，向菩提樹下，唯有因果二位佛及普賢二人開見。爲諸有情可化衆生，張大教網，緄生死海，漉天人龍，置涅槃岸。諸教相中，示彼小乘及三乘教，令物生信，起行分證；示一乘教，令其見聞，後得入證。故彼教相，似成內外及教義不同。卽如法華經界外大牛車，及地論第八地已上文，卽是其事。

二十一、一乘分齊義，四十無礙辯才後釋。

問：一乘教義分齊云何？答：一乘教有二種：一共教，二不共教。圓教一乘所明諸義，文文句句，皆具一切，此是不共教，廣如華嚴經説。二共教者，卽小乘三乘教，名字雖同，意皆別異，如諸大乘經中廣説可知。仍諸共教，上下相望，有共不共，如小乘教三世有等，三乘卽無；三乘教有，小乘卽無；或二乘共有，如道品等名數共同；或二乘俱無，則一乘教是也。可類準知。

二十二、立一乘位義，亦四十無礙後釋。

問：諸教立位差別云何？答：略依一乘普賢因果，制位不同，有十七門。世間六道，卽爲六門；聲聞緣覺，復爲二門；小乘中佛，及初迴心小乘人佛，復爲二門。此二佛，同依三十三心，依四禪等發智得成佛故。十信以去，至十地五位，位位作佛，卽爲五門。一爲迴心聲聞，制乾慧等十地，復爲一門；爲直進菩薩，從初十信修滿十地後得作佛，成初一念正覺，復爲一門。廣説如疏本。三乘小乘，準以可知。

二十三、六道成淨方便義，亦四十無礙辯後釋。

問：六道因果本非聖位，因何攝在普賢門中？答：六道因果是背聖法，普賢方便，迴成返道行。及逆行門，令諸有情方便依厭，得解脱故。

二十四、立藏不同義，十藏品中釋也。

問：脩多羅等三藏教綱同異云何？答：其三藏教，分爲兩義：一、所詮三故，教卽爲三。脩多羅詮定，乃至毗那耶詮戒。三乘小乘，同此名數，而義深淺分齊不同。二、所爲二故，分教爲二。謂大乘小乘，分爲二藏。緣覺從其獨覺，爲無教故，不與藏名。若一乘內，卽有十藏。如第四會説。

二十五、心意識義，十稠林初釋。

問：於諸教內建立心意識差別云何？答：若依小乘，但有六識義，分心意識，餘如小論釋。依三乘教，初教文中，立有異熟賴耶，受熏成種，所以知之。故無性攝論云：“今立異熟賴耶，此亦無傷，既知無傷，故知權立。”爲迴心聲聞，未達法空，權舉異熟相，漸引小乘變易生死，漸向細滅。實則不然。若據實理，一切緣起不離法界，所成理事，是法界能。由如金器，離金無器，是金之能。言熏果報者，據位而説，此可思簡。故起信云：“真如熏無明，無明熏真如。”此意向實也。義若如此，何故瑜伽論異熟受熏？爲愚者説，於內於外無有熏習，卽不見藏住能，如是知者，是名菩薩摩訶薩。起信既熏真如，因何辨成熏習？今會此意，瑜伽爲對聲聞，先識異熟，後知無生,順觀行故。今起信論,爲直進菩薩,識緣起相,卽會無生,故作別説。仍依楞伽經,染淨等法,有開有合,染開則成七識,合則是黎耶。如來淨藏識,亦有二義:合則成八識,開則成九識,故有八九種,種種對治道起。有滅有不滅,準此而知。又,成唯識論:"識所變相,雖無量種,而能變識,類別唯三:一謂異熟,卽第八識,多異熟性故。二謂思量,卽第七識,恆審思量故。三謂了別境,卽前六識,了境相粗故。"及言六合爲一種。此三皆名能變識者。能變有二種:一、因能變,謂第八識中等流異熟二因習氣。等流習氣,由七識中善惡無記熏令生長;異熟習氣,由六識中有漏善惡熏令生長。二、果能變,謂前二種習氣力故,有八識生,現種種相。等流習氣爲因緣故,八識體相差別而生,名等流果,果似因故。異熟習氣爲增上緣,感第八識酬引業力恆相續故,立異熟名;感前六識酬滿業者從異熟起,名異熟生。不名異熟,有間斷故。卽前異熟及異熟生,名異熟果,果異因故。此中且説我愛執藏,持雜染種,能變果識,名爲異熟,非謂一切。其末那識,依三乘教有,其識起四惑,不起法執。愚法聲聞不斷,但暫伏上心,由觀智淺故;退菩提心聲聞,及迴心聲聞等,並斷末那,爲觀智勝故。假使瑜伽後分,道賴耶識起,必二識相應者,此據初起時,不據後相續。由約位説,直進菩薩義當不起爲正義,迴心者起爲正義故。又,初回心菩薩,爲留惑故,相隨至金剛定斷;直進者,習氣至金剛。前言至者,據二阿含説,初對小乘故,餘義準可知。意識及五識,或同或異,如經論説。心數等義,如下別明。此文在三乘,義通一乘用,由同法界故。又,一乘唯一心,顯性起具德故。如性起品説。又説十心,欲顯無量故。如第九地説。此據一乘別教言。

　　二十六、諸經部類差別義,序分品集衆文釋。

　　問:諸經部類差別云何? 答:如四阿含經,局小乘教。正法念經，舉正解行，別邪解行，通三乘教。涅槃經等，及大品經，三乘終教，爲根熟聲聞説故。金剛般若，是三乘始教，初會愚法聲聞故。義意在文。維摩思益仁王勝天王迦葉佛藏等，爲直進菩薩説。仍直進有二種：一、大乘中直進，二、小乘中直進菩薩。此二處直進，教亦有同異，準攝可知。華嚴一部，是一乘不共教。餘經是共教，一乘三乘小乘共依故。又，華嚴是主，餘經是眷屬。以此準之，諸部教相，義亦可解。如法華經宗義，是一乘經也。三乘在三界内成其行故。一乘三界外，與三界爲見聞故。餘義準可知。

二十七、道品義，第四地中釋。

問：諸教道品有差別云何？答：小乘道品名數，略有三十七種。三乘道品名數亦同，但義有異，廣在經論。一乘道品，華嚴經中離世間品二千句義，即是名字及以體性。又問：一乘道品，既名數別，體亦須別，因何有義與三乘同？答：據義分量深淺寬狹，並皆不同。今舉義門有差別，名字有同，欲引三乘信樂故也。諸教通明等，數有增減，亦準此知。

二十八、涅槃義，性起品後釋。

問：諸教涅槃差別云何？答：小乘涅槃，有其二種：謂有餘，無餘。有餘者，有餘身智也；無餘者，無餘身智也，謂報身智。三乘涅槃，略有四種：一性淨涅槃，二方便淨涅槃，三有餘涅槃，四無餘涅槃。性淨，即法身也；方便淨，即應身也；有餘無餘，即約化身辨。其義體相，不與小乘同。若望其德，各成解脱般若法身。三德既同，無有增減，此四唯局果德無住處涅槃。通因及果，此有二種，約理量分二釋如攝論。若一乘教，即唯有一大般涅槃，無有差別，廣説如華嚴經。德用名數，亦具十及一切，與法界等。

二十九、戒學義，第二地中釋。

問：諸戒學等有何差別？答：隨人差別，有其八種。八戒及七衆所持戒，總成一別解脱戒。與定道別故，別別修持，故名別也。定道二戒，通前別解脱，總成三戒也。此之三戒，三業亦共，爲隨所相應故也。三乘菩薩，別有三戒，謂十無盡戒，二十四戒，四波羅夷戒。此之三戒，四波羅夷戒爲出家人受，餘之二戒爲俗人受，上下分二義相。如此戒體，或五種十善，或表無表。無表，即不相應色心事之理也。或即一乘，應法界故。

三十、定學義，三地中釋。

問：定門何別？答：如八禪定，與小乘名大同。於中，隨人邪正，及發智流無流別，即體性皆異。就聖門中，一乘及三乘，并諸小乘等位，皆共用此定。隨所成事異，得名別也。三乘位中，直進菩薩，別有八定等。地前有四，如光德等定；地上有四，首楞伽摩等。依一乘教，有十種等，如華嚴説。體性德量，皆並不同。

三十一、慧學義，第九地中智處釋。

問：慧門何別？答：小乘見修，及八忍八智等，廣如論説。三乘教内，或十一智等，或三智等。若以義求，十一智等，多爲迴心漸悟人説，起彼信便故。加行智等，爲直進菩薩説，於彼入道有勝便故。若依一乘，有十種智，如離世間品説。其智所知諸諦，十二因緣差別義門，廣如疏説。

三十二、賢聖義，善知識初釋。

問：住道住果賢聖差別云何？答：依小乘教，有二十七賢聖，廣如毗曇成實等説。三乘賢聖，有四十二。一乘賢聖，有四十五。此通理事、行位、人法、因果等法門也。若主伴別分，則一百一十；若散説所依，則三千大千世界微塵數，即是善知識也。

三十三、色聚義，十明品中釋。

問：諸教色文有何差別？答：依小乘，色有十一。三乘，色有二十五等。一乘，色總別有一百一十種。三乘色内迴色者，情謂障外之色;影像色者,定心成就色境界等,像彼先色憶持及眼所見色故也。一乘色,如十明品釋,不同凡色,聖境界故。

三十四、不相應義,九地説成就中釋。

問:諸教不相應差別云何? 答:依小乘家,有十四不相應。依三乘教,二十四不相應等。依一乘教,不相應義與法界等。何以故? 小乘不相應,如謂實有法。三乘不相應,但色心緣發義理現前而不對事者,是不相應義。不相應,不與色心事相應也;得不相應者,其事現前異不得理也。三乘一乘,無大得得小得,小得得大得等也。何以故? 一乘三乘立法數等,欲遮止謂情故也。若大小相得,即無窮過。名與句不相應者,具解在雜集論等。一乘不相應義,名數與法界等,理亦無窮如法界也。

三十五、三性三無性義,初地後十心中釋。

問:經論所辨三性三無性異相云何? 答:三性法門本安立意,欲別法相,知其解行理事教義分齊不同。離其慢執,故與斯教。今就攝論引他四經,明三性異相,即爲大軌。初引毗佛略經,明有三性;二引婆羅門問經,證有三性;三引阿毗達摩脩多羅,證有三性;四復次有處世尊説等,引常無常等三法聖教,證有三性。又,前一文義差別,爲知詮旨法相故;二、三性相從,爲顯理融無性故;三、具分秉然,顯融事相無礙故;四、聖教通目,以理會教成智故。若分別性有其一義,用無品類爲其體者,與無相性云何差別? 答:若分別實相即空,是分別性,不現實相,是無相性也。若依攝論,明三無性差別相者,有其三種:一、自非有無性。本有法體,不自現前,藉因託緣,方能生果,無自生故,故名無性。此義通三宗。二、體非有無性。明諸法體本性非有。若落過未,無有自體,但具因緣,方始現前。現在有爲,假有無實,念念遷異,不能自住。此亦分成佛無我義,故名無性。此通成實,及以大乘。三、如取不有等約彼本識法無我理，三性不有，成其無性。由自體定自非有，有不二不盡，離諸分別故，非聞思修地上，報生善意識智所緣境界，故名無性。此義唯大乘也。此三性印，總則爲一，別則爲四，廣則無量。若對解行，用三性印，三性之後，別明三無性，此約解明。若二性後，則辨無性，更不會眞實性者，此約行説。如是準知，此文在三乘，亦通一乘用。何以故？由此法門，應法界性無邊用故。

三十六、心數及心所有法義，稠林初釋。

問：聖立心數及心所有法分齊云何？答：今釋心所有法，二門分別：一、總約大小乘，顯心所有及心數法義；二、對彼二乘，顯其廢立。

第一，先明大小乘心所有法者，先約大乘，有其六位：一、謂徧行有五，一作意，二觸，三受，四想，五思。二、別境有五，一欲，二勝解，三念，四三摩地，五慧。三、善有十一，一信，二慚，三愧，四無貪，五無瞋，六無癡，七懃，八輕安，九不放逸，十捨，十一不害。四、大煩惱有十，一貪，二瞋，三慢，四無明，五疑，六薩迦耶見，七邊見，八見取，九戒取，十邪見。五、隨煩惱有二十，一忿，二恨，三覆，四惱，五嫉，六慳，七誑，八諂，九憍，十害，十一無慚，十二無愧，十三昏沈，十四掉舉，十五不信，十六懈怠，十七放逸，十八忘念，十九不正知，二十散亂。六、不定有四，一睡眠，二惡作，三尋，四伺。合五十五法。增減者，依百法等論，合五見爲一；依瑜伽論增邪欲邪勝解。增減如諸論，深有別意，可思準之。略以三門分別：一、釋名，辨相貌，明分齊；二、對諸門分別；三、約自乘隨義分別。

第一門者，(一)徧行有二義：一、自位相由徧。如自五法，一無一切無，互論亦爾，有義亦然。二、他位分齊徧。有彼則有此，仍彼不同此。所以知者，有時有此徧行，無時無彼所有法，故得知也。徧者分齊也，行者起於緣境也，此名從初義而得。相貌者，五法相連,不相捨離,行於緣中,是其相貌。分齊者,乃至在於六位處行,而自位連之相由,餘五位非連之而相伴也。(二)別境者,別有二義:一、自位相別。如欲非勝解等,有時有欲而無勝解。乃至慧等,互無亦然。二、就別位。如善等位有善而無欲,有欲無善,故是別也。仍此別境名從初義得也。別者,是各別非連之義也。境者,分齊也,非所緣境,此對前連之徧行,故得別境名。相貌者,五法相別行,是其相貌。分齊者,乃至不定等六位,皆通別行,是其分齊。於諸位中,有時有欲而無勝解,乃至慧等,應可準知。(三)善者,性也,從體而得名。別彼前通,故局善體得名。相貌者,於有流無流位,異善惡及無記,是其相貌。分齊者,乃至不定等六位,處行各別,非連之而起也。有時有一而無十等,一一互論有無增減,成其分齊。(四)煩惱者,從用得名。由煩惱等,於世出世功用義強。於世法能成,出世法能壞,異前善體,故從用得名也。相貌者,於自位處成憂喜二相,是其相貌。分齊者,乃至不定等六位數義功用增減而行,非連之而共伴,是其分齊。(五)隨煩惱者,從彼相由而得名也。此有二由:一、由前大惑成隨煩惱,二、由此小惑增成大惑,故名為隨。仍此隨字從初義得,由是假合故。煩惱同前解。相貌者,於自緣中各別而相伴,非連之起,是其相貌。分齊者,於彼六位乃至不定等,相由相伴數相義增減有無而行,是其分齊。(六)不定者,體用二義,故云不定。異前定體,得不定名。相貌者,於自位中各別而起,三性體用同時而成,一法有三義,善惡無記同時用事,是其相貌。分齊者,於六位中數義增減起用而生,是其分齊。仍非連之而有相伴也。

　　二,對諸門分別者,略對五門:一約乘分別,二約三性分別,三約諸惑分別,四對諸識分別,五約假實分別。(初)約乘分別者,乘有三種:一、一乘,二、三乘,三、小乘。今此心數,是三乘心數,為治世出世心煩惱，非一、非小、非三乘終、非一乘別教。就三乘終，大乘教，及一乘別教內心數，即有無量，並如緣起法界數量。何以故？諸心數類，一一緣別，約其緣別，不可總說，故不同三乘等總明數也。三乘始，一分心數，爲治煩惱障，所知障，世間心煩惱說。仍此三乘，有始有終，終教二乘心數亦不可說始教心數。即如此瑜伽對法論等。小乘心數同異，如下別辨。（二）約三性，有二：一、善等三性，二、徧計等三性。善等三性者，徧行五，通三性，仍隨在一性，則非餘二。別境五，通三性，仍隨在一性，五法之中多少不定。善等十一，唯善性，仍通流無流，若在流則非無流，無流亦爾。煩惱，通不善及無記，爲末那識，及定地惑，是無記故。隨煩惱二十，通不善及無記，準前可知。若約違理不善，但是不善性。不定四法，通三性，不善之時，則餘二性，準前可知。餘二亦爾。約徧計等三性者，徧行等五，通三性，仍隨在一性，則攝餘二性成此一性。此如三性義中說，隨在一性連之具五。別境等五，通三性，仍隨在一性，則非餘二，攝同前說。善等十一，唯圓成實，此通漏無漏，會攝如前說。煩惱等十，通依他起及徧計，相會準前說。隨煩惱等二十法，通依他起及徧計。不定等四，通三性，相會準前說。（三）約諸惑分別者，略約三門：一、約皮等三惑分別，二、約煩惱所知二障分別，三、約五住地分別。皮等三惑分別者，徧行通三惑，別境一通三，善等非三惑，煩惱唯皮肉。若約寄位，則通三，隨煩惱等亦皮肉；若約粗細說，則通皮肉心，不定等四，亦通皮肉心，由緣成三惑故。煩惱所知二障分別者，徧行通二障，別境亦復然，善等非二惑，煩惱唯煩惱，隨煩惱等亦復然。若約相成門，則通於二障，不定唯所知；若約相成門，則通於二障。約五住地分別者，徧行通五住，別境亦徧通，善等非五住，煩惱通五住，隨煩惱等亦通五住。如此之義，可準諸惑障，當廣分別，不定通五住，由緣成諸惑故。（四）約諸識分別者，賴耶識起徧行五，末那識起九。徧行五，及我見、我愛、我慢、無明、意識起徧行等六位所有法。五識則不定，或初五，或一切，由與意識或同體，或異體故。故經云："有一意識，與五識共緣境故。"此約三乘始教粗相說也。若約三乘終教論，則賴耶六識等皆具起一切所有法，由唯一識，成十一識故。（五）假實分別者，假實有三：一、約緣成辨假實。若約此義，或有分別，或無分別，緣成故離分別，應教故有分別。若約此義，皆通假實，即無性故實，緣成故假。二、本末明假實。煩惱爲本，隨煩惱爲末，如論可知。三、約事顯理辨假實。理事相應爲實，但理無事爲假，假從事教說故。

三，隨義分別者，問：諸心所有法可說斷耶？答：徧行及別境，不善無記相應者斷，善及自性無記不斷。善等十一不斷，煩惱及隨煩惱說斷。不定等四、不善無記說斷，善及自性無記不說斷。此約三乘初教及法住智說，若約終教及一乘，則非初非中後，前中後取故，即斷而無相，及不可斷故。餘義皆準之。問：論何故說煩惱或說六，或說十？答：由五利使有其二義：一本末義，由邊見等依身見生，以依本說末，攝末從本，故但說六。二起用成過義，由成過義等，故分離說十。又問：何故論云隨煩惱內，加說邪欲邪勝解？答：由別境內，欲及勝解，於大小惑，有方便及終成，二處皆成過故，約離二法故，約方便及終成爲二數也。

第二，就小乘分別者，有其三義：一、釋名，辨相貌，并顯分齊；二、對諸門分別；三、約自乘隨義分別。

初，釋名者，心數法有四十六，大分爲六（應作八）：一、通大地有十，一想，二欲，三觸，四慧，五念，六思，七解脫，八憶，九定，十受。善大地有十，一無貪，二無瞋，三慚，四愧，五信，六倚，七不放逸，八不害，九精進，十捨。小煩惱大地有十，一忿，二恨，三諂，四慳，五嫉，六惱，七諂，八覆，九憍，十害。大煩惱大地有五，一不信，二懈怠，三無明，四掉舉，五放逸。不善大地有二，一無慚，二無愧。使有四，一貪，二瞋，三癡，四慢。纏有三，一睡，二眠，三悔。加覺、觀，總爲四十六。及心王，爲四十七。初，通大地名者，由想等十，通與諸心數以爲通依，及通行諸數依緣之處，故云通。通則力用徧通也。大地者，喻名也。如大地能生長，萬物爲依，與法相似，故爲喻也。相貌者，於自所緣起，其體用相伴而行，是其相貌。分齊者，於諸心數諸位共行，而不相雜，是名分齊。善大地者，於自位處隨緣而發，與三聚色心不相應等善以爲依處，故云大地。小煩惱大地者，於自位處約緣分起，不具大性，名爲小也。煩惱如前解。相貌者，於自緣處，體用現行，而不相雜，名爲相貌。分齊者，於諸位處，及以色心，成自他事，而不同彼，名爲分齊。大地如前釋。大煩惱大地者，具結縛等五義相應，名大煩惱。大地如前釋。相貌者，不信等五，於自緣處，體用現前，而非相雜，是其相貌。分齊者，於諸位成自他事，而非相雜，是其分齊。不善大地者，於自位處，起其體用，違其正理，名爲不善。大地如前釋。相貌者，其無慚無愧，遊漫諸境，起諸業過，是其相貌。分齊者，於他緣位，觸物成違，而不同順，名爲分齊。使者，使也，驅使行人成其事業，此從喻名也。相貌者，於自緣處，成其事業，隨逐不捨，是其相貌。分齊者，於他緣位處，成事乃窮，而不同彼，是其分齊。纏者，喻義名也。如絲縛象，纏繞成過，法亦如是。相貌者，於他緣位連續成過，是其相貌。分齊者，成他事處而不同彼，是其分齊。覺、觀者，與後翻譯尋伺等名，義少有別。覺者，覺察；觀者，觀達。尋者，尋逐也；伺者，伺求。名義相貌分齊可知。心王者，心與數爲依，又依於數起，如君臣相依，此從法喻名也。相貌者，六識於諸根了別諸境界，是名相貌。分齊者，依根數起，而不同根數，是名分齊。廣釋別名，具如小論。問：大小乘內，心所有義及心數義何別也？答：數者法數義，是分齊義。

心所有義,是屬他義,從相生,其假實二智不同。

二,略對諸門分別者,(一)對諸乘分別。此之心數,唯在小乘,義通大乘。若入大乘,則於三乘前方便處。方便教攝,體用相貌,並非一乘。及三乘始別教名數,心數名義所以如下釋。(二)依三性分別。通大地數,通彼善不善無記等三性。善大地者,唯善性也。小大煩惱及以四使,通違理不善及無記。不善大地,唯不善,纏違理不善。覺觀通三性,心王亦如是。(三)就惑分別者。通大地數,通彼一切使纏等惑。善大地不通諸惑,小大煩惱及四使等。一向煩惱,無慚無愧,通煩惱非煩惱,由入業故。纏等三者,此則不定,在纏是煩惱,入數則通煩惱非煩惱,由數位通善惡故。又,小乘唯煩惱,覺觀通煩惱非煩惱,心王亦如是。(四)約諸識分別者,通大地數等,通六識覺觀唯意地。(五)假實分別者,唯實不通假,心王亦如是,餘義如論釋。此略明正所評義,以顯大乘心心法分齊。餘宗準可知。

三,於自宗中隨義分別者,問:何不明不癡善根? 答:屬通大地慧數攝故。又問:大煩惱中餘五,何不明耶? 答:邪解,即通大地中解脫攝也。不正憶,憶攝也。不順知,即慧攝也。失念,念攝也。又相隱故亂,即定攝也。又不稱理定,即名亂相隱也。又十使中五見,則通中慧攝也。癡入大煩惱中無明攝也。又上所廢者,並爲除惑入道便故也。問:是中善大地,是何漏無漏? 答:是人無我智漏無漏。問:此諸大地,有攝心煩惱及所知障不? 答:此諸心數,不攝心煩惱。就所知障內,有攝不攝,障定者攝,世間心煩惱不攝。

第二,對彼大小二乘,顯其廢立者。問:無慚無愧,此中何故從隨煩惱? 答:無慚及無愧有其二義:一據體説,二據用論。由用成過大,故依小乘入不善性;若據自體類,與小惑同,故入此大乘隨煩惱攝。問:何故大乘增失念及散亂等,小乘不説? 答:小乘初教,其心

狹劣，相著者明，相隱者不説。問：徧行、別境、大惑、隨煩惱及不定
等名，於小乘中何故不説？答：小乘心數，聖者立意，爲治粗惑，不
假細説。今此等名，通治細惑，故細分別，與彼入道義相當故。問：
小乘大地及諸使等名，於彼大乘何故不説？答：大地等名，本成粗
相，於大乘中，即是初入方便之教。爲此義故，於細教中無要不説
也。欲知聖意，以四句明之：一、體强而用弱，如大煩惱等。此約大
乘數之半，即瞋等也。二、用强而體弱，如無慚無愧等。此將小乘
對大乘説。三、體相用俱强，如大煩惱大地等。此約小乘説。四、
體用俱弱，如隨煩惱等。此約大乘説。於中仍有相續廢興，有親成
助成，成過大小。去疑進道，有便無便，佛遂廢立不同。大小二宗，
更互立名，不等非一，可準思攝。問：十種煩惱體用俱强，何故小乘
初教不説？答：小乘智淺，如小乘文，不善及煩惱使等，並約相用强
處説。又，對指相覆相成教意，如三結三隨轉。宜可思之。又如瑜
伽論説："如是等輩，俱有相應心所有法，是名助伴。同一所緣，不
同一行相，一時俱有，一一而轉。各自種子所生，更互相應，有行
相，有所緣，有所依。"問：如是諸心法，幾依一切處心生一切地一切
時一切耶？答：五。謂作意等。思爲後邊，幾依一切處心生一切地
非一切時非一切耶？答：亦五。謂欲等。慧爲後邊，幾唯依善非一
切處心生非一切地非一切時非一切耶？答：謂信等。不害爲後邊，
幾唯依染汙非一切處心生非一切地非一切時非一切耶？答：謂貪
等。不正知爲後邊，幾依一切處心生非一切地非一切時非一切耶？
答：謂惡作等。伺爲後邊。因此，總料簡其文，假實義略有四種：
一、對性空，餘一切法皆是假有。依無住本，立一切法故。二、約名
言因緣，互爲發起，則一切法並通假實。因緣故實，果起故假。三、
約三性法相徧計即空。情謂實有真實性體故實，理有依他緣發故
假。四、品類增微善惡違順以明假實。則如此論，心所有法乃至不

相應等,以明假實。瑜伽顯揚等亦然。並相望顯義,漸次成法。若俗諦相隱及違善而有理用者爲假,若相顯彰而有體事用向善者爲實有也。何以故? 聖者爲欲對小機人,方便顯法空故。文義云何? 八識約事用處明,故皆是實。五十五法,若依瑜伽,二十七法是實有,餘皆假立。二十七者,徧行五,別境五,善中有七。除不放逸、捨,是無貪瞋癡及以精進,於此四上假立故有。不害,復於無瞋上假立故。瑜伽云:"云何諸善法,幾是世俗有,幾是實物有? 答: 三是世俗有,謂不放逸、捨,及不害。所以者何? 不放逸、捨,是無貪無瞋無癡精進分。卽是法離染義,建立爲捨; 治雜染義故,立不放逸。不害,卽是無瞋分,無別實物也。"根本煩惱有六,五實一假。論云:"根本六煩惱中,幾世俗有,幾實物有? 答: 一見是世俗有,是慧分故。餘實物有,別心法故。"隨煩惱假實者,依瑜伽論決擇中說,不定四亦入隨煩惱,卽二十四總名隨煩惱分,亦不說邪欲邪勝解。依本地分中有二十六,加邪欲邪勝解,廣如彼釋。復次,此隨煩惱,幾世俗有,幾實物有? 謂無慚、無愧、不信、懈怠,此四是實,餘是假有。忿、恨、惱、嫉、害,此五是瞋分,皆世俗有。慳、憍、掉舉,三是貪分,亦世俗有。覆、誑、諂、惛沈、睡眠、惡作、忘念、散亂、惡慧九法,癡分,皆世俗有。放逸,是貪、瞋、癡、懈怠分,是世俗有。尋、伺二法,是發語言心加行分及慧分,故是假有。若依雜集論,二十二是實物有,餘爲假有。二十二者,徧行五,別境五,善有七,是實物有,餘四假有。故下論云:"無癡者,謂報教證智,決擇爲體。"又,決擇者,謂慧勇懃俱,故知無癡用慧爲性。不放逸、捨,並云依止正懃,無貪無瞋癡,是故依此四法假立。不害者,是無瞋善根一分,故是假有。根本煩惱有十,五是實有,五是假有,慧分故。隨煩惱及四不定,合二十四,皆是假有。故論云:"當知忿等,是假建立,離瞋等外,無別體故。"忿、恨、惱、嫉、害,此五是瞋一分,同瑜伽論。

慳、憍、掉舉，此三是貪分，與瑜伽同。放逸，依止懈怠及貪、瞋、癡四法假立，亦同瑜伽。無慚、無愧，是貪、瞋、癡分；不信懈怠，是癡一分，並是假立，不同瑜伽。瑜伽此四實物有。誑、諂二法，是愚、癡一分；散亂一法，是貪、瞋、癡分；忘念、不正知，是煩惱相應，定慧爲體。覆、睡眠、惛沈、惡作四法，是愚癡分。尋伺二法，或思性，或慧性，謂於推度不推度位義別。故前瑜伽隨煩惱中九，謂覆、誑、諂、惛沈、睡眠、惡作、忘念、散亂、惡慧，並是癡分，此論唯覆、惛沈、睡眠、惡作四，是愚癡分，餘五不同。謂散亂一法，是貪瞋癡分；誑、諂二法，是貪癡分；忘念、不正知，是煩惱中念。所以有此不同者，當知並是諸作論者，方便交絡，顯其異義。隨其增微廢興差別，理不相違。若依毗曇，纏垢隨煩惱，通是貪瞋癡疑五見九使家依，唯除慢使。此中大乘，但是貪瞋癡依，非餘使依。所以然者，二宗交絡，各顯一義。奘法師云："西方諸師，隨煩惱中七實有，無慚、無愧、不信、懈怠，四有別體，論有成文。惛沈、掉舉、散亂，三法亦有別體，所以得知。"解云：爲掉舉是貪分，故仍離貪外別得有體，如貪不與瞋相應，掉舉若爾，則不與一切煩惱相應過當知。惛沈、散亂亦言癡分，故知亦有別體。今準雜集論，但隨煩惱中，道是貪瞋癡一分，及依止貪瞋癡等，皆是假有，若言是貪瞋癡等者則實有。今此隨煩惱內，無慚、無愧、惛沈、掉舉、不信、懈怠、心亂七使，是貪瞋癡分。餘之十三，或言一分，或言依止，此準之皆是假有。不定四法，亦有別體，由不定故。又，若有別體，與徧行何別？答：徧行隨起，則與行同，不定現前，由與事別，此宜思之。又，此四法，望上不足，望下有餘耳。奘法師云："無癡善根，別有體性。"瑜伽中善十一內，三是假有。捨、不放逸、不害，此三假有，餘是實有。又，大悲用無癡爲性，與二十二根慧根，不言相攝，故知別有性。如文中將無癡對三慧釋者，但對三慧等釋顯無癡，非即一體。若準此等義，心所有法中,三十實有,餘爲假有。三十者,前二十二內,加七隨煩惱及無癡也。依起差別,具緣多少,作業種類不同,各別廢興等,並如瑜伽及成唯識論釋。亦有智者,分判大乘,準小乘解,釋大乘文量,恐不可,極宜審定。心數微細,難可了知,略舉一隅,以示後學也。

卷　下

三十七、三世不同義,離世間品初釋。

問:諸教世時云何?答:依小乘教,三世有法。依三乘教,三世之中,現在有,過未無。依一乘教,九世義,過未現在,及現在現在,三時有;過去未來及現在,各有過未六世,是無。九世各有相入相卽,故得成一總句。總別合成十世也。此世等以不相應法爲體也。

三十八、障義,普賢品初釋。

問:諸教辨障義云何?答:若依小乘,諸使纏垢等,是障名數。此障名通三乘始教,兼則通餘教。何以故?謂惑名同,義有深淺故。惑智二障,及煩惱所知障,八妄想二十二無明等,正在三乘始教,兼則通三乘終教。五住地惑,皮肉心三障,闡提四障,凡夫性無明十一障等,此在直進三乘位,兼在終教等。已上諸惑,一惑一切障,一斷一切斷,此屬一乘教。如下説之。

三十九、一乘別障義,亦普賢品初釋。

問:普賢品內,據普賢法極深廣大,因何文中初明一瞋成百障等?答:依小乘教,一惑一障一世,一忍一智,一斷得一滅。依三乘教,初教名同前,義中深淺異;若據三乘終教,一惑一障三世,一忍一智,非初非中後斷,得三世滅也。據一乘教,一惑多障多世,一數多數忍,多數一數忍,一數多數智,多數一數智,一斷非初非中後,得九世滅及非世滅。今普賢品初明瞋障等者,據首爲言,欲類顯普賢廣大解行法也。

四十、**陀羅尼門**，知識中第十一處釋。

問：華嚴經中，以陀羅尼門，顯一切法門，其相云何？答：論自引悉曇章，阿等十二聲，迦等三十六半字。以音加半字，展轉相乘，成一切滿字。其字相仍，不離本字音。多中一，由多中有一初半字及初聲故；一中多，一中有多字音能故。一即多，半字及音成多字用故；多即一，由滿字相等，即壞成半字及初音故。以此字法陀羅尼，天人共解，故舉此爲立陀羅尼法，宜可準用之。此法極用在一乘，分用在三乘，餘乘非究竟。

四十一、**乘門數名不同義**，亦四十辯才後釋。

又約諸經論，乘有四種：一者、二乘，謂大小二乘。於方便中，從教趣果分二故。二者、三乘，謂大乘中乘小乘。於方便中，從理成行分三故。三者、依攝論一乘三乘小乘。謂於教門中，成機欲性，顯法本末差別不同故。四者、依法華經三乘一乘，約界分體相方便究竟不同故。又，約數說，謂二及三，各通三二義意故說。所言二通三者，謂大乘小乘，聲聞緣覺，一乘三乘。所言三通二者，有二義意：謂大乘中乘小乘，一乘三乘小乘，其意各別，準思可解耳。又，依下經文，或一二三，或四，謂一乘三乘；或五，謂三乘人天；或無量，謂一切法門也。此依始終說。

四十二、**四尋思義**，三地初四禪釋也。

問：諸教四尋思觀法云何？答：經論所明尋思觀者，略有三種：一、四尋思，二、六尋思，三、三尋思。亦名求知，大門有五：一、列名字，并教興意；二、釋其義，并顯主客分齊不同；三、對三性，明其假實；四、明深淺，及對如實顯觀分齊；五、辨位地，及問答除疑。

初，列名字并教興意者，謂初、四尋思：（一）名，謂能詮教法；

（二）義，謂所詮之義;（三）自性,謂名義之體能;（四）差別,謂名義相形,及對諸法相別不同,故名差別。二、六尋思者,分其名義各有自性及差別,故有六也。三、三尋思者,合其名義自性及差別,則爲三也。教興意者,問:何故立四尋思? 答:爲中根人有其二見:一、和合見,二、差別見。和合見者,謂義與名和合成一;差別見者, 謂義與名各有自性,有能相應,而體不同也。聖者立教,對治彼病,與四尋思,開初名義,對治前差別見,合彼自性及差別義,對治相應成一之見。問:凡言對治,障治須別,外人立一能治之法,則界分別成其多法,顯一是假,及彰無等。因何今說開名義二以治差別,有何道理? 答:若對外道及三乘見,不依論道,則如來嗔,今此尋思是菩薩自觀,通對一切外道二乘及菩薩,或順論道,故興此治。所以知者,如界分別,分破合假及自性見,則違論道。何以故? 合假自性,是緣聚法,及是成法,界分別等,乃是壞法。成壞不同,賴緣各別,故不相治。是以,文中興其觀門,分齊少別,如下具說,宜可思之。六尋思者,爲治差別見,即爲利根人。三尋思者,對治和合及一見等,爲頓根人。何故? 差別見者,是見行故,和合一見者,是愛行故也。

　　二,釋其義并顯主客分齊不同者,如攝論云:"何者名尋思? 謂名義自性差別。菩薩於名唯見名,於義唯見義,於名義自性言説,唯見名義自性言説,於名義差別言説,唯見名義差別言説。於此四處,度疑決了,說名尋思門。" 所以自性及差別安言說者,爲後二法觀相深故,若據實觀,四種法中皆是言說。問:約何觀相,得知後二是深非淺? 答:名義二法,一往直計,見不深重。自性及差別,約其所以驗證成執,故是尤重。翻治觀成,加功作業,方觀現前,故是深也。文云於名唯見名等者,菩薩於實名,皆見假名及無名,不見實名也。義等亦然。主客分齊差別者,以空爲主,以實爲客,以假爲主,以實爲客。何以故？由攝論云:"以無所有爲自性。"又,觀名義唯假立尋思,故得知也。有以因爲主,以果爲客。所以然者,以客依主立,浮寄無根,立與客爲依,得成其事,所以得知互爲因果,成主客義。故攝論云:"名義互爲客,菩薩應尋思。"故得知也。問:義若如此,何故攝論云:"名無所有,於義是客;義無所有,於名是客？"若據此文,則無所有是其客義;何故乃言空無所有是其主義？答:此語乍隱,宜須思之。言無所有者,即實有也。分別性有與無,義同一種,無理不得有別。此相難彰,只欲道實,則涉未觀,只欲道空,不知分齊,故今舉名說無所有,則知是實。次後偏舉無所有,是名義本性,故知前文名無所有,及義無所有,即說實也。此約觀智慧境爲言,宜可思之。

　　三,對三性明其分齊,故論偈云:"名義互爲客,菩薩應尋思,應觀二唯量,及彼二假說。從此生實智,離塵分別三,若見其非有,得入三無性。"前一行半偈,明無相觀,次有一句,若見其非有,明無生觀。三得入三無性,此之一句,明無性觀,廣如論辨。觀相云何？依依他性,以遣分別性,依彼真如,遣依他性。云何能遣？由名義無所有,能分別亦不得是有。何以故？若所分別名義是有,能分別緣此名義可說是有。由名義無所有,分別因緣既定是無,能分別體亦無所有。此中分別既無,言說亦不可得,則入依他無生性。菩薩見此有無無所有,則入三無性,非安立諦。此三性中,分別性是實亦則空;依他性是假,非實非空;真實一性,是實非空。四尋思觀,若入分別性,所分別塵是空是實。故釋論云:"若菩薩見名義,更互爲客,入異名義分別性。"何以故？由無相觀未全成故,但異未觀時,故云異也。此雖知無,未壞實見,故尋思觀,亦在實中。若見名義自性假說,唯分別爲體,則成分別無相觀,方得究竟。爾時尋思所知,並即是空,尋思等觀,若在依他性,則非實非空,亦可是假。

故攝論中，約彼八喻，明其似故，四尋思觀，不入無性。何以故？由是觀家初方便故，若得四如實智，方入無性，故得知也。

四，明深淺及對如實顯觀分齊者，論文云：釋自性義已，以甚深義爲境界，以此義求，得知名義二門，是淺非深；自性及差別，是深非淺。所言如實觀分別者。釋論解云：何名尋思所引如實智？若菩薩於名已尋思唯有名，後如實知唯有名，此則定知名無所有。問：若名定無體者，何故立諸法名？答：欲令眾生漸入正理，想見言說，依名想義。及現證，發語教他，假立客名，無有實法故。論釋云：若世間不安立色等名，於色等類中，無有一人能想此類是色。若不能想，則不增益，若不增益，不起執著，若不執著，不能互相教示也。何者？義尋思所引如實智，若菩薩於義已尋思唯有義，後如實知義離一切言說，不可言說。謂色受等類，色非色不可說，法非法不可說，有非有不可說，是名義尋思所引如實智。何者自性尋思所引如實智？於色等類自性言說中，已尋思惟有言說。由自性言說此類非其自性，如其自性顯現，菩薩如實通達此類，如化影像，非類似類顯現，是名自性尋思所引如實智。何者差別尋思所引如實智？若菩薩於差別言說中，已尋思唯有言說，於色等類中，見差別言說無有二義，此類非有，由可言體不成就故，非非有，不可言體成就故。如此非色，由真諦故；非非色，由俗諦故；於中有色，言說故。菩薩如實知差別言說無有二義，是名差別尋思所引如實智。如是等觀，菩薩尋思此名義，假立自性及差別，如此度疑決了等，説名尋思。因此尋思，觀名義等定無所有，名如實智。此卽尋思如實二義不同也。

五，辨位地及問答除疑者，尋思位地，在煖頂兩位。若準修時章，在於十信及十解位，如實智位，在於忍及世第一法。若準修時章，則在十行十迴向位。故攝論云："菩薩於四種尋思，修煖頂二種方便道,於四種如實智中。"修道云何？乃至論釋緣識爲境,了別無塵等？所緣既無,能緣必不得生,由此了別,故能伏滅唯識之想。唯識既滅,從最後刹那,更進第二刹那,即入初地。又,修時章云:"如聲聞道前有四方便,謂煖頂忍及世第一法。菩薩地前四位亦如此,謂十信十解十行十迴向。"故得知也。問:菩薩見名義相各異,及見相應,依義相應,菩薩見自性言說,及差別言說,皆屬義故。名與義相應,云何得知名義互爲客？此是論文,義意云何？如外人計名義各有自性及差別,各各相應,名義二法自性差別,此則各亭平等無偏,云何得知名義互爲客？論有三答:一,先於名智不生故,證名義不同體,而不相應。不同體時,則無有法,世數名義,皆悉如此。若名與義同體及與相應,未聞名時,於彼義中知名智應成;現見知義智生,知名智不生,故知名義本不相應。第二義者,引一多相違,證名義不同,亦不相應。如瓶一義,異國立名,皆悉不同,若名與義相應得成有者,名多非一,義亦應多。何以故？一義與多名相應成有故。第三義者,定不定異,故名義二相不得相應,名不定故。若名與義相應,名既不定,義亦應爾。西國有法,以一瞿名,目於九義。所謂九者,言方、地、光、牛、金、剛、眼、天、水。以一瞿名,目此九義,名與義定相應者,目天之時,地應隨名與天相應,餘亦如是。既無此義,故知名義二性差別,一亦不相應。何以故？與上三義相違故。若異相應,此亦不成。何以故？亦與上三義相違故。問:一異相應,二義各別,云何同一三義相違？答:雖復名同三義相違,失並有異。所以得知,若名與義一而相應者,見義之智,即須是其知名之智。又,若一者,義既是一,名即不多;又,若一者,名即不定,義亦應爾。若名與義異而相應,知義智生,知名之智亦應即生。何以故？名義相別而相應故。又,若異者,名既是多,義亦應多,二相各別而相應故。又,若異者,九義是別,一瞿之名,亦應成九。何以故？由彼名義，別相相應，成其有故。此等道理，皆悉偏約四尋思說，六尋思等，及三尋思，準以可知。何以故？不越一異相應成有故。餘可準求。此教在三乘，亦得一乘用。何以故？由此觀法，一切處用應法界故。

四十三、如實因緣義，明難品初釋。

問：菩薩初起修行，先觀如實因果，成入道方便，其義云何？答：凡佛法大綱，有其二種：所謂真俗。隨順觀世諦，則入第一義故。觀相云何？法有多門，且依同時如實，互爲因果義入。因果義有二重：第一重內有三門：一、明護分別過，二、明其義，三、明違之成過。初，護義者，略依燈光及燋炷明之。身心諸事，準之可解。問曰：燋炷生光炎耶？答：不也。炷從炎生故。又問：炎生炷耶？答：不也。炎從炷生故。又問：炎從炷生耶？答：不也。炎能生炷故。又問：炷從炎生耶？答：不也。炷能生炎故。又問：可是不生耶？答：不也。去炷炎隨無故。又問：生不生俱耶？答：不也。相違故。又問：非生非不生耶？答：不也。違其因果如實生理故。解第一門竟。第二義者，炷因生炎果。因是有義，由有力故，炎果從因生；是無義，依炷因生故。炎生其炷，返前可知。炎果從炷因生，是非有義，無體故；炷生光炎，炷因是非無義，爲有力故。餘句準可知。第二門竟。第三，違之成過者，若言炷因生果，亦可恆生，常能生炎果故，增益故；若言炷不生，亦可恆不生，炎果無因不有故，損減故。炎生炷，如前可知。若亦生不生，相違故，若言非生非不生，戲論故。餘義準之。第三門竟。

第二重者，三門同前。第一門者，初約因明，後約果論。問：因是有耶？答：不也。果因故，緣成故。又問：因是無耶？答：不也。生果故。又問：因有無俱耶？答：不也。相違故。又問：非有無耶？答：不也。現見生果法故。二約果論者，問：果是有耶？答：不也。

是他果無體故。又問:果是無耶？答:不也。由是果故。又問:亦
有亦無耶？答:不也。一果故,不相違故。又問:非有非無耶？
答:不也。現有果所生故。解第一門竟。第二義者,因是有義,由
能生故;因是無義,果家因故。緣成故,因是亦有亦無義;因成故,
因是非有非無義,隨定取一義不可得故。果義四門,準前知之。第
二門竟。第三,執成過者,問:因生果何失？答:若生者,亦可恆生,
亦可恆不生。所以知之,若生者即常生故。又,若生者,現所有炎
果,是能生炷因,即無所生,故是斷也。又問:因不生果有何失？
答:亦有二失。若炷因不生者,即光炎無因,故是常也。又,若炷不
生者,既炎無自生,因復不生,不可得有,故是斷也。亦生不生,非
生非不生,準以思之。餘義準可知。又,一切因,有六種義:一、空
有力,不待緣,念念滅故;二、有有力,不待緣,決定故;三、有有力,
待緣,如引顯自果故;四、無無力,待緣,觀因緣故;五、有無力,待
緣,隨逐至治際故;六、無有力,待緣,俱有力故。問:未知待緣,待
何緣？答:此待爐油水土等外緣,不取因事及自六義也。又,經
云"因因亦因因,果果亦果果"者,簡別因果親疏有無力用分齊。初
因者,親因也;復因者,緣因也。亦因因者,二因相由也。果果等
者,準因,二果相由成也。餘因果相望,則無用耳。又,增上緣,望
自增上果,還爲親因。故雜集論會疏緣入親因攝。又,成唯識論因
緣,謂有爲法親辦自果。此體有二:一、種子,二、現行。種子者,謂
本識中善染無記諸界地等功能差別,能引次後自類功能,及起同
時自類現果。此唯望彼是因緣。現行者,謂七轉識及彼相應所變
相見性界地等,除佛果善,極劣無記,餘熏本識,生自類種。此唯望
彼是因緣性。第八心品無所熏故,非簡所依獨能熏故,極微圓故,
不熏成種。現行同類展轉相望,皆非因緣,自種生故。一切異類展
轉相望,亦非因緣,不親生故。有說異類同類現行展轉相望爲因緣

者，應知假説，或隨轉門。有唯説種是因緣性，彼依顯勝，非盡理説。聖説轉識與阿賴耶展轉相望，爲因緣故。此顯因果親疏分齊極明善也。其六義及前因果理事相成，更以六法顯之。所謂總，總成因果也；二、別義，別成總故；三、同，自同成總故；四、異，諸義自異顯同故；五、成，因果理事成故；六、壞，諸義各住自法，不移本性故。所述緣起，並悉徧通，隨有事成，驗思可解耳。此文在三乘，一乘方究竟。何以故？稱法界故。

四十四、悔過法義，第五迴向初釋。

問：諸教懺悔法差別云何？答：此有四門：第一、懺悔，第二、勸請，第三、隨喜，第四、迴向。此文在一乘，通彼三乘用，廣説如毗婆娑論。小乘教等，不具此法也。其滅罪方法，具如經論。若發願門，皆通理事因果，並有成事願。未成事願，可準解之。

四十五、陀羅尼用義，亦十一知識中釋之。

問：諸教誦陀羅尼呪法差別云何？答：誦呪利益，滅罪生福，乃至成自利利他證果等用。此文在三乘終教，通彼一乘用。何以故？應法界故。小乘無此教也。又，有四種陀羅尼：一法，二義，三呪術，四忍，亦名爲遮忍，知一切言説一切法自性義不可得，名忍陀羅尼。後二陀羅尼，出地持論。又，十陀羅尼，是一乘文義，如離世間品説。印相施設工巧字相等，並準此知。

四十六、唯識略觀義，第六地中釋。

問：諸教之中説唯識觀方便云何？答：欲習觀者，先近二知識：一、行知識，二、解知識。依其靜處，自身隨所相應，持戒清淨，至心懺悔；請十方佛，一切賢聖，及善神王，加被己身；結加趺坐，左手置右手上，正端其身，閉目調息，以舌約上齶，正心住緣；所現境相，知自心作，分別隨息，其心卽住；縱使未住，以初作不調，習經月日，其心則止。次連成定，是其方便，若有魔事相起，則就道場悔過行道，魔事漸輕，所有諸疑，臨時消息；對解知識決其魔事，心但欲使相絕，皆須策勵，必成不疑，懈怠則無成，辨煩惱減少，是觀成相。此通一乘及三乘教，初順三乘，後順一乘，後熟具足主伴故也。

四十七、空觀義，初地後十心中釋。

問：空觀云何？答：依華嚴經，初觀菩薩依十種法，謂身、口、意、三業、佛、法、僧、戒。依此十法，所用威儀，並如前唯識觀說。但知十境隨一現前，知即是空。無本末相。其心得住，久習則明，與定相應。又問：餘法非空耶？答：一切皆空。但爲初修者入觀，餘不便故。有情染習久遠力强，故餘不便也。所有疑滯，一如唯識觀說。疑云：前唯識觀，後成正定，與空觀止云何差別？據止觀成，一種相似，今據方便境界爲言，故有差別。此等觀是正觀體，若隨事中，行住坐卧四威儀時，及益生等事，心成前唯識。及空觀當心，得煩惱損減者，並屬助道攝。此觀通一乘及三乘教，小乘教中無，縱作空觀，不同上義。由但得人空故，略有五辨，爲正助方便。一、真如辨，由知如故，心相即息，二、即空辨，三、唯識辨，四、妄想辨，五、緣起辨。用此五辨，正助二觀，即易成也。又，此空觀，及上唯識，二境分齊，不得如解時知。若如解時知，還成妄境耳。其空有四，併成觀境。一、有爲無爲虛空，二、擇數滅空，三、成實論教性空，四、地論教性空。並成觀境，但深淺異也。若窮空方便，一乘究竟。

四十八、普敬認惡義，第九迴向初釋。

問：人集教中，說八種佛法，差別云何？答：爲滅闡提病，成普敬認惡法。有其兩段：

第一段明普敬者，於内有八段：

一者，如來藏。有二：一者，法説如來藏，是一切諸佛菩薩聲聞緣覺，乃至六道衆生等體。二，喻説者，有五段：一、喻如阿耨大池，出八大河,河雖差別,水體無異。一切凡聖,雖差別不同,藏體無異。喻如伎兒,作種種伎倆,伎倆雖別,身無別異。〔喻〕如一切瓦,皆因埏作,瓦雖差別,土體無異。生死依如來藏,如來藏作生死,是名善說。世間言說,故有生死,非如來藏體有生有死。喻如波依水,水卽作波,風因緣故有波,非水體有波。喻如金莊嚴具,衆具雖別,金體無別,皆同一金。一切凡聖差別不同,皆是一藏。二、佛性者,亦法喻並說。佛性者,是一切凡聖因,一切凡聖皆從佛性而得生長。喻說者,喻如乳是酪因,一切酪皆因於乳而得生長,一種相似。當來佛者,一切惡四衆等,現在雖行邪善行,皆當作佛。佛想佛者,想一切衆生皆作佛想。

二者,普真普正佛法。莫問邪人學亦得真正,正人學亦得真正。何以故?如來藏佛性體,唯是普法,唯是真法,於中無有邪魔得入其中,是故不問邪人正人,俱得真正。

三者,無名無相佛法。有二種:一者,一切衆生體,是如來藏,未有真佛名,故名無名;未有真佛三十二相,故名無相。二者,一切六道衆生體,唯是如來藏,更無別名別相,故名無名無相。

四者,拔斷一切諸見根本佛法。有二種:一者、一切如來藏,悉有聖性,唯敬其體,不見其惡邪正故,故名拔斷一切諸見根本佛法。二者、一切六道衆生體,是如來藏,更無別法,唯敬作四種佛等,不見六道善惡等故,故名拔斷諸見根本佛法。

五者,悉斷一切諸語言道佛法。一切衆生,唯敬其體,不說善惡六道等名,故名悉斷一切諸語言道佛法。

六者,一人一行佛法。一人者,自身唯是惡人;一行者,如法華經說:"常不輕菩薩唯行一行。於自身已外,唯有敬作如來藏佛,佛性佛,當來佛,佛想佛等,故名一行。"

七者,無人無行佛法。自身及他一切衆生,皆同是一如來藏,無有別體，故名無人無行佛法。

八者，五種不干盡佛法。有二：一者，欲行此五法，唯須調亭。一、自他不干，不爲自身，不共邪善道俗往來；二、親疏不干，不學當根佛法者不共往來；三、道俗不干，一切邪善道俗，不與親友往來；四、貴賤不干，一切貴賤不共往來；五、凡聖不干，一切聖內多有邪魔，一切凡內多有諸佛菩薩，凡夫生盲，不能別得，是故凡聖不干。唯除乞食難事因緣，暫共往來者，不在其限。二者，自他俱是如來藏，唯作一觀，不得作自他親疏道俗貴賤凡聖等解於心。

於此八段內，更有二義：一、生盲生聾生瘂衆生佛法，二者、死人佛法。

第二，認惡義云何？答：第二段認惡者，於內有十二種：

一者，其心顛倒常錯謬，常行誹謗語，心緣第三階佛法以去，更作餘心，卽是顛倒常錯謬故。口唯得說如來藏佛法，更作餘語，則是常行誹謗語。

二者，善惡兩種顛倒，有二：一者、一切邪魔作諸佛菩薩形像，顛倒衆生，順本貪心，於內唯見其善，不知是邪魔。邪魔非是諸佛菩薩，非善見善，故名顛倒。二者、一切諸佛菩薩，應作種種衆生，顛倒衆生，若違其心，心必生瞋，唯見其惡。諸佛菩薩實非是惡，非惡見惡，故名顛倒。

三者，內外四種顛倒，有二：一者、邪貪，於一切順情之處，純見其善，無善見善，小善見多善。以善攝惡，俱作善解，故名顛倒。邪瞋者，違情之處，純見其惡，無惡見惡，小惡見多惡。以惡攝善，皆作惡解，故名顛倒。邪癡者，善內得惡不覺，惡內失善不知故，是名邪癡顛倒。二者、神鬼魔輔心，但使一切諸佛菩薩，及世間道俗，稱其心者，卽是神鬼魔輔心。

四者，一切經律論常說純說顛倒，但使一切經文內，唯說顛倒衆生是惡，不説是善，故名一切經律論常説純説顛倒。

五者，七種別惡顛倒，一者、三階，名第三階。二者、三聚：正定聚，不定聚，邪定聚。三者、法説，爲諸菩薩説甚深大乘義，爲諸聲聞説淺近之義，爲一闡提説世間之義。四者、喻説，一、如定受不死，二、死活不定，三、定死，醫藥所不能救。五者、無慚愧僧。六者、恆河第一人名常没。七者、最多阿鼻地獄果。

六者，六部經説最多顛倒，有五段：一者，一切佛不救。空見有見顛倒衆生，得值無量無邊諸佛，於諸佛所，行六波羅蜜。由學佛法不當根，謗佛法僧，不免墮十方一切阿鼻地獄，一切佛不能救。二者，一地法不能救。有二種：一者、大乘小乘，各各誦得八萬四千法聚，由心一念，嫌他學十二頭陀比丘，即滅爾許善根盡，墮阿鼻地獄，如大集經説。二者、讀誦十二部經，不免謗佛，現身墮十方一切阿鼻地獄，如涅槃經説。故名一切法不救。三者，一切僧不救。四者，一切衆生不救。度得門徒弟子六百四萬億，復度得九十六種異學外道，迴心向涅槃，不免墮十方一切阿鼻地獄。五者，一切斷惡修善不救。大精進、大持戒、大懺悔、大不自是非他、不自高輕他，非佛弟子，是無慚無愧僧攝。

七者，十一部經説邪盡顛倒。十一部經者，一者、迦葉經。二者、如大集月藏分經，説明法滅盡品，正法悉滅。三者、如阿含經，説正法滅盡。四者、如大方廣十輪經，説一切人民，皆悉起於斷常。五者、如薩遮尼乾子經，説一切衆生，皆悉起於三種顛倒。六者、如摩訶摩耶經第二卷説文，當佛滅度一千年已後，唯有兩箇比丘學作不淨觀，正坐禪，不起高下彼此是非心。七者、如大般涅槃經，説末法世時，一闡提及五逆罪如大地土。八者、最妙勝定經。九者、大雲經。十者、佛藏經，説正人唯有一人兩人。十一者、觀佛三昧海經。

八者，四部經説出顛倒。一者，摩訶衍經，説三毒顛倒。二者，勝鬘經，説二見顛倒。三者，薩遮尼乾子經，説三種顛倒：一者、非法貪心，於十不善道生於樂心；二者、顛倒貪心，由因自力，得依時節得諸財物，不生知足心，方便求他財，是名顛倒貪心；三者、邪法羅網之所纏心，於非法中，生是法想，於非義中，生是義想，於末世時非是智者所作言論，作正論想，是名邪法羅網之所纏心。四者、涅槃經，説種種顛倒。

九者，兩部經説純顛倒。一、像法決疑經，説過千年後，像法之時，諸比丘比丘尼優婆塞優婆夷所作衆善，求名求利，無有一念作出世心。二、如佛藏經，説增上慢比丘，無有一念求涅槃心，但使無有一念出世心求涅槃心，即是純顛倒。

十者，兩部經説常顛倒。一、常没，二、常行惡，三、常爲無明所纏繞，四、其心顛倒常錯謬，五、常汙身口。此五段，如涅槃經説。六、心常遠離棄捨真實一切法味，七、常爲煩惱及諸邪見惑網所覆，歸依六師，傷罷聖道，八、常行誹謗語。此三段，如十輪經説。

十一者，三十二種偏病，自他俱見真正，住持佛法，自利利他，顛倒。於内有三十二，總有二四、一五、二六、一七、一四者。名相忘想，不淨説法。二四者，依人、依語、依識、依不了義經。一五者，一者、自他，自身唯見其好，他身唯見其惡；二者、上下，空見有見衆生，唯欲得學上佛法，不肯學下佛法；三者、普別，唯樂學別法，不行普法；四者、善惡，唯斷善外惡，不斷善内惡，唯修惡外善，不修惡内善；五者、自利利他，唯行自利，不行利他。一六者，一、名聞，二、利養，三、徒衆，四、多聞，五、勢力，六、勝他。二六者，一、貪，二、瞋，三、癡，四、神鬼魔，五、空見，六、有見。一七者，一、深賞罰衆僧，打罵繫縛，及遣還俗，滅一切三寶盡；二、邪正雜亂盡；三、一切善天龍八部出國盡；四、一切惡天龍神鬼魔等，競入其國而住，滅三寶，殺

衆生,令一切衆生悉作一切惡盡;設有少分修善衆生,惡魔入心,爲
作留難,破心而死; 五、使一切有緣佛法不相當盡; 六、一切根機不
相當盡; 七、一切藥病不相當盡。

十二者,滅三寶成三災盡顛倒。

今上二義,爲救闡提迴向一乘,兼順三乘於理有順,故錄附之。

如來藏義者,依大方等如來藏經,我以佛眼觀一切衆生諸煩惱
中,有如來智,如來眼,如來身,結伽趺坐,儼然不動。一、舉彼天眼
觀未敷華內,有如來身結跏趺坐。明如來藏本性具德喻。二、譬如
淳蜜在巖樹中,無數羣蜂圍繞守護,有人巧智,除蜂取蜜。明本德
去染成淨喻。三、譬如粳糧米,未離皮糩,貧愚輕賤,謂爲可棄,除
蕩既精,常爲御用。明藏在染同愚異淨喻。四、譬如真金墮不淨
處,隱沒不現,經歷年載,真金不壞。明藏在染難壞喻。五、譬如貧
家有珍寶藏,寶不能言我在於此,又無語者,不能開發。明藏在染
闕緣喻。六、譬如庵羅菓,內種不壞,種之於地,成大樹王。明藏德
會緣成果喻。七、譬如有人持真金像,行諸他國,經於險路,懼遭劫
奪,裹以弊物,令無識者,棄捐曠野,人謂不淨;有天眼者,知有真金
像,即爲出之,令他禮敬。明真德除染生信喻。八、譬如女人,貧賤
醜陋,而懷貴子,經歷多時,人謂賤想。明轉想會真成智喻。九、譬
如鑄師,鑄真金像,既鑄成已,外雖燋黑,內像不變,開摸出像,金色
晃曜。明反染歸真應體喻。

佛性義者,略有十種: 謂體性,因性,果性,業性,相應性,行性,
時差別性,徧處性,不變性,無差別性。依佛性論,小乘諸部解執不
同。若依分別部說,一切凡聖衆生,並以空爲其本,所以凡聖衆生,
皆從空出。故空是佛性,佛性者即大涅槃。若依毗曇薩婆多等諸
部說者,則一切衆生,無有性得佛性,但有修得佛性,分別衆生有三
種:一,定無佛性,永不得涅槃,是闡提犯重禁者。二,不定有無,若

修時則得，不修不得，是賢善共位以上人故。三，定有佛性，即三乘人：一、聲聞從苦忍以上即得佛性，二、獨覺從世第一法以上即得佛性，三、菩薩十迴向以上是不退位，得於佛性。問：依仁王經言，三賢十聖忍中行，唯佛一人能盡原。又論云，十解已上是聖人。今十迴向已上得佛性，云何諸經論不同？答：此等不同，爲有情機欲各別，隨一義説，宜可準之配釋。此佛性論，初約小乘及迴心初教説，若後破執成正義，即是終教。即一切衆生皆有佛性，依二空所顯真如是也。大乘涅槃經四句佛性者，非小乘義中，及初迴心人，作四句義，即是頓教終教佛性，及大般涅槃，仍非一乘別教義也。四句義者，或有佛性，闡提人有，善根人無，謂約行辯性也。或有佛性，善根人有，闡提人無，謂約位辯性也。或有佛性，二人俱有，謂約因辯性也。或有佛性，二人俱無，約果辯性也。問：闡提之義，斷現善根，因何有行善性？答：此約位語。此世生善根可救者，有現行善性；他世生善根，現不可救者，有行因種子。此義不同聲聞宗。此之四位，皆具性得及修得二佛性也。何以故？此之二性，同於信解淨心處説故，相由成故也。性得及修得二種佛性，非初非中後，前中後取故。又驗經文，如來藏爲直進菩薩機説，佛性爲淳熟聲聞機説。此中所明如來藏佛性，雖約諸義差別不同，皆是同教一乘義也。何以故？爲成普法故，普法所成故。

四十九、四宗義，初地請分後釋。

問：大論教中明四宗義，義相云何？答：西域名悉檀，此翻名宗。悉檀有四：一，世界悉檀。世者時，界者分界也，理法起於時分故，名世界悉檀。二，各各爲人悉檀。據機欲上下，成彼所説正理分齊故，名爲人悉檀。三，對治悉檀。據惑明治，勝沈在用，約用顯治分齊故，名對治悉檀。四，第一義悉檀者，總攝一切十二部經八萬法藏等，皆是真實，無相違背，順理中極，名第一義悉檀。云何名世界悉檀義有法？從因緣和合故有，無別性。譬如車，轅軸輞等和合故有，無別車也。人亦如是，五衆和合故有，無別人等也。世界故有，第一義故無。以五衆因緣有，故有人。譬如乳，色香味觸因緣有故。若乳實無，乳因緣亦應無，今乳因緣實有，故乳亦應有。非如一人第二頭第三手，無因緣而有，假名如是等相，名爲世界悉檀。云何名各各爲人悉檀？觀人心行而爲説法，於一事中，或聽不聽。如爲不信罪福墮滅見者，爲説雜生世間雜觸雜受；爲計有我有神墮計常中者，説無人得觸得受。云何名對治悉檀有法？對治則有，實性則無。不淨觀，於貪欲病中，名爲善對治法；於瞋恚病中，不名善，非對治法。云何名第一義悉檀？諸佛、辟支佛、阿羅漢、所行真實法，不可破散。上三悉檀不通，此則通過一切。語言道斷，心行處滅，徧無所依，不示諸法，無初無中無後，不盡不壞，此名第一義悉檀。上來宗義，文在三乘，義通一乘。何以故？應法界故。法界義，普成世界總，普成各各爲人總，普成對治總，普成第一義總。若從門別，小乘亦得分有也。

　　五十、十二部經義，十藏品釋。

　　問：十二部經教差別云何？答：詮理之教，約十二部：一、脩多羅，此方云契經。二、祇夜，此云重誦。三、伽陀，此云不直説。四、和伽羅那，此云受記。五、憂陀那，此云無問自説。六、尼陀那，此云因緣。七、阿波陀那，此云譬喻。八、伊帝目多伽，此云本事。九、闍陀伽，此云本生。十、毗佛略，此云方廣。十一、阿浮陀達摩，此云未曾有。十二、憂波提舍，此云論義經也。此教體性，通二乘三乘，總有六種：一、實，二、實卽空，三、可似，四、不可似，五、唯識，六、真如。廣如經論。其十二部教，若約乘論，有其二義：一、通相説，一乘三乘小乘，皆有十二部。二、若分別説者，一乘有一部，謂方廣部；有九部，謂無因緣譬喻及論義，如金剛身品説。三乘之中有十二部,復有十一部,除方廣部。故地持云:"十二部中, 唯方廣部是菩薩藏, 餘十一部是聲聞藏。"問:何故作如是說? 答:爲諸教中,說二乘及三乘,各有二義:言二乘者,一、就初心機性及種子說,則迴心已還,並是聲聞藏,二直進已去,是菩薩藏。二、就初迴心上心解行說,則迴心已去,是菩薩藏,未迴心者,是聲聞藏。三乘準可知。今地持文分部者,據此第一義也。小乘之中有十二部,復說九部,謂無方廣無問自說及受記,如法華經說。說三乘二乘等,何故皆有二種說十二部? 答:由所據望與教顯理不同故。如一乘中一方廣部,即據攝法;復有九部者,約分齊言,由形下小機故。三乘之中有十二部,復說十一部者,十二部據攝法有,十一部者,形上大機故。直進之人,有方廣部,迴心之人,無方廣部,起彼迴心人增上信心故。小乘之中有十二部,即攝法也。有九部者,欲彰菩薩勝機勝法,顯彼聲聞愚下不足故。餘可準求耳。

五十一、翻依等義,序品後釋,取論道法; 及地品初釋,取釋文法也。

問:聖教差別隱現不同, 云何得知文義分齊? 答:若欲解其文義,當用八種方便約之則解。一、四意方便,二、四依方便,三、七例聲方便,四、釋門方便,五、二詮方便,六、自相共相方便,七、依聲方便,八、論義得失立破成量等方便。初,四意者,一、平等意,心及理普徧故;二、別時意,義在別時故;三、別義意,義在別證故;四、衆生樂欲意,隨彼機欲教義前後不定故。二,四依者,一、令入依,二、相依,三、對治依,四、翻依。翻依有五:一、相望翻, 相形取義故;二、增字翻,加字會義故;三、會意翻,以意會義故;四、借勢翻,如羝羊鬪,將前而更卻等;五、異事翻,於一名下有二義事而會取正故。三,七例聲:一、補嚧沙沙,此名俗作業聲,如說樹木等聲。二、補嚧私,所發至教業聲,如說故思造業等聲。三、補嚧崴拏,業具聲,如說刀杖能成等。四、補嚧沙耶，所爲聲，如説助伴等。五、補嚧沙頦，所因主聲，如説王主父母等。六、補嚧殺娑，屬主聲，如説奴僕等。七、補嚧儗，所呼依聲，如説音聲名味句等。又，七例聲：第一、如世所直説，第二、言卽位由言成，第三、起言依位本語，第四、起言爲所立，第五、所由因位等，第六、自成由於他，第七、所説能詮教聲。所屬宜可思準之。四，六種釋門者，一、依主釋，如依師顯弟子業等。二、持業釋，舉作用以顯體成。三、相違釋，如舉白以顯黑等故。四、多財釋，舉彼衆德以顯義宗故。五、鄰近釋，如舉正因以顯親果義等故。六、帶數釋，如第一義諦，舉第一數以顯勝故。五，詮有二種者：一、表詮，亦名直詮，直顯義故。二、遮詮，防彼異非，以成是義故。六，自相共相分齊者，其自相義，當彼法體自體相也；共相者，假詮實義共如假相故。論義得失立破論等者，廣如羅什翻論義得失立破論，真諦所翻如實論，廣略二因明，卽大域龍商羯羅所造論等，具顯其法也。七，聲有三種者，一、男聲，直申能對治等聲。二、女聲，委出所治障等聲。三、非男非女聲，如説餘道理等聲。八，依上方便，得會聖教應真實義。此文在一乘及三乘，餘宗不具顯，若無盡究竟唯一乘。何以故？以應法界故。若從文相別，卽是三乘也。

五十二、俗諦入普賢門義，十地品初釋。

問：帝王行幾教令，王得證一乘佛法？答：正法念經爲王等説三十七法：一者、軍衆一切淨潔，二者、依法賦税受取，三者、恆常懷忍不怒，四者、平直斷事不偏，五者、恆常供養尊長，六者、順舊依前而興，七者、布施心不慳悋，八者、不攝非法行者，九者、不近不善知識，十者、貞謹不屬婦女，第十一者、聞諸語言不一切信，第十二者、愛善名不貪財物，第十三者、捨離邪見，第十四者、恆常慧施，第十五者、愛語美説，第十六者、如實語説，第十七者、於諸臣衆，若無因緣，不舉不下，第十八者、知人好惡，第十九者、常定一時數見衆人，第二十者、不多睡臥，二十一者、常不懈怠，二十二者、善友堅固，二十三者、不近一切無益之友，二十四者、瞋喜不動，二十五者、不貪飲食，二十六者、心善思惟，二十七者、不待後時，安詳而作，二十八者、法利世間，二十九者、恆常修行十善業道，三十者、信於因緣，三十一者、常供養天，三十二者、正護國土，三十三者、正護妻子，三十四者、常修習智，三十五者、不樂境界，三十六者、不令惡人住其國内，三十七者、於一切民，若祿若位，依前法與人。

五十三、一乘得名意，四十無礙後釋。

問：一乘語字，幾意故語？答：有八意説：一，爲不定機性聲聞，通因及果，故説一乘。二，爲欲定彼不定性菩薩，令不入小乘，故説一乘。三，據其法，真如是一，諸乘皆依真如，以體攝相，故説一乘。四，據無我等，無人我理既是通法，大小乘共據無我理通，故説一乘。五，據解脱等，大小諸乘脱煩惱障，據脱障通，故説一乘。六，據性不同，聲聞身中，先修菩薩種性，後入聲聞，約性二處是通，故説一乘。七，據得二意，此有兩二意：初，二意者，佛意欲攝一切有情，得同自體意樂，我既成佛，彼亦成佛，據此意樂，故説一乘。自體者，法性爲自體。第二、佛先爲彼聲聞授記，欲發聲聞平等意樂，我等與佛平等無二，佛爲此意，與諸聲聞等皆受記，據佛等意，故説一乘。第二義，於一言下有二義：一、實聲聞，攝從自體意樂；二、有實菩薩名同聲聞，及菩薩化爲聲聞，於一授記下有其二義，據一受記意樂，故語一乘。八，據爲化意，佛爲聲聞，作聲聞佛。所以同彼聲聞者，欲令彼修聲聞行故。現同小佛，欲攝末歸本，道我此身即是一乘，據能緣化心，故説一乘。約此八意，括聲聞乘本來是一，唯聲聞人不了自法，謂言有別意，愚住聲聞行，從彼愚故。諸佛所訶，今一乘所救者，據此病別也。此文義在攝論也。

略舉五十問答，以通大教相顯，諸文準之可見也。此依華嚴經而所示矣。

（據金陵刻經處本）

〔附〕 法藏:智儼傳

釋智儼，姓趙氏，天水人也。高祖弘，高尚其志。父景，申州錄事參軍。母初夢梵僧執錫而謂曰："速宜齋戒，淨爾身心。"遂驚覺。又聞異香，有娠焉。及儼生數歲，卓異凡童，或壘塊爲塔，或緝華成蓋，或率同輩爲聽衆，而自作法師。生智宿殖，皆此類也。

年十二，有神僧杜順，無何而輒入其舍，撫儼頂謂景曰："此我兒，可還我來。"父母知其有道，欣然不吝。順即以儼付上足達法師，令其訓誨，曉夜誦持，曾無再問。後屬二梵僧來遊至相，見儼精爽非常，遂授以梵本，不日便熟。梵僧謂諸僧曰："此童子當爲弘法之匠也。"年甫十四，即預緇衣。于時隋運將終，人民饑餒，儼雖童稚，抗志彌堅。

後依常法師聽攝大乘論，未盈數歲，詞解精微。常因龍象盛集，令其豎義。時有辨法師，玄門準的，欲觀其神器，躬自擊揚。往復徵研，辭理彌王，咸歎其慧悟，天縱哲人。進具之後，聽四分、迦延、毗曇、成實、十地、地持、涅槃等經。後於琳法師所，廣學徵心，索隱探微，時稱得意。

儼以法門繁曠，智海沖深，方駕司南，未知何厝。乃至於經藏前，禮而自立誓，信手取之，得華嚴第一。即於當寺智正法師下聽受此經。雖閱舊聞，常懷新致，炎涼亟改，未革所疑。遂徧覽藏經，討尋衆釋。傳光統律師文疏，稍開殊軫，謂別教一乘無盡緣起。欣然賞會，粗知毛目。後遇異僧來謂曰："汝欲得解一乘義者，其十地中六相之義，慎勿輕也。可一兩月間攝静思之，當自知耳。”言訖忽然不見。儼驚惕良久，因即陶研，不盈累朔，於焉大啓。遂立教分宗，製此經疏，時年二十七。

又，七宵行道，祈請是非，爰夢神童，深蒙印可，而棲遑草澤，不競當代。及乎暮齒，方屈弘宣，皇儲往封沛王，親爲講主，頻命府司優事供給，故使法輪無輟，是所賴焉。然其精練庶事，藻思多能，造蓮華藏世界圖一鋪，蓋葱河之左，古今未聞者也。

至總章元年，夢當寺般若臺傾倒，門人慧曉又夢上高幢上侵雲漢，幢首寶珠，明如曉日，漸漸移來，入京便倒。儼自覺遷神之候，告門人曰：“吾此幻軀，從緣無性，今當暫往淨方，後遊蓮華藏世界。汝等隨我，亦同此志。”俄至十月二十九日夜，神色如常，右脇而卧，終於清淨寺焉。春秋六十七矣。時有業淨方者，其夜聞空中音樂從西方而來，須臾還返，以爲大福德人往生之驗。明晨詢問，果知其應也。

儼所撰義疏，解諸經論凡二十餘部，皆簡略章句，剖曜新奇，故得其門寮其寡矣。門人懷濟、賢首。近永隆年中，雍州長安縣人郭神亮，梵行清淨，因忽患暴終，諸天引至兜率天宫，禮敬彌勒，有一菩薩語亮云：“何不受持華嚴？”對曰：“爲無人講。”菩薩曰：“有人現講，何以言無？”亮後再蘇，具向薄塵法師論敍其事。以此而詳首之弘轉法輪，亞迹參微矣。懷濟秀而不實，早從冥寞。

（選自天津刻經處本唐法藏華嚴經傳記卷二）

續法: 二祖智儼和尚傳

二祖諱智儼，俗姓趙氏，生於開皇二十年也。別號雲華和尚，師居是寺，因而名之。又號至相尊者，亦因主化其中，人故稱之。英敏特達，穎悟非常，經書過目成誦不忘。

　　初剃染時，卽於大藏前立誓願，抽得華嚴第一。遂往終南山杜順和尚所投爲上足。師侍未久，盡得其旨。尚以所集觀法傳與師習，令其講授。後志欲弘通，偶遇異僧來謂曰：“汝欲解華嚴一乘法界宗者，其十地中六相之義是也，慎勿輕忽，可一二月間靜攝思之，當自知爾。”言訖忽然不見。因卽淘研，不盈累朔，豁爾貫通，時年二十七也。隨於至相寺，製華嚴經搜玄義鈔五卷，題名華嚴經中搜玄分劑通智方軌，卽明六相，開十玄，立五教也。

　　時京兆崇福寺慧祐，戒行精苦，向慕師德，特來親事。師教專以華嚴爲業，每清晨良宵，焚香虔誦出現品，後時忽見十餘菩薩從地踊出，現身金色，皆放光明，坐蓮華座，合掌聽誦此品，經畢便隱。顯慶四年，師於雲華寺中講華嚴，宗風大振，名徧寰內，緇素道俗，咸皆歸禮。時法藏年十七，辭親求法於太白山，後聞親疾，出谷入京。至中夜，忽覩神光來燭庭宇，乃歎曰：“當有異人，發弘大教。”翌旦就寺膜拜已，因設數問，皆出意表。師嗟賞曰：“比丘義龍輩尚罕扣斯端，何計仁賢發皇耳目。”或告曰：“是居士雲棲木食，久玩雜華，爲覲慈親，乍來至此。”藏既餐和尚之妙解，以爲真吾師也。師亦喜傳炷之得人矣。

　　龍朔二年，海東義想公同元曉公入大唐國，夜宿古塚，曉公因達唯心旨故，卽回新羅，想公來雲華禮事和尚，願爲弟子，與藏公同學。總章元年，師將去世，藏公尚居俗服，乃囑道成、薄塵諸大德曰：“此賢者注意於華嚴，蓋無師自悟，紹隆遺法，其惟是人，幸假餘光，俾沾制度。”後夢般若臺傾，高幢亦倒，告門人曰：“吾將暫往淨方也。”不餘月，遂說法而逝，壽年七十二矣。

　　時義想傳不思議經，歸海東大弘，彼國推爲華嚴初祖，並號浮石尊者。後長壽年間，藏公因勝詮法師回新羅，寄書於義想曰：“凤世同因，今生同業，得於此報，俱沐大經。特蒙先師授茲奧典，希傍此業，用結來因。但以何尚章疏義豐文簡，致令後人多難趣入。是以具録微言妙者，勒成義記，傳之彼土。幸示箴誨。"想乃掩室探討，涉旬方出。召弟子真定、相圓、亮元、表訓四人，俾分講探玄記，每各十卷。告之曰："博我者藏公，起予者爾輩，各宜勉旃，毋自欺也。"遂令教傳一國，學徧十山，皆憑雲華和尚法化力也。其神異德行，備如感應傳説。

（選自金陵刻經處本清續法法界宗五祖略記）

法　　藏

　　【簡介】　法藏，俗姓康，生於公元六四三年（唐太宗貞觀十七年），死於公元七一二年（唐玄宗先天元年），其先爲康居國人，本人生在長安（今陝西西安）。他十七歲出家，讀佛教大乘方等經典，以後師事智儼，深得華嚴經玄旨。華嚴宗的基本教義和理論，到法藏時才建立完備，同時也才正式蔚爲一大宗派。他雖然被推爲華嚴宗的三祖，而實際上是華嚴宗的真正創立者。

　　法藏，又稱賢首（相傳此名爲武則天所賜），被尊稱爲賢首國師，因此華嚴宗在佛教史上又稱爲賢首宗。“華嚴”是因本宗尊華嚴經而得名，“賢首”是因本宗爲賢首（法藏）所創立而得名。

　　華嚴宗雖說依華嚴經而立教，但它對華嚴經的發揮是創造性的，因此成爲中國佛教特有的教派之一，並傳入朝鮮、日本。華嚴宗以“理”、“事”等中國人較爲容易理解和接受的概念來闡發佛教大乘思想，同時又比較注意對範疇及範疇之間關係的細緻分析，因而在中國哲學思想的發展過程中，有着較大的影響。兩宋的程朱理學，在一定程度上也是受到華嚴宗思想影響的。這是值得注意的。

　　法藏精通梵文，曾參加過玄奘的譯場，因意見不合而離去，以後又參加過義淨的譯場，又與實叉難陀（喜學）等人共同譯出佛典多種。其中特別是對華嚴經的翻譯、訂正，法藏做了大量的工作。在此之前，華嚴經較完整的譯本有東晉佛馱跋陀羅譯的三十四品，六十卷本（俗稱六十華嚴）。法藏感到其中有缺誤，在唐高宗調露年間（公元六七九年）與地婆訶羅（日照）對照梵文經本，補譯出原譯中缺漏的兩段文字。武則天時期，實叉難陀重新翻譯華嚴經爲三十九品，八十卷本（俗稱八十華嚴）。這個譯本比晉譯本詳細，但同樣缺日照補譯部分。因此，法藏以晉譯本和新譯本對勘，又補上日照所譯部分，整理出一部比較完善的華嚴經譯本。（此外，至唐德宗貞元年間，還有般若譯的四十卷本華嚴經，也是一部比較重要的華嚴經譯本。）

　　法藏的基本思想，大體上都是從智儼那裡延續下來的，但他比智儼的一些説法更明確，更充實了。如在判教理論上，教分爲五的思想在杜順和智儼那里已都有表露，但明確五教的名稱和次序爲：小乘、大乘始教、大乘終教、大乘頓教和一乘圓教，則是由法藏才確定下來的。他並且據此把當時的各宗派分別判入上述各教，而把華嚴宗抬到一乘圓教的最高地位。所謂“五教”主要是從“教法”上分的，同時法藏還從“教理”上，依據中印各派所講的理論，分爲十宗。又，他也研究了佛教傳入中國後，各家所據不同佛教經典，宣傳不同教義的情況，把各家按先後次序分爲十家等（詳閲大乘起信論義記及華嚴探玄記等），大大地充實了華嚴宗的判教説。

　　對於華嚴宗闡明法界無盡緣起教義的一些基本理論範疇，如“四法界”、“六相義”、“十玄門”等，法藏也有更爲廣泛和深入的分析和論證。而特別要提到的是，他爲了使這些繁瑣、晦澀的教義易於爲人們理解，做了許多通俗化的工作，從而使華嚴宗的影響更爲擴大。如，他曾被武則天召去講“六相”、“十玄”，講了半天武則天也聽不懂。於是他指着殿前的金獅子做譬喻，反復闡明，“帝遂開悟其旨”（宋高僧傳卷五法藏傳），這就是現存的金師子章。又如，他爲了使人們對華嚴經中緣起無盡、圓融無礙的理論得到感性的認識，曾設十面鏡子“八方安排，上下各一，相去丈餘，面面相對”，然後在中間放一尊佛像,點一支蠟燭照之,於是十面鏡子中"互影交光",佛影重重,而"學者因曉刹海涉入無盡之義"(同上)。

法藏的著作極多,但唐以後大部分失佚。清末楊文會從日本等多方搜集,才又得窺法藏著作大貌。對於本書所選法藏著作中,有兩點須稍加説明:一、關於華嚴三昧章。日本大正大藏經中的華嚴發菩提心章與此大致相同。但楊文會據日本學者南條文雄提供的朝鮮華嚴三昧章本考訂,認爲華嚴發菩提心章中混入相傳爲杜順所作的華嚴法界觀門全文,非法藏原本。又據華嚴經傳記一書(此書爲法藏撰,由其弟子補充)中載有法藏撰華嚴三昧觀一卷,唐代朝鮮學者崔致遠作法藏傳中也提到,他依照法藏華嚴三昧觀的體例爲法藏作傳,因此楊文會判定華嚴三昧章卽華嚴三昧觀,並據以刊刻。本書所選卽據楊文會説,取金陵刻經處本華嚴三昧章,而不取大正大藏經中的華嚴發菩提心章。二、關於華嚴策林。歷代傳目均載此作,但亦早已失佚。日本大正大藏經及續藏經均收有此文,然楊文會認爲,此已非原本,而是僞作。但歷來治華嚴宗者大都徵引此篇,真僞一時難於定論,所以仍選入以資研究。

法藏其他重要的著作還有:華嚴經傳記、華嚴問答、華嚴游心法界記、華嚴文義綱目、華嚴經關脈義記和密嚴經疏、梵網經疏、十二門論宗致義記等。

一、華嚴經旨歸

夫以主教圓通,盡虛空於塵刹;帝珠方廣,攬法界於毫端。無礙鎔融,盧舍那之妙境;有崖斯泯,普賢眼之玄鑒。浩汗微言,實叵尋其旨趣;宏深法海,尤罕測於宗源。今畧舉大綱,開茲十義,撮其機要,稱曰旨歸,庶探玄之士,粗識其致焉。

　　　　一説經處　　　二説經時　　　三説經佛
　　　　四説經衆　　　五説經儀　　　六辯經教
　　　　七顯經義　　　八釋經意　　　九明經益
　　　　十示經圓

説經處第一

　　夫圓滿教起,必周侧於塵方,既爲盡法界之談,詎可分其處别?今從狹至寬,晷開十處:初此閻浮,二周百億,三盡十方,四徧塵道,五通異界,六該别塵,七歸華藏,八重攝刹,九猶帝網,十餘佛同。

　　初,此閻浮者,謂此閻浮菩提樹等,七處八會,説此經法。

　　二,周百億者,謂盡此娑婆,百億閻浮覺樹王等,同時俱説。

　　三,盡十方者,謂盡於十方虚空法界,所有一切須彌山界,無不同時皆説此法。如光明覺品説。

　　四,徧塵道者,謂於十方虚空界中,一一塵處,皆有彼刹,悉於其中,演説此經。

　　五,通異界者,謂樹形等異類世界,有不可説佛刹微塵等一一流類,皆徧十方虚空法界,爲與前須彌山界等互不相礙,各於其中,轉尊法輪。

　　六,該别塵者,謂盡虚空界一一塵道,各亦同前,攝自同類無量刹海,而於其中,亦説此經。

　　七,歸華藏者,謂此等一切雜染世界,各皆同盡,唯是蓮華藏莊嚴世界海,數過刹塵,一一皆悉徧周法界,不相障礙,悉於其中,演説斯法。

　　八,重攝刹者,於此華藏一一塵,皆攝無邊諸佛刹海,皆於其中,説此經法。

九，猶帝網者，彼一一微塵，既各攝此無盡刹海，即此刹等，復有微塵，彼諸塵內，復有刹海，是即塵塵既其不盡，刹刹亦復不窮，如因陀羅網，重重具十，不可説其分量也。上來總是盧舍那佛説華嚴處。問：若如上説，即七處八會，皆悉雜亂。如上忉利天處説十住時，既徧虛空，周徧毛道，未知夜摩等處，亦説十住不？設爾何失，二俱有過？若彼不説，即説處不徧；若彼亦説，何故經中云忉利説十住法，夜摩等處説十行等？答：此説十住忉利天處，既徧十方一切塵道，是故夜摩等處，皆有忉利，即於如此徧夜摩等忉利天處，説十住。是故忉利無不普徧，仍非夜摩；夜摩等處，説十行等，皆亦徧於忉利等處，仍非忉利，當知亦爾。若約十住與十行等全位相攝，即彼此互無，各徧法界；若約諸位相資，即此彼互有，同徧法界。餘一一品一一文處，皆亦如是，準以思之。

十，餘佛同者，如此一佛説華嚴處，如是不同，是即十方一切餘佛，各説華嚴處皆不同，準前知之。經云：“三世諸佛，已説今説當説。”又云：“我不見有諸世界，彼諸如來不説此法。”又如證法菩薩所説，當知餘佛無不同説。問：餘佛説處，與舍那説處，爲相見不？設爾何失，二俱有過？謂若相見即乖相徧，若不相見，不成主伴？答：互爲主伴，通有四句：謂主主不相見，伴伴亦爾，各徧法界，彼此互無，故無相見。主之與伴，其必相見，伴主亦爾，共徧法界，此彼互有，故無不相見。如舍那爲主，證處爲伴，無有主而不俱伴故，舍那與證處，同徧法界。設於東方證法來處，彼有舍那，還有東方而來作證。如是一一具具，遠近皆同，徧周法界，一切塵道，無障無礙，思之可見。

説經時第二

夫以常恒之説，前後際而無涯，況念劫圓融，豈可辨其時分。

今畧舉短修分齊,析爲十重:初唯一念,二盡七日，三徧三際,四攝同類,五收異劫,六念攝劫,七復重收,八異界時，九彼相入，十本收末。

初，唯一念者,謂於一刹那中,卽徧如前無盡之處,頓説如此無邊法海。

二，盡七日者,謂佛初成道,於第二七日，普徧如前處，説此經法。

三，徧三際者,謂盡前後際各無邊劫,常在彼界,恒説此法,初無暫息。如不思議品説。

四，攝同類者,謂彼一切無邊劫中，一一劫内，各攝無量同類劫海,常説此法。

五，收異劫者,謂一一劫,各攝無量異類劫海,如長劫攝短劫等,恒説此經。

六，念攝劫者,於一念中,卽攝如上無量前後同異劫海。如是念念,盡前後際,一一念中,皆各普攝一切諸劫,皆亦如是。如是時劫,常説此法。

七，復重收者,此一念中,所攝劫内,復有諸念,而彼諸念,復攝諸劫。是卽念念既其不盡,劫劫亦復不窮,如因陀羅網，重重無盡,思之可見。

八，異界時者,如樹形等無量無邊異類世界，時劫不同,分齊各別,並盡彼時分,常説此經。

九，彼相攝者,卽彼異界所有時刦,亦各別相收,或互相攝,若念若劫,無盡同前。悉於彼時,恒説此法。

十，本收末者,如華藏界中,以非劫爲劫,劫卽非劫,念等亦爾。以時無長短,離分限故,以染時分説彼劫故。以時無別體,依法上立、法既融通,時亦隨爾。於此無量時劫，常説華嚴,初無休息。問：準此所説，説華嚴會，總無了時，何容有此一部經教？答：爲下劣衆生，於無盡説中，畧取此等，結集流通，故有此一部，令其見聞，方便引入無際限中。如觀牖隙，見無際虛空，當知此中道理亦爾，觀此一部，見無邊法海。又復卽此一部，是無邊劫海之説，以結通文無分齊故，一説卽是一切説故。問："若此多劫常恒説者，何故如來有涅槃耶？答：説此經佛，本不涅槃。法界品中，開㰠檀塔、見三世佛，無涅槃者。又復以此初時，既攝多劫，是故示現涅槃，亦在此中。以攝化威儀之中，涅槃亦是説法攝生，與成道説法無差別故。是故，説法總無休時。復次，舍利佛常在華藏，恒時説法，初無涅槃，如常住故。

説經佛第三

問：説此經佛，盧舍那身，既在如前無盡時處，其佛爲是一身，爲是多身？設爾何失，二俱有過？謂若是一身，何故一切刹中各全現耶？若是多身，何故經言而不分身？又云，而如來身亦不往彼？答：此盧舍那法界身雲，無障礙故，常在此處，卽在他處。故遠在他方，恒住此故；身不分異，亦非一故；同時異處，一身圓滿，皆全現故；一切菩薩，不能思故。今顯此義，略辨十重：一用周無礙，二相徧無礙，三寂用無礙，四依起無礙，五真應無礙，六分圓無礙，七因果無礙，八依正無礙，九潛入無礙，十圓通無礙。

初，用周無礙者，於上念劫刹塵等處，盧舍那佛，顯法界身雲，業用無邊，周帀如上一一塵刹，一一念劫，攝生威儀，或現八相，或三乘形，或五趣身，或六塵境，身雲差別，名號不同，業用多端，不可稱説。華嚴佛境界分云："盧舍那佛，於一塵中，示現十佛世界微塵數等多威儀路，以攝衆生，如一塵、一切塵亦爾，如一佛、一切佛亦爾，故知如是應機現身，無盡無盡，不可説也。"又云："如此見佛坐師子座，一切塵中，亦復如是。

二，相徧無礙者，於上一一差別用中，一一各攝一切業用。如在胎中，則有出家成道等類，如是一切，自在無礙，如經微細中說。

三，寂用無礙者，雖現如是無邊自在，然不作意，不起念慮，常在三昧，不礙起用。不思議品云："於一念中，悉能示現一切三世佛，教化一切衆生，而不舍離諸佛寂滅，無二三昧，是爲諸佛不可譬喻不可思議境界。如末尼雨寶，天鼓出聲，皆無功用，任運成就。"

四，依起無礙者，如此所現，雖無功用，皆依海印三昧之力而得顯現。經云："一切示現無有餘，海印三昧勢力故。"

五，真應無礙者，則此應現無盡身雲，卽無生滅，則是法身平等一味，不礙業用，無有限量。經云："法身多門現十方，如是真應，理事混融，無障無礙，是佛境界也。"

六，分圓無礙者，則此徧法界盧舍那身，一一支分，一一毛孔，皆亦有自舍那全身，是故分處，則是圓滿。法界品云："如來一毛孔中，出一切佛刹微塵等化身雲，充滿一切世界，不可思議故。亦於毛孔，則現十方盡窮法界一切諸佛，一毛孔中，盡過去際一切如來，次第顯現，不可思議。"故經偈云："如來無量功德海，一一毛孔皆悉現。"又如法界品中："普賢支節及毛孔亦現"，可知。

七，因果無礙者，謂於身分及毛孔處，現自舍那往昔本生，行菩薩行所受之身，及所成行事，亦現十方一切菩薩身雲及行。經中，佛眉間出勝音等塵數菩薩。

八，依正無礙者，謂此身雲，則作一切器世間。經云："或作日月遊虛空，或作河池井泉"等。一切世界海，又亦潛身入彼諸刹，一一微細塵毛等處，皆有佛身，圓滿普徧。經云："佛身充滿諸法界也"。又，彼所入一切刹海，總在如來一毛孔現。經云："無量刹海處一毛，悉坐菩提蓮華座，徧滿一切諸法界，一切毛孔自在現。"普賢亦云："一切諸佛及刹土，在我身內無障礙，我於一切毛孔中，現佛境界諦觀察。"況於佛也。又，如來自在，還現自身，於身內刹中，教化衆生，無障無礙，非思量境界。

九，潛入無礙者，於衆生世間，無礙自在。謂此佛身，徧入一切衆生界中。如如來藏，雖作衆生，而不失自性，此亦同也。又亦總攝一切衆生，悉在如來一毛孔內，一切毛孔，亦皆如是。經云："觀見如來一毛孔，一切衆生悉入中。"如是等。

十，圓通無礙者，謂此佛身，卽理卽事，卽一卽多，卽依卽正，卽人卽法，卽此卽彼，卽情卽非情，卽深卽淺，卽廣卽狹，卽因卽果，卽三身卽十身，同一無礙自在法界，難可稱說。如來以自在身雲，於前時處，常說華嚴，無休無息。

說經衆第四

夫衆海繁廣，豈塵算能知。今統畧大綱，亦現十位：一果德衆，二常隨衆，三嚴會衆，四供養衆，五奇特衆，六影響衆，七表法衆，八證法衆，九所益衆，十顯法衆。

初，果德衆者，謂盡法界一切諸佛，皆在舍那海印中現，同於此會，共說華嚴。然有二類：（一）能加，第一會中，盡十方一切諸佛，悉現其身，加於普賢，餘會準之。（二）證法衆，如發心品末，十方各有一萬佛刹塵數諸佛，悉號法慧，現身讚述，一切十方，皆亦如是。如性起品，十方各有八十不可說百千億那由他世界微塵數如來，同名普賢，現身讚述，十方亦爾。皆云：我等諸佛，爲未來菩薩故，護持此經，令久住世也。第七會末，亦盡十方諸佛，現身面讚證，述同前解。云：當知現今，此經住世，並是佛力。

二，常隨衆者，如普賢等十佛世界微塵數等大菩薩衆，是盧舍那內眷屬故，動止常相隨，周徧一切微塵道處，於華藏界，助成能化，顯一乘法。如舍利弗等，千二百五十比丘，與釋迦佛，亦常相隨，於娑婆界，助佛揚化，説三乘等法故。

三，嚴會衆者，如諸神王天王等衆，有三十餘類，一一類衆，各過世界微塵數等，並是道力隨緣，殊形異現，俯同世間，顯隨類生身。則是衆生世間之身，莊嚴盧舍那佛大衆法會也。餘宗是化，爲令淨土，示不空故。此中是實，以是海印三昧現故，能問顯示大法海故。

四，供養衆者，如第五會莊嚴師子座，有百萬億菩薩，在前立侍，又百萬億梵王而圍繞之。如是，彼有五十八衆，一一各有百萬億數，或云無量阿僧祇等。餘會準此。此等並是舍那佛所常供養衆。

五，奇特衆者，如佛高臺樓觀師子座，諸莊嚴內，一一各出一佛世界塵數菩薩，謂海慧等。此是如來依報所攝，以表依正無礙故，入法無二故。又如，佛眉間出勝音等佛世界塵數菩薩，以表因果無礙故。又，表從證起教故。

六，影響衆者，如舍那品中，十方各十億佛土微塵數等大菩薩來，一一各將一佛世界塵數菩薩以爲眷屬，一一菩薩，各與一佛世界微塵數等妙莊嚴雲，悉皆彌覆，充滿虛空，隨所來方，結跏趺坐。次第坐已，一切毛孔，各出十佛世界微塵數等一切妙寶淨光明雲；一一光中，各出十佛世界塵數菩薩。一切法界方便海，充滿一切微塵道，一一塵中，有十佛世界塵數佛刹，一一刹中，三世諸佛，皆悉顯現。念念中，於一一世界，各化一佛刹塵數衆生。又如法界品中，十方亦各塵數菩薩，悉來雲集。且如上方大菩薩衆，一切相好，一切毛孔，一切支節，一切身分，一切莊嚴具，一切衣服中，出盧舍那等，過去一切諸佛，未來一切已受記佛未受記佛，現在十方一切世界一切諸佛，及眷屬雲，皆悉顯現。過去所行檀波羅蜜，及受者施者，皆悉顯現。過去所修尸波羅蜜，乃至一切行海，充滿法界，皆悉顯現。解云：毛孔身分，既攝法界，如是等類極位菩薩，從他方來，影響如來，非是自剎常隨之衆，與普賢等德位齊等。

七，表法衆者，如諸首菩薩，表說信法。信爲行首故，諸慧菩薩，表十解法；以慧能解故，諸林表行，諸幢表向，諸藏表地。如是等類，並是寄諸菩薩，表行位法，或十剎塵數，或不可説等，餘並準之。

八，證法衆者，如諸會末，皆有他方同名異界大菩薩衆，俱來作證，現此所説，決定究竟。或一一方各百萬佛剎塵數等，並各如文。

九，所益衆者，如諸會中天王天女等，是所益衆。又如發心功德品中，十方虛空法界等世界中，一一各有萬佛世界塵數衆生，是得益衆。性起品中，十方虛空法界等世界，一一各有一切佛剎微塵等衆生。又云：彼一一世界中，復各有百千佛剎微塵等菩薩，並是所益。第八會初，亦有所益無邊大衆。

十，顯法衆者，如舍利弗、須菩提等，五百聲聞，在此法會如聾，託此反示一乘法界，由彼方現此法深廣，猶如因皁以現白等。此衆無有結通，以是別非普故，相違因故。以前十類爲器爲模，印佛法界，以成無盡法門海耳。

説經儀第五

夫以無限大悲，周衆生界，施化萬品，儀式難量。今就通別，各開十例，通而論之。或以音聲，或現妙色，或以奇香，或以上味，或以妙觸，或以法境，或内六根，或四威儀，或弟子人物，或一切所作，皆堪攝物，具如不思議品説。次別現言聲，亦有十例：一，如來語業圓音自説。二，如來毛孔出聲説法。三，如來光明舒音演法。舍那品中，一切如來、毛孔及光明中説偈等。四，令菩薩口業説法。

如加普賢，令説法等。五，令菩薩毛孔，亦出音聲説法同。如法界品云：“於一毛孔，出一切佛妙法雷音。”又如密嚴經中，金剛藏菩薩，徧身毛孔，出聲説法。六，令菩薩光明，亦有音聲説法。舍那品中，諸菩薩，光明中説偈等。七，令諸刹海出聲説法。彼品云：諸寶羅網相扣磨，演佛音聲常不絶。八，令一切衆生，悉爲説法。彼品云：“以一切衆生言音，入佛音聲法門教化。九，以三世音聲説法。十，以一切法中皆出聲説法故。普賢行品頌云：“佛説菩薩説，刹説衆生説，三世一切説。解云：佛及菩薩各有三説，餘四各一，故爲十也。如音聲説法，有此十種。餘色香等者，皆各具十，並可準知。是則已爲一百門説法。

辯經教第六

圓教微言，必窮法界，既盡如來無盡辯力，各徧虛空毛端刹海，復各盡窮未來際，頓説常説，時處無邊。若斯之教，豈可限其部帙？今約準經文，析爲十類：一異説經，二同説經，三普眼經，四上本經，五中本經，六下本經，七畧本經，八主伴經，九眷屬經，十圓滿經。

初，異説經者，如樹形等世界既異，其中衆生，報類亦別。如來於彼現身立教，隨彼所宜，施設教法，差別不同，與虛空法界等。唯如來智之所能知，不可定其色非色等，言非言等。舍那品中，廣明樹形河形須彌山形，乃至一切衆生形世界海。末後結云：皆是盧舍那佛常轉法輪處。解云：文中但云常轉法輪，不言法輪分齊相者，以彼施設，與此不同，故不顯示，俱可準知。彼處亦設如此法教，部類難量，不可説也。

二，同説經者，唯於此類須彌山界，徧於虛空毛端等處，以言聲説，亦無有盡。如不思議品云：如來一化身，轉如是等不可譬喻法輪雲。一切法界虛空界等世界，悉以毛端周徧度量；一一毛端處，於念念中，化不可説不可説佛刹微塵等身，乃至盡未來際劫；一一化佛身，有不可説不可説佛刹微塵等頭；一一頭，有不可説不可説佛刹微塵等舌；一一舌，出不可説不可説佛刹微塵等音聲；一一音聲，説不可説不可説佛刹微塵等修多羅；一一修多羅，説不可説不可説佛刹微塵等法；一一法中，説不可説不可説佛刹微塵等句身味身，復不可説不可説佛刹微塵等劫。説異句身味身音聲，充滿法界，一切衆生，無不聞者，盡一切未來際劫常轉法輪。如來音聲無異無斷，不可窮盡。亦阿僧祇品偈云：彼諸一一如來等，出不可説梵音聲；於彼一一梵音中，轉不可説淨法輪；於彼一一法輪中，雨不可説修多羅；於彼一一修多羅，分別諸法不可説；於彼一一諸法中，又説諸法不可説。又復於彼説法中，説衆生依不可説；又於一一毛道中，不可説劫説正法。如彼一微毛端處，一切十方亦如是。解云：此中説處非樹形等，言聲説教非色香等，故不同。但一類無盡，非可結集，不可限其品頌多少，亦非下位所能受持。

三，普眼經者，如法界品中，海雲比丘所受持經，以須彌山聚筆，四大海水墨，書一品修多羅，不可窮盡。如是等品，復過塵數，此亦但是大菩薩等陀羅尼力之所受持，亦非貝葉所能書記。

四，上本經者，此是結集書記之上本也。故龍樹菩薩往龍宮，見此大不思議解脱經，有三本。上本有十三千大千世界微塵數偈、四天下微塵數品，此之謂也。

五，中本經者，彼見中本，有四十九萬八千八百偈，一千一百品。此上二本，並秘在龍宮，非閻浮提人力所持，故此不傳。

六，下本經者，謂彼所見下本，有十萬偈，現傳天竺，梁攝論中，名百千經，即十萬也。大智論中，亦名此經爲不思議解脱經，有十萬偈。西域記説，在遮俱槃國山中，有此具本。

七，略本經者，即此土所傳六十卷本。梵本有三萬六千偈，是前十萬偈中要畧所出。昔晉義熙十四年，於揚州謝司空寺譯。天竺三藏法師，名佛度跋陀羅，此云覺賢，是大乘三果人，姓釋迦氏，甘露飯王之苗胤，曾往兜率天，就彌勒問疑，具如別傳。

八，主伴經者，謂舍那佛所說華嚴，雖徧法界，然與餘佛所說之經，互爲主伴，一一主經，必具無量同類眷屬。如說性起品竟。十方一一，各有八十不可說百千億那由他佛刹微塵數菩薩，同名普賢，各從本國，來此作證。皆云：我等佛所，亦說此法，與此不殊，故知一性起修多羅，十方各有八十不可說百千億那由他佛刹微塵數修多羅，以爲眷屬。如一處性起既爾，餘一切處性起，各攝爾許眷屬，相與周徧法界。如性起既爾，餘會餘品文中，各有證法之數，悉爲眷屬，準釋可知。如此略本，七處八會所攝眷屬，當知餘本皆具眷屬，準思可見。

九，眷屬經者，謂此無盡修多羅海，一則一切十方塵道，同時恒說，下位菩薩，二乘凡夫，不能聞見。性起品云：“此經不入一切衆生手，唯除菩薩。”又云：“一切聲聞緣覺，不聞此經，何況受持。”又云：“若菩薩億那由他劫行六波羅蜜，不聞此經，雖聞不信，是等猶爲假名菩薩。”解云：“以彼器劣，不能聞信此通方法，而如來方便，隨一方隅，逐彼根機，說宜聞之法，如餘一切權教三乘小乘等經，既無結通十方齊說，故非主經，然亦與主爲勝方便，故但爲眷屬。是故一一主經，必具無量方便眷屬。如普眼經，有世界塵數修多羅以爲眷屬。又如普莊嚴童子所受持經，皆有塵數眷屬等經，具如經說。問：此與前主伴經何別？答：畧由三別。（一）前經文句，必與主同，此即不爾。（二）彼必結通十方同說，此亦不爾。（三）彼經亦有爲主之義，此亦不爾。是故彼經，亦主亦伴，名主伴經，此即唯伴非主，名眷屬經，與彼不同，分二部耳。

十，圓滿經者，謂此上諸本，總混同一無盡大修多羅海，隨於其中，一會一品一文一句，皆具攝一切，及一一文句，徧入一切，以是普法無分限故。圓滿教法，理應爾故，如因陀羅網，無分齊故，盡佛能化無邊境故。舍那品偈云：一切佛刹微塵中，盧舍那現自在力，弘誓願海振音聲，調伏一切衆生類。又法界品中，名圓滿因緣修多羅，此之謂也。無盡教海，應如是知。

顯經義第七

夫以義海宏深，真源眇漫，畧開二類，各辨十門。

先明所標之法，浩汗無涯，撮爲十對，用以統收。一，教義一對，謂無盡言教，及所詮義。二，理事一對，謂緣起事相，及所依真理。三，境智一對，謂所觀真俗妙境，及辨能觀普賢大智。四，行位一對，謂普賢行海，及辨菩薩五位相收。五，因果一對，謂辨菩薩生了等因，及現如來智斷等果，亦是普賢圓因，舍那滿果。六，依正一對，謂蓮華藏界，并樹形等無邊異類諸世界海，及現諸佛菩薩法界身雲，無礙依持。七，體用一對，謂此經中，凡舉一法，必内同真性，外應羣機，無有一法體用不具。八，人法一對，謂佛菩薩師弟等人，顯説法界諸法門海。九，逆順一對，謂文中現五熱衆鞞一王刑虐，及現施戒順理正修。十，應感一對，謂衆生根欲器感多端，聖應示現，亦復無邊。舍那品云："一切衆生所樂示現雲"等。然此十對，同時相應，成一緣起，無礙鎔融，隨有一處，即具一切，是此經中所具之法。

次明所顯理趣者，巧辯自在，勢變多端，亦舉十例以現無礙。一，性相無礙，二，廣狹無礙，三，一多無礙，四，相入無礙，五，相是無礙，六，隱顯無礙，七，微細無礙，八，帝網無礙，九，十世無礙，十，主伴無礙。於前所説十對法中，一一皆有此十無礙，是故即有百門千門等，準思之。今且略於事法上，辨此十例，餘法準知，具如經中。

一，蓮華葉卽具此十義，謂此華葉則同真性，不礙事相，宛然顯現。經云："法界不可壞蓮華世界海"，等。此是理事一味無礙之門。

二，則此華葉，其必普周，無有邊際，而恒不壞本位分齊，此卽分則無分，廣狹無礙。經云："此諸華葉普覆法界"等。

三，卽此華葉，具無邊德，不可言一，融無二相，不可言多。此一卽多，多復卽一，一多無二，爲一華葉。經云："知一卽多，多卽一"等。是謂第三一多門也。

四，此一華葉，其必舒己，遍入一切差別法中，復能攝取彼一切法，令入己內，是故卽舒恒攝，同時無礙。經云："以一佛土滿十方，十方入一亦無餘"等。是謂第四相入門也。

五，此一華葉，必廢己同他，舉體全是，彼一切法，而恒攝他同己，全彼一切，卽是己體。是故，己卽是他，他卽是己。己卽是他，己不立；他卽是己，他不存。他己存亡，同時顯現。經云："長劫卽是短劫，短劫卽是長劫"等。是謂第五相是門也。

六，又此華葉既徧一切法，彼一切法，亦皆普徧。此能徧彼，則此顯彼隱；彼能徧此，則彼顯此隱。此能攝彼，亦此顯彼隱；彼能攝此，亦彼顯此隱。如是，此彼各有卽顯卽隱，無有障礙。經中"東方見入正受，西方見三昧起"等。是謂第六隱顯門也。

七，此華葉中，悉能顯現微細剎土，炳然齊現，無不具足。經云："於一塵中，微細國土，莊嚴清淨，曠然安住。"又如，第九廻向微細處說，是謂第七微細門也。

八，又此華葉一一塵中，各有無邊諸世界海，世界海中，復有微塵，此微塵內，復有世界，如是重重，不可窮盡。非是心識思量境界，如帝釋殿，天珠網覆，珠既明徹，互相影現，所現之影，還能現影,如是重重,不可窮盡。經云:"如因陀羅網世界",十地論云:"帝網差別者,唯智能知,非眼所見"。是謂第八帝網門也。

九,此一華葉,橫徧十方,竪該九世,謂過去過去世,過去現在世,過去未來世。如過去世有此三世,現在未來,當知亦爾。總此九世,攝爲一念,總別合舉,名爲十世,具如離世間品説。又以時無別體,依華以立,華既無礙,時亦如之。是故經云:"過去一切刼,安置未來今,未來一切刼,廻置過去世。"又云:"無量無數刼,能作一念頃"等。是謂第九十世門也。

十,又此華葉理無孤起,必攝無量眷屬圍繞。經云:"此華有世界海塵數蓮華,以爲眷屬。"此經圓教所有之法,皆互爲主伴,具德圓滿,是故見此華葉,卽是見於無盡法界,非是託此別有所表。下文云:"從無生法,忍所起華盖"等。此一華葉既具此等十種無礙,餘一切事,皆亦如是。準之,如事中既爾,如前十對法門之中,一一皆有如是十種無礙,準此知之。

釋經意第八

夫以法相圓融,實有所因,因緣無量,略辨十種。一爲明諸法無定相故,二唯心現故,三如幻事故,四如夢現故,五勝通力故,六深定用故,七解脱力故,八因無限故,九緣起相由故,十法性融通故。於此十中,隨一卽能令彼諸法混融無礙。

初,無定相者,謂以小非定小,故能容大;大非定大,故能入小。十住品云:"金剛圍山數無量,悉能安置一毛端,欲知至大有小相,菩薩因此初發心。"解云:"此中明大非大,故有小相也。"

二,明一切法皆唯心現,無別自體,是故大小隨心廻轉,卽入無礙。又釋謂彼心所現毛端之處,此心於彼現大世界,大小同處,互不相礙。下文云:"彼心不常住,無量難思議,顯現一切法,各各不相知"等。

三，明一切法如幻故，謂如幻法，小處現大，皆無障礙。下文云：或現須臾作百年，幻力自在悅世間等。

四，明一切法皆如夢故，謂彼夢法，長短無礙，是故論云：處夢謂經百年，覺乃須臾。故時雖無量，攝在一刹那等。

五，勝通力故者，謂自在位中，菩薩諸佛勝神通力，小處現大，無所障礙，四種通中，幻通所攝，轉變外事故。餘三亦具，準思之可見。

六，深定力故者，謂彼自在三昧力故，令於小處而現大法，無所障礙。下文云：入微塵數諸三昧，一一三昧生塵等定，一塵中現無量刹，而彼微塵亦不增，乃至云是名大仙三昧力。

七，解脫力故者，謂此皆是不思議解脫力之所現故。如不思議品，十種解脫中云："於一塵中建立三世一切佛刹"等。

八，因無限故者，明此皆由無限善根所起故，謂佛地善根所起之法，妙極自在，是故一則一切，無所障礙。下文云："以一佛土滿十方，十方入一亦無餘，世界本相亦不壞，無比功德故能爾。"解云："無比功德故者，出所因也。"

九，緣起相由力故者，謂一與多互爲緣起，相由成立，故有如此相即入等。此有二種：一約用，有有力無力，相持相依，故有相入。二約體，全體有空，能作所作，全體相是，故有相即。此二復有二義：一異體相望，故有微細隱顯。謂異體相容，具微細義；異體相是，具隱顯義。二同體內具，故得有一多廣狹。謂同體相入，故有一多無礙；同體相即，故有廣狹無礙。又，由異體攝同，故有帝網無礙義；現於時中，故得有十世義。緣起無性，故得有性相無礙義；相關互攝，故得有主伴無礙義。是故，此一緣起門，即具前十義，思之可見。下文云："菩薩善觀緣起法，於一法中解衆多法，衆多法中解了一法。”又云:“一中解無量,無量中解一,展轉生非實,智者無所畏。”解云:“展轉生,是互為緣起,出因也。”

十,法性融通力故者,謂若唯約事,相互相礙不可即入,若唯約理性,則唯一味,不可即入。今則理事融通,具斯無礙,謂不異理之事,具攝理性時令彼不異理之多事,隨彼所依理,皆於一中現。若一中攝理而不盡,即真理有分限失;若一中攝理盡,多事不隨理現,即事在理外失。今既一事之中全攝理,多事豈不於中現。舍那品云:“於此蓮華藏,世界海之內,一一塵中,見一切法界。”解云:“一切法界,是事法界也。”又不思議品云:“一切諸佛,於一一微塵中,示現一切世界微塵等佛刹,種種莊嚴,常轉法輪,教化衆生,未曾斷絶,而微塵不大,世界不小,決定了知,安住法界。”解云:“此中文意,明此大小之事,同是安住理法界故,令彼能依事法,大小相在,無障礙也。”

明經益第九

夫以信向趣入此普賢法,圓通頓益,廣大無邊,畧攝經文,現其十種。一見聞益,二發心益,三起行益,四攝位益,五速證益,六滅障益,七轉利益,八造修益,九頓得益,十稱性益。

初,見聞益者,謂依此普法,見聞如來及此遺法,所種善根,成金剛種,不可破壞,要必成佛。如性起品云:“若有得經卷地,如來塔廟,禮拜供養,彼衆生等,具足善根,滅煩惱患,得賢聖樂。佛子!乃至不信邪見衆生,見聞佛者。彼諸衆生,於見聞中,所種善根,果報不虛,乃至究竟涅槃,斷一切惡諸不善根,具足善根。佛子!於如來所,見聞供養恭敬,所種善根,不可言說,不可為喻。何以故?如來不可思議,過思議故。”

二,發心益者,謂信位滿,稱彼佛境,發此大心,此心即是普賢法攝。是故融通即徧,如前無盡,時處等法界,既入彼攝彼,則令諸位亦皆成滿。故經云："初發心時，便成正覺，知一切法真實之性，具足慧身，不由他悟。"又云："初發心菩薩，則是佛故，悉與三世諸如來等。"廣如發心功德品偈頌中説。

三，起行益者，謂若起一普賢行時，卽徧一切行位，一切德，一切法，一切處，一切時，一切因，一切果，窮盡法界，具足一切，如帝網等，是故一行徹至究竟，如普賢品："略現六十種普賢行，皆一一徧一切，速至佛果。是故經云："菩薩摩訶薩，得聞此法，以小作方便，疾得阿耨多羅三藐三菩提，與三世佛"等。廣如彼文頌中説耳。

四，攝位益者，謂信等五位，一一位中，攝一切位。然有二門：一全位相是門，卽一切位是一位，故十信滿處，卽便成佛。二諸位相資門，卽一位中具一切位，如十信中有十住，乃至十地。如賢首品説："十住等中，各攝諸位，皆具二門。"如海幢比丘處，及十住品等説。又云："在於一地，普攝一切諸地功德，餘廣狹無礙，乃至帝網等。皆具。準思可知。

五，速證益者，依此普門，一證一切證，速入十地。如舍那菩薩，在兜率天，放足下光，普照十佛世界微塵數剎，徧照彼處地獄衆生，滅除苦痛，得十眼十耳等。命終皆生兜率天上，聞空聲説法，悉得十地諸力莊嚴，具足三昧，皆悉成就衆生界等善身口意，普見諸佛，廣益衆生，普悉頓成。具如小相光明品説。解云："纔從地獄出，聞此普法，卽得十地者，明是此法之深益也。"

六，滅障益者，依此普門，亦一斷一切斷。謂如前兜率天子，得十地已，一一毛孔，化作衆生界等妙香華雲，供養盧舍那佛。散香華已，一一華中，見諸如來。時彼香雲，普熏無量佛剎微塵數世界衆生，其蒙香者，身心快樂，諸罪業障皆悉除滅，於色聲香味觸，內外各有五百煩惱，八萬四千煩惱，皆悉除滅。彼諸衆生，具足種種，淨香自在。解云："前地獄天子，非直自身頓得十地，亦乃毛孔香熏，令爾許衆生，頓滅如此無量煩惱，並是普法之勝力也。"

七，轉利益者，並行亦成，則能頓益無邊衆生，悉亦同得此十地法，如前兜率天子得十地已，毛孔中出蓋雲，供養佛。經云："若有衆生見此蓋雲者，彼諸衆生，種一恒河沙轉輪聖王所殖善根，所謂白淨寶網轉輪王等。菩薩摩訶薩，安住如是轉輪王處，於百千億那由他佛刹微塵數世界中，教化彼轉輪王，放曼陀羅自在光明。若有衆生遇斯光者，皆得菩薩十地。又云："彼輪王放大光明，名周羅摩尼。若有衆生遇斯光者，得菩薩十地，悉得無量智慧光明，得十種眼清淨行業，乃至十種意清淨業，具足成就淨力三昧，乃至得普見肉眼等。解云："此上三重，廣多深益，同時成就。一天子得十地，二天子毛孔蓋雲利他，令得輪王，此亦是十地菩薩，三輪王文光。更轉廣益復令多人亦得十地，皆刹塵數量，迅速展轉，皆悉頓成。不可説不可説。廣如彼品説。

八，造修益者，謂如善財依此普法，於一生身，從初發心，至普賢位，十地位滿。乃至云，一切菩薩無量劫修，善財一生皆得。解云："以就普門，一得一切得故。"廣如入法界品説。又如善財前生，曾見聞普法，成金剛種，遂令今生頓成解行。問：此豈不三僧祇劫？答：此中時劫不定，或一念則無量劫，無量劫卽一念，一生卽無量生等，並具如前十種無礙，準思可見。

九，頓得益者，如六千比丘，頓見如來一眼境界，祇洹林中，不可説塵數菩薩，頓得無盡自在法海。如法界品初説。又，性起品："十方一一世界，各百千佛刹塵數菩薩，得一切光明"等，"至一生位"等。又，發心品所得益，及舍那品初，雲集菩薩，毛光成益，有六重無礙等。具如彼説。

十，稱性益者，謂依此普法，一切衆生，無不皆悉稱其本性，在佛果海中，卽舊來益，竟更無新。如性起品云："佛子！如來身中，悉見一切衆生發菩提心，修菩薩行，成等正覺，乃至見一切衆生寂滅涅槃，亦復如是。”皆悉一性，以無性故。乃至云：“一切如來，無極大悲，度脱衆生。”解云：“辨衆生舊來同佛者，是無極大悲也。”

示經圓第十

夫以法界圓通，緣無不契。謂上九門所現之法，總合爲一大緣起法，隨有一處，即有一切無礙圓融，無盡自在。若隨義分開，亦有十門：一，處圓者，謂前無盡處中，隨一塵處，即有如上一切處、一切時、一切佛、一切衆、一切儀、一切教、一切義、一切意、一切益，各通帝網重重，俱在一塵。如一塵處，一切盡虚空法界，一一塵處，皆亦如是。二，時圓者，於一念中，則有如前一切時劫、一切處、一切佛，乃至一切益，皆通帝網，重重顯示。如一念，一切重重諸劫海中，一念攝皆亦如是。三，佛圓者，於佛一毛孔中，即有一切佛、一切處、一切時，乃至一切益。如一毛孔，一切徧法界諸毛孔現，皆亦如是。四，衆圓者，準前。五，儀圓，六，教圓，七，義圓，八，意圓，九，益圓，十，普圓，並類。準思之，以同一無礙大緣起故，自在難量，不思議故。是謂華嚴無盡法海，窮盡法界，越虚空界，唯普賢智，方窮其底。

（據金陵刻經處本）

二、修華嚴奧旨妄盡還源觀

夫滿教難思，窺一塵而頓現；圓宗叵測，覩纖毫而齊彰。然用就體分，非無差別之勢；事依理顯，自有一際之形。其猶病起藥興，妄生智立。病妄則藥妄，舉空拳以止啼；心通則法通，引虚空而示徧。既覺既悟。何滯何通。百非息其攀緣，四句絶其增減，故得藥病雙泯，静亂俱融，消能所以入玄宗，泯性相而歸法界。竊見玄綱浩瀚，妙旨希微，覽之者詎究其源，尋之者罕窮其際，是以真空滯於心首，恒爲緣慮之場；實際居於目前，翻爲名相之境。今者統收玄奥，囊括大宗，出經卷於塵中，轉法輪於毛處。明者德隆於卽日，昧者望絶於多生，會旨者山嶽易移，乖宗者錙銖難入。輒以旋披往誥，綍覿舊章，備三藏之玄文，憑五乘之妙旨，繁辭必削，缺義復全。雖則創集無疑，況乃先規有據，窮兹性海，會彼行林，別舉六門，通爲一觀，參而不雜，一際皎然。冀返迷方，情同曉日，佩道君子，俯而詳焉。今畧明此觀，總分六門。先列名，後廣辨。

　一，顯一體。謂自性清淨圓明體。二，起二用。一者、海印森羅常住用，二者、法界圓明自在用。三，示三徧。一者、一塵普周法界徧，二者、一塵出生無盡徧，三者、一塵含容空有徧。四，行四德。一者、隨緣妙用無方德，二者、威儀住持有則德，三者、柔和質直攝生德，四者、普代衆生受苦德。五，入五止。一者、照法清虛離緣止，二者、觀人寂怕絶欲止，三者、性起繁興法爾止，四者、定光顯現無念止，五者、事理玄通非相止。六，起六觀。一者、攝境歸心真空觀，二者、從心現境妙有觀，三者、心境秘密圓融觀，四者、智身影現衆緣觀，五者、多身入一境像觀，六者、主伴互現帝網觀。

　一，顯一體者，謂自性清淨圓明體。然此卽是<u>如來</u>藏中法性之體，從本已來，性自滿足，處染不垢，修治不淨，故云自性清淨。性體徧照，無幽不燭，故曰圓明。又，隨流加染而不垢，返流除染而不淨，亦可在聖體而不增，處凡身而不減，雖有隱顯之殊，而無差別之異，煩惱覆之則隱，智慧了之則顯，非生因之所生，唯了因之所了。起信論云。“真如自體，有大智慧光明義故，徧照法界義故，真實識知義故，自性清淨心義故。”廣説如彼，故曰自性清淨圓明體也。

二，自下依體起二用者，謂依前淨體，起於二用：一者、海印森羅常住用。言海印者，真如本覺也。妄盡心澄，萬象齊現，猶如大海，因風起浪，若風止息，海水澄清，無象不現。起信論云："無量功德藏，法性真如海，所以名爲海印三昧也。"經云："森羅及萬象，一法之所印。"言一法者，所謂一心也，是心即攝一切世間出世間法，即是一法界大總相法門體，唯依妄念而有差別，若離妄念，唯一真如，故言海印三昧也。華嚴經云："或現童男童女形，天龍及以阿修羅，乃至摩睺羅伽等，隨其所樂悉令見，衆生形相各不同，行業音聲亦無量，如是一切皆能現，海印三昧威神力。"依此義故，名海印三昧也。二者、法界圓明自在用，是華嚴三昧也。謂廣修萬行，稱理成德，普周法界而證菩提。言華嚴者，華有結實之用，行有感果之能，今則託事表彰，所以與華爲喻；嚴者，行成果滿，契理稱真，性相兩忘，能所俱絕，顯煥炳著，故名嚴也。良以非真流之行，無以契真，何有飾真之行，不從真起？此則真該妄末，行無不修，妄徹真源，相無不寂，故曰法界圓明自在用也。華嚴經云："嚴淨不可思議刹，供養一切諸如來，放大光明無有邊，度脫衆生亦無限，施戒忍進及禪定，智慧方便神通等，如是一切皆自在，以佛華嚴三昧力。"依此義故，名華嚴三昧也。

三，示三徧者，謂依前二用，一一用中，普周法界，故云徧也。言三徧者，一者、一塵普周法界徧。謂塵無自性，攬真成立，真既無邊，塵亦隨爾。經云："華藏世界所有塵，一一塵中見法界，寶光見佛如雲集，此是如來刹自在。"準此義故，當知一塵，普周法界也。二者、一塵出生無盡徧。謂塵無自體，起必依真，真如既具恒沙衆德，依真起用，亦復萬差。起信論云："真如者，自體有常樂我淨義故，清涼不變自在義故，具足如是過恒沙功德，乃至無有所少義故。"經云："如此華藏世界海中，無問若山若河，乃至樹林塵毛等處，一一無不皆是稱真如法界，具無邊德。"依此義故，當知一塵，即理即事，即人即法，即彼即此，即依即正，即染即淨，即因即果，即同即異，即一即多，即廣即狹，即情即非情，即三身即十身。何以故？理事無礙，事事無礙，法如是故，十身互作自在用故。唯普眼之境界也，如上事相之中，一一更互相容相攝，各具重重無盡境界也。經云："一切法門無盡海，同會一法道場中，如是法性佛所說，智眼能明此方便。"問：據其所說，則一塵之上，理無不顯，事無不融，文無不釋，義無不通。今時修學之徒，云何曉悟，達於塵處，頓決羣疑？且於一塵之上，何者是染，云何名淨？何者爲真，何者稱俗，何者名生死，何者名涅槃？云何名煩惱，云何名菩提，云何名小乘法，云何名大乘法？請垂開決，聞所未聞。答：大智圓明，覿纖毫而周性海；真源朗現，處一塵而耀全身。萬法起必同時，一際理無前後。何以故？由此一塵虛相，能翳於真，即是染也；由此塵相空無所有，即是淨也；由此塵性本體同如，即是真也；由此塵相緣生幻有，即是俗也；由於塵相念念遷變，即是生死；由觀塵相生滅相盡，空無有實，即是涅槃；由塵相大小，皆是妄心分別，即是煩惱；由塵相體本空寂，緣慮自盡，即是菩提；由塵相體無徧計，即是小乘法也；由塵相無生無滅，依他似有，即是大乘法也，如是畧說。若具言之，假使一切衆生，懷疑各異，一時同問如來，如來唯以一塵字而爲解釋，宜深思之。經云："一切法門無盡海，一言演說盡無餘。"依此義故，名一塵出生無盡徧。三者、一塵含容空有徧。謂塵無自性，即空也；幻相宛然，即有也。良由幻色無體，必不異空；真空具德，徹於有表。觀色即空，成大智而不住生死；觀空即色，成大悲而不住涅槃。以色空無二，悲智不殊，方爲真實也。實性論云："道前菩薩，於此真空妙有，猶有三疑：一者、疑空滅色，取斷滅空；二者、疑空異色，取色外空；三者、疑空是物，取空爲有。"今此釋云，色是幻色，必不礙空；空是真空，必不礙色。若礙於色，即是斷空，若礙於空，即是實色。如一塵既具如上真空妙有，當知一一塵等亦爾。若證此理，即得塵含十方，無虧大小，念包九世，延促同時。故得殊勝微言，纖毫彰於圓教；奇特聖衆，輕埃現於全軀。迴超言慮之端，透出筌罤之表。經云："如有大經卷，量等三千界，在於一塵內，一切塵亦然。有一聰慧人，淨眼普明見，破塵出經卷，廣饒益衆生"等。若據理而言，塵即衆生妄計，經卷即大智圓明。智體既其無邊，故曰量等三千界。依此義故，名一塵含容空有徧也。

四，自下依此能徧之境，而行四德。謂依前一塵能徧之境，而修四種行德。一者、隨緣妙用無方德。謂依真起用，廣利羣生，衆生根器不等，受解萬差，樂欲不同，應機授法，應病與藥，令得服行，維摩經中具明斯義。又，以大悲故，名曰隨緣；以大智故，名爲妙用。又，不壞假名而常度衆生，故曰隨緣；了知衆生性空實無度者，名爲妙用。又，理即事，故名隨緣；事即理，故名妙用。又，真不違俗，故隨緣；俗不違真，故妙用。又，依本起末，故隨緣；攝末歸本，故妙用。良以法無分齊，起必同時，真理不礙萬差，顯應無非一際。用則波騰鼎沸，全真體以運行；體則鏡淨水澄，與隨緣而會寂。若曦光之流彩，無心而朗十方；如明鏡之端形，不動而呈萬像。故曰隨緣妙用無方德也。二者、威儀住持有則德。謂行住坐臥四威儀也，大乘八萬，小乘三千，爲住持之楷模，整六和之素緒，出三界之梯隥，越苦海之迅航。拯物導迷，莫斯爲最，但以金容匿彩，正教陵夷，傳授澆訛，師於己見，致使教無綱紀，濫挹淳流，得失齊舉，妄參真淨。故令初學觸事成非，不依經律，混亂凡情，自陷陷他，甚可悲矣！故瑜伽論云："非大沈，非小浮，常住於正念，根本眷屬，淨修梵行。"華嚴經云："戒是無上菩提本，應當具足持淨戒。"梵網經云："微塵菩薩衆，由是成正覺。"起信論云："以知法性體無毀禁，是故隨順法性，行尸波羅蜜。所謂不殺、不盜、不婬、不妄語，遠離貪瞋欺詐、諂曲邪見；亦應遠離憒鬧，少欲知足，乃至小罪，心生大怖，不得輕於如來所制禁戒，常護譏嫌，不令衆生妄起過罪。用此威儀住持，以化衆生也。”問：準上文所説，真如一相，佛體無二，具足一切功德者，何故要須威儀等戒行耶┇答：譬如大摩尼寶，體性明淨，久被塵累，而有粗穢之垢，若人唯念寶性，不以種種磨治，終不得淨。真如之法，體性空淨，久被無明煩惱垢染，若人唯念真如，不以持戒定慧種種熏修，終無淨時。準此義故，理須持戒也。問：出家五衆，超然出俗，可具威儀，在家之流，身纏俗網，寧無愆犯？答：出家之輩，自有嚴科，在家之儔，通持五戒。夫三歸五戒者，蓋是出苦海之津梁，趣涅槃之根本，作毗尼之漸次，爲七衆之崇基。萬善藉此而生，實佛法之平地。經云：“尸羅不清淨，三昧不現前，當知戒爲定體，慧爲定用，三學圓備，即證菩提。”四分律云：“第一持戒不毀犯，比丘威儀自端嚴，怨家之人不能近，若不如法即被訶。”依此義理，故云威儀住持有則德。三者、柔和質直攝生德。謂大智照真，名爲質直，大悲救物，故曰柔和。又，質直者，約本性不遷；柔和者，約隨流不滯。柔則伏滅煩惱，和則順理修行，用茲調和之法，以攝衆生也。又，質直者，體無妄僞，言行相符，蘊德居懷，不拘名利，輕金若塊，重教逾珍，但爲正業調生，速願自他圓滿，故曰柔和質直攝生德也。四者、普代衆生受苦德。謂修諸行法，不爲自身，但欲廣利羣生，冤親平等，普令斷惡，備修萬行，速證菩提。又，菩薩大悲大願，以身爲質，於三惡趣救贖一切受苦衆生，要令得樂，盡未來際，心無退屈，不於衆生希望毛髮報恩之心。華嚴經云：“廣大悲雲徧一切，捨身無量等刹塵，以昔劫海修行力，今此世界無諸垢。”謂衆生妄執，念念遷流，名之爲苦。菩薩教令了蘊空寂，自性本無，故云離苦。問：衆生無邊，苦業無邊，云何菩薩而能普代衆生受苦？答：菩薩代衆生受苦者，由大悲方便力故。但以衆生妄執不了，業體從妄而生，無由出苦，菩薩教令修止觀兩門，心無暫替，因果喪亡，苦業無由得生，但令不入三塗，名爲普代衆生受苦德也。雜集論云："於不堅堅覺，深住於顛倒，離煩惱所惱，得最上菩提。"已上明四種行德竟。

　　五，自下攝用歸體入五止門。五止門者，謂依前能行四德之行，當相卽空，相盡心澄而修止也。所言入者，性相俱泯，體周法界，入無入相，名爲入也。華嚴經云："如來深境界，其量等虛空，一切衆生入，而實無所入。"又，準入佛境界經云："入諸無相定，見諸法寂靜，常入平等故，敬禮無所觀。"此乃一切衆生本來無不在如來境界之中，更無可入也。如人迷故，謂東爲西，乃至悟已，西卽是東，更無別東而可入也。衆生迷故，謂妄可捨，謂真可入，乃至悟已，妄卽是真，更無別真而可入也。此義亦爾，不入而入，故云入也。何以故？入與不入，本來平等，同一法界也。起信論云："若有衆生，能觀無念者，是名入真如門也。言五止者，一者、照法清虛離緣止。謂真諦之法，本性空寂，俗諦之法，似有卽空。真俗清虛，蕭然無寄，能緣智寂，所緣境空，心境不拘，體融虛廓，正證之時，因緣俱離。維摩經云："法不屬因，不在緣故。"依此義理，故云照法清虛離緣止也。二者、觀人寂怕絕欲止。謂五蘊無主，名曰寂怕，空寂無求，名爲絕欲，故云觀人寂怕絕欲止也。三者、性起繁興法爾止。謂依體起用，名爲性起，起應萬差，故曰繁興，古今常然，名爲法爾。謂真如之法，法爾隨緣，萬法俱興，法爾歸性，故曰性起繁興法爾止。經云："從無住本，立一切法。"卽其義也。四者、定光顯現無念止。言定光者，謂一乘教中，白淨寶網，萬字輪王之寶珠。謂此寶珠，體性明徹，十方齊照，無思成事，念者皆從，雖現奇功，心無念慮。華嚴經云："譬如轉輪王，成就勝七寶，來處不可得，業性亦如是。"若有衆生入此大止妙觀門中，無思無慮，任運成事，如彼寶珠，遠近齊照，分明顯現，廓徹虚空，不爲二乘外道塵霧煙雲之所障蔽，故曰定光顯現無念止也。五者、理事玄通非相止。謂幻相之事，無性之理，互隱互顯，故曰玄通。又，理由修顯，故事徹於理；行從理起，故理徹於事；互存互奪，故曰玄通。玄通者，謂大智獨存，體周法界，大悲救物，萬行紛然，悲智雙融，性相俱泯，故曰理事玄通非相止也。上來明五止竟。

六，自下依止起觀。問：準上義理，依之修行，是爲圓滿，云何更要入止觀兩門耶？答：起信云："若修止者，對治凡夫住著世間，能捨二乘怯弱之見；若修觀者，對治二乘不起大悲狹劣之過，遠離凡夫不修善根。"以此義故，止觀兩門，共相成助，不相捨離。若不修止觀，無由得入菩提之路。華嚴云："譬如金翅鳥，以左右兩翅，鼓揚海水，令其兩闢，觀諸龍衆命將盡者，而搏取之。如來出世，亦復如是，以大止妙觀而爲兩翅，鼓揚衆生大愛海水，令其兩闢，觀諸衆生根成熟者，而度脫之。"依此義故，要修止觀也。問：止觀兩門，既爲宗要，凡夫初學，未解安心，請示迷徒，令歸正路。答：依起信論云："若修止者，住於静處，端坐正意，不依氣息，不依形色，不依於空，不依地水火風，乃至不依見聞覺知。一切諸想，隨念皆除，亦遣除想。以一切法，本來無想，念念不生，念念不滅，亦不隨心外念境界，然後以心除心。心若馳散，即當攝來令歸正念。"常勤正念，唯心識觀，一切魔境自然遠離。凡夫初學，邪正未分，魔網入心，欺誑行者，又無師匠，諮問莫憑，依四魔功，將爲正道，日月經久，邪見既深，設遇良緣，終成難改，沈淪苦海，出離無由，深自察之，無令暫替。此義如起信論中説也。六起六觀者，依前五門即觀之止，而起即止之觀。何以故？理事無礙，法如是故；定慧雙融，離分齊故；一多相即，絶前後故；大用自在，無障礙故。言六觀者，一者、攝境歸心真空觀。謂三界所有法，唯是一心造，心外更無一法可得，故曰歸心。謂一切分別，但由自心，曾無心外境，能與心爲緣。何以故？由心不起，外境本空。論云："由依唯識故，境本無體故，真空義成；以塵無有故，本識即不生。"又，經云："未達境唯心，起種種分別，達境唯心已，分別即不生。"知諸法唯心，便捨外塵相，由此息分別，悟平等真空。如世有醫王，以妙藥救病，諸佛亦如是，爲物説唯心。以此方知由心現境，由境現心，心不至境，境不入心。常作此觀，智慧甚深，故曰攝境歸心真空觀也。二者、從心現境妙有觀。即事不滯於理，隨事成差。謂前門中攝相歸體，今此門中依體起用，具修萬行，莊嚴報土。又，前門中攝相歸體，顯出法身，今此門中依體起用，修成報身，故曰從心現境妙有觀也。三者、心境秘密圓融觀。言心者，謂無礙心，諸佛證之以成法身。境者，謂無礙境，諸佛證之以成淨土。謂如來報身，及所依淨土，圓融無礙，或身現刹土。如經云："一毛孔中無量刹，各有四洲四大海，須彌鐵圍亦復然，悉現其中無迫隘。"或刹現佛身。如經云："華藏世界所有塵，一一塵中佛皆入，普爲衆生起神變，毘盧遮那法如是。"就此門中分爲四句。如玄談疏中："説如是依正混融，無有分齊。"謂前兩觀，各述一邊，今此雙融，會通心境，故曰心境秘密圓融觀也。四者、智身影現衆緣觀。謂智體唯一，能鑑衆緣，緣相本空，智體照寂，諸緣相盡，如如獨存。謂有爲之法，無不俱含真性，猶如日輪照現，迴處虚空，有目之流，無不親見，生盲之輩，亦蒙潤益。令知時節寒熱之期，草木無情，悉皆滋長，如來智曰，亦復如是，故曰智身影現衆緣觀也。五者、多身入一鏡像觀。即事事無礙法界也。謂毘盧遮那十身互用，無有障礙也。經云："或以自身作衆生身，國土身，業報身，聲聞身，緣覺身，菩薩身，如來身，智身，法身，虚空身。如是十身，隨與一身，攝餘九身，故曰多身入一鏡像觀。如一身有十身互作，一一毛孔，一一身分，一一支節中，皆有十身互作。或以眼處作耳處佛事，或以耳處作眼處佛事，鼻舌身意，亦復如是。何以故？證此大止妙觀，法力加持，得如是故。經云："或以多身作一身，或以一身作多身，或以一身入多身，或以多身入一身。非一身沒多身生，非多身沒一身生，皆由深定力故，得身如是。或以異境入定同境起，或以同境入定異境起，或以一身入定多身起，或以多身入定一身起，故曰多身入一鏡像觀也。六者、主伴互現帝網觀。謂以自爲主，望他爲伴；或以一法爲主，一切法爲伴；或以一身爲主，一切身爲伴。隨與一法，即主伴齊收，重重無盡。此表法性重重，影現一切事中，皆悉無盡，亦是悲智重重無盡也。如善財童子，從祇桓林中，漸次南行，至毘盧遮那莊嚴大樓閣前，暫時斂念，白彌勒菩薩言："唯願大聖開樓閣門，令我得入。"彌勒彈指，其門即開，善財入已，還閉如故。見樓閣中，有百千樓閣，一一樓閣前，各有彌勒菩薩，一一彌勒菩薩前，各有善財童子，一一善財童子皆悉合掌在彌勒前，以表法界重重，猶如帝網無盡也。此明善財童子，依此華嚴法界之理，修行位極，頓證法界也。此舉一樓閣爲主，一切樓閣爲伴也，故云主伴互現帝網觀，亦是事事無礙觀也。此上所述六重觀門，舉一爲主，餘五爲伴，無有前後，始終俱齊，隨入一門，即全收法界。此理喻如圓珠，穿爲六孔，隨入一孔之中，即全收珠盡。此亦如是，開爲六門，隨入一門，即全收法界。圓滿教理，法自爾故。善財一生，皆全證故。卷舒無礙，隱顯同時，一際絕其始終，出入亡於表裏。初心正覺，攝多身於刹那，十信道圓，一念該於佛地，致使地前菩薩，觸事生疑，五百聲聞，玄鑒絕分。融通無礙，一多交參，圓證相應，各爲佛地。然此觀門，名目無定。若據一體爲名，即是海印炳現三昧門；若約二用而論，即名華嚴妙行三昧門；若據三徧爲言，即是塵含十方三昧門；若準四德爲名，即名四攝攝生三昧門；若約五止而言,卽爲寂用無礙三昧門;若取六觀爲名,卽是佛果無礙三昧門。如是等義,隨德立名,據教説爲六觀。隨入一門,衆德咸具,無生既顯,幻有非亡,攝法界而一塵收,舉一身而十身現。如斯等義,非情所圖,識盡見除,思之可見。余雖不敏,素翫兹經,聊伸偶木之文,式集彌天之義。

頌曰:備尋諸教本,集兹華嚴觀,文約義無缺,智者當勤學。

(據金陵刻經處本)

三、華嚴經義海百門

夫緣起難思,諒徧通於一切;法界叵測,誠顯現於十方。莫不性海沖融,應人機而表一;智光赫奕,耀世間以通三。殊勝微言,輕毫彰於圓教;奇特聖衆,纖埃現以全身;迴超情慮之端,透出名言之表。竊見玄綱浩瀚,妙旨希夷,覽之者叵究其源,學之者罕窮其際,由是微言滯於心首,恒爲緣慮之場;實際居於目前,翻爲名相之境。今者統收玄奥,囊括大宗,出經卷於塵中,轉法輪於毛處。明者德隆於卽日,昧者望絕於多生,得其意則山岳易移,乖其旨則錙銖難入。輒於一塵之上,顯其實德,窮兹性海,覽彼行林,總舉十門,別開百義,參而不雜,一際皎然。義煥爛於篇題,理昭彰於文字,庶入道之士,粗觀其致焉。所列名目,條之如左:

緣生會寂門第一　　實際敘述門第二

種智普耀門第三　　鎔融任運門第四

體用顯露門第五　　差別顯現門第六

修學嚴成門第七　　對治獲益門第八

體用開合門第九　　決擇成就門第十

緣生會寂門第一

夫緣起萬有,有必顯於多門;無性一宗,宗蓋彰於衆德。分其力用,則卷舒之趣易明;覽其玄綱,則理事之門方曉。今就體用而言,略分十義:

一明緣起　　二入法界　　三達無生　　四觀無相
五了成壞　　六示隱顯　　七發菩提　　八開涅槃
九推去來　　十鑑動靜

初,明緣起者,如見塵時,此塵是自心現。由自心現,卽與自心爲緣。由緣現前,心法方起,故名塵爲緣起法也。經云:"諸法從緣起,無緣卽不起。"沈淪因緣,皆非外有,終無心外法,能與心爲緣。縱分別於塵,亦非攀緣。然此一塵圓小之相,依法上起,假立似有,竟無實體,取不可得,捨不可得。以不可取捨,則知塵體空無所有。今悟緣非緣,起無不妙,但緣起體寂,起恒不起,達體隨緣,不起恒起。如是見者,名實如見也。

二,入法界者,卽一小塵緣起,是法;法隨智顯,用有差別,是界。此法以無性故,則無分齊,融無二相,同於真際,與虛空界等,徧通一切,隨處顯現,無不明了。然此一塵,與一切法,各不相知,亦不相見。何以故?由各各全是圓滿法界,普攝一切,更無別法界,是故不復更相知相見。縱説知見,莫非法界知見,終無別法界可知見也。經云:"卽法界無法界,法界不知法界。"若性相不存,則爲理法界;不礙事相宛然,是事法界。合理事無礙,二而無二,無二卽二,是爲法界也。

三,達無生者,謂塵是心緣,心爲塵因,因緣和合,幻相方生。由從緣生,必無自性。何以故?今塵不自緣,必待於心,心不自心,亦待於緣。由相待故,則無定屬緣生,以無定屬緣生,則名無生。非去緣生，說無生也。論云："因不自生，緣生故生，緣不自生，因生故生。"今由緣生，方得名生，了生無性，乃是無生。然生與無生，互成互奪，奪則無生，成則緣生，由卽成卽奪，是故生時無生。如是了者，名達無生也。

四，觀無相者，如一小塵圓小之相，是自心變起，假立無實。今取不得，則知塵相虛無，從心所生，了無自性，名爲無相。經云："諸法本性空，無有毫末相。"然相雖取不得，詮無之義非絕。以相無體，性法卽立，以法爲無相之依。由不失法相故，相卽非相，非相卽相，相與無相，實無差別也。此無相義，如繩上蛇，全言無蛇，當知繩是無蛇之依。今法是無相之依，全以法爲無相之相也。

五，了成壞者，如塵從緣起立是成，卽體不作於塵是壞。今由了緣非緣，乃名緣成；了壞非壞，乃名緣壞。以壞不妨始成於法，是故壞時正是成時；以成無所有，是故成時正是壞時；皆同時成立，無先無後。若無壞卽成，是自性有；若無成卽壞，是斷滅空；成壞一際，相由顯現也。

六，示隱顯者，若觀塵相不可得時，卽相盡而空現。由見相時不卽於理，是故事顯而理隱。又，此塵與諸法，互相資相攝，存亡不同。若塵能攝彼，卽彼隱而此顯；若彼能攝塵，卽塵隱而彼顯。隱顯一際，今但顯時，已成隱也。何以故？由顯時全隱而成顯，隱時全顯而成隱，相由成立。是故隱時正顯，顯時正隱也。

七，發菩提者，謂此塵卽寂滅涅槃無性，乃是佛菩提智所現故。今由了達一切衆生及塵毛等無性之理，以成佛菩提智故，所以於佛菩提身中，見一切衆生成正覺轉法輪也。又，衆生及塵毛等，全以佛菩提之理成衆生故，所以於衆生菩提身中，見佛發菩提心、修菩薩行，當知佛菩提，更無異見。今佛教化塵內衆生，衆生復受塵內佛教化，是故佛卽衆生之佛，衆生卽佛之衆生，縱有開合，終無差別。如是見者，名發菩提心，起同體大悲，教化衆生也。

八，開涅槃者，謂不了塵顯，迷顯爲生，復見塵隱，迷隱爲滅。卽依流動生滅之相，緣於塵上，迷心變起，謂是真實。今求生滅之相，竟無起處，亦無可得，動念自亡，妄想皆滅，隨其滅處，名大涅槃。故經云："流轉是生死，不動名涅槃。"

九，推去來者，謂塵隨風東去時，求去相不可得，隨風西來時，求來相亦不可得。皆唯塵法竟無來去之相，以無實故，來時無所從來，去時亦無所去。經云："法無去來，常不住故。"良以了塵去來無體，所以去來卽無去來，無去來而恆來去。一際成立，無有彼此之差別，是故經云："菩薩不來相而來，不去相而去。"所以不移塵處而詣十方，恆不離十方而入塵處。恆不來去，而來去之量等於法界也。

十，鑒動靜者，謂塵隨風飄颻，是動；寂然不起，是靜。今靜時由動不滅，卽全以動成靜也；今動時由靜不滅，卽全以靜成動也。由全體相成，是故動時正靜，靜時正動。亦如風本不動，能動諸物，若先有動，則失自體，不復更動。思之。

然上諸義，緣生既立，理不合孤，窮萬有以爲同，括無盡而成總。若尋其奧，雖處狹而常寬；欲究其淵，縱居深而逾淺。緣起之義，其大矣哉」

實際斂迹門第二

夫歸宗巨壑，亡委輸於百川；會寂真源，銷緣成於萬有。是故衆流亡而相盡，多緣寂而法空，歸體息於攀緣，奪相止於迷惑。今就理而言，略顯十義：

初二無我	二明遮詮	三如虛空	四不生滅
五無自他	六無分別	七入不二	**八無差別**

九明一味　　十歸泯絕

初，明二無我者，謂能分別塵相者，是人；所分別之塵，從緣具體，是法。由相虛假，似有而無實體，即爲人無我。經云："我尚不可得，非我何可得？"由塵從緣，而無自性，是法無我。論云："若法從緣生，此則無自性。"以人法二俱無我，爲一味也。

二，明遮詮者。問曰：塵是有耶？答曰：不也。從緣無自性即空故。問：塵是無耶？答：不也。不礙緣起有故。問：塵亦有亦無耶？答：不也。空奪有盡唯空，有奪空盡唯有，互不存故。問：塵是非有非無耶？答：不也。不礙俱存故。但除計有無之見，非無法也。經云："但除其病，而不除法，是爲護過。"

三，如虛空者，謂塵體空無所有，即無分限，亦不可取捨，而徧通十方，能與一切理事解行等爲所依。而有無盡大用，猶如虛空，與一切法爲依，而全建立。無有分限，徧通十方，猶如虛空，即得虛空智、虛空身，無礙用也。

四，不生滅者，謂塵從風起散，而有生滅之相。今推生相滅相，悉皆空無。經云："因緣故法生，因緣故法滅。"由生時是無性生，由滅時是無性滅。以無性故，生即不生，滅亦不滅。

五，無自他者，謂塵是緣，爲他也；心是因，爲自也。今心不自心，必待於緣，既由緣始現，故知無自性也。又，塵不自塵，亦待於心，既由心方現，故知無他性也。又，一切法，皆不自生，亦不他生，故無自他也。今言自他者，非別異見，自是他自，他是自他，自他一際，自在説也。論云："自性亦不有，他性亦復無。"

六，無分別者，謂見塵圓小之相好惡飛颺者，是自心分別也。即此分別之心，緣塵而起。尋起無體，名相自亡，是無分別。但分別情破，説爲無分別，非如木石。經云："法從分別生，還從分別滅。"又云："無分別智，分別無窮，無窮之相，性分別滅。"由分別無體，卽分別無分別；由無體不礙緣，卽無分別恆分別。

七，入不二者，謂見塵與心有二，二卽無二也。若執塵心爲一，遮言不一，以迷心所見，非無緣故。若執塵心爲二，遮言不二，以離心外，無別塵故。由心與塵，二卽無三；唯心無體，一亦無一；由一無一，由二無二。一二無礙現前，方入不二門。經云："無二智慧中，出人中師子，不著一二法，知無一二故。"

八，無差別者，謂見塵相圓小，與一切法分齊有異，是爲差別。觀塵無體，一切皆空，唯理所現，無復異體，是無差別。又，此理性隨緣成一切法，非無分齊，是卽差別。經云："諸法無差別，唯佛分別知，了差無差法，非無理事故。"然差別緣起萬有，無差法界一空，由空與有，同別互融。會萬有以爲一空，差卽無差；觀一空而成萬有，無差卽差。差與無差，一際顯現，四句作之，可見。

九，明一味者，謂塵從緣成立，皆無自性，縱理事教義萬差，莫不唯空寂一味。祇以緣起萬差，説空一味，若無萬差，是唯一味。若舉空，卽一味唯空；若舉性，卽一味唯性；若舉如，則一味唯如。類顯可知。

十，歸泯絶者，謂心與塵，互相泯絶。若以塵唯心現，則外塵都絶；若以心全現塵，則内心都泯。泯則泯其體外之見，存則存其全理之事。卽泯常存，卽存常泯，四句可知。

然上諸義，實際難思，心行罕緣其致，真源叵測，名言詎賾其端。然無言不絶言，依體興其萬用；無事不辯事，隨緣顯以一空。明事要必談空，説體寧不開用？是故斂迹則緣心罔托，亡相乃妄識無依，方得稱於緣生，將符順於法界。

種智普耀門第三

夫大智照明，就纖毫而觀性海；真源朗現，卽微塵以眺法身。

磊落雲繁，一多開而隨應；崔嵬岳聚，理事分以成形。今就體用現前，略分十義：

一顯如量　二分六通　三明難思　四生佛家

五示圓音　六辯依正　七會機感　八施佛事

九開五眼　十分三智

初，顯如量者，謂塵體空無，是如理；不礙事相宛然，是如量。今塵性順真，則無分齊，一切事法，全依性顯。是故一塵中見一切事，此事是如理智中如量之境界也。

二，分六通者，謂此塵無體，不動塵處，恆徧十方刹海，無去來之相，是神足通。經云：“不起於座，徧遊十方。”又，見塵法界無際，而有理事教義一切等，諸菩薩皆同證入，皆同修習此法，更無別路，是他心通。又，見塵法界解行現前之時，即知過去曾於佛所親聞此法，以觀心不斷，是故今日得了，爲宿命通。又，見塵性空寂，無相可得，即無二見。若見相，即爲二見也，由無相，即無有二，名天眼通。經云：“不以二相見，名真天眼。”又，了塵無生無性空寂，即執心不起，是漏盡通。經云：“斷結空心我，是則無有生。”又，聞説塵法界差別之聲，即知一切聲全是耳，不復更聞也。然此聞無緣，無得於聲，悟一切法是常聞一切佛法，爲天耳通也。

三，明難思者，謂塵不壞小量而徧十方，普攝一切於中顯現，斯由量即非量，非量即量。又，居見聞之地，即見聞之不及，處思議之際，即思議之不測，皆由不思議體自不可得，故即思不可思。經云：“所思不可思，是名爲難思。”

四，生佛家者，佛以真如法界無生之理爲家，今見塵無生無性時，即此智從無生法顯生，故名生佛家也。經云：“於法不分別，是則從如生。”又云：“普於三世佛法中，知無生已而化生。”但契義理，即名生佛家。是佛之子，亦名佛出現也。有本云：無生之理，菩提涅槃爲家。

五，示圓音者，謂此説塵之音。然音具足智慧之藏，隨衆生機，有深淺之感。若於聲上了大小音韻是假立，空無所有故。然聲是實者，此乃小乘機性，卽愚法教顯也；於聲上卽知聲事無體，會事顯理者，此由大乘機性，卽終教顯也；於聲上卽知大小音聲空無所有，生心動念卽乖法體，一味一相不可分別者，此乃大乘機性，卽頓教顯也；於聲上了知聲是緣起法界，菩提涅槃主伴自在，一卽一切，一切卽一，如帝釋殿珠網重重無盡境界，此由一乘機性，卽圓教顯也。此一音上，由機有大小，令此法門亦復不一。一切諸聲，各各如是，乃爲如來無礙圓音，法輪常轉爾。

六，辨依正者，謂塵毛刹海，是依；佛身智慧光明，是正。今此塵是佛智所現，舉體全是佛智，是故光明中見微塵佛刹。又，刹海微塵，全用法界性而爲塵體，是故塵中見一切佛説法化生等事。當知依卽正，正卽依，自在無礙，乃至塵毛國土，一一事法，各各如是，全佛依正也。

七，會機感者，謂塵如如平等法界，隨智所顯。機大則義顯亦大，機小則理顯亦小。隨衆生之根性，有證悟之淺深，是爲機感。卽此機感，全如來法身而應現也。

八，施佛事者，謂塵音聲文字，皆悉性離，卽解脱故。此無性文字，非事之事，以空無故。佛智所顯，隨所施爲，不失法界，卽爲佛事。經云：“有所施爲，無非佛事。”

九，開五眼者，謂塵無性之色，爲肉眼也。塵是緣起之法，爲法眼。塵性空故無所有，是慧眼。塵無相可得，息諸分別，不二見故，名爲天眼。塵性空寂，無相可得，依正無礙，念劫圓融，有無平等，名爲佛眼。然不可以五眼見於塵，但於塵處隨顯立名也。

十，分三智者，謂達塵性空無之理，決擇邪正，順理入真。此決擇之心,是加行智。又,見此塵,全是亡言絕慮,性超圖度,能所不起,動念亦非,此爲正體智。又,見塵緣起幻有,不礙差別,雖種種差別,莫不空無所有。以不失體故,全以法體而起大用,一多無礙,主伴相攝,一卽一切,一切卽一,是爲後得智。

然上諸義,法無分齊,現必同時,理不礙差,隱顯一際。用則波騰鼎沸,全真體以運行;體卽鏡淨水澄,舉隨緣而會寂。若曦光之流采,無心而朗十方,如明鏡之端形,不動而呈萬像。

鎔融任運門第四

夫性海無涯,衆德以之繁廣;緣生不測,多門由是圓通。莫不迴轉萬差,卷舒之形隨留;鎔融一際,開合之勢從心。照不生機,縱差別而恆順;用非乖體,雖一味而常通。今就體勢而言,略分十義:

一會理事	二達色空	三通大小	四收遠近
五明純雜	六融念劫	七了一多	八會通局
九明卷舒	十總圓融		

初,會理事者,如塵相圓小,是事;塵性空無,是理。以事無體,事隨理而融通;由塵無體,卽徧通於一切。由一切事,事不異理,全現塵中,故經云:“廣世界卽是狹世界,狹世界卽是廣世界。”

二,達色空者,如見塵從緣成立,是色;色無體故,是空。空若無色而言空,卽是無世諦之妄色;因妄色而有真諦之真空。色若無空而言色,卽是無真諦之真空;因真空而有世諦之妄色。今但了妄無體,卽是真空,非無色名空也。經云:“色性自空,非色滅空。”

三,通大小者,如塵圓相,是小;須彌高廣,爲大。然此塵與彼山,大小相容,隨心迴轉,而不生滅。且如見山高廣之時,是自心現作大,非別有大。今見塵圓小之時,亦是自心現作小,非別有小。今由見塵,全以見山高廣之心而現塵也,是故卽小容大也。經云:

“金剛鐵圍數無量，悉能安置一毛端，欲明至大有小相，菩薩因此初發心。”

四，收遠近者，謂此塵，是近；彼十方世界，是遠。今塵無體，該通一切十方，卽此十方，全是塵之十方，是故遠恆近也。然十方雖遠，祇是塵性之十方，縱超不可說世界，亦是不出塵性。何以故？塵量無體，等虛空界，不可出過故。是故，一切十方，唯塵性顯也。又，雖離此至十方時，亦見此塵。何以故？由塵無體，事隨理而融現，是故塵性徧一切時，塵事亦同顯現。此乃一塵中顯現一切，而遠近彼此宛然。十方入一塵中，遠而恆近；塵徧十方，近而恆遠。塵與十方，近之與遠，一際顯然，更無別異。思之。

五，明純雜者，謂塵無生，卽一切法皆無生，是純；卽塵無生義中，具含理事，亦空亦色，亦菩提亦涅槃等，是雜。理不礙事，純恆雜也；事恆全理，雜恆純也。由理事自在，純雜無礙也。

六，融念劫者，如見塵時，是一念心所現，此一念之心現時，全是百千大劫。何以故？以百千大劫，由本一念方成大劫。既相成立，俱無體性。由一念無體，卽通大劫；大劫無體，卽該一念。由念劫無體，長短之相自融，乃至遠近世界，佛及衆生，三世一切事物，莫不皆於一念中現。何以故？一切事法，依心而現，念既無礙，法亦隨融。是故，一念卽見三世一切事物顯然。經云：“或一念卽百千劫，百千劫卽一念。”

七，了一多者，如塵自相是一，由自一不動，方能徧應成多。若動，自一卽失，徧應多亦不成，一二三皆亦如是。又，一多相由成立。如一全是多，方名爲一；又多全是一，方名爲多。多外無別一，明知是多中一；一外無別多，明知是一中多。良以非多然能爲一多，非一然能爲多一。以不失無性，方有一多之智。經云：“譬如算數法，從一增至十，乃至無有量，皆從本數起，智慧無差別。”

八，會通局者，謂塵之小相，是局；卽相無體，是通。今無邊刹海常現塵中，乃通恆局；一塵全徧刹海，乃局恆通。又，不壞小而容大，卽不思議一塵廣容佛刹；不泯大而居小，卽不思議佛刹海常現塵中。是爲通局無礙也。

九，明卷舒者，謂塵無性，舉體全徧十方，是舒；十方無體，隨緣全現塵中，是卷。經云：“以一佛土滿十方，十方入一亦無餘。今卷則一切事於一塵中現，若舒則一塵徧一切處。卽舒常卷，一塵攝一切故；卽卷常舒，一切攝一塵故。是爲卷舒自在也。

十，總圓融者，謂塵相既盡，惑識又亡。以事無體，故事隨理而圓融；體有事，故理隨事而通會。是則終日有而常空，空不絕有；終日空而常有，有不礙空。然不礙有之空，能融萬像；不絕空之有，能成一切。是故萬像宛然，彼此無礙也。

然上諸義，鎔融之勢，因無性以得通；任運之形，因緣起而得會。一多全攝，窺一塵所以頓彰；彼此相收，瞻纖毫以之齊現。良以心通則法門自在，義顯則大智由成。尋之者詎究其源，談之者罕窮其奧，任運之用，何可稱哉。

體用顯露門第五

夫法體圓通，真源滿徹，顯則十方洞鑒，示乃一切咸彰，指微塵以覩玄宗，舉纖毫而觀佛境。今達妄開真，略分十義：

一顯光明　　二了境智　　三明生了因　　四明佛境

五辨因果　　六明佛性　　七表性德　　　八自心現

九出世間　　十托生解

初，顯光明者，謂見塵中法界真如理事之時，顯了分明，此是智慧光明照也，若無智光，則理事不顯。但見法時，是心光明。由積智功圓，是故放一光明，則法界無不顯示，常觀察一切法界，是爲放光明照一切也。

二，了境智者，如一塵圓小事相，是世諦；了塵無生無性，是真諦。彼真俗二諦，是所依之境；此貫達之心，是能依之智。此智於境，無復能取所取二種分別。何以故？今智由法成時，方得言智，離法則無能分別之智。法由智顯時，方得言法，離智亦無所分別之境。以心智寂故，雖流照而常安；由法隨緣故，雖空寂而恆用。

三，明生了因者，謂塵體空寂緣起法界之義，由智方顯，是了因；見塵體已，修於解行，生起力用，是生因。然生即無生，還同法體；了亦非了，豈等緣生。生之與了，無有差別，生則約行，了則據體。無體即體，了則無生；體即無體，生還爲了。契同一際，無所分別。

四，明佛境者，謂塵體不可得，此不可得是佛得；塵相無分齊無可依，此無依是佛依。塵體不生，此不生是佛生；塵無分別，是佛分別。由無得無依無生，方能建立一切法。又，塵全見，更不可見，乃至不可聞，皆是佛見聞。經云："所見不可見，所聞不可聞。"

五，辨因果者，塵即是緣起事相現前，爲因；即事體空不可得，是果。果不異因，全以因滿稱爲果也；由因不異果，全以果圓稱之爲因也。若因不得果，果亦非果也；若果不得因，因亦非因也，皆同時成立，無別異故。是故初發心時，便成正覺；成正覺已，乃是初心。經云："初發心時，便成正覺，悉與三世諸如來等。"

六，明佛性，謂覺塵及一切法從緣無性，名爲佛性。經云："三世佛種，以無性爲性。"此但一切處隨了無性，即爲佛性，不以有情故有，不以無情故無。今獨言有情者，意在勸人爲器也。常於一塵一毛之處，明見一切理事，無非如來性。是開發如來性起功德，名爲佛性也。

七，表性德者，問：塵是有耶？答：是非有之有，如水月鏡像。

經云:"非有是有。"問: 塵是無耶? 答:是有之非有,空無性也。經云:"有是非有。"問: 塵是亦有亦無耶? 答:從緣生故有,無自性故空。空有一際,自在成也。論云:"以有空義故,一切法得成。"問:塵是非有非無耶? 答:有相空相,俱不可得也。互相奪盡,無所成立。今此性德,但無執著,不礙分別。論云:"若因有與無,亦遮亦應聽,離言心不著,是則無有過。"

八,明自心現者,如見此塵時,是自心現也。今塵既由心現,卽還與自心爲緣,終無心外法,而能爲心緣。以非外故,卽以塵爲自心現也。離心之外,更無一法,縱見內外,但是自心所現。無別內外,此無過也。

九,出世間者,謂見塵色相作實解,卽爲處世間,今塵相空無所有,是出世間也。經云:"三世五蘊法,說名爲世間,斯由虛妄有。"無分別,則出世間也。

十,托事生解者,如見塵相是事, 於事處貫達, 卽無生之理現前,是謂托事生解也。又, 別托外物以表此法,表塵法自在,故以塵表之,顯法潤益,故以雲雨表之,顯塵性德深廣,故以海表之。如是無量,更有所表各異,以智推之。

然上諸義,惑盡智生,相亡體顯,差別緣起,方騰性海之波。一味真源,用顯隨緣之鏡,會真之道,夫何遠哉!

差別顯現門第六

夫滿教難思,窺一塵而頓現; 圓宗巨測,觀纖毫而頓彰。然用就體分,非無差別之勢; 事依理顯,自有一際之形。今且略舉大綱,以顯十義:

一明止觀　　二開二諦　　三出入定　　四通性起
五辨六相　　六顯帝網　　七鑒微細　　八通逆順

九定主伴　　十登彼岸

初，明止觀者，如見塵無體，空寂之境，爲止；照體之心，是觀。今由以無緣之觀心，通無性之止體，心境無二，是止觀融通。由止無體不礙觀心故，是以境隨智而任運；由觀心不礙止境故，是以智隨法而寂靜。由非止觀以成止觀，由成止觀以非止觀，二而不二，不二而二，自在無礙。

二，開二諦者，謂如見塵相圓小，幻有現前，是世諦；了塵無體，幻相蕩盡，是真諦。今此世諦之有，不異於空相，方名世諦。又，真諦之空，隨緣顯現，不異於有相，方名真諦。又，空依有顯，卽世諦成真諦也；由有攬空成，卽真諦成俗諦也。由非真非俗，是故能真能俗。卽二而無二，不礙一二之義歷然。經云："於解常自一，於諦常自二，通達此無礙，真入第一義。"

三，出入定者，謂見塵性空，卽是十方一切真實之理，名爲入定也。然見此塵無性空理之時，乃是十方之空也。何以故？由十方之心見於一塵，是故全以十方爲塵定，亦不礙事相宛然，是起。然起之與定，俱等虛空界。但以一多融通，同異無礙，是故一入多起，多入一起，差別入一際起，一際入差別起，悉皆同時，一際成立，無有別異。當知定卽起，起卽定，一與一切，同時三昧起。一切塵中入正受，一毛端頭三昧起。

四，通性起者，謂塵體空無所有，相無不盡，唯一真性。以空不守自性，卽全體而成諸法也，是故而有萬像繁興。萬像繁興，而恆不失真體一味。起恆不起，不起恆起，良以不起卽起，起乃顯於緣生，起卽不起，不起乃彰於法界。是故此塵，卽理卽事，卽滅卽生，皆由不起而起也。此塵亦空，理亦壞亦隱，由起而不起，是故終日繁興，而無施設也。

五，顯六相者，今塵全以理事解行教義以成緣起，此爲總也；由塵總義現前,方於塵處辨體用解行教義各各差別,是別也。此一塵處所辨諸義,各各無性,互不相違,是同也;此一塵處諸義,體用性相,各各差別,是異也。此一塵處諸義現前,塵法方立,是成也;此一塵處諸義,各各顯自性相,終不相成相作,是壞也。一切諸法,皆具此六相,緣起方成,若不如此,則失六義也。

六,顯帝網者,謂塵無體,顯現一切緣起理事,菩提涅槃教義及解行等。由此諸義無性,理通十方,圓明一際,或一現一,或一現一切,或一切現一,或一切現一切。四句同時,一際顯然,重重無盡,自在現也。如帝釋殿,珠網重重,互現無盡。論云:"帝網差別,唯智能知,非眼境界。"

七,鑒微細者,謂此塵及十方一切理事等,莫不皆是佛智所現。卽此佛智所現之塵,能容持一切刹海事理教義,無不具足。所以然者,由十方差別雖多,恆是一塵之十方,一塵雖小,恆是該通一切之塵。是故顯現無有先後,不礙差別,遠近宛然。經云:"微細世界中,容受大世界,境界無了不,智慧山王行。"又云:"於一塵中,普現三世一切佛刹"等。又云:"乃至一塵一毛一世界一佛一眾生等,皆如是頓顯故。"

八,通逆順者,謂舉塵相不必見理,爲逆;以塵無體卽空,爲順。由相取不可得,逆則常順;以理不礙事,順則常逆。由事理融通,是以逆順無礙,自在用也。

九,定主伴者,謂塵是法界,體無分齊,普徧一切,是爲主也;卽彼一切各各別故,是伴也。然伴不異主,必全主而成伴;主不異伴,亦全伴而成主。主之與伴,互相資相攝。若相攝,彼此互無,不可別說一切;若相資,則彼此互有,不可同說一切。皆由卽主卽伴,是故亦同亦異。當知主中亦主亦伴,伴中亦伴亦主也。

十,登彼岸者,謂塵名相生滅,是此岸;今了塵名相空寂,不生不滅，是彼岸。但以不了爲此，了卽爲彼。依了不了邊，寄彼此以言之。經云："菩薩不住此岸，不住彼岸，而能運度衆生於彼岸。"

然上諸義，體無別異，舉則全彰，理不殊途，談皆頓顯。良以二邊相盡，差別體融，隨智卷舒，應機屈曲。是故言起卽起，誰云路之不通；舉多卽多，孰談法之無在。自非迥超特達，棲心物表之者，焉能了此乎！

修學嚴成門第七

夫菩提大寶，性起靈珠。既琢既磨，資智慧而觀察；爲調爲舒，藉解行以嚴成。今總舉大綱，粗分十義：

一法供養　　二弘六度　　三修解行　　四常莊嚴

五明智慧　　六崇善根　　七了夢幻　　八曉鏡像

九達五蘊　　十不共法

初，法供養者，謂以無生心中，施一切珍寶，乃至微塵，皆能攝於法界，卽以此法界一塵而作供養。以此供養，乃至徧通三世一切諸如來前，無不顯現。彼諸如來無不攝受。何以故？由塵卽攝法界是理，與佛體性法界相應，是故徧至一切佛所，名廣大供養，無空過者。經云："諸供養中，法供養勝。"

二，弘六度者，如見塵緣起無盡理事中，説施一切衆生，是檀波羅蜜。又，塵相空無，卽無非可防，無惡可斷，是尸羅波羅蜜。又，塵相空無所有，則緣心不起，息諸惱害，是羼提波羅蜜。又，塵無體時，執心自盡，離於妄念，是精進波羅蜜。經云："若能心不妄，精進無有涯。"又，以塵無性，心亦自寂，是禪波羅蜜。經云："不見心相，是名正定。"又，塵緣起無生無相空寂之理，是智慧波羅蜜。經云："色不生，是般若波羅蜜生。"常以如理六度修明其心，亦不礙事六度，饒益衆生，理事不二，爲實行也。不以理中具六而礙事六，但了事爲理也。

三，修解行者，謂於塵處，悟達理事色空無性之義，是解也；理解在心，是智也。行通爲行，若住心作真静，作俗解，非名解也。不作一切解，解心無寄，是爲大解也。又，若起心作凡夫行，作聖人行，亦非行也。不作一切行，行心無寄，是名大行。行非是過，由心起作；解亦非過，由心住著。常無住著希望，乃是真解行也。

四，常莊嚴者，如以智心觀察全塵法界，緣起現前，無有分別，是爲嚴淨佛土。又，修戒願理事解行圓明，全塵法界，理智圓通，功德顯示，是爲莊嚴佛身。又，説示塵體緣起主伴，帝網微細，曉示一切，是爲轉淨法輪。於一切處皆是莊嚴，不礙七寶以用莊嚴。

五，明智慧者，謂塵從緣成，假持似有所現，此達有之心，是智。卽此假持幻有，畢竟空無所有，此觀空之心，是慧。若住於空，卽失有義，非慧也；若住於有，卽失空義，非智也。今空不異有，有必全空，是爲智慧也。要由名相不存，方名智慧，若存名相，卽非智慧也。由不存卽是存，存卽是不存也。

六，崇善根者，謂顯塵是法界涅槃及以解行，此皆從塵處所顯發，是故卽以塵爲善根也。常觀察修習，是爲於塵處而種善根，而長養之。所有一切塵毛刹海，佛及衆生，常應如是也。

七，了夢幻者，謂塵相生起，迷心爲有，觀察卽虚，猶如幻人，亦如夜夢，覺已皆無。今了虚無，名不可得，相不可得，一切都不可得，是爲塵覺悟空無所有。

八，曉鏡像者，謂塵相大小，但似有顯現，畢竟取不可得，故知塵卽虚無，如鏡中之像。經云："觀察諸法，如電光，如水月鏡中之像，似有非有，取不可得。"故以塵空寂，不礙假相宛然，於法界中假實二義，但由影像也。

九，達五蘊者，如塵質礙，爲色；心領納，是受；現塵假相於心，是想；心緣塵取捨，是行；辨了於塵，是識。今了塵無體，緣慮自亡。經云："三世五蘊法，説名爲世間，斯由虛妄有，無卽出世間。"

十，不共法者，謂二乘凡夫，見塵有相有體，但見一塵，而無自在業用。今則不爾，不與彼同。此要達塵無體，證之以成佛土，依塵修起智慧、莊嚴法身。然小恒容廣大世界，一塵常能普攝一切，是爲不共法也。

然上諸義，體雖空淨，資行願以嚴真；性縱包含，依智慧而開顯。是故體稱本有，行約修生；生卽不生，還同本體；體亦非體，復等修生。何曾體而礙生，生而失體？得意亡言，千里跬步，豈與夫懵道之子，同年而語哉₁

對治獲益門第八

夫病起藥興，妄生智立，務止啼於楊葉，資静亂於空業，百非息於攀緣，四句絶於增減。然而悟緣無體，智則自融，起用恆沙，無非清淨。今略分十義，以明對治。

一觀十二因緣　　二修四威儀　　三明三性

四顯教義　　五示法輪　　六知無常　　七入真如

八出魔網　　九消藥病　　十離解縛

初，觀十二因緣者，謂於塵上名相所惑，不了無體，是無明緣。於塵上心計生起，是行緣。於塵上分別之心恆轉流注，是識緣。於塵上妄識依止成種，是名色緣。於塵上六根受入，是六入緣。於塵上根塵相對，是觸緣。於塵上領納塵境，是受緣。於塵上樂受自潤，是愛緣。於塵上不了卽空，是取緣。於塵上愛集成業，是有緣。於塵上業熟，起五蘊身，是生緣。於塵上名相變壞，是老死緣。今了塵名相空寂，則心不緣，隨了之時，緣自寂滅。

二，修四威儀者，於塵上開顯法界法門，曉示一切羣生，是行。

經云:"菩薩有二種行。所謂聞法行,樂聽法故;説法行,利益衆生故。"於塵上平等大智,隨順觀察,塵從緣起,無生無相,是住。經云:"所謂隨順住,住正法故。"於塵上空寂甚深之義,是坐。經云:"所謂坐師子座,演説甚深法故。"於塵上名相蕩盡,觀心寂滅,淡泊無爲,是卧。經云:"所謂寂静卧,身心淡泊故。"又,禪定卧,正念思惟觀察故。不礙事處四威儀,即事恆理也。

三,明三性者,謂塵上迷心所執,計有相生,以爲實也,今了塵圓小之相,取不可得,惑相自亡,是爲徧計相無性,爲人無我也。又,塵與自心爲緣,心法方起,今了緣無自體,依心方現,無自體生,是爲依他相無生性,是法無我也。由二義現前,乃圓成勝義性也。

四,顯教義者,謂塵能表生信解,令通達故,是教。即解之時,句味可詮,是義。即此塵具足法界理智,是無盡教義也。教無實體,隨器施設,義無實趣,隨智開合,了妄無體,教亦非教。經云:"我説十二部經,如空拳誑小兒。"是事不知,名曰無明。

五,示法輪者,塵處開演如上法門,隨心迴轉,清淨顯然,是謂轉無盡法輪也。

六,知無常者,謂塵念念生滅,是無常;即生滅無體,是爲常;即生滅不生滅,名凝然常。經云:"不生不滅,是無常義。"即常不礙隨緣,即常不異無常。又,無常體寂滅,即無常不異常。若去無常,即常義亦失;若去常,即無常義亦失。當知常即無常,無常即常也。

七,入真如者,謂一塵隨心迴轉,種種義味,成大緣起。雖有種種,而無生滅,雖不生滅,而恆不礙一切隨緣。今無生滅,是不變;不礙一切,是隨緣,即此隨緣不變。此處疑有脱文。

八,出魔網者,若於塵上,心計生滅、違順、有無、緣慮等,是處魔網也。於塵上能觀察平等一味真實,而無生滅之見,即出魔網。經云:"衆魔者樂生死,菩薩於生死而不捨故。"

九，消藥病者，如見塵大小、生滅、有無、流動，是病；了大小無大小，了生滅不生滅，知有非有等，是藥。藥即非藥，以無妄可斷故；病亦非病，以智深達故。當知動心緣境即爲病。經云："何謂病本，謂有攀緣。"

十，離解縛者，謂於塵上執生滅之相，是縛；了生滅相不可得，是解。經云："有慧方便解，無慧方便縛，但了相非相，於縛常解。"若住無相，解還是縛，了妄無體，縛即非縛。縛既無縛，解亦無解。經云："諸法無縛，本解脫故；諸法無解，本無縛故。"

然上諸義，妄情增起，緣於名相，以心行迷識住，生於有無，而成結業。所以病妄則藥妄，舉空拳以止啼；心通則法通，引虛空而示徧。既覺既悟，何滯何疑。消能所以入玄宗，泯藥病而歸法界。

體用開合門第九

夫玄宗渺漭，在緣起而可彰；至道希夷，入法界而無見。故標體開用，助道之品蓋多；就性明緣，差別之門不一。合則法界寂而無二，開乃緣起應而成三，動寂理融，方開體用。今就大況而言，略分十義：

一顯人法　　　二世流布　　　三觀體用　　　四五分法身
五開三藏　　　六即不即　　　七異不異　　　八明本末
九會三乘　　　十畢竟空

初，顯人法者，謂能達塵者是人，所了塵者是法，即此人法，相由顯現。由人方能顯法，由法以用有人。論云："以人知有法，以法知有人，離人何有法，離法何有人。"今以人無相故，方爲顯法之人；以法無性故，方爲成人之法。二而不二，不二而二也。

二，世流布者，謂今見此塵名相大小，是世流布而共說也。然塵體全法，無復種種差別，全以用不異體，是故存此假名。經云：

“一法有多名，真法中卽無，不失法性故，流布於世間。”

三，觀體用者，謂了達塵無生無性一味，是體；智照理時，不礙事相宛然，是用。事雖宛然，恆無所有，是故用卽體也。如會百川以歸於海。理雖一味，恆自隨緣，是故體卽用也。如舉大海以明百川。由理事互融，故體用自在。若相入，則用開差別；若相卽，乃體恆一味。恆一恆二，是爲體用也。

四，明五分法身者，謂塵空無所有，卽無非可防，是戒身。以塵無相，心自不緣，是定身。了塵空寂，是慧身。由塵空無，則不緣於有，不住於相，是解脫身。由了塵體，更無異解，是解脫知見身。身以依止爲義，謂智依法顯而得成立，故爲法身也。

五，開三藏者，謂塵是法界體性及涅槃，皆由大智所現而行照也，卽以文字記持塵處所現之理，書之於簡，爲經，卽脩多羅藏也。謂塵處觀察體性，不住名相，隨順調伏，令息諸惡，是戒，卽毗柰耶藏也。於塵上體用法智，真妄相對，發智生解，事方究竟，是論，卽阿毗達摩藏也。

六，明卽不卽者，如塵相圓小分齊無體唯法，故說卽也；不礙塵相宛然，故說不卽也。祇由塵相不卽於法，會通而言，方爲卽也。又由塵卽法故，是卽；不礙緣起，是不卽也。

七，明異不異者，謂塵之事相，是異；克體唯法，是不異。祇由法體不異，卽異義方成，以不失體故。祇由塵事差別，卽不異義方成，以不壞緣起，方言理也。經云：“甚奇，世尊！於無異法中，而說諸法異。”

八，明本末者，謂塵空無性，是本；塵相差別，是末。末卽非末，以相無不盡故；本亦非本，以不礙緣成故。卽以非本爲本，雖空而恆有；以非末爲末，雖有而恆空。當知末卽隨緣，本卽據體。今體爲用本，用依體起。經云：“從無住本，立一切法。”

九，會三乘者，謂見塵相空無所有，然法是實，據此見爲小乘。悟塵從緣，息於緣慮，據此見爲中乘。了塵無性無生，空寂一味，據此爲大乘。今法是一，學者分三，非以學三，令法亦三，非以法一，令學亦一。但人自三乘，法非三也。當知一，即三乘所學之歸一也；三，即一乘隨應之機有三也。

十，畢竟空者，謂塵不泯事相，而常空寂，是爲畢竟空也。今事相雖存，即相不可得，名亦不可得，理義不可得，以一切不可得，名爲畢竟空，非無表說也。然畢竟空，空時不礙塵法宛然，塵法宛然，恆畢竟空。

然上諸義，法體不空，緣生非有。非有之有，即有徧於十方，不空之空，即空成於一切。用開差別，諸法宛而星羅，體合事銷，多門寂而雲斂。

決擇成就門第十

夫緣情未泯，見有正邪。法體隨迷，故隨緣而生滅；法界沖寂，泯寂滅以是非。今欲顯其實趣，簡彼權門，使皂白以雙分，令真妄而兩別，略舉大綱，題茲十義：

一簡正見　　二辨染淨　　三顯無知　　四佛出世

五辨四依　　六除業報　　七定權實　　八明頓漸

九入佛海　　十證佛地

初，簡正見者，如見塵名相，是邪；見塵空寂，是正。又若以見見於塵，此非爲正；以不見見於塵，此亦非正。但知塵全是見，不復更見，以不見見於塵也。然見此塵時，不可以慧眼見，法眼看，佛眼觀，肉眼視，天眼瞻。見於塵也，以塵即慧即法即佛即肉即天，不復更以慧等五眼見。又，若見即不見，謂以見見，即不契塵也。若不見即見，謂更將不見以見於塵，亦不契於塵也。若不見即不見，謂不知塵是見，名爲總不見也。若見卽見，謂知塵全是見，方名爲見。經云："見者卽是垢，彼則無所見。諸佛離所見，是故見清淨。"

二，辨染淨者，謂見塵生滅有無，是染；卽體不生不滅，非有非無，是淨。若空異於有，則淨不名淨，以迷空故；若有異於空，則染不名染，以執有故。今有卽全空，方名染分；空卽全有，方名淨分。由空有無礙，是故染淨自在也。經云："染而不染，不染而染。"

三，顯無知者，謂了知塵時，塵全是知也，終不以知知於塵也。若以知知於塵，有所不知也。若知於知，此無知不異知也。今塵卽是知，不復更以不知知於無知者，但無能所之知，非無知也。經云："顯現一切法，各各不相知。"

四，佛出世者，今如來出現，全以塵無自性，法界緣起，菩提涅槃，以爲如來身也。此身通三世間，是故於一切國土，一切衆生，一切事物，一切緣起，一切業報，一切塵毛等，各各顯現如上諸義，菩提涅槃等，爲佛出世也。若一處不了，卽不成佛，亦不出現。何以故？由不了塵處，仍是無明，是故不成佛，亦不出現也。具如性起品文。思之。

五，辨四依者，謂心了塵空寂，不緣名相，是依智不依識。謂了塵是緣起之義，不在文字，是依法不依人。謂了塵無生無相之義，不在文字，是依義不依語。謂之塵上若具顯一切法界，非有分限，此則依了義經不依不了義經。

六，除業報者，謂塵上不了自心，謂心外有法，卽生憎愛，從貪業成報。然此業報，由心迷塵，妄計而生，但以有顯現，皆無真實。經云："猶如淨明鏡，隨其面像現，內外無所有，業報亦如是。"迷者，謂塵相有所從來，而復生滅，是迷。今了塵相無體，是悟。迷本無從來，悟亦無所去。何以故？以妄心爲有，本無體故。如繩上蛇，本無從來，亦無所去。何以故？蛇是妄心橫計爲有，本無體故。若計有來處去處，還是迷。了無來去，是悟。然悟之與迷，相待安立，非是先有淨心，後有無明。此非二物，不可兩解，但了妄無妄，卽爲淨心，終無先淨心而後無明。知之。

七，定權實者，謂塵事是權，空寂是實。然實非實，以理不礙事故；權亦非權，以事體卽空故。若作權解實解，此非善解，若知權實俱不可得，寄言以明法體，是名善解也。

八，明頓漸者，若於塵處，了幻相不可得，方見無相；了塵無自性，方見無生；了塵色無體，方見空。如此推尋方見，名爲漸。今不待推尋，而直見諸法無性空寂，如鏡現像，不待次第，對緣卽現，爲頓。

九，入佛海者，謂全塵處，見如上百門義，並是佛大願海、大智慧海、大方便海之所顯現，乃至一切塵，一切毛，一切國土剎海，一切佛及衆生，一切事物等，莫不皆空，是佛智慧大海無邊無盡深廣不可測也。當知學者，若於塵處見一切法界者，卽是入佛法界智慧海也。若以開合卷舒，或塵內，或毛孔，而能資攝，一卽一切，一切卽一，可說卽不可說，主伴自在，依正無礙，普是如來智海之業用。若人如是通達者，與如來等也。

十，證佛地者，謂塵空無我無相，是地。然此地體性，猶未清淨，以從我相彰得，了心猶未寧，亦是垢見。若作遠離空無相之念者，猶爲垢心，謂有遠離之想未止也。今不作遠離之想，亦無動念者，由初得念息，近從動念處顯也。今者無作遠離之念，亦無不作遠離之念者，此地顯時，卽智慧。不得以方便詮，不得以文字說，當自顯然。此猶假論，若稱理而言，非智所知。如空中鳥飛之時，迹不可求依止之處也，然空中之迹，雖無體相可得，然迹非無，此迹尋之逾廣，要依鳥飛，方論迹之深廣。當知佛地，要因心相而得證佛地之深廣也。然證入此地，不可一向住於寂滅。一切諸佛，法不應爾。當示教利喜，學佛方便，學佛智慧，具如此地義處。思之。

（據金陵刻經處本）

四、華嚴一乘教義分齊章

卷 一

今將開釋如來海印三昧一乘教義，畧作十門：

建立一乘第一

教義攝益第二

古今立教第三

分教開宗第四

乘教開合第五

起教前後第六

決擇其意第七

施設異相第八

所詮差別第九

義理分齊第十

初，明建立一乘者。然此一乘教義分齊，開爲二門：一別教，二同教。

初中二：一、性海果分，是不可説義。何以故？不與教相應故，則十佛自境界也。故地論云：“因分可説，果分不可説”者，是也。二、緣起因分，則普賢境界也。此二無二，全體徧收，其猶波水，思之可見。

就普賢門復作二門：一、分相門，二、該攝門。

一、分相門者，此則別教一乘別於三乘，如法華中宅內所指門外三車，誘引諸子令得出者，是三乘教也；界外露地所授牛車，是一乘教也。然此一乘三乘差別，諸聖教中略有十説：一、權實差別。以三中牛車，亦同羊鹿，權引諸子務令得出。是故臨門三車，俱是開方便門，四衢道中別授大白牛車，方爲示真實相。若彼三中牛車亦是實者，長者門內引諸子時，指彼牛車祇在門外，此應亦出卽得見車，如何出竟，至本所指車所住處而不得故，後更索耶？亦不可説界外索車，但是二乘，以經不説彼求牛車人，出門卽得彼牛車故，又不説彼索先許車唯二乘故。是故經中諸子得出，至露地已各白父言，父先所許玩好之具，羊鹿車牛車，願時賜與，以此得知三車同索。此中三車，約彼三乘所求果説，以是先意所標趣故。問：二乘各得小果，何以界外更索耶？答：依小乘云，有教有行果，今依大乘云，昔日但有言教，無實行果故，故云三車空無。若望自宗並皆得果，若不得者，如何出世？今言俱不得者，以望一乘故。是故以實映權，則方便相盡，故皆無得也。爲欲迴彼三乘人入一乘故，是故大乘亦説迴也。若不爾者，彼求牛車人，既出界外不同凡夫，非求羊鹿不同二乘，未得露地大白牛車，不同一乘。若非彼三中大乘，更是何色人也？以至自位究竟處故，後皆進入別教一乘。問：臨門三車，爲實不爲實耶？答：實，不實。何以故？是方便故。由是方便引子得出，非不實；由是方便引故，非是實。此二無二，唯一相也。二、教義差別。以臨門牛車亦同羊鹿，但有其名，以望一乘俱是教故。是故經云："以佛教門，出三界苦。"亦不可説以佛教言，但約二乘，以經不揀故。彼求牛車人，尋教至義，亦同二乘俱不得故。三、所望差別。以彼一乘非是界內先許三車，是故界外四衢道中，授諸子時，皆云非本所望。是故經云："是時諸子各乘大車，得未曾有，非本所望。"亦不可説非本所望言，但約二乘，以經不揀故，聖言無失故。良以門內所許，今皆無得，露地白牛本非希冀，故今得之，言非本所望也。四、德量差別。謂宅內指外，但云牛車，不言餘德，而露地所授七寶大車，謂寶網寶鈴等無量衆寶而莊嚴等，此即體具德也。又，彼但云牛，不言餘相，此云白牛肥壯多力，其疾如風等，用殊勝也。又云，多諸儐從而侍衞等，行眷屬也。此等異相，並約同教一乘以明異耳。又，彼三中牛車唯一，以彼宗明一相方便，無主伴故。此則不爾，主伴具足，攝德無量。是故經云："我有如是七寶大車，其數無量。"無量寶車，非適一也。此顯一乘無盡教義。此義廣說如華嚴中，此約別教一乘以明異耳。五、約寄位差別。如本業經仁王經及地論梁攝論等，皆以初二三地寄在世間，四地至七地寄出世間，八地寄出出世。則於出世間中，四地五地寄聲聞法，六地寄緣覺法，七地寄菩薩法，八地以上寄一乘法。若大乘即是一乘者，七地即應是出出世。又，不應一乘在於八地，是故當知法華中三乘之人，爲求三車出至門外者，則三乘俱是出世自位究竟也，即是此中四地已去至七地者是也。四衢別授大白牛車，此在出世之上，故是出出世一乘法，即是此中八地已上一乘法也。問：若爾，何故梁攝論云："二乘善名出世，從八地已上乃至佛地名出出世。"既不言三乘是出世，如何作是說耶？答：既四五二地爲聲聞，第六地爲緣覺，八地已去爲出出世，彼第七地是何人耶？是故當知，彼云二乘善名出世，即大小二乘也。以聲聞緣覺俱名爲小故，二乘名通。具如下說。六、付囑差別。如法華經云："於未來世，若有善男子善女人，信如來智慧者，當爲演說此法華經，使得聞知，爲令其人得佛智慧故。若有衆生不信受者，當於如來餘深法中，示教利喜。汝等若能如是，則爲報佛之恩。"解云：餘深法者，即是大乘。非一乘故，稱之爲餘。然非小乘，是以稱深。亦不可說以彼小乘爲餘深法，以法華中正破小乘，豈可歎其深耶？是故當知法華別意，正在

一乘，故作此付囑也。七、根緣受者差別。如此經性起品云：“佛
子！菩薩摩訶薩，無量億那由他劫，行六波羅蜜，修習道品善根，未
聞此經。雖聞不信受持隨順，是等猶爲假名菩薩。”解云：此名三乘
菩薩，根未熟故。雖如是經爾許劫修行，不信不聞此一乘經者，是
人當知是前法華經内，餘深法中示教利喜者是也。以望一乘究竟
法，是故説彼以爲假名，若望自宗，亦真實也。此文意明華嚴是別
教一乘，不同彼也。八、難信易信差別。如此經賢首品云：“一切世
界羣生類尠有欲求聲聞乘，求緣覺者轉復少，求大乘者甚希有。求
大乘者猶爲易，能信此法甚爲難。”解云：以此品中正明信位終心，
卽説一切位及成佛等事，既超三乘，恐難信受，故舉三乘對比決之。
九、約機顯理差別。如此經第九地初偈云：“若衆生下劣，其心厭没
者，示以聲聞道，令出於衆苦。若復有衆生，諸根小明利，樂於因緣
法，爲説辟支佛。若人根明利，有大慈悲心，饒益諸衆生，爲説菩薩
道。若有無上心，決定樂大事，爲示於佛身，説無盡佛法。”解云：此
明一乘法門，主伴具足，故云無盡佛法，不同三乘一相一寂等法。
以此地中作大法師，明説法儀軌，是故開示一乘三乘文義差別也。
十、本末開合差別。如大乘同性經云：“所有聲聞法，辟支佛法，菩
薩法，諸佛法，如是一切諸法，皆悉流入毗盧遮那智藏大海。”此文
約本末分異，仍會末歸本，明一乘三乘差別顯耳。此上十證，足爲
龜鏡。其別教一乘所明行位因果等相，與彼三乘教施設分齊全別
不同，廣在經文，畧如下辨，縱無教證，依彼義異，尚須分宗，況聖教
雲披，焕然溢目矣。

　　二、該攝門者，一切三乘等，本來悉是彼一乘法。何以故？以
三乘望一乘有二門故。謂不異不一也。初，不異有二：一、以三卽
一故不異，二、以一卽三故不異。問：若據初門三卽一者，未知彼三
爲存爲壞？若存，如何唯一？若壞，彼三乘機更依何法而得進修？

答：有四句：一、由即一故不待壞，二、由即一故不礙存，三、由即一故無不壞，四、由即一故無可存。由初二義，三乘機得有所依；由後二義，三乘機得入一乘。由四句俱即一故，是故唯有一乘，更無餘也。二、以一乘即三明不異者，隱顯四句反上思之。是故唯有三乘，更無一也。此如下同教中辨。二，不一者，此即一之三，與上即三之一，是非一門也，是則不壞不一而明不異。又，此中不一，是上分相門，此中不異，是此該攝門也。

二，同教者，於中二：初分諸乘，後融本末。

初中有六重：一者，明一乘，於中有七：初、約法相交參以明一乘。謂如三乘中亦有說因陀羅網及微細等事，而主伴不具；或亦說華藏世界，而不說十等；或一乘中亦有三乘法相等，謂如十眼中亦有五眼，十通中亦有六通等，而義理皆別。此則一乘垂於三乘，三乘參於一乘，是則兩宗交接連綴，引攝成根欲性，令入別教一乘故也。二、約攝方便。謂彼三乘等法，總爲一乘方便，故皆名一乘。所以經云："諸有所作，皆爲一大事故"等也。三、約所流辨。謂三乘等，悉從一乘流故。故經云："汝等所行是菩薩道"等。又經云："毗尼者即大乘也。"四、約就勝門。即以三中大乘爲一乘，以望別教雖權實有異，同是菩薩所乘故。故經云："唯此一事實，餘二則非真。"又云："止息故說二"等。此文有二意：一、若望上別教，餘二者，則大小二乘也。以聲聞等利鈍雖殊，同期小果故，開一異三故。若望同教，即聲聞等爲二也，又融大同一故。五、約教事深細。如經云："我常在靈山"等。六、約八義意趣。依攝論如問答中辨。七、約十義方便。如孔目中說。依上諸義，即三乘等並名一乘，皆隨本宗定故，主伴不具故，是同非別也。二者，明二乘有三種：一者，一乘三乘名爲二乘。謂如經中四衢所授並臨門三車，此中合愚法同迴心俱是小乘，故有二耳。二者，大乘小乘爲二乘，此則合一同三,開愚法異迴心。三者、聲聞緣覺爲二乘,此通愚法及迴心。又,初約一乘,次約三乘,後約小乘,準可知之。三者,明三乘亦有三種:一者、一乘三乘小乘名爲三乘,此爲顯法本末故。上開一乘,下開愚法,故有三也。二者、以經中愚法二乘,並在所引諸子中,故知三乘外別有小乘;三車引諸子,故知小乘外別有三乘。三者、三人俱出至露地已,更別授大白牛車,故知三乘外別有一乘。問:何以得知愚法二乘在所引中耶?答:以彼愚法,約大乘終教已去,並不名究竟出三界故。何以故?以人執煩惱未永斷故,但能折伏而已。故彌勒所問經論云:"一切聲聞辟支佛人,不能如實修四無量,不能究竟斷諸煩惱,但能折伏一切煩惱故"也。又,經云:"汝等所得涅槃非真滅度。"又,經云:"若不信此法得阿羅漢果,無有是處。"又,大品云:"欲得阿羅漢等果,當學般若波羅蜜。"是故當知羅漢實義在大乘中,是故大乘必具三也。故普超三昧經云:"如此大乘中亦有三乘,則爲三藏。"謂聲聞藏,緣覺藏,菩薩藏,惟大乘中得有三藏,餘二乘中則無此也。入大乘論中亦同此說。是故當知門外三車,不通愚法,以法華非小乘故。其瑜伽聲聞決擇及雜集等論,辨聲聞等教行位果,及斷惑分齊,與婆沙俱舍等不同者,是其事也。是故當知一乘三乘小乘分齊別也。由此義故,大智度論云:"般若波羅蜜有二種:一共,二不共。言共者,謂此摩訶衍經,及餘方等經,共諸聲聞衆集共說故。不共者,如不思議經,不與聲聞共說故。"解云:不思議經者,彼論自指華嚴是也。以其唯說別教一乘,故名不共。義準知之,如四阿含經名不共,以唯說愚法二乘教故。如大品等經,共集三乘衆,通說三乘法,具獲三乘益,故云共也。此中通大之小非愚法,通小之大非一乘。依此三義,故梁攝論云:"善成立有三種:一小乘,二三乘,三一乘。"其第三最居上,故名善成立,卽其事也。若言說大品等時,一音異解,得小果,故有三乘者。

說華嚴時，何不異解得小果耶？又說增一等時，何不異解得大果耶？是故當知三宗各別，理不疑也。又二者，大乘中乘小乘爲三乘，此有三義：一則融一乘同大乘，合愚法同小乘，故唯三也。教理可知，此約一乘辨。二則大乘中自有三乘，如上所說。三則小乘中亦有三，如小論中自有聲聞法緣覺法及佛法，此中佛法但慈悲愛行等，異於二乘故也。四者，或爲四乘。亦有三種：一謂一乘三乘爲四，此則開一異三，合二聲聞故也。二謂一乘三乘小乘人天爲四，此總開意也。三謂三乘人天爲四，準上可知。五者，或爲五乘。亦有三種：一謂一乘三乘小乘爲五，二謂三乘人天爲五，三謂佛與二乘天及梵亦爲五，並準釋可知。六者，或無量乘。謂一切法門也。故此經云：“於一世界中，聞說一乘者，或二三四五，乃至無量乘。”此之謂也。上來分乘竟。

二、融本末者，此同上說諸乘等會融無二，同一法界，有其二門：一，泯權歸實門，卽一乘教也；二，攬實成權門，則三乘教等也。初則不壞權而卽泯，故三乘卽一乘而不礙三；後則不異實而卽權，故一乘卽三乘而不礙一。是故一三融攝，體無二也。問：若爾，二門俱齊，如何復說有權實耶？答：義門異故，權實恒存；理徧通故，全體無二。何者？謂權起必一向賴於實，是故攬實實不失；實現未必一向藉於權，故泯權權不立。是故三乘卽一，雖具存壞，竟必有盡；一乘卽三，雖具隱顯，竟恒無盡。由此鎔融，有其四句：一、或唯一乘，謂如別教；二、或唯三乘，如三乘等教；以不知一故，或亦一亦三如同教；四、或非一非三，如上果海。此四義中，隨於一門，皆全收法體，是故諸乘或存或壞而不相礙也，深思可解。餘釋乘明體等，並如別說。上來明建立一乘竟。

第二，教義攝益者，此門有二：先辨教義分齊，後明攝益分齊。

初中又二：先示相，後開合。初，中有三義：一者、如露地牛車，自有教義，謂十十無盡，主伴具足，如華嚴說，此當別教一乘。二者、如臨門三車，自有教義，謂界內示爲教，得出爲義，仍教義即無分，此當三乘教，如餘經及瑜伽等說。三者、以臨門三車爲開方便教，界外別授大白牛車方爲示真實義，此當同教一乘，如法華經說。二，開合者有二：先別，後總。別中，一乘三乘各有三句。三乘三句者，或具教義，約三乘自宗說；或唯教非義，約同教一乘說；或俱非教義，約別教一乘說，爲彼所目故也。一乘三句者，或具教義，約自別教說；或唯義非教，約同教說；或俱非教義，唯約三乘教說，隱彼無盡教義故。後總者，或教義俱教，以三乘望一乘故；或教義俱義，以一乘望三乘故；或具此三句，約同教說；或皆具教義，各隨自宗差別說矣。

　　二、明攝益分齊者，於中有三：一，或唯攝界內機，令得出世益，即以爲究竟。此約三乘當宗說，亦如瑜伽等辨。二，或攝界外機，令得出出世益，方爲究竟。此有二種：若先以三乘令其得出，後乃方便得一乘者，此即一乘三乘和合說，故屬同教攝，亦名迥三入一教，此如法華經說。若先於一乘已成解行，後於出世身上證彼法者，即屬別教一乘攝，此如小相品說也。三，或通攝二機，令得二益。此亦有二：若先以三乘引出，後令得一乘，亦是三一和合，攝機成二益，故屬同教，此如法華經說。若界內見聞出世得法，出出世證成，或界內通見聞解行，出世唯解行，出出世唯證入，此等屬別教一乘，此如華嚴說。

　　第三，敍今古立教者，謂古今諸賢所立教門，差別非一，且畧敍十家以爲龜鏡。

　　一、依菩提流支，依維摩經等，立一音教。謂一切聖教，皆是一音一味，一雨等霔。但以衆生根行不同，隨機異解，遂有多種。如克其本，唯是如來一圓音教。故經云："佛以一音演説法，衆生隨類各得解"等是也。

二、依護法師等，依楞伽等經，立漸頓二教。謂以先習小乘，後趣大乘，大由小起故名爲漸，亦大小俱陳故，即涅槃等教是也。如直往菩薩等，大不由小，故名爲頓，亦以無小故，即華嚴是也。遠法師等後代諸德，多同此説。

三、依光統律師，立三種教。謂漸頓圓。光師釋意，以根未熟，先説無常，後説常，先説空，後説不空，深妙之義，如是漸次而説，故名漸教。爲根熟者，於一法門，具足演説一切佛法，常與無常，空與不空，同時俱説，更無漸次，故名頓教。爲於上達分階佛境者，説於如來無礙解脱究竟果海，圓極秘密自在法門，即此經是也。後光統門下遵統師等諸德，並亦宗承，大同此説。

四、依大衍法師等一時諸德，立四宗教，以通收一代聖教。一、因緣宗，謂小乘薩婆多等部；二、假名宗，謂成實經部等；三、不真宗，謂諸部般若，説即空理，明一切法不真實等；四、真實宗，涅槃華嚴等，明佛性法界真理等。

五、依護身法師，立五種教。三種同前衍師等。第四名真實宗教，謂涅槃等經，明佛性真理等。第五明法界宗，謂華嚴明法界自在無礙法門等。

六、依耆闍法師，立六宗教。初二同衍師。第三名不真宗，明諸大乘，通説諸法如幻化等；第四名真宗，明諸法真空理等；第五名常宗，明説真理恒沙功德常恒等義；第六名圓宗，明法界自在，緣起無礙，德用圓備，亦華嚴法門等是也。

七、依南岳思禪師，及天台智者禪師，立四種教，統攝東流一代聖教。一名三藏教，謂是小乘故。彼自引法華經云，不得親近小乘三藏學者。又，智論中説小乘爲三藏教，大乘爲摩訶衍藏。二名通教，謂諸大乘經中，説法通益三乘人等，及大品中乾慧等十地，通大小乘者是也。三名別教，謂諸大乘經中所明道理，不通小乘等者是也。四名圓教，爲法界自在，具足一切無盡法門，一即一切，一切即一等，即華嚴等經是也。

八、依江南愍法師立二教。一、釋迦經，謂屈曲教，以逐物機，隨計破著故，如涅槃等。二、盧舍那經，謂平等道教，以逐法性自在説故，即華嚴是也。

九、依梁朝光宅寺雲法師，立四乘教。謂臨門三車爲三乘，四衢所授大白牛車方爲第四。以彼臨門牛車，亦同羊鹿，俱不得故。餘義同上辨。信行禪師依此宗立二教，謂一乘三乘。三乘者，則別解別行及三乘差別，并先習小乘，後趣大乘是也。一乘者，謂普解普行，唯是一乘，亦華嚴法門，及直進等是也。

十、依大唐三藏玄奘法師，依解深密經、金光明經、及瑜伽論，立三種教，即三法輪是也。一、轉法輪，謂於初時鹿野園中，轉四諦法輪，即小乘法。二名照法輪，謂中時於大乘內，密意説言諸法空等。三名持法輪，謂於後時，於大乘中顯了意説三性，及真如不空理等。此三法輪中，但攝小乘及三乘中始終二教，不攝別教一乘。何以故？以華嚴經在初時説，非是小乘故；彼持法輪在後時説，非是華嚴故，是故不攝華嚴法門也。此上十家立教諸德，並是當時法將，英悟絕倫，歷代明模，階位巨測。祇如思禪師及智者禪師，神異感通，迹參登位，靈山聽法，憶在於今，諸餘神應，廣如僧傳。又如雲法師，依此開宗，講法華經，感天雨花等，神迹如僧傳。其餘諸法師行解超倫，亦如僧傳。此等諸德，豈夫好異，但以備窮三藏，覩斯異軫，不得已而分之，遂各依教開宗，務存通會，使堅疑碩滯，冰釋朗然，聖説差異，其宜各契耳。

　　第四，分教開宗者，於中有二：初就法分教，教類有五；後以理開宗，宗乃有十。

　　初門者，聖教萬差，要唯有五：一、小乘教，二、大乘始教，三、終教，四、頓教，五、圓教。初一卽愚法二乘教，後一卽別教一乘，以經本中下文內，爲善伏太子所説，名爲圓滿修多羅故，立此名也。中間三者，有其三義：一、或總爲一。謂一三乘教也，以此皆爲三人所得故。如上所引説。二、或分爲二。所謂漸頓，以始終二教所有解行，並在言説，階位次第，因果相承，從微至著，通名爲漸。故棱伽云："漸者，如菴摩勒果，漸熟非頓。"此之謂也。頓者，言説頓絶，理性頓顯，解行頓成，一念不生，卽是佛等。故棱伽云："頓者，如鏡中像，頓現非漸。"此之謂也。以一切法本來自證，不待言説，不待觀智。如淨名以嘿顯不二等。又，寶積經中，亦有説頓教修多羅，故依此立名。三、或開爲三。謂於漸中開出始終二教，卽如上説深密經等，三法輪中後二是也。依是義故，法鼓經中以空門爲始，以不空門爲終。故彼經云："迦葉白佛言，諸摩訶衍經，多説空義。佛告迦葉，一切空經是有餘説，唯有此經是無上説，非有餘説。復次迦葉，如波斯匿王，當十一月設大施會，先飯餓鬼孤貧乞者，次施沙門及婆羅門，甘饍衆味，隨其所欲。諸佛世尊，亦復如是，隨諸衆生種種欲樂，而爲演説種種經法。若有衆生懈怠犯戒，不勤隨順，捨如來藏，常住妙典，好樂修學種種空經，乃至廣説。"解云：此則約空理有餘，名爲始教；約如來藏常住妙典，名爲終教。又，起信論中約頓教門，顯絶言真如；約漸教門，説依言真如。就依言中，約始終二教，説空不空二真如也。此約法以分教耳。若就法義，如下別辨。

　　二、以理開宗，宗乃有十：一，我法俱有宗。此有二：一、人天乘，二、小乘。小乘中犢子部等，彼立三聚法：一、有爲聚法，二、無爲聚法，三、非二聚法。初二是法，後一是我。又，立五法藏：一、過去，二、未來，三、現在，四、無爲，五、不可説。此即是我，不可説是有爲無爲故。二，法有我無宗。謂薩婆多等。彼説諸法，二種所攝：一名，二色。或四所攝，謂三世及無爲。或五，謂一心，二心所，三色，四不相應，五無爲。故一切法皆悉實有也。三，法無去來宗。謂大衆部等，説有現在及無爲法，以過未體用無故。四，現通假實宗。謂法假部等，彼説無去來現在世中諸法，在蘊可實，在界處假，隨應諸法，假實不定。成實論等經部別師，亦即此類。五，俗妄真實〔宗〕。謂説出世部等世俗皆假，以虛妄故，出世法皆實，非虛妄故。六，諸法但名宗。謂説一部等，一切我法，唯有假名，都無體故。此通初教之始準知。七，一切法皆空宗。謂大乘始教，説一切諸法悉皆真空，然出情外，無分別故。如般若等。八，真德不空宗。謂如終教諸經，説一切法唯是真如，如來藏實德故，有自體故，具性德故。九，相想俱絶宗。如頓教中，顯絶言之理等。如淨名嘿顯等準知。十，圓明具德宗。如別教一乘，主伴具足，無盡自在，所顯法門是也。

第五，乘教開合者，於中有三：初約教開合，二以教攝乘，三諸教相收。

初，約教者。然此五教相攝融通，有其五義：一、或總爲一。謂本末鎔融，唯一大善巧法。二、或開爲二。一本教，謂別教一乘，爲諸教本故；二末教，謂小乘三乘，從彼所流故。又名究竟及方便，以三乘小乘望一乘，悉爲方便故。三、或開爲三。謂一乘，三乘，小乘教，以方便中開出愚法二乘故。四、或分爲四。謂小乘漸頓圓，以始終二乘俱在言等故。五、或散爲五。謂如上説。

二、以教攝乘者有二：先一乘，隨教有五：一、別教一乘，二、同教一乘，三、絕想一乘，如楞伽，此頓教。四、約佛性平等爲一乘等，此終教。五、密義意一乘，如八意等，此約始教。二明三乘，亦有五：一、小乘中三，謂始別終同，以俱羅漢故。二、始教中三，始終俱別，以有入寂故。三、終教中三，始終俱同，並成佛故。四、頓教中三，始終俱離。五、圓通中三，始終俱同，汝等所行是菩薩道等故。

三，諸教相收者有二門：一、以本收末門，二、以末歸本門。初中於圓内，或唯一圓教，以餘相皆盡故；或具五教，以攝方便故。頓教中或唯一頓教，亦以餘相盡故；或具四教，以攝方便故。熟教中或一或三，初教中或一或二，小乘中唯一，皆準上知之。二、以末歸本。小乘内或一，以據自宗故；或五，謂於後四教皆有爲方便故。初教中或一，是自宗故；或四，謂於後三教皆有作方便故。熟教中或一或三，頓教中或一或二，圓教中唯一，皆準上知之。是諸教下所明義理交絡分齊，準此思之。是則，諸教本末句數結成教網，大聖善巧，長養機緣，無不周盡。故此經云："張大教網，置生死海，漉人天魚，置涅槃岸。"此之謂也。

第六，教起前後者，於中有二：初明稱法本教，二明逐機末教。

初者，謂別教一乘。卽佛初成道第二七日，在菩提樹下，猶如日出先照高山，於海印定中同時演説十十法門，主伴具足，圓通自在，該於九世十世，盡因陀羅微細境界。卽於此時一切因果理事等，一切前後法門，乃至末代流通舍利見聞等事，並同時顯現。何以故？卷舒自在故。舒則該於九世，卷則在於一時。此卷卽舒，舒又卽卷。何以故？同一緣起故，無二相故。經本云："於一塵中建立三世一切佛事"等。又云："於一念中卽八相成道，乃至涅槃流通舍利"等。廣如經説。是故依此普聞一切佛法，並於第二七日一時前後説，前後一時説，如世間印法。讀文則句義前後，印之則同時顯現。同時前後，理不相違，當知此中道理亦爾。準以思之。

二，逐機末教者，謂三乘等有二義：一、與一乘同時異處說，二、異時異處說。初義者，是同教故，末不離本故，依本而成故。後義者，本末相分故，與本非一故。此二各有二義：一、三乘，二、小乘。初者，密迹力士經說："佛初成道竟，七日思惟已，即於鹿園中以衆寶等莊嚴法座，廣集三乘衆。梵王請佛爲轉法輪，廣益三乘衆得大小等果。"乃至廣說，如彼經中。又，大品經云："佛初在鹿野轉四諦法輪，無量衆生發聲聞心，無量衆生發獨覺心，無量衆生發阿耨多羅三藐三菩提心，行六波羅蜜，無量菩薩得無生忍，住初地二地乃至十地，無量一生補處菩薩一時成佛"。解云：以此教證，當知最初第二七日，即說三乘法，與一乘同時說也。二、小乘者，如彌沙塞律說："佛初成道竟，入三昧，七日後乃於鹿野苑而轉法輪。"故知小乘亦於一乘同時說也。又，普曜經云："第二七日，提謂等五百賈人施佛麨蜜，佛與授記，當得作佛"等。此經所說雖通三乘等教，有義亦攝人天等法，亦與一乘同時說也。問：說時既同，何故說處別耶？答：爲約時處寄顯法故，須同異也。故地論云："時處等校量，顯示勝故。"同時者，顯示同教故；異處者，示非別教故。如別教一乘在菩提樹下說者，欲明此是得菩提處，即顯如來自在得法，稱本而說，故不移處說也。餘三乘等法，欲明逐機改異故，移處就機，鹿園而說，顯非本也。第二、時處俱異者，由於一乘不即義故，時處俱別也。或三七日後說，如法華經；或六七日後說，如四分律及薩婆多論說；或七七日乃說，如興起行經；或八七日乃說，如十誦律說；或五十七日後說，如大智論說；或一年不說法，經十二年方度五人，如十二遊經說。有人解云：智論五十七日者，即五十箇七日，與十二遊經一年同也。以此等教證，當知三乘小乘教，並非第二七日說。由與一乘教差別故，隨機宜故。餘可準知。

第七，決擇前後意者，然諸教前後差別難知，略以十門分別其意。

一、或有衆生於此世中小乘根性，始終定者，卽見如來從初得道乃至涅槃，唯説小乘，未曾見轉大乘法輪。如小乘諸部，執不信大乘者是。

二、或有衆生於此世中小乘根不定故，堪進入大乘初教卽便定者，卽見如來初時轉於小乘法輪翻諸外道，後時見轉大乘初教，卽空法輪迴諸小乘。如中論初説者是。

三、或有衆生於此世中於小乘及初教根不定故，堪入終教卽便定者，卽初時見轉小乘法輪，中時見轉空教法輪，後時見轉不空法輪。如解深密經等説者是。

四、或有衆生於此漸教中根不定故，堪入頓教卽便定者，卽見初示言説之教猶非究竟，後顯絶言之教方爲究竟。如維摩經中初三十二菩薩，及文殊等所説不二，並在言説中。後維摩所顯絶言之教，以爲究竟者是。

五、或有衆生於此世中頓悟機熟卽便定者，卽見佛從初得道，乃至涅槃不説一字。如楞伽説。又，涅槃經云："若知如來常不説法，是名菩薩具足多聞"等。

六、或有衆生於此世中，三乘根性定者，見佛從初卽説三乘教法，乃至涅槃更無餘説。如上密迹力士經及大品經説者是。

七、或有衆生於此世中三乘根不定故，堪進入同教一乘者，卽見自所得三乘之法，皆依一乘無盡教起，是彼方便阿含施設，是故諸有所修皆迴向一乘。如會三歸一等。又如上所引三乘與一乘同時説者等。

八、或有衆生於此世中三乘，根不定故，堪可進入別教一乘者，卽知彼三乘等法，本來不異別教一乘。何以故？爲彼所目故，更無異事故。如法華經同教説者是。

九、或有衆生於此世中具有普賢機者，卽見如來從初成道，乃至涅槃，一切佛法，普於初時第二七日海印定中自在演説，無盡具足，主伴無窮，因陀羅網，微細境界，本來不見説三乘小乘等法。如華嚴經別教中説者是。此約普賢教分見聞及解行處説。

十、或有衆生於一乘別教解行滿足已，證入果海者，卽見上來諸教，並是無盡性海隨緣所成，更無異事。是故，諸教卽是圓明無盡果海，具德難思，不可説不可説也。此約一乘入證分齊處説，餘可準知。

第八，施設異相者，然此異相繁多，略約十門，以顯無盡。何者十異？

一者、時異。謂此一乘，要在初時第二七日説，猶如日出，先照高山等。故論云："此示法勝，故在初時及勝處説也。若爾，何故不初七日説，思惟因緣行等，如論釋？又，此卽是時因陀羅網等故，卽攝一切時，若前若後各不可説劫，通前際後際並攝在此一時中也。三乘等不爾，以隨逐機宜時不定故，或前或後，亦不一時收一切劫等。

二者、處異。謂此一乘，要在蓮華藏世界海中衆寶莊嚴菩提樹下，則攝七處八會等，及餘不可説不可説世界海並在此中。以一處攝一切處故，是故不動道樹，徧昇六天等者，是此義也。又，此華藏世界通因陀羅網故，周徧諸塵，於此稱法界處，説彼一乘稱法界法門也。三乘等則不爾，在娑婆界木樹等處，亦無一處卽一切處等。問：若爾，何故佛地經等亦在淨土中説耶？答：彼經但云在光曜宮殿等具十八種圓滿，亦不別指摩竭提國等。以彼爲地上菩薩説佛地功德，故在三界外受用土中。此三乘終教及一乘同教説。若此華嚴皆云在華藏界内摩竭國等，不云娑婆内，亦不云三界外，故知別也。餘義準知。

三者、主異。謂此一乘，要是盧舍那十身佛及無盡三世間説。如普賢行品云："佛説菩薩説，刹説衆生説，三世一切説"等。不同三乘等，是化身及受用身等説。餘義準知。

四者、衆異。謂此一乘經，首唯列普賢等，菩薩及佛境界中諸神王衆。不同三乘等，或唯聲聞衆，或大小二衆等。問：若爾，何故第九會中有聲聞衆耶？答：彼中列聲聞意者，有二種：一、寄對顯法故，爲示如聾如盲顯法深勝也；二、文殊出會外所攝六千比丘，非是前所引衆。此等皆是已在三乘中令迴向一乘，故作是説也。

五者、所依異。謂此一乘教起，要依佛海印三昧中出，不同三乘等，依佛後得智出。

六者、説異。謂此一乘，此一方説一事一義一品一會等時，必結通十方一切世界皆同此説，主伴共成一部。是故此經隨一文一句，皆徧十方，多文多句，亦皆徧十方。三乘等則不爾，但隨一方一相説，無此主伴該通等也。

七者、位異。謂此一乘所有位相上下皆齊，仍一一位中攝一切位，是故乃至佛等諸位，在信等位中。餘位亦然。三乘中則不爾，但隨當位，上下階降皆不相雜也。餘如下説。

八者、行異。謂隨一菩薩則具信等六位，一一位中所有定散等，差別行相，並一時修。如東方一切世界中常入定等，西方世界中常供養佛等，如是十方世界中盡窮法界行，亦不分身，一時皆徧滿，一念皆徧修。一一念中亦如此，信位滿心已去，一一位皆如是修，更無優劣。又，一行即一切行等，通因陀羅網等。三乘則不爾，地上菩薩猶各有分齊，況地前者乎。餘如下説。

九者、法門異。謂略舉十種以明之：一、彼有三佛，此有十佛；二、彼有六通，此有十通；三、彼有三明，此有十明；四、彼有八解脫，此有十解脫；五、彼有四無畏，此有十無畏；六、彼有五眼，此有十眼；七、彼說三世，此說十世；八、彼有四諦，此有十諦；九、彼有四辯，此有十辯；十、彼有十八不共法，此有十不共法。餘門無量，廣如經說。

十者、事異。謂隨有舍林池地山等事，皆是法門，或是行，或是位，或教義等，而不壞其事。仍一一塵中皆具足法界一切差別事，因陀羅微細成就，隨一事起，皆悉如是。三乘等則不爾，但可說卽空卽真如等，故不同此也。又，若以神通不思議力容得蹔現，非是彼法自恒如是。餘可準知。

卷　二

第九，明諸教所詮差別者，略舉十門義差別故，顯彼能詮差別非一，餘如別說。一、所依心識，二、明佛種性，三、行位分齊，四、修行時分，五、修行依身，六、斷惑分齊，七、二乘迴心，八、佛果義相，九、攝佛境界，十、佛身開合。

第一、心識差別者。如小乘但有六識義，分心意識，如小乘論說。於阿賴耶識但得其名，如增一經說。若依始教，於阿賴耶識但得一分生滅之義，以於真理未能融通，但說凝然不作諸法故。就緣起生滅事中，建立賴耶，從業等種辦體而生異熟報識爲諸法依，方便漸漸引向真理，故說熏等悉皆卽空。如解深密經云："若菩薩於內於外不見藏住，不見熏習，不見阿賴耶，不見阿賴耶識，不見阿陀那，不見阿陀那識。若能如是知者，是名善巧菩薩。如來齊此建立一切心意識秘密善巧。"瑜伽中亦同此說。解云：既齊此不見等處立爲心意等善巧故，是故所立賴耶生滅等相，皆是密意，不令如言而取，故會歸真也。若依終教，於此賴耶識得理事融通二分義，故論但云不生不滅與生滅和合，非一非異名阿棃耶識，以許真如隨熏和合成此本識，不同前教業等種生。故楞伽云："如來藏爲無始惡習所熏，名爲藏識。"又云："如來藏受苦樂與因俱，若生若滅。"又云："如來藏名阿賴耶識而與無明七識俱。"又，起信云："自性清淨心，因無明風動成染心"等。如是非一。問：真如既言常法，云何得説隨熏起滅？既許起滅，如何復説爲凝然常？答：既言真如常故，非如言所謂常也。何者？聖説真如爲凝然者，此是隨緣作諸法時不失自體，故説爲常。是卽不異無常之常，名不思議常，非謂不作諸法，如情所謂之凝然也。故勝鬘中云："不染而染者，明隨緣作諸法也；染而不染者，明隨緣時不失自性。"由初義故，俗諦得成；由後義故，真諦復立。如是真俗，但有二義，無有二體，相融無礙，離諸情執。是故論云："智障極盲闇，謂真俗別執。"此之謂也。此真如二義，同前始教中約法相差別門，故但説一分凝然義也。此終教中約體相鎔融門，故説二分無二之義。此義廣如起信義記中説。又如十地經云："三界虛妄，唯一心作。"攝論等約始教義，釋爲賴耶識等也，十地論約終教釋爲第一義真心也。又如達摩經頌攝論等釋云："此界等者，界爲因義，卽種子識。"如是等。寶性論約終教釋云："此性者，卽如來藏性，依此有諸趣"等者。如勝鬘經説："依如來藏有生死，依如來藏有涅槃"等。乃至廣説。是故當知二門別也。若依頓教，卽一切法唯一真如心，差別相盡，離言絶慮，不可説也。如維摩經中三十二菩薩所説不二法門者，是前終教中染淨鎔融無二之義。淨名所顯離言不二，是此門也。以其一切染淨相盡，無有二法可得融會，故不可説爲不二也。若依圓教，卽約性海圓明，法界緣起，無礙自在，一卽一切，一切卽一，主伴圓融。故説十心，以顯無盡。如離世間品及第九地説。又，唯一法界性起，心亦具十德，如性起品説。此等據別教言，若約同教即攝前諸教所説心識。何以故？是此方便故，從此而流故。餘可準知。問：云何一心約就諸教，得有如是差別義耶？答：此有二義：一、約法通收，二、約機分齊。初義者，由此甚深緣起一心，具五義門，是故聖者隨以一門攝化衆生。一、攝義從名門，如小乘教説；二、攝理從事門，如始教説；三、理事無礙門，如終教説；四、事盡理顯門，如頓教説；五、性海具德門，如圓教説。是即不動本而常末，不壞末而恒本。故五義相融，唯一心轉也。二，約機明得法分齊者，或有得名而不得義，如小乘教；或有得名得一分義，如始教；或有得名得具分義，如終教；或有得義而不存名，如頓教；或有名義俱無盡，如圓教。其餘義門，如唯識章説。

第二、明種性差別者。若依小乘種性有六種，謂退思護住昇進不動。不動性中有三品：上者佛種性，中者獨覺性，下者聲聞性，如舍利弗等。雖於此中説佛一人有佛種性，然非是彼大菩提性。以於佛功德，不説盡未來際起大用等故。是故當知於此教中除佛一人，餘一切衆生皆不説有大菩提性，餘義如小乘論説。

若依三乘教，種性差別略有三説：一，約始教，即就有爲無常法中立種性故，即不能徧一切有情，故五種性中即有一分無性衆生。故顯揚論云：“云何種性差別五種道理？謂一切界差別可得故。”乃至云，唯現在世非般涅槃法不應理故，乃至廣説。是故當知由法爾故，無始時來一切有情有五種性。第五種性，無有出世功德因故，永不滅度。由是道理，諸佛利樂有情功德無有斷盡。其有種性者，瑜伽論云：“種性略有二種：一、本性住，二、習所成。本性住者，謂諸菩薩六處殊勝有如是相，從無始世展轉傳來，法爾所得。習所成者，謂先串習善根所得。”此中本性，即内六處中意處爲殊勝，即攝賴耶識中本覺解性爲性種性故。梁攝論云：“聞熏習與阿賴耶識中解性和合，一切聖人以此爲因。"然瑜伽既云具種性者方能發心，卽知具性習二法成一種性。是故此二緣起不二，隨闕一不成。亦不可說性爲先，習爲後，但可位至堪任已去，方可約本說有性種，約修說爲習種。然有二義而無二事。如上攝論云，二義和合爲一因，故得知也。問：此二種性，與仁王及本業經中六種性內習種性種，有何差別耶？答：彼經大都約位而說，以初習爲習種性，久習積成爲性種性，故說習種在十住，性種在十行。三賢之前，但名善趣，不名種性。瑜伽中久習名習種，約本爲性種，而此二種非初非中後。是故經說習故成性，論中說爲依性起習。良以此二互成緣起，無二相故。經論互說，義方備足。又，經說種性在發心後，論中種性在發心前，何以爾者？以其至得位時功能方顯，是故經說在三賢位中；然彼功能必有所依，是故論中說在位前。要由功能顯，方可說有，故經不違論；要由有性方起功能，故論不違經。亦是互舉，義意融通。問：又以何義知種性至堪任位耶？答：以論說種性必具性習，既已有習，必已修行，若已修行，必至堪任。若不從愚夫至堪任已來，中間修此串習行者，更何位修也？以於愚位未修習故，得位已去具第二住故，是故當知從愚位未修串習行，至彼堪任串習方成，故得性習通融以爲種性。問：若要待習方說性者，愚位未習豈無性種？如其無者，後不應有，先無後有，非性種故；如其有者，無習有性，不應理故，論不說故。答：此二既爲緣起，故無習時亦無彼性，由此亦立無性有情，先無後有。非性種者，此亦不然，以習成處定先有性。愚位未習故不說性，後起習已，不名無習，是故習成後說有性。隨於諸乘串習何行，爾時卽說本有彼性。問：若爾，此卽唯是一不定性，如何得有五種性差別耶？答：卽由此義安立五性。何者？謂修六度串習行已位到堪任，成菩薩種性，若習小行到於忍位，成聲聞性。故智論云："煖頂忍等，名爲性地。"善戒經云："若得世第一法,是名第二位。"故知前三善根屬種性位。若依俱舍論,得順解脱分善根位,方說有性。故彼論云:"順解脱分者,謂定能感涅槃果善。此善生已,令彼有情名爲身中有涅槃法。獨覺準知。"由此即立三乘種性。若於三行隨一修行未至本位,爾時立爲不定種性;若於三行全未修行,爾時立爲無有種性。由此當知諸乘種性,皆就習説。問:若愚位無習即無性者,後縱起習,何得爲有? 答:有習非是無習位故,是故有習常恒有,無習自恒無。既不以無習而作習,亦不以無性而爲性,以分位差別故。如涅槃經云:"三種人中畢竟死者,喻一闡提無佛性也。善男子! 一闡提輩,若遇善友諸佛菩薩聞説深法,及以不遇,俱不得離一闡提心。何以故? 斷善根故。一闡提輩,亦得阿耨多羅三藐三菩提心。所以者何? 若能發菩提之心,即不復名一闡提性也。善男子! 以何緣故,説一闡提得阿耨多羅三藐三菩提? 一闡提輩,實不得阿耨多羅三藐三菩提,如命盡者等。"乃至廣説。當知此中,就位前後有無恒定,不相由也。二,約終教,即就真如性中立種性故,則徧一切衆生皆悉有性。故智論云:"白石有銀性,黄石有金性,水是濕性,火是熱性,一切衆生有涅槃性。以一切妄識無不可歸自真性故,如經説言。衆生亦爾,悉皆有心。凡有心者,定當得成阿耨多羅三藐三菩提。以是義故,我常宣説一切衆生皆有佛性。"問: 如有難云,若諸有心悉得菩提者,佛亦有心,亦應當得。若言佛雖有心,更非當得,是即無性。衆生雖有是心,亦非當得。答: 經中已是揀濫,故但云衆生有心,不云佛矣。以處處受生名爲衆生,故不同佛也。問: 若並有性,如何建立五種性中無性者耶? 答: 論自有釋。故實性論云:"一向説闡提無涅槃性,不入涅槃者,此義云何? 爲欲示顯謗大乘因故;此明何義? 爲欲迴轉誹謗大乘心。依無量時故作是説,以彼實有清淨佛性故。"又佛性論云:"問曰: 若爾,云何佛説衆生不住於性,永無般涅槃耶？答曰：若曾背大乘者，此法是一闡提因，爲令衆生捨此法故；若墮闡提因，於長夜時輪轉不息。以是義故，經作是説。若依道理，一切衆生皆悉本有清淨佛性，若不得般涅槃者，無有是處。是故佛性決定本有，離有離無故。"解云：又，此論前文，廣破無性，乃至末文云："三者失同外道，有本定有，無本定無，有不可滅，無不可生。此等過失，由汝邪執無性義生。"乃至廣説。問：前始教中決定説有無性衆生，此終教中並皆有性，云何會通？答：亦論自有釋。故佛性論第二卷云："何故復有經説闡提衆生，決定無有般涅槃性？若爾，二經便自相違，如何會？二説一了一不了，故不相違。"解云：若小乘中，但佛一人有佛性，餘一切人皆不説有；若三乘始教中，以漸異小乘故，説多人有，猶未全異彼，故許一分無性。是故論中判爲權施，不了説也。問：若依終教，一切衆生皆當作佛，即衆生雖多亦有終盡，若如是者，最後成佛即無所化。所化無故，利他行闕，利他行闕，成佛不應道理，又令諸佛利他功德有斷盡故。如其一切盡當作佛，而言衆生終無盡者，即有自語相違過失。以無終盡者，永不成佛故。又如一佛度無量人，於衆生界有損已不？若有漸損，必有終盡，有損無盡，不應理故。若無損者，即無滅度，有滅無損，不應理故。依如是等道理，佛地論等由此建立無性有情，離上諸過失，此義云何？答：若謂衆生由有性故，並令成佛説有盡者，是即便於衆生界中起於減見。衆生界既減，佛界必增，故於佛界便起增見。如是增減，非是正見，是故不增減經云："舍利佛！大邪見者，所謂見衆生界增，見衆生界減。"乃至廣説。設避此見故，立此一分無性有情爲不增減者。彼終不能離增見。何以故？以彼見於諸有性者並成佛減故，即便起於斷見減見；諸無性者不成佛故，即便起於常見增見，以彼不了衆生界故。是故經云："一切愚癡凡夫不如實知一切界故，不能實見一法界故，起邪見心，謂衆生界增，衆生界減。"

又，文殊般若經云：“假使一佛住世，若一劫若過一劫，如一佛世界，復有無量無邊恒河沙諸佛。如是一一佛，若一劫若過一劫，盡夜説法，心無暫息，各各度於無量河沙衆生皆入涅槃，而衆生界亦不增減。乃至十方諸佛世界亦復如是，一一諸佛説法教化，各度無量河沙衆生皆入涅槃，於衆生界亦不增減。何以故？衆生定相不可得故。義言説衆生界，猶如虛空，假使無量勝神通之者，各無量劫飛行虛空求空邊際，終不可盡。非以不盡，不名遊行，非以遊行，令其得際。當知此中道理亦爾，非以當得，令其有終，非以無終，説有無得。是故諸難無不通也。又，爲成諸佛利他功德無斷盡故，立一分無性衆生者，是即令彼諸佛但有變化利他功德，亦即斷彼隨他受用諸功德也，以無菩薩證諸地故。又，化地中亦但有粗，斷滅彼細，以無一人得二乘無漏故。又，今已後諸佛，無有一佛得説三乘等教，以無得聖機故，即斷諸佛同體大悲也。又，若定意謂悉有性故，必皆有盡，恐最後佛闕利他行故，立一分定無性者，然彼後佛終於利他行不圓滿，以其所化無一有情得聖果故。但佛菩薩二利之中，利他爲最，何有不令一人得聖果而於自身得成佛耶？又，本皆發弘誓願云，令諸衆生悉得菩提，是故令得故，本願不虛，而衆生界不可盡故，本願不斷。若不爾者，違本願故，行願虛故，虛行成佛，不應理故。是故雖欲避上諸失，建立無性，不謂彼過，還墮此宗。是故，無性非爲究竟了義也。問：夫論種性，必是有爲，如何此教約真如爲種性耶？答：以真如隨緣與染和合成本識時，即彼真中，有本覺無漏内熏衆生爲返流因，得爲有種性。梁攝論説爲黎耶中解性，起信論中説黎耶二義中本覺是也。又，彼論中如來藏具足無漏，常熏衆生爲淨法因。又，寶性論云：“及彼真如性者，彼本云，如六根聚經説。六根如是，從無始來究竟諸法爲體故。”解云：以真如通一切法，今揀去非情故，故約六處衆生數中，取彼畢竟真如理以爲性種性也。此與瑜伽所説名同。但彼約始教，以理從事粗相而説，故約事中明種性故也。地持云："種性粗相，我已略説。"此之謂也。寶性論中約此終教，以事從理深細而説，故就真如明性種性。是故佛性論云："自性清淨心，名爲道諦。"又，涅槃經云："佛性者，名第一義空，第一義空，名爲智慧。"此等並就本覺性智，説爲性種，其習種亦從真如所成。故攝論云："多聞熏習，從最清淨法界所流"等。又，起信論中以真如體相二大爲内熏因，真如用大爲外熏緣，以與無明染法合故。是故三大内外説熏，以熏力故，無明盡時，冥合不二，唯一真如也。三、約頓教明者，唯一真如，離言説相，名爲種性，而亦不分性習之異，以一切法由無二相故。是故諸法無行經云："云何是事名爲種性？文殊師利，一切衆生皆是一相，畢竟不生，離諸名字一異不可得故，是名種性。"以此準之。上來約三乘説竟。

三，約一乘有二説：一、攝前諸教所明種性，並皆具足主伴成宗，以同教故，攝方便故。二、據别教種性甚深，因果無二，通依及正，盡三世間，該收一切理事解行等諸法門，本來滿足已成就訖。故大經云："菩薩種性甚深廣大，與法界虚空等。"此之謂也。若隨門顯現，即五位之中，位位内六決定義等名爲種性。亦即此法名爲果相，以因果同體唯一性故。廣如經説，餘可準知。問：云何種性約諸教差別不同耶？答：此亦有二義：一、約法辨隱顯相收，二、約機明得法分齊。初義者，由此種性緣起無礙，具五義門，是故諸教各述一門，隨機攝化，義不相違。何者爲五？一是隨執非有門，如小乘説；二、隨事虧盈門，如始教説；三、隨理徧情門，如終教説；四、絶相離言門，如頓教説；五、性備衆德門，如圓教説。義雖有五，然種性圓通，隨攝徧收，隱顯齊致也。二、明得法分齊者，或一切皆無，唯除佛一人，如小乘説；或一切皆有，唯除草木等，如終教説；或亦有亦無，如始教説，以許一分無性故；或非有非無，如頓教説，以離相故；或具前四，如一乘方便處説；或即因具果通三世間，如圓教説。餘可準知。

第三、行位差別者，於諸教中皆以三義略示：一明位相，二明不退，三明行相。初者依小乘有四位，謂方便見修及究竟也。又説小乘十二住以爲究竟，及説三界九地十一地等。廣如小論説。二不退者，此中修行，至忍位得不退故也。其行相，亦如彼諸論説。問：何故小乘行位等相，不廣顯耶？答：此中意者，以義差別，顯教不同，而小乘異大乘理無疑，故不待説也。若依初教，亦以三義顯：初位相者，此中有二：一、爲引愚法二乘令迴心故，施設迴心教，亦但有見修等四位，及九地等名同小乘。或立五位，謂見道前七方便内，分前三種爲資糧位，以遠方便故；後四善根爲加行位，是近方便故；餘名同前。又，亦説爲乾慧等十地第九名菩薩地第十名佛地者，欲引二乘望上不足，漸次修行至佛果故。又，彼佛果不在十地外，同在地中者，以引彼故。方便同彼，以二乘人於現身上得聖果故，不在後也。又，此位相及行相等，廣如瑜伽聲聞決擇及雜集論説。問：何故瑜伽等所明聲聞行位相而不同彼毗曇等耶？答：不同相者有二義意：一爲顯小乘人愚於諸法不了説故，二爲方便漸漸引向大乘故耳。是故所明行位等法，皆悉方便順向大説，故不同也。此既非是愚法小乘，又非菩薩，即知是彼三乘教中聲聞乘也。二、爲直進人顯位相者，彼説菩薩十地差別，又以十地説爲見修，及通地前以爲大乘十二住義。何以故？爲影似小乘故。又，彼地前有四十心，以彼十信亦成位故，此亦爲似小乘道前四方便故。是故梁攝論云："如須陀洹道前有四位，謂煖頂忍世第一法；菩薩地前四位亦如是，謂十信十解十行十迴向。"又亦爲似迴心教，故以信等四位爲資糧位，十迴向後別立四善根爲加行位。見等同前。問：何故此教所立名數，多分影似小乘等耶？答：爲隨方便影似引彼，有勝方便故。

若全異彼，難信受故。若全同彼，不名引故。問：若引二乘，何須似彼？如爲直進，何假似彼小耶？答：有二意故，亦稍似小。一、以始教中直進之人，機粗淺故，不能盡受大乘深法。是故所示位等法相，亦似小乘，而義理仍別。二、凡以大乘似小乘説者，皆通二義：一爲引小，二爲淺機。是故説此爲始教也。即如何義等者，如瑜伽説。云何已成就補特伽羅相？謂諸聲聞先已串習諸善法故。若時安住下品成熟，爾時便有下品欲樂下品加行，猶往惡趣，非於現法證沙門果，非於現法得般涅槃。若時安住中品成熟，爾時便有中品欲樂中品加行，不往惡趣，於現法中證沙門果，非於現法得般涅槃。若時安住上品成熟，爾時便有上品欲樂上品加行，不往惡趣，於現法中證沙門果，即於現法得般涅槃。如説聲聞、獨覺亦爾。何以故？道與聲聞種性同故。乃至廣説，於菩薩位爲似二乘，亦立如是三種成熟。故彼論云："若諸菩薩住勝解行地，名下品成熟；住淨勝意樂地，名中品成熟；住墮決定究竟地，名上品成熟。"若菩薩住下品成熟，猶往惡趣，此盡第一無數大劫。乃至廣説，餘二大劫配二成熟。如是等文，類例非一，皆具上意，可準而知。二、不退位者，依佛性論，聲聞至苦忍，緣覺至世第一法，菩薩至十迴向，方皆不退也。當知此中聲聞緣覺非是愚法，是故皆是此始教中三乘人也。亦可菩薩地前總説爲退，以其猶墮諸惡趣故。如瑜伽云："若諸菩薩住勝解行地，猶往惡趣故，此盡第一無數大劫如是"等也。三、明位中行相差別者，如瑜伽云："勝解行住菩薩轉時，何行何相？或時具足聰慧，於其諸法能受能持，於其義理堪能悟入。或於一時不能如是，或於一時具足憶念，或於一時成於妄類，於諸衆生未能了知調伏方便，於是佛法亦未了知如實引發善巧方便，爲他説法，教授教誡勉勵而轉。勉勵轉故，不能如實知，或時虛棄，如闇射，或中或不中，隨欲成故。或於一時於大菩提已發心，而後退捨，由內意樂故，欲令自樂，由思擇故，欲令他樂。或於一時聞說甚深廣大法教，而生驚怖猶預疑惑。如是等類，名勝解行住。"解云: 此是十二住中第二住行相。其第一種性住行相更劣，及地上行相，皆如彼說。若依終教，亦說菩薩十地差別，亦不以見修等名說。又，於地前但有三賢，以信但是行非是位故，未得不退。故本業經云: "未上住前，有此十心，不云位也。"又云: "始從凡夫地值佛菩薩，正教法中起一念信發菩提心，是人爾時名爲住前信相菩薩，亦名假名菩薩。名字菩薩，其人略修行十心，謂信進等。廣如彼說。又，仁王經云: "習忍已前行十善菩薩，有進有退，猶如輕毛，隨風東西"等。在此修行，經十千劫入十住位，方得不退，故十住初即不退墮下二乘地，況諸惡趣及凡地耶? 設本業經說十住第六心有退者，起信論中釋彼文爲示現退也，爲慢緩者策勵其心故。而實菩薩入發心住，即得不退也。其行相者，起信論說三賢初位中，少分得見法身，能於十方世界八相成道，利益衆生，又以願力受身自在，亦非業繫。又，依三昧亦得少分見於報身佛，其所修行，皆順真性，謂知法性體無慳貪，隨順修行檀波羅蜜等。廣如彼說。又，梁攝論中十信名凡夫菩薩，十解名聖人菩薩等，其地上行位倍前準知。是故當知此中行位，與前始教淺深之相差別顯矣。問: 此教豈不通引二乘，何故行位不似小乘說耶? 答: 此後諸教並皆深勝，所引二乘亦是純熟高勝機故，不假似彼也。若依頓教，一切行位皆不可說，以離相故，一念不生即是佛故。若見行位差別等相，即是顛倒故。若寄言顯者，如楞伽云: "初地即八地"，乃至云無所有何次等。又，思益經云: "若人聞是諸法正性，勤行精進; 如說修行，不從一地至一地。"若不從一地至一地，是人不住生死涅槃如是等也。若依圓教者，有二義: 一、攝前諸教所明行位，以是此方便故。二、據別教有其三義: 一、約寄位顯，謂始從十信，乃至佛地，六位不同，隨得一位得一切位。何以故？由以六相收故，主伴故，相入故，相卽故，圓融故。經云：“在於一地普攝一切諸地功德。”是故經中十信滿心勝進分上，得一切位及佛地者，是其事也。又，以諸位及佛地等相卽等故，卽因果無二，始終無礙，於一一位上卽是菩薩，卽是佛者，是此義也。二、約報明位相者，但有三生：一、成見聞位，謂見聞此無盡法門，成金剛種子等。如性起品説。二、成解行位，謂兜率天子等，從惡道出已，一生卽得離垢三昧，卽得十地無生法忍，及十眼十耳等境界。廣如小相品説。又如善財，始從十信乃至十地，於善友所，一生一身上，皆悉具足如是普賢諸行位者，亦是此義也。三、證果海位，謂如彌勒告善財言，“我當來成正覺時，汝當見我如是”等。當知此約因果前後分二位故，是故前位但是因圓，果在後位，故説當見我也。三、約行明位，卽唯有二：謂自分勝進，此門通前諸位解行，及以得法分齊處説。如普莊嚴童子等也，其身在於世界性等上處住，當是白淨寶網轉輪王位，得普見肉眼見十佛刹微塵數世界海等。若三乘肉眼，卽不如此。故智論云：“肉眼唯見三千世界內事，若見三千世界外者，何用天眼爲？”故知不同也。又，彼能於一念中化不可説不可説衆生，一時皆至離垢三昧前，餘念念中皆亦如是。其福分感一定光頗離鏡，照十佛刹微塵數世界等。當知此是前三生中解行位內之行相也，以約因門示故。若約信滿得位已去，所起行用皆徧法界。如經“能以一手覆大千界”等，“手出供具與虛空法界”等。一時供養無盡諸佛，作大佛事，饒益衆生，不可説也。廣如信位經文説。又云：“不離一世界，不起一坐處，而能現一切無量身所行”等。又，“於一念中，十方世界一時成佛轉法輪”等。乃至廣説。是故當知與彼三乘分齊全別。何以故？以三乘行位是約信解，阿含門中作如是説也。問：前終教中不退際上，亦得如是八相等用，與此何別？答：彼於此位示成佛時，於後諸位皆不自在，以未得故，但是當位暫起化故。此即不爾，於初位中起此用時，於後諸位並同時起，皆以得故，是實行故，該六位故。問：義既不同，何故一種同是信滿勝進分上起此用耶？答：爲欲方便顯此一乘信滿成佛，令易信受，故於彼教先作此説。問：既一位中有一切位，及信滿心即得佛者，何須更説後諸位耶？答：説後諸位，即是初中之一地也。如初，後亦爾。問：若初即具後，得初即得後者，亦可後亦具初，既不得後，應亦不得初耶？答：實爾。但以得初無不得後故，是故無有未得後而不得初也。問：若爾，云何説得諸位階降次第？答：以此經中安立諸位，有二善巧：一、約相就門，分位前後，寄同三乘，引彼方便，是同教也。二、約體就法，前後相入，圓融自在，異彼三乘，是別教也。但以不移門而恒相即，不相即而恒前後，是故二義融通，不相違也。問：若爾，是初門即一切者，何不説信位初心即得，而説滿心等耶？答：若是別教，即不依位成。今依三乘終教位説，以彼教中信滿不退，方得信位，今即寄彼得入位處，一時得此一切前後諸位行相，是故不於信初心説。以未得不退，未成位相，但是行故。問：若爾，應言住位成佛，何名信滿？答：由信成故，是故是行佛非位佛也。餘義準知。

第四、修行時分者，若依小乘，自有三人：下根者，謂諸聲聞中，極疾三生得阿羅漢果。謂於一生種解脱分，第二生隨順決擇分，第三生漏盡得果。極遲經六十劫。中根者，謂獨覺人，極疾四生得果，極遲經百劫。上根者，謂佛，定滿三僧祇劫。此中劫數，取水火等一劫爲一數，十箇合一爲第二數。如是展轉至第六十，爲一阿僧祇。依此以數三阿僧祇也。問：何故下根返經時少，而上根等乃多時耶？答：能於多時修鍊根行等，以爲難故，是故多也。又，依婆沙等，菩薩成佛有二身：一、法身，二、生身。法身者，謂戒定慧等五分。修此法身，具有四時：一、三阿僧祇劫修有漏四波羅蜜時，二、於百劫修相好業時，三、出家苦行修禪定時，四、菩提樹下成正覺時。生身者，但百劫修相好業，於最後身伽耶城淨飯王家受生報身，於摩伽佗國而登覺道。餘如彼説。若依始教，修行成佛定經三僧祇，但此劫數不同小乘。何者？此取水火等大劫數至百千數，此復至百千爲一俱胝，名第一數，數此俱胝復至俱胝，爲第二數。如是次第，以所數等，數至第一百，名一阿僧祇。此即十大劫數中第一數也。依此數滿三阿僧祇，仍此教中就釋迦身以分此義。如優婆塞戒經云：“我於往昔寶頂佛所，滿足第一阿僧祇劫；然燈佛所，滿足第二阿僧祇劫；迦葉佛所，滿足第三阿僧祇劫。我於往昔釋迦佛所，始發阿耨菩提心。”又，依本業經，又有百劫修相好業，但是變化非實修也。又以一偈歟弗沙佛已，即超九劫，但九十一劫，即成佛也。問：三無數劫，修諸實行，應成報身，何故乃就化身説耶？答：由此始教就下機故，有二乘故，此身是彼所知見故，是權教故，作是説也。若依終教，説有二義：一、定，三阿僧祇，約一方化儀故。又，此教中修實行故，成實報身，不約化説。故法華云：“我實成佛已來，經於無量無邊百千萬億阿僧祇劫。”又經云：“我於然燈佛所得授記”等，皆以方便分別故也。又，亦無百劫修相好業等。何以故？以小乘中偏修智分，不修福分，是故臨成佛時，更於百劫別修彼業。始教中引彼亦同彼説，仍是化也。此終教中論其實行，從初發意即福慧雙修，故成佛時無別修也。二、不定，修三阿僧祇，此有二義：一、通餘雜類世界故，如勝天王經説。二、據佛功德無限量故，如寶雲經云：“善男子！菩薩不能思議如來境界，如來境界不可思量，但爲淺近衆生説三僧祇修習所得菩薩，而實發心已來不可計數。”解云：此中不可計數者，是不可計數阿僧祇劫，非但三也。問：何故前教定三僧祇，此教有定不定耶？答：前教生故，此教熟故，方便漸漸勸彼三乘向一乘，故作此説也。若依頓教，一切時分皆不可説，但一念不生，卽是佛故。一念者，卽無念也；時者，卽無時也。餘可準思。若依圓教，一切時分，悉皆不定。何以故？謂諸劫相入故，相卽故，該通一切因陀羅等諸世界故。仍各隨處，或一念或無量劫等，不違時法也。餘準而思之。

　　第五、修行所依身者，若依小乘，但有分段身至究竟位，佛亦同然，是實非化。若始教中，爲迴心聲聞，亦說分段至究竟位，佛身亦爾，然此是化非實也。若依直進中，有二說：一、謂寄位，顯十地之中功用、無功用，粗細二位差別相故。卽說七地已還有分段，八地已上有變易。二、就實報，卽說分段至金剛已還，以十地中煩惱障種未永斷故，留至金剛故。既有惑障，何得不受分段之身？故十地經云：“第十地已還有中陰者。”是此義也。問：八地已上一切菩薩，於煩惱障永伏不行，以無漏智果恒相續故。如阿羅漢卽無現行惑，何得更受分段之身耶？答：若是凡夫，卽以現惑潤業受生。聖人不爾，但留惑種，用以受生。故雜集論云：“一切聖人皆以隨眠力故，結生相續。”又，梁攝論云：“異凡夫故，永伏上心；異二乘故，留彼種子。”解云：聖人受生，非現潤彼，復留種子，如何不受分段身耶？若言八地已上以智障爲緣受變易者，所留惑種卽便無用，何不於此第八地初永害一切煩惱種耶？彼既不爾，此云何然。若約迴向菩提聲聞已斷煩惱者，彼卽可以所知障受變易身，通諸位也。問：若爾，何故聖教說八地已上唯有所知障爲依止故，受變易身？答：此等爲欲寄對二乘，顯其優劣，故經作此說。然此寄對，依諸聖教約位不同，略辨十門：一、說羅漢卽同於佛，更不分位。如律中說佛度五人已，卽云通佛有六。然羅漢出於世間，又同坐等，當知此約小乘教說。二、亦於佛地分出羅漢。如對法論說，得菩提時，頓斷煩惱障及所知障，頓成羅漢及如來故。此中雖約煩惱盡邊名阿羅漢，而亦爲生諸聲聞中心勝欲樂，故寄於佛果以分大小也。三、第十地名阿羅漢，佛地超過，故非彼也。如涅槃經中說四依云，阿羅漢者住第十地。此寄因異果以分大小也。此上二門約始教中迴二乘教說。四、七地已還寄同羅漢，八地已去寄菩薩位。如仁王經云："遠行菩薩伏三界習，因果業滅，唯後身位中，住第七地阿羅漢位。此寄因中自在未自在位，以分大小也。此約始教直進中說。此中既寄聲聞至七地，故煩惱障及分段身俱至此位。八地已去寄此菩薩行位勝前，是故唯有彼所知障及變易身。五、初二三地寄同世間，以得世間四禪等故；四地寄是須陀洹等，以得道品故。此初出世故。五地寄此聲聞羅漢，以得四諦法故。六地寄此辟支佛，以得十二緣生法故。七地已去寄此菩薩，以得無生法忍故。此如本業經說。上來唯約三乘教說，以未分出一乘法故。六、世間二乘同前。至六地第七地寄三乘菩薩，以未自在故；八地已去寄一乘法，以得自在故。如梁攝論等說。此約一乘三乘等分相而說。七、於初地之中，已過世間及二乘故。如地論等說。此約三乘中比證分齊說。八、地前三賢位已過二乘地。如起信論說。又，仁王經說習種性中有十種心，已超過二乘一切善地。此約終教不退說。九、信滿心後，即過一切小乘三乘等。如賢首品說。此約一乘說。十、初在凡夫地創發心時，即過二乘。如智論說。羅漢比丘知沙彌發心，推在前等。此通一乘及三乘說，由有如是寄對法門故。諸說前後準此而知。若依終教，地前留惑受分段身，於初地中永斷一切煩惱使種，亦不分彼分別俱生，於所知障中又斷一分粗品正使。是故地上受變易身，至金剛位。餘義如下斷惑中說。問：若於地上不留煩惱，云何大悲同事攝生？答：若於地前及始教中願智力劣故，留煩惱助願受生。今此不爾，願智勝故，自在受生。問：如說八地已還菩薩，略有二類：一悲增上，二智增上。悲增者，留惑受分段身故；智增者，伏惑受變易身故。此義云何？答：如此所說，良恐未然。何者？若悲增上，其

慧必劣, 劣慧導悲, 悲應滯見, 滯見之悲, 豈名增上? 縱悲智齊均,
尚不名悲增上, 況以劣慧導悲, 而言增上? 若智增上, 其悲必劣, 劣
悲導智, 智應滯寂, 滯寂之智, 何名增上? 以諸菩薩, 從初已來異凡
小故, 悲智相導, 念念雙修, 如車二輪, 如鳥二翼, 何得說彼有增減
耶? 當知, 由此始終二教, 粗細異故。有二生死, 非由悲智互增上
也。若言彼智增上者, 有小乘習怖諸煩惱故。永伏者, 若於地前未
證真如, 可約本習。容有此類, 以未純熟故。初地已上行解純熟,
同證同行同修同斷, 如何得有如是差別? 故起信論云: "地上菩薩
種性, 發心修行皆無差別也。"又, 此教中, 地上變易, 寄位不同, 有
其四種等, 亦如下指。若依頓教, 一切行位既不可說, 所依身分亦
準此知。廣如大般若經那伽室利分說。若依圓教, 不說變易, 但分
段身至於十地離垢定前, 以至彼位得普見肉眼, 故知是分段也。又
如善財等以分段身窮於因位故也。問: 何故此中不說變易? 答: 如
世界性等, 以上身分, 甚極微細, 出過諸天, 應同變易。但以此教不
分生死粗細之相, 總就過患以爲一際, 至信滿後頓翻彼際, 故不說
也。餘準而知之。

卷　三

　　第六、斷惑分齊者。有云, 若依小乘, 若依三乘, 有二種義: 一、
約位滅惑相, 二、寄惑顯位相。

　　初義者, 若依始教, 具足三乘斷惑差別。由此是其三乘教故,
障有二種, 謂煩惱所知。先辨二乘斷煩惱障, 於中有二: 先障名數,
後斷惑得果。初中煩惱有二: 謂分別俱生, 總有十種: 一、貪, 二、
瞋, 三、無明, 四、慢, 五、疑, 六、身見, 七、邊見, 八、邪見, 九、見取、
十、戒禁取。於中四種, 唯分別起, 謂疑、邪見、見取、戒禁取。餘六
通二種, 五識得起初三, 亦通分別及俱生。由用意識中邪師等三因

引故,得有分別起也。意識具十種,四分別,六通二。末那唯四俱生,六中除瞋及邊見。以瞋唯不善,此識有覆無記故。又,以一類相續緣第八識,刹那執我,故無邊見。又,以後三見及疑,藉三因生,此識無彼,故不起也。又,由恒相續緣故,非第六所引,不同五識,是故唯四。其第八識總不起,唯是異熟無覆無記性故。此分別俱生,皆通三界。瞋唯欲界。以上二界煩惱,皆有覆無記性故。其分別起者,欲界四諦各有十使,即爲四十。上二界除瞋諦,別各有九,即有七十二,并欲界合有一百一十二也。其俱生者,欲界具六,上二界除瞋,各唯有五,合成十六。通前分別,總有一百二十八也。問:何故前愚法小乘中十使不通迷四諦,此中即通耶? 答:此有二義:一、以三乘中煩惱功力,漸漸寬廣,故障一切也。二、又由迷等義,通一切境也。第二斷惑得果者,先斷分別,有其三人:一、若從具縛入真見道,刹那頓斷三界四諦分別煩惱,得預流果。二、若倍離欲人入真見道,兼斷倍離欲得一來果。言倍離欲者,謂凡夫時,欲界修惑,九品之中伏斷前六,故云倍離欲。入見道時,即永斷前所伏故,是以得彼果也。三、若已離欲人入真見道,兼斷九品,得不還果。如瑜伽説。入見道果者,有其三種,隨其所應,證三果故。次斷俱生者,第六識俱生,九地各有九品,又進修道人有其二種:一、漸出離,斷欲界九品中前六品盡,得一來果;斷九品盡,得不還果;斷上二界盡,得阿羅漢果。二、頓出離者,謂得初果已,即頓斷三界;漸除九品,即得阿羅漢果,更無餘果。何者? 以彼欲界九品修惑,及上二界總三種九品,各初一品一時頓斷三界,竪論九品,一一別斷,故云漸除也。若爾,何故有漸斷者? 以於三界法,不能頓緣故。對法論云:“頓出離者,謂入諦現觀已,依止未至定,發出世道,頓斷三界一切煩惱,品品別斷。唯立二果,謂預流果,及阿羅漢果。”乃至廣引指端經等。如彼説,其末那煩惱行相微細,前漸頓二人，皆與非想地惑一時頓斷。故瑜伽云："末那相應任運煩惱，唯與非想處共斷，故一時頓斷，非如餘惑漸次而斷故也。問：何故前愚法二乘無頓出離，此中有耶？答：爲顯前劣，故此超過。愚法二乘，無此勝智，顯彼教劣，方便漸引，起彼勝欲，令捨小從大，故作此說。其論末那惑滅，小乘無者，唯準此知。此謂二乘斷煩惱障。其所知障，諸趣寂者入無餘時，一時皆斷，唯此非擇滅也。其餘一切有斷不斷。慧解脫人不斷，俱解脫人，分有所斷。謂八解脫障不染無知，修八勝解所對治故。如瑜伽說。又，諸解脫由所知障解脫所顯，由聲聞及緣覺等，於所知障心得解脫故。當知此始教，爲引愚法漸向大故，安立此教，深勝於彼，故所知障，亦許分斷。然上所斷，不同愚法。以彼唯斷煩惱得故，此即不爾，斷種子故。直進菩薩斷惑者，二障俱斷。又，煩惱障中，不同二乘約界分品。但於二障分別起者，地前伏現行。初地真見道時，一剎那中頓斷彼種。其俱生中煩惱障，初地已去自在能斷，留故不斷。何以故？潤生攝化故，不墮二乘地故，爲斷所知障故，爲得大菩提故。是故攝論云："由留惑至惑盡，證佛一切智。"解云：惑盡者，是所知障盡，即由留煩惱障起勝行故，得至此位證佛果也。又，梁攝論既云留種子，是故當知煩惱障種至金剛位，其所知障，行相細故，正障菩薩道。是故地地分斷，要至佛地方得總盡。由此即說二障修惑，俱至佛地。故對法論云："又諸菩薩於十地修道位中，唯修所知障對治道，非斷煩惱障，得菩薩時，頓斷煩惱障及所知障，頓成羅漢及如來故。"其末那俱生，行相細故，亦同前至佛地盡也。問：其二障修惑諸識，相應地上現行，有何同異？答：其煩惱障內，第六識惑既盡，盡故留彼。是故現種皆以智御，用成勝行，不起過患。猶如毒蛇，以咒力御，不令死，不起過患，而成餘用。菩薩善巧留惑亦爾。故攝論云："如毒蛇咒所害"等。是故，當知於彼煩惱，或現或種，皆得自在。其第七識煩惱性非潤生，故非所留，行相細故。七地已還，有時暫現，以觀智有間故。其所知障，皆後地惑，於前地起，或現或種，以地地分斷故。問：若爾，何故有處説七地已還起有漏心等耶？答：若約第六識中煩惱障爲有漏者，彼既留惑故，即是有漏。若約所知障爲有漏，即實有漏。此二通十地，若末那煩惱，即實有漏，至於七地，有無不定，以有時暫起有漏心故。餘義準知。又，此教中惑滅智起分齊者，惑種在滅相時，智即在生相，同時相反。如昂即低，低即昂等。廣如對法論説。又，此障法，以依識無性故，即空無分別，是其障義。如維摩經云：“五受陰洞達，空無所起是苦義。”今此障義，亦準彼知之。若依終教，諸聲聞於煩惱障尚不能斷，但能折伏，何況能斷所知障？故彌勒所問經論云：“一切聲聞辟支佛人，不能如實修四無量，不能究竟斷諸煩惱，但能折伏一切煩惱等。”棱伽經文亦如上説。問：此説何故與前教不同耶？答：彼爲引二乘故，未深説故，是故以上就下，説煩惱障同彼二佛，至佛地智方盡，又以下同上，亦許二乘全斷惑障，分斷所知障。今此就實，以愚法二乘無廣大心，故不究竟斷煩惱障。又，亦可前約三乘中聲聞，此中約愚法，故不同也。其菩薩人，於二障中不分俱生及分別，但有正使及習氣。地前伏使現，初地斷使種，地上除習氣，佛地究竟清淨。然彼地前三賢位中，初既不墮二乘地中，於煩惱障自在能斷，留故不斷，爲除所知障等故。是故梁攝論云：“十解已去，得出世淨心。”又云：“十解心已上名聖人，不墮二乘地故。”仁王經云：“地前得人空而不取證”等。又，起信論得少分見法身作八相等，皆此義也。以此菩薩唯怖智障，故修唯識真如等觀，伏斷彼障。然於煩惱障，非但不怖不修對治，亦乃故留助成勝行。初地已上，斷於所知障一分粗故，於煩惱障不復更留。是故二障不分見修，至初地時，正使俱盡。故彌勒所問經論云：“問曰：若聲聞人先斷見道所斷煩惱，然後漸斷修道煩惱，何故菩薩不同聲聞？答曰：菩薩之人，無量世來爲諸衆生作利益事，後見真如甘露法界，觀彼一切諸衆生身，而實不異我所求處。是故菩薩見修道中一切煩惱，能障利益衆生行故，卽見道中一切俱斷。”此文爲證。其末那煩惱，亦初地斷粗，後除殘習。故無性攝論云：“轉染汙末那得平等性智，初現觀時先已證得，修道位中，轉復清淨。”解云：轉淨者，除習氣也。以正使先斷，故後但云轉淨，更不云斷也。若云此是入真見道時，暫伏不起，非正斷者，卽不得言轉復清淨。以總未斷，何名轉淨？若依始教，容如彼説，是故當知此教地上但除習氣。故實性論云：“不淨者，一切凡夫有煩惱障故；有垢者，以諸聲聞辟支佛等有智障故；有點者，以諸菩薩摩訶薩等依彼二種習氣障故。”解云：論釋云：地上名摩訶薩，故知但有習氣障也。此中習氣，從斷正使種子無間，方有習氣。何以故？未斷已前，無微薄故，種斷無間，方有微薄，故論説名，無間生習氣。問：云何地上煩惱使盡，而得不墮二乘地耶？答：智力勝故，智障正使亦已斷除故。如始教小乘頓出利人，斷欲界惑六品盡時，上二界六品亦同斷盡故，猶尚不得彼一來果，況此菩薩道力殊勝？又況已斷智障使故？若地前及始教，容有彼失，此中無也。又，此教中正斷惑時，智起惑滅，非初非中後，前中後取故。云何滅？如虛空本來清淨。如是滅，廣如十地論説。又，此教中煩惱等法，皆是真如隨緣所作，是故不異真如是煩惱義。如起信論説。又經云：“一切法，卽如如”等。煩惱準此。是故當知與前諸教施設不同，宜應知之。

　　第二明寄惑顯位者，諸聖教説，略有一十八門：一，寄二障以顯二位。謂分惑智二障，以顯比證二位。故梁攝論云：“地前漸除煩惱障，地上漸除智障。”又云：“十解已去，得出世淨心。”又云：“地前雖得人無我，以法無我未淨故，人無我亦不清淨。”又云：“其人我執，前十解中已除，今唯滅法我執。"又，仁王經云："習種性已入生空位，得聖人性故。"本業經、起信論亦同此説。二，寄皮等三惑，顯三僧祇。故梁攝論云："初僧祇斷皮煩惱，第二僧祇斷肉煩惱，第三僧祇斷心煩惱。"三，以此三惑，寄顯地地三心不同。如梁攝論三十三僧祇中説："地地之中入心除皮，住心除肉，出心除心"等。四，以二障粗細，寄顯三位。如地持論云："二障三處通"，謂地前地上及佛地。五，以染心粗細，寄於三位以顯三身。如金光明經説："依諸伏道，起事心盡，得顯化身；依法斷道，依根本心盡，得顯應身；依勝拔道，根本心盡，得顯法身。"有人解云：伏道是地前起事心，此是第六識；法斷道是地上，依根本心是末那，以依緣賴耶識本心故；勝拔道是金剛位，根本心是賴耶識。六，寄於三障，直顯三身。故彼經云："煩惱障清淨，能顯應身；業障清淨，能顯化身；智障清淨，能顯法身。"七，以迷三無性所起煩惱，寄顯三身。故彼經云："一切凡夫爲三相故，有縛有障，遠離三身不至三身。何者爲三？一者、思惟分別相，二者、依他起相，三者、成就相。如是三相不能解故，不能滅故，不能淨故，是故不得至三身。如是三相能解能滅能淨，是故諸佛至於三身。"解云：能解者，是所執性，但應知解故；能滅者，染分依他起性，應斷滅故；能淨者，在纏真如，修令淨故。八，寄四障以顯四位。此有二義：一、約正使，寄顯地前四位、四行、四因、四報。何者爲四？一、謂以闡提不信障使滅已，翻顯十信之位，成信樂大乘行爲淨德因，及鐵輪王報。二、以外道執我障，寄以翻顯十解位，成般若行爲我德因，銅輪王報。三、聲聞畏苦障，寄顯十行位，成破虛空定器三昧行爲樂德因，銀輪王報。四、獨覺捨大悲障，寄顯十迴向位，成大悲行爲常德因，金輪王報。又、翻前四障所得四行，即爲佛子四義。翻初障成信樂大乘種子爲因，即如父也。二、般若爲緣，即如母也。三、顯破虛空定，離小乘執，令法身堅固，如胎也。

四、大悲益生，如乳母。具此四緣，故得從地前生在初地已上諸佛家，故名佛子也。又，此四種和合如車輪，能運能轉至解脫處，如聖王輪。備有四事，謂轂輞輻軸。如其次第，四義應知。第二、以四障習，寄顯地上四位、四定、四德、四報。一、初二三地，滅闡提不信習，卽顯此一位相同世間，又得大乘光明三昧，成於淨德，除因緣生死變易報。二、四五六地，滅外道我執習，顯此一位相同二乘，得集福德王三昧，成於我德除方便生死。三、七八九地，滅聲聞畏苦習，顯此一位相同大乘，得賢護三昧，成於樂德，除有有生死。四、十地至佛地已還，滅獨覺捨大悲習，顯此一位因圓果滿，得首棱嚴三昧，成於常德，無有生死。四德圓故，生死永盡，故云無有也。此上義，廣如無上依經、本業經、佛性論、寶性論、梁攝論等説。又，此四中，初二通二障，後二唯智障，正使地前除，習氣地上淨，此文亦誠證也。九，於十地中爲別相故，三地終心已來，斷二障修惑正使皆盡；四地已去，但有微習。何以故？前三地相同世間，四地已去是出世故。是故十地經三地末文云：“一切欲縛轉復微薄，一切色縛轉復微薄，一切有縛轉復微薄，一切無明縛轉復微薄。諸見縛者，先已除斷。”地論釋云：“一切欲縛轉微薄等者，斷一切修道欲色無色所有煩惱及彼因，同無明習氣皆悉微薄遠離故。諸見縛者，於初地見道已斷故。”解云：及彼因者，煩惱障種子也；無明習氣者，所知障種子也。以二障種子同時遠離，故云同也。是故當知二障修惑正使種子，此地皆盡。上來多分約終教説。十，又於十地別相中，寄顯世間二乘菩薩三位別。故仁王經説：“前之三地，斷三界中色煩惱；四五六地，斷三界中心煩惱；七八九地，斷三界中色習煩惱；第十地及佛地，斷三界中心習煩惱。”解云：以三地終位，得上界定，極至四空定，離下地色，故云斷色惑也。以四地已去，得二乘無漏出世間位故，於世間色心俱盡故。七地已去是菩薩位，漸細於前，故寄滅於色心習氣以顯彼位也。十一，於此菩薩位中，爲顯自在及未自在二位別。故七地已還，寄滅三界色心煩惱，及彼果報；八地已去，寄滅色心二習無明。故本業經云：七地已還，滅三界色心，二習果報，滅無遺餘。八地色習無明盡，九地心習無明已滅除，十地二習無明滅盡。十二，依三無性論，寄滅二性，以顯見修二位差別。故彼論云：“由見道故，分別性即無，故言不得。由修道故，依他性即滅，故言不見。”十三，依雜集論等，以分別俱生二種煩惱，寄顯見修二位差別。何以得知但是寄位非實斷者，如分別我見藉三緣生，謂邪師邪教及邪思惟，妄計即蘊離蘊等我，如佛弟子，雖居凡位，然依正師正教正思惟故，非直不起即蘊等執，亦乃願樂於無我性，此人豈斷已非入見道邪？若言雖無現行，然有種故非入見者，既無現行，即應入資糧加行。義既不爾，是故當知爲顯見道無我理故，寄彼橫計顛倒粗惑，反以顯之。又以任運所起煩惱，細難斷故，翻顯修位漸增差別，如實義者。但一煩惱，有粗有細，見位斷粗，修位斷細，如末那煩惱，通二位斷之。如無相論云：“第二執識及相應法，至羅漢位究竟滅盡。若見諦内煩惱識及心法，得出世道十六心時，畢竟斷滅，餘殘未盡，但屬思惟，是名第二識。”無性攝論亦同此説。如上所引，故得知也。十四，於分別惑所藉三緣，寄顯地前三賢位別。謂十解等，除邪師等，如次應知。此約直進説。又，以邪師邪教所起，寄資糧位伏，以行相粗故；邪思惟所起，寄加行位伏，以行相細故。此約迴心二乘説。十五，於俱生内六七識惑，七地已來寄有現行，八地已去永伏不起，此爲寄顯入觀有間無間位異，故作此説。十六，又以六識煩惱，寄至四地；末那煩惱，寄至七地；八地已去，唯有所知障。此亦爲顯世間二乘菩薩位，故作此説也。十七，爲顯十地至佛地差別，故以十一無明反寄顯之。十八，爲顯地地真俗二智，故以二十二無明寄以顯之。如深密經云：“由此二十二種愚癡品，及十一粗重，安立諸地故。"既云安立，故知寄顯也。此諸義，廣如瑜伽對法、唯識攝論等說。上來多分約始教說。已上諸門，並是阿含門寄惑反顯位相差別。何以故？爲護十地故，爲令衆生於十地中離慢執故，位相甚深，極難了知，寄惑顯位，生淨信故。餘義準思可見。若依頓教，一切煩惱本來自離，不可說斷及與不斷，如法界體性。經云："佛告文殊師利，汝云何教諸善男子發菩提心？文殊言：我教發我見心。何以故？我見除，即是菩提故。"此文證之準知。若依圓教，一切煩惱不可說其體性，但約其用，即甚深廣大。以所障法一即一切，具足主伴等故，彼能障惑亦如是也。但故不分使習種現，但如法界一得一切得故，是故煩惱亦一斷一切斷也。故普賢品明一障一切障，小相品明一斷一切斷者，是此義也。又，此斷惑分齊，準上下經文，有四種：一、約證，謂十地中斷；二、約位，謂十住已去斷；三、約行，謂十信終心斷；四、約實，謂無可斷，以本來清淨故。廣如經說。又，前三乘等諸門斷惑，若一障一切障，一斷一切斷，即入此教。若隨門前後，是三乘等。此約別教言。若約攝方便，前諸教所明，並入此中，以是此方便故，及所流所目故。餘義準之。斷惑門竟。上已正說，下回小向大。

　　第七、二乘迴心者。有六種說：一、或一切二乘皆無迴心，以更無餘求故，如小乘中說。二、或一切二乘皆迴心，以悉有佛性力爲內熏因故，如來大悲力外緣不捨故，根本無明猶未盡故，小乘涅槃不究竟故，是故一切無不迴心向大菩提也。此約終教說。問：如瑜伽顯揚論說，諸識成熟，及不成熟，中四句內，聲聞獨覺入無餘依涅槃者，阿賴耶識及諸轉識俱不成熟。既本識轉識皆滅無餘，後生心以何爲因？無因而生果，不應理故。答：彼論依始教門引小乘故，所立賴耶行相粗顯，不從真起，故說有滅。又，爲順小乘故，亦許彼涅槃，非不究竟，故說入已不復起也。今約終教中就實而說，既以根本無明熏<u>如來藏</u>成梨耶識，彼二乘人於此二法既俱未斷證，何因得滅阿賴耶識？又，由於彼無斷證故，所得涅槃豈爲究竟？化城同喻應便有失。又，由上四因，故得生心也。問：如生心迴向時，分齊云何？答：由根不等，故去有遲疾。遲者經劫乃起，故<u>楞伽</u>云："味著三昧樂，安住無漏界，無有究竟趣，亦復不退還，得諸三昧身，乃至劫不覺。譬如昏醉人，酒消然後覺，彼覺法亦然，得佛無上身。"解云：此文但總相説，若差別説者，隨其利鈍，各別經時，皆到阿耨菩提心位。如<u>涅槃經</u>云："須陀洹人亦復不定，故經八萬劫，卽能得到阿耨菩提心。"乃至云獨覺經十千劫得到阿耨菩提之心。解云：此明最鈍須陀洹人，受七生已，方入涅槃；滅心心法，始入滅定；得經八萬劫，乃得生心受佛教化，卽發菩提心。若於一身得第二果，受二生已，卽入涅槃，經六萬劫，卽能發心。若於一身得第三果，不還欲界，卽入涅槃，經四萬劫，卽得發心。若於一身得阿羅漢，卽現入滅定，經二萬劫，卽能發心。若獨覺根利，經一萬劫，便能發心。此五人發心之時，卽入十信菩薩位，方名發阿耨菩提心。又有義，前五人從凡得小果，入涅槃後，起迴心修十信行，信滿心已，堪入十住。初發心住已來，隨根利鈍，各經彼劫，未必一向在涅槃中經爾許劫也。如直往人，既經一萬劫修行滿足，堪能發心。彼獨覺人根最利故，亦似直往人經一萬劫。餘四鈍根又差別，故時多別也。上來明遲者。若極疾者，如<u>法華經</u>云："我滅度後，復有弟子不聞是經，不知不覺菩薩所行，自於所得功德生滅度想，當入涅槃。我於餘國作佛，更有異名，是人雖生滅度之想，入於涅槃，而於彼土求佛智慧，得聞此經，唯以佛乘而得滅度，更無餘乘，除諸<u>如來</u>方便説法。"此上並約終教説。三、或一切二乘亦迴亦不迴，謂決定種性者，趣寂不迴；不定種性者，並迴向大。如<u>瑜伽聲聞決擇</u>中説。此約始教引二乘説。四、或非迴非不迴，以離相故，如<u>文殊般若</u>等説。

此終頓教説。五、或合具前四説，以是大法方便故。此約一乘攝方便説。六、或俱絕前五，此有二種：一、一切二乘悉無所迴，以望一乘皆即空無可迴也。如經中如聾如盲者是。二、一切二乘等並已迴竟，更不復迴，如經中以普賢眼見一切衆生皆以究竟者是。此並約一乘別教説。問：如一乘攝方便中迴心，與三乘中迴心所得法門，分齊云何？答：若三乘中迴心，即入十信已去，順行菩提心及大悲等法門次第而去。若一乘中，如下文舍利弗及因陀羅慧比丘等六千人，於文殊師利邊迴心，即得十大法門，及十眼十耳等境界。義當即是解行，身徧於五位法也。餘義如別處説。後極論。

第八、佛果義相者。於中有二：先明常無常義，後明相好差別。前中，若小乘佛果，唯是無常，以不説本性功德故。如佛性論云：“小乘以無性德佛性，但有修德也。”若三乘始散，法身是常，以自性故；亦無常，以離不離故。修生功德是無常，以從因緣生故，是有爲無漏故；亦得是常，以無間斷故，相續起故。莊嚴論云：“自性無間相續，三佛俱常住”等。若依終教，有二義：先別明，後總説。別中，修生功德是無常，以修生故；亦即是常，一得已後同真如故。何以故？本從真流故，無明已盡，還歸真體故。梁攝論云：“無不從此法身流，無不還證此法身”等。寶信論起信論等盛立此義，如彼應知。又，智論云：“薩婆若不與三世台。何以故？過去世等是虛妄，是生滅。薩婆若是實法，非生滅故。”解云：薩婆若，此云一切智，即知佛地圓智同真如故，非生滅也。又，攝論云：“猶如虛空徧滿一切色際，無生住滅變異”等。如來智亦爾，徧一切所知無倒無變異等。是故當知非直無間斷故以爲常，亦即同真如不變異常也。法身是常，以隨緣時不變自性故；亦是無常，以隨染緣赴機故。何以故？以諸功德即並同是真，是故起用唯是真作。故起信論中釋報化二身，唯屬真如用大攝。又論云：“衆生心淨，法身影現”等。又云：“復次本覺隨染分別生二種相，與彼本覺不相捨離。"謂一者智淨相，二者不思議業相，乃至廣說等。二、總說者，由此法身隨緣義故，是故功德差別得成；由不變義故，是故功德無不卽真。如舉體隨緣，全相不變，二義鎔融無障礙故。是故佛果卽常卽無常，具足四句，或非四句，隨義應知。問：若爾，何故得說非一非異耶？答：若始教中，以真如徧故，智證真如，故非異也。有爲無爲不同，故非一也。若終教中，功德有二義：一、緣起現前義，以三無數劫功德不虛故；二、無自性義，以離真如無自體故。此中初義與法身隨緣，後義與法身不變，是非異門，以舉體全收故。又，此初義與不變，後義與隨緣，是非一門，以義差別故。是卽不動非異明非一也，思之可見。若依頓教，以相盡離念故，唯一實性身，平等平等，不可說有功德差別，亦不可說常與無常，若寄言顯者。如經云："吾今此身卽是法身。"又，經云："一切諸佛身，唯是一法身"等。如是準之。若依圓教，佛果常等義有三說：一、約用，佛果既通三世間等一切法，是故具有常等四句；二、約德，佛果卽具四義，謂一修生，二本有，三本有修生，四修生本有。圓融無礙，備無邊德，是故亦通常等四句。上二句義思之可見。三約體，亦通四句。謂此經中以不說爲顯，故是常；與阿含相應，故是無常。二義無礙，故俱有；隨緣起際，故俱非。此上三義，若體卽俱體，乃至用卽俱用，以體攝無礙，故皆有常等無礙。思之。二，明相好差別者，若依小乘，有三十二相八十種好是實法也；若三乘中，或亦但說三十二相八十種好是化身之相，乃卽空是相義。如金剛般若經對法論等說。此約始教引小乘說也。或約報化說八萬四千相並是實德，此約直進及終教等說。問：何故智論等於此化身辯金鏘馬麥等往業所致，三十二相等亦各出因耶？答：爲引二乘因下，而說現業果不亡故，聖道斷惑非滅報故。如羅漢殞沙，金鏘等亦爾，小乘以爲實，始教卽空說以是方便故。如大乘方便經，説其相好出因有二義：一、亦是方便爲引二乘，即於此身示勝因果，以實報身非彼所見故。二、此等亦即是實報相，垂在化中顯示現故，得出因也。問：何故攝論中説三十二相等，入法身功德攝耶？答：此亦有二義：一、爲迴二乘方便，漸説真實法身，恐彼難信，故以此功德説爲法身，令易信受，以觀見故。二、彼以功德爲法身，故攝在彼中也。此上並約始教説。又，三十二相等，即無生無性故，亦即是真如法身，此約終教説。若依一乘，有十蓮華藏世界海微塵數相，彼一一相皆徧法界，業用亦爾。所以説十者，欲顯無盡故。如相海品説。又，觀佛三昧經中，約此三乘宗分佛相好，以爲三段。故彼經云："略中略者，我今爲此時會大衆，及淨飯王略説相好。佛生人間，示同人事，同人相故，説三十二相。勝諸天故，説八十種好。爲諸菩薩説八萬四千諸妙相好，佛實相好。我初成道，摩伽陀國寂滅道場，爲普賢賢首等諸大菩薩，於雜華經已廣分別。"解云：此中三十二相等，當略中之略；爲人天二乘等，即當初也。八萬四千等義，但當是略；爲三乘菩薩等，當次也。佛實相好，如雜華説者，義當廣説，即是指此華嚴相好品説，是一乘別教相，即當終也，以雜華即是華嚴故。餘義可知。

　　第九、明攝化分齊者。若依小乘中，唯此娑婆雜穢處是佛報土。於中此閻浮提是報佛所依，餘百億等是化境分齊也。若三乘中法性土，及自受用土，今此不説。其釋迦佛隨他受用實報淨土，或有説在摩醯首羅天，化身充滿百億閻浮提，是所化分齊，如梵網經及對法論等説。當知此約始教説。何以故？爲二乘教以釋迦身爲實報，今即翻彼，顯其是化，故於彼天，別立實報。又恐二乘不信界外有實淨土，故寄界内最勝處，説其化身但充滿百億等，亦順彼説也。或有説釋迦佛報土在三界外。如涅槃經云："西方去此三十二恒河沙佛土，有世界名無勝，是釋迦佛實報淨土。"此約終教説，以不隨下説故，爲顯娑婆唯是化故。是故當知色頂之身，亦非實報。或説化境，非但百億。如大智論中以三千大千世界爲一數，數至恒河沙爲一世界性，又數此至恒河沙爲一世界海，數此又至無量恒河沙爲一世界種，數此又至無量十方恒河沙爲一佛世界所化分齊也。此亦約終教説，以攝化漸廣於前故。又，唯約須彌山世界説，以居此界故，未説樹形等世界，故非一乘也。或説釋迦報土在靈鷲山。如法華云："我常在靈山"等，法華論主釋爲報身菩提也。當知此約一乘同教説。何以故？以法華中亦顯一乘故。其處隨教，即染歸淨，故説法華處即爲實也。如菩提樹下説華嚴處，即爲蓮華藏十佛境界。法華亦爾，漸同此故，是同教也。然未説彼處即爲十華藏及因陀羅等，故非別教也。或有説此釋迦身即爲實報受用之身。如佛地經初説此釋迦佛即具二十一種實報功德，彼論釋爲受用身也。此亦約同教説。何以故？此釋迦佛，若三乘中但爲化身，若別教一乘，以爲究竟十佛之身。今此方便勸彼三乘，顯釋迦身非但是化，恐難信受，故彼經中爲約説佛果深功德處，明佛身隨教，即權歸實，説爲報身，即方便顯。説華嚴一乘法時，此釋迦身亦隨彼教，即究竟十佛法界身也，是故以此爲同教攝也。或有説此釋迦身即是法身，如經云："吾今此身即是法身。"此約頓教寄言而説，以相盡離念故。若別教一乘，此釋迦牟尼身非但三身，亦即是十身，以顯無盡。然彼十佛境界所依有二：一、國土海，圓融自在，當不可説。若寄法顯示，如第二會初説。二、世界海，有三類：一、蓮華藏莊嚴世界海，具足主伴通因陀羅等，當是十佛等境界；二、於三千界外有十重世界海，一、世界性，二、世界海，三、世界輪，四、世界圓滿，五、世界分別，六、世界旋，七、世界轉，八、世界蓮華，九、世界須彌，十、世界相。此等當是萬子已上輪王境界。三、無量雜類世界皆徧法界，如一類須彌樓山世界，數量邊畔，即盡空虛徧法界；

又如一類樹形世界，乃至一切衆生形等，悉亦如是，皆徧法界，互不相礙。此上三位，並是一盧舍那十身攝化之處。仍此三位，本末圓融，相收無礙。何以故？隨一世界，即約粗細有此三故。當知與三乘全別不同也。

第十、佛身開合者。有二：先義，後數。義中，先約法身。或唯真境界爲法身，如佛地論五種法攝大覺地，清淨法界攝法身，四智攝餘身。此約始教説。或唯妙智爲法身，以本覺智故，修智本同覺故，如攝論無垢無罣礙智爲法身，金光明中四智攝三身，以鏡智攝法身故。或境智合爲法身，以境智相如故，如梁攝論云："唯如如及如如智獨存，名爲法身。"此上二句約終教説。或境智俱泯爲法身，如經云："如來法身，非心非境。"此約頓教説。或合具前四句，以具德故；或俱絶前五，以圓融無礙故。此二句如性起品説。此約一乘辯。次別約釋迦身明者，此釋迦身或是化非法報，如始教説。或有是報非法化，如同教一乘及小乘説，但深淺爲異也。或是法非報化，如頓教説。或亦法亦報化，總如三乘等説。或非法非報化，如別教一乘，是十佛故也。數開合者，或立一佛，謂一實性佛也。此約頓教。或立二佛，此有三種：一、生身化身，此約小乘説；二、生身法身，謂他受用與化身合名生身，自受用身與法身合名法身，如佛地論説。此約始教説。三、自性法身，應化法身，如本業經説。此約終教説。或立三身佛，如常所説，此通始終二教説。或立四佛，此有三種：一、於三身中受用身內，分自他二身，故有四，如佛地論説。此約始教。二、於三身外別立自性身，爲明法身是恒沙功德法故。是故梁攝論云："自性身與法身作依止故。"三、亦於報身內福智分二，故有四。如楞伽經云："一、應化佛，二、功德佛，三、智慧佛，四、如如佛。"此約終教説。或立十佛以顯無盡，如離世間品説。此約一乘圓教説也。

卷　四

第十，義理分齊者，有四門：一、三性同異義，二、緣起因門六義法，三、十玄緣起無礙法，四、六相圓融義。

初，三性同異說有二門：先別明，後總說。別中亦二：先直說，後決擇。前中三性各有二義，真中二義者：一、不變義，二、隨緣義；依他二義者：一、似有義，二、無性義。所執中二義者：一、情有義，二、理無義。由真中不變，依他無性，所執理無。由此三義，故三性一際同無異也。此則不壞末而常本也。經云："衆生卽涅槃，不復更滅也。"又，約真如隨緣，依他似有，所執情有，由此三義，亦無異也。此則不動本而常末也。經云："法身流轉五道，名曰衆生也。"卽由此三義與前三義是不一也。是故真該妄末，妄徹真源，性相通融，無障無礙。問：依他似有等，豈同所執是情有耶？答：由二義故，故無異也。一、以彼所執，執似爲實，故無異法；二、若離所執，似無起故。真中隨緣，當知亦爾。以無所執，無隨緣故。問：如何三性各有二義，不相違耶？答：以此二義無異性故。何者無異？且如圓成，雖復隨緣成於染淨，而恒不失自性清淨，祇由不失自性清淨，故能隨緣成染淨也。猶如明鏡現於染淨，雖現染淨而恒不失鏡之明淨，祇由不失鏡明淨故，方能現染淨之相。以現染淨，知鏡明淨；以鏡明淨，知現染淨。是故二義唯是一性，雖現淨法不增鏡明，雖現染法不污鏡淨。非直不污，亦乃由此反顯鏡之明淨。當知真如道理亦爾，非直不動性淨，成於染淨，亦乃由成染淨，方顯性淨；非直不壞染淨，明於性淨，亦乃由性淨故，方成染淨。是故二義，全體相收，一性無二，豈相違耶？依他中雖復因緣似有顯現，然此似有，必無自性，以諸緣生，皆無自性故。若非無性，卽不藉緣，不藉緣故，故非似有。似有若成，必從衆緣，從衆緣故，必無自性。是故由無

自性，得成似有；由成似有，是故無性。故智論云："觀一切法，從因
緣生；從因緣生，即無自性；無自性故，即畢竟空。畢竟空者，是名
般若波羅蜜。"此則由緣生故，即顯無性也。中論云："以有空義故，
一切法得成者。"此則由無性故，即明緣生也。涅槃經云："因緣故
有，無性故空。"此則無性即因緣，因緣即無性，是不二法門故也。非
直二義性不相違，亦乃全體相收，畢竟無二也。所執性中雖復當情
稱執現有，然於道理畢竟是無，以於無處橫計有故。如於木杌，橫
計有鬼，然鬼於木，畢竟是無。如於其木，鬼不無者，即不得名橫計
有鬼，以於木有非由計故。今既橫計，明知理無；由理無故，得成橫
計；成橫計故，方知理無。是故無二，唯一性也。當知所執道理亦
爾。上來直明竟。第二、問答決擇者，於中有三門：第一、護分別
執，第二、示執之失，第三、顯示其義。初門護執者，問：真如是有
耶？答：不也，隨緣故。問：真如是無耶？答：不也，不變故。問：亦有
亦無耶？答：不也，無二性故。問：非有非無耶？答：不也，具德故。
又問：有耶？答：不也，不變故。何以故？由不變故，隨緣顯示。問：
無耶？答：不也，隨緣故。何以故？由隨緣故，不變常住也。餘二
句可知。又問：有耶？答：不也，離所謂故。下三句例然。又問：有
耶？答：不也，空真如故。問：無耶？答：不也，不空真如故。問：亦
有亦無耶？答：不也，離相違故。問：非有非無耶？答：不也，離戲
論故。又問：有耶？答：不也，離妄念故。問：無耶？答：不也，聖智
行處故。餘句準之。依他性者，問：依他是有耶？答：不也，緣起無
性故。問：依他是無耶？答：不也，無性緣起故。問：亦有亦無耶？
答：不也，無二性故。問：非有非無耶？答：不也，有多義門故。又
問：有耶？答：不也，緣起故。何以故？以諸緣起皆無性故。問：無
耶？答：不也，無性故。何以故？以無性故，成緣起也。餘二句可
知。又以緣起，離於四句，又以無性故，亦離四句，並可知矣。又

問：依他有耶？答：不也，約觀遣故。問：無耶？答：不也，能現無生故。下二句，離相違故，離戲論故，可知。又問：有耶？答：不也，異圓成故。又約徧計分故，又離所謂故。問：無耶？答：不也，異徧計故，以圓成分故。又智境故。餘句準之。徧計所執者，問：徧計是有耶？答：不也，理無故。問：是無耶？答：不也，情有故。問：亦有亦無耶？答：不也，無二性故。問：非有非無耶？答：不也，所執性故。又問：有耶？答：不也，無道理故。問：無耶？答：不也，無道理故。餘句準知。又問：有耶？〔答〕：不也，執有故。又問：無耶？不也，執有故。又，亦有亦無耶？不也，執有故。又，非有非無耶？不也，執成故。又，有耶？不也，由無相故。又，無耶？不也，無相觀境故。餘句準知。又，有耶？不也，無體故。又，無耶？不也，能曀真故。餘句準之。第二、示執過者，若計真如，一向是有者，有二過失：一、常過，謂不隨緣故，在染非隱故，不待了因故，即墮常過。問：諸聖教中，並說真如爲凝然常，既不隨緣，豈是過耶？答：聖說真如爲凝然者，此是隨緣成染淨時，恒作染淨而不失自體，是即不異無常之常，名不思議常，非謂不作諸法，如情所謂之凝然也。若謂不作諸法而凝然者，是情所計故，即失真常。以彼真常不異無常之常，不異無常之常出於情外，故名真常。是故經云：“不染而染者，明常作無常也；染而不染者，明作無常時不失常也。”問：教中既就不異無常之常，故說真如爲凝然常者，何故不就不異常之無常，故說真如爲無常耶？答：教中亦說此義，故經云：“如來藏受苦樂，與因俱，若生若滅。”論云：“自性清淨心，因無明風動，成染心”等。以此教理，故知真如不異常之無常，故隨緣隱體，是非有也。問：真如是不生滅法，既不異無常之常，故說爲常。不異常之無常故，得說無常者，亦可依他是生滅法，亦應得有不異常之無常，不異無常之常義耶？答：亦得有也。何者？以諸緣起無常之法，即無自性，方成緣起,是故不異常性而得無常。故經云:"不生不滅,是無常義。"此則不異於常成無常也。又,以諸緣起卽無自性,非滅緣起方説無性,是則不異無常之常也。故經云:"色卽是空,非色滅空故。"又云:"衆生卽涅槃,不復更滅"等。此中二義,與真中二義相配可知。此卽真俗雙融,二而無二故。智論云:"智障極盲闇,謂真俗別執。"此之謂也。是故若執真如同情所謂而凝然常者,卽不隨緣隱其自體,不假了因,卽墮常過。又,若不隨緣成於染淨,染淨等法,卽無所依,無所依有法,又墮常也。以染淨法皆無自體,賴真立故。二、斷過者,如情之有,卽非真有,非真有故,卽斷有也。又,若有者,卽不隨染淨,染淨諸法既無自體,真又不隨,不得有法,亦是斷也。第二、執無者,亦有二過失:一、常過者,謂無真如,生死無依,無依有法,卽是常也。又,無真如,聖智無因,亦卽常也。又,無所依,不得有法,卽是斷也。又,執真如是無,亦卽斷也。第三、執亦有亦無者,具上諸失。謂真如無二而雙計有無,心所計有無,非稱於真,失彼真理,故是斷也。若謂如彼所計以爲真者,以無理有真,是卽常也。第四、非有非無者,戲論於真,是妄情故,先於真理,卽是斷也。戲論非真而謂爲真者,理無有真,故是常也。第二、依他起中,若執有者,亦有二失:一、常過,謂已有體,不藉緣故,無緣有法,卽是常也。又,由執有,卽不藉緣,不藉緣故,不得有法,卽是斷也。問:若説依他性是有,義便有失者,何故攝論等説,依他性以爲有耶?答:聖説依他以爲有者,此卽不異空之有。何以故?從衆緣無體性故,一一緣中無作者故。由緣無作,方得緣起,是故卽非之有,名依他有。是則聖者不動真際,建立諸法。若謂依他如言有者,卽緣起有性,緣若有性,卽不相藉,不相藉故,卽壞依他,壞依他者,良由執有。是故汝意恐墮空斷,勵力立有,不謂不達緣所起法無自性故,卽壞緣起,便墮空無,斷依他故也。二、若執無者,亦有二失。若謂依他是無法者，即緣無所起，無所起故，不得有法，即是斷也。問：若説緣生爲空無，故即墮斷者，何故中論等内，廣説緣生爲畢竟空耶？答：聖説緣生以爲空者，此即不異有之空也。何以故？以法從緣生，方説無性，是故緣生有者，方得爲空。若不爾者，無緣生因，以何所以，而得言空？是故不異有之空，名緣生空，此即聖者不動緣生，説實相法也。若謂緣生如言空者，即無緣生，無緣生故，即無空理，無空理者，良由執空。是故汝意恐墮有見，猛勵立空，不謂不達無性緣生故，即失性空。失性空故，還墮情中惡趣空也。問：若由依他有二義故，是則前代諸論師各述一義，融攝依他不相違者。何故後代論師如清辯等，各執一義，互相破耶？答：此乃相成，非相破也。何者？爲末代有情根機漸鈍，聞説依他是其有義，不達彼是不異空之有故，即執以爲如謂之有也。是故清辯等，破依他有，令至於無，至畢竟無，方乃得彼依他之有。若不至此，徹底性空，即不得成依他之有。是故爲成有故，破於有也。又，彼有情聞説依他畢竟性空，不達彼是不異有之空故，即執以爲如謂之空。是故護法等，破彼謂空以存幻有，幻有立故，方乃得彼不異有之空。以若有滅非真空故，是故爲成空故，破於空也。以色即是空，清辯義立；空即是色，護法義存。二義鎔融，舉體全攝。若無後代論師，以二理交徹，全體相奪，無由得顯甚深緣起依他性法。是故，相破反相成也。是故，如情執無，即是斷過。又，若説無法爲依他者，無法非緣，非緣之法，即墮常也。第三、亦有亦無者，具上諸失，可以準之。問：若據上來所説依他起性，有無偏取，此應不可雙取有無，應契道理，如何亦有具上失耶？答：依他起性中，雖具彼有無之理，然全體交徹，空有俱融，而如所計亦有亦無者，即成相違，具上失也。第四、非有非無者，戲論緣起，亦非理也。何者？以其執者於有無中所計不成故，即以情謂非有非無爲道理也。此既非理，亦具上失。思以準之。第三、徧計所執性中,若計所執爲有者,有二過失: 謂若所執是其有者,聖智所照,理應不空,卽是常也;若妄執徧計於理有者,卽失情有,故是斷過也。二、若執徧計爲情無者,卽凡夫迷倒,不異於聖, 卽是常也,亦卽無凡,故是斷也;又,既無迷,亦卽無悟, 亦無悟故,卽無聖人,亦是斷也。三、亦有亦無者,性既無二,而謂有無,卽相違故, 具上失也。四、非有非無者,戲論徧計, 亦具上失。準以知之。第二執成過竟。第三、顯示其義者,真如是有義,以迷悟所依故,又不空義故,不可壞故。餘如上説。又,真如是空義,以離相故,隨緣故, 對染故。餘亦如上。又,真如是亦有亦無義,以具德故,達順自在故,鎔融故。又,是非有非無義,以二不二故,定取不得故。餘翻説,準上知之。二、依他是有義,緣成故無性故,餘準前知。依他是無義,以緣成無性故,亦準前知。依他是亦有亦無義, 以緣成無性故,準前。依他是非有非無義,以二不二故,隨取一不得故,準前。三、徧計是有,約情故。徧計是無,約理故。徧計是亦有亦無, 由是所執故。徧計是非有非無, 由是所執故。餘準前思之。上來別明三性竟。第二、總説者,三性一際,舉一全收,真妄互融,性無障礙。如攝論婆羅門問經中言:"世尊依何義説如是言? 如來不見生死,不見涅槃。於依他中分別性,及真實性,生死涅槃, 依無差別義。何以故? 此依他性,由分別一分成生死,由真實一分成涅槃。"釋曰: 依他性非生死,由此性因真實成涅槃故。此性非涅槃,何以故? 此性由分別一分,卽是生死,是故不可定説一分。若見一分,餘分性不異,是故不見生死, 亦不見涅槃。由此意故, 如來答婆羅門如此。又云,阿毗達摩修多羅中,世尊説法有三種:一、染污分, 二、清淨分,三、染污清淨分。依何義説此三分? 於依他性中分別性爲染污分,真實性爲清淨分,依他性爲染污清淨分。依此義説三分。釋曰: 阿毗達摩修多羅中,説分別性以煩惱爲性,真實性以清淨分爲性, 依他性由具兩分，以二性爲性。故説法有三種：一、煩惱爲分，二、清淨爲分，三、二法爲分。依此義故，作此説也。此上論文，又明真該妄末，無不稱真；妄徹真源，體無不寂；真妄交徹，二分雙融，無礙全攝。思之可見。

第二、緣起因門六義法。將釋此義，六門分別：一、釋相，二、建立，三、句數，四、開合，五、融攝，六、約教。第一門中有二：初列名，次釋相。初列名者，謂一切因皆有六義：一、空有力不待緣，二、空有力待緣，三、空無力待緣，四、有有力不待緣，五、有有力待緣，六、有無力待緣。二、釋相者，初者，是刹那滅義。何以故？由刹那滅故，即顯無自性是空也。由此滅故，果法得生，是有力也。然此謝滅，非由緣力，故云不待緣也。二者，是俱有義。何以故？由俱有故方有，即顯是不有，是空義也。俱故能成有，是有力也；俱故非孤，是待緣也。三者，是待衆緣義。何以故？由無自性故，是空也；因不生緣生故，是無力也。即由此義故，是待緣也。四者，決定義。何以故？由自類不改故，是有義；能自不改而生果故，是有力義。然此不改，非由緣力故，是不待緣義也。五者，引自果義。何以故？由引現自果，是有力義；雖待緣方生，然不生緣果，是有力義。即由此故，是待緣義也。六者，是恒隨轉義。何以故？由隨他，故不可無；不能違緣，故無力用。即由此故，是待緣也。是故攝論爲顯此六義而説偈言：“刹那滅俱有，恒隨轉應知，決定待衆緣，唯能引自果。”第二、建立者，問：何以故，定説六義，不增至七，不減至五耶？答：爲正因對緣，唯有三義：一、因有力不待緣，全體生故，不雜緣力故。二、因有力待緣，相資發故。三、因無力待緣，全不作故，因歸緣故。又，由上三義，因中各有二義：謂空義，有義。二門合有三義，唯有六故，不增減也。問：何故不立第四句無力不待緣義耶？答：以彼非是因義，故不立。思之可見。問：待緣者，待何等緣？答：待因事之外，增上等三緣，不取自六義更互相待耳。問：因望緣得有六義，未知緣對因亦有六義不？答：此有二義：增上緣望自增上果，得有六義，以還是親因攝故；望他果成疎緣，故不具六。親因望他亦爾。問：果中有六義不？答：果中唯有空有二義，謂從他生無體性，故是空義；酬因有，故是有義。若約互爲因果義説，即此一法爲他因時，具斯六義，與他作果時，即唯有二義。是故六義唯在因中。問：若爾，現行爲種子，豈得有六義？答：隨勝緣不具，如論説種子有六義，此約初教。若緣起秘密義，皆具此六義，約終教。以此教中六七識等，亦是如來藏隨緣義，無別自性。是故六七識，亦具本識中六義也。思之可見。第三、句數料揀者，有二種：一約體，二約用。初、約體有無，而有四句：一是有，謂決定義；二是無，謂刹那滅義；三亦有亦無，謂合彼引自果及俱有無二是也；四非有非無，謂合彼恒隨轉及彼待衆緣無二是也。就用四句者：由合彼恒隨轉及待衆緣無二故，是不自生也；由合彼刹那滅及決定無二故，不他生也；由合彼俱有及引自果無二故，不共生也；由具三句合其六義，因義方成，故非無因生也。是則，由斯六義，因緣全奪，顯緣起勝德。故地論云："因不生，緣生故；緣不生，自因生故；不共生，無知者故，作時不住故；不無因生，隨順有故。"又集論云："自種有故，不從他生；待衆緣故，非自生，無作用故；不共生，有功能故，非無因生。"問：此六義與八不分齊云何？答：八不據遮，六義約表。又，八不約反，情理自顯；六義據顯，理情自亡，有斯左右耳。第四、開合者，或約體唯一，以因無二體故；或約義分二，謂空有，以無自性故，緣起現前故。或約用分三：一、有力不待緣，二、有力待緣，三、無力待緣。初即全有力，後即全無力，中即亦有力亦無力。以第四句無力不待緣非因，故不論也，是故唯有三句也。或分爲六，謂開三句入二門故也，如前辯。或分爲九，謂於上三義，隨一皆具彼三故。何以故？若非有力，卽無無力，是故隨一具三，故有九也。或分十二，謂於上六義，空有二門不相離故，隨空卽有，隨有卽空，有空有六，空有亦六，故有十二也。或分十八，謂於上六義中，一一皆有三義故。一、體有無，二、力有無，三、約待緣不待緣。三六成十八也。或分爲三十六，謂於上六義，隨一皆具六。何以故？以若無一，餘皆無故。餘門思而準之。第五、融攝者，然此六義，以六相融攝取之。謂融六義爲一因是總相，開一因爲六義是別相；六義齊名因是同相，六義各不相知是異相；由此六義因等得成是成相，六義各住自位義是壞相。問：六相六義分齊云何？答：六義據緣起自體，六相據緣起義門，以法體入義門，遂成差別。如以六義入四句，顯是去非，故順三乘，入六相，顯自德，故順一乘。是故四句與六相，俱爲六法方便也。第六、約敎辨者，若小乘中法執因相，於此六義，名義俱無。若三乘賴耶識，如來藏法無我因中，有六義名義，而主伴未具。若一乘普賢圓因中，具足主伴，無盡緣起，方究竟也。又，由空有義故，有相卽門也；由有力無力義故，有相入門也；由有待緣不待緣義故，有同體異體門也。由有此等義門，故得毛孔容刹海事也。思之可解。

　　三，十玄緣起無礙法門義。夫法界緣起，乃自在無窮，今以要門，略攝爲二：一者、明究竟果證義，卽十佛自境界也。二者、隨緣約因辯敎義，卽普賢境界也。初義者，圓融自在，一卽一切，一切卽一，不可説其狀相耳。如華嚴經中究竟果分國土海，及十佛自體融義等者，卽其事也。不論因陀羅及微細等，此當不可説義。何以故？不與敎相應故。地論云："因分可説，果分不可説"者，卽其事也，問：義若如是，何故經中乃説佛不思議品等果耶？答：此果義是約緣形對。爲成因故説此果，非彼究竟自在果。所以然者，爲與因位同會而説，故知形對耳。第二義者，有二：一、以喻略示，二、約法廣辯。

初、喻示者，如數十錢法。所以説十者，欲應圓數顯無盡故。此中有二：一、異體，二、同體。所以有此二門者，以諸緣起門內有二義故。一、不相由義，謂自具德故。如因中不待緣等是也。二、相由義，如待緣等是也。初即同體，後即異體。就異體中有二門：一、相即，二、相入。所以有此二門者，以諸緣起法，皆有二義故。一、空有義，此望自體；二、力無力義，此望力用。由初義故得相即，由後義故得相入，初中，由自若有時，他必無故，故他即自。何以故？由他無性，以自作故。二，由自若空時，他必是有，故自即他。何以故？由自無性，用他作故。以二有二空，各不俱故，無彼不相即；有無無有無二故，是故常相即。若不爾者，緣起不成，有自性等過。思之可見。二、明力用中自有全力故，所以能攝他；他全無力故，所以能入自。他有力，自無力，反上可知。不據自體，故非相即；力用交徹，故成相入。又，由二有力二無力各不俱，故無彼不相入；有力無力無力有力無二故，是故常相入。又，以用攝體，更無別體故，唯是相入；以體攝用，無別用故，唯是相即。此依因六義內準之。於中先明相入。初向上數十門：一者，一是本數。何以故？緣成故。乃至十者，一中十，何以故？若無一，即十不成故。一即全有力，故攝於十也，仍十非一矣。餘九門亦如是。一一皆有十，準例可知。向下數亦十門：一者，十即攝一。何以故？緣成故。謂若無十，即一不成故。即一全無力，歸於十也，仍一非十矣。餘例然。如是，本末二門中，各具足十門。餘一一錢中，準以思之。此約異門相望説耳。問：既言一者，何得一中有十耶？答：大緣起陀羅尼法。若無一，即一切不成故，定知如是。此義云何？所言一者，非自性一，緣成故。是故一中有十者，是緣成一。若不爾者，自性無緣起，不得名一也。乃至十者，皆非自性十，由緣成故。爲此十中有一者，是緣成無性。十若不爾者，自性無緣起，不名十也。是故一切緣起，皆非自性。何以故？隨去一緣，即一切不成，是故一中即具多者，方名緣起一耳。問：若去一緣即不成者，此則無性，無自性者，云何得成一多緣起？答：祇由無性，得成一多緣起。何以故？由此緣起，是法界家實德故，普賢境界，具德自在無障礙故。華嚴云："菩薩善觀緣起法，於一法中解眾多法，眾多法中解了一法。"是故當知一中十，十中一，相容無礙，仍不相是。一門中既具足十義故，明知一門中皆有無盡義。餘門亦如是。問：一門中攝十盡不？答：盡不盡。何以故？一中十故盡，十中一故不盡。四句護過去非顯德等，準之可解耳。別別諸門中，準例如是。緣起妙理，應如是知。第一門竟。

初異體門中第二即義者，此中有二門：一者向上去，二者向下來。初門中有十門：一者一，何以故？緣成故。一即十，何以故？若無一，即無十故。由一有體，餘皆空故，是故此一即是十矣。如是向上，乃至第十，皆各如前，準可知耳。言向下者，亦有十門：一者十，何以故？緣成故。十即一，何以故？若無十，即無一故。由一無體，餘皆有故，是故此十即一矣。如是向下，乃至第一，皆各如是，準前可知耳。以此義故，當知一一一錢，即是多錢耳。問：若一不即十者，有何過失？答：若一不即十者，有二失：一、不成十錢過。何以故？若一不即十者，多一亦不成十。何以故？一一皆非十故。今既得成十，明知一即是十也。二者、一不成十過。何以故？若一不即十，十即不得成，由不成十故，一義亦不成。何以故？若無十，是誰一故。今既得一，明知一即十。又，若不相即，緣起門中空有二義即不現前，便成大過，謂自性等。思之可知。下同體門中，準此知之，餘門亦準可知耳。問：若一即十者，應當非是一，若十即一者，應當非是十。答：祇爲一即十故，是故名爲一。何以故？所言一者，非是所謂一緣成無性一，爲此一即多者是名一。若不爾者，不名一。何以故？由無自性故，無緣不成一也。十即一者，準前例耳，勿妄執矣，應如是準知。問：上一多義門，爲一時俱圓耶？爲前後不同耶？答：卽圓卽前後。何以故？由此法性緣起，具足逆順，同體不違德用，自在無障礙故，皆得如此。問：如上所説去來義，其相云何？答：自位不動而恒去來。何以故？去來不動，卽一物故。但爲生智顯理，故説去來等義耳。若廢智，一切不可説。如上果分者，卽其事也。問：若由智者，卽非先有，如何説云舊來如此耶？答：若廢智，卽不論緣起，由約智故，説舊來如此。何以故？不成卽以成卽，離始終故。智及與法，舊來成故。問：爲由智耶？法如是耶？答：爲由智也。爲法如此也。何以故？同時具足故。餘義準以思之。大段第一異體門訖。第二、同體門者，亦有二義：一者、一中多，多中一；二者、一卽多，多卽一。初門二：一者、一中多，二者、多中一。初一中多者，有十門不同：一者一，何以故？緣成故。是本數一中卽具十，何以故？由此一錢自體是一，復與二作一，故卽爲二一，乃至與十作一故，卽爲十一。是故此一之中，卽自具有十箇一耳。仍一非十也，以未是卽門故。初一錢既爾，餘二三四五已上九門，皆各如是，準例可知耳。二者多中一，亦有十門：一者十，何以故？緣成故。十中一，何以故？由此一與十作一故，卽彼初一在十一之中。以離十一，卽無初一故，是故此一，卽十中一也。仍十非一矣。餘下九八七，乃至於一，皆各如是，準例思之。問：此與前異體何別？答：前異體者初一望後九，異門相入耳。今此同體，一中自具十，非望前後異門説也。卽義亦準思之。二者、一卽十，十卽一，亦有二門：一者、一卽十，亦有十門不同：一者一，何以故？緣成故。一卽十，何以故？由此十一卽是初一故，無別自體故，是故十卽是一也。餘九門皆亦如是，準之可知。二者、十卽一者，亦有十門不同：一者十，何以故？緣成故。十卽一，何以故？彼初一卽是十故，更無自一故，是故初一卽是十也。餘九門準例知之。問：此同體中一卽十等者，爲祇攝此十耶？

爲攝無盡耶？答：此並隨智而成，須十卽十，須無盡卽無盡。如是增減隨智趣矣，十卽如前釋。曰無盡者，一門中既有十，然此十復自迭相卽相入，重重成無盡也。然此無盡重重，皆悉攝在初門中也。問：爲但攝自一門中無盡重重耶？爲亦攝餘異門無盡耶？答：或俱攝，或但攝後自無盡。何以故？若無自一門中無盡，餘一切門中無盡皆悉不成故。是故，初門同體，卽攝同異二門中無盡無盡無盡無盡無盡無盡無盡無盡無盡無盡，窮其圓極法界，無不攝盡耳。或但自攝同體一門中無盡。何以故？由餘異門如虛空故，不相知故，自具足故，更無可攝也。此但隨智而取，一不差失也。如此一門，既具足無窮箇無盡，及相卽相入等成無盡者，餘一一門中，皆悉如是各無盡無盡，誠宜如是準知。此且約現理事錢中，況彼一乘緣起無盡陀羅尼法，非謂其法祇如此也。應可去情，如理思之。第二、約法廣辯者，略有二種：一者立義門，二者解釋門。初立義門者，略立十義門以顯無盡。何者爲十？一、教義，卽攝一乘三乘，乃至五乘等一切教義，餘下準之。二、理事，卽攝一切理事。三、解行，卽攝一切解行。四、因果，卽攝一切因果。五、人法，卽攝一切人法。六、分齊境位，卽攝一切分齊境位。七、師弟法智，卽攝一切師弟法智。八、主伴依正，卽攝一切主伴依正。九、隨其根欲示現，卽攝一切隨其根欲示現。十、逆順體用自在等，卽攝一切逆順體用自在等。此十門爲首，皆各總攝一切法成無盡也。二、言解釋者，亦以十門釋前十義，以顯無盡。問：何以得知十數顯無盡耶？答：依華嚴經中立十數爲則，以顯無盡義。一者、同時具足相應門。此上十義，同時相應成一緣起，無有前後始終等別，具足一切自在逆順，參而不雜，成緣起際。此依海印三昧，炳然同時顯現成矣。二者、一多相容不同門。此上諸義，隨一門中，卽具攝前因果理事一切法門。如彼初錢中卽攝無盡義者，此亦如是。然此一中雖具有多，仍一非卽是其多耳。多中一等，準上思之。餘一一門中，皆悉如是重重無盡故也。故此經偈云："以一佛土滿十方，十方入一亦無餘，世界本相亦不壞，無比功德故能爾。"然此一多，雖復互相含受，自在無礙，仍體不同也。所由如上錢義中釋。此有同體異體，準上思之可解。三者、諸法相卽自在門。如上諸義，一卽一切，一切卽一，圓融自在，無礙成耳。若約同體門中，卽自具足攝一切法也。然此自一切復自相入，重重無盡故也。然此無盡，皆悉在初門中也。故此經云："初發心菩薩，一念之功德，深廣無邊際，如來分別説，窮劫不能盡。何況於無邊，無數無量劫，具足修諸度，諸地功德行。"義言一念卽深廣無邊者，良由緣起法界，一卽一切故爾。如彼同體門中一錢，卽得重重無盡義者，卽其事也。何況無邊劫者，卽餘一一門中各現無盡義者是也。所以爾者，此經又云"初發心菩薩，卽是佛"故也。由是緣起妙理，始終皆齊。得始卽得終，窮終方原始，如上同時具足，故得然也。又云，在於一地普攝一切諸地功德也，是故得一卽得一切。又云，知一卽多多卽一故也，十信終心卽作佛者，卽其事也。問：如同體一門中卽攝一切無盡者，爲一時俱現耶？爲前後耶？答：於一門中，一時炳然現一切者，屬微細攝；隱映互現重重者，屬因陀羅攝。餘義卽同卽異，卽多卽少，卽有卽無，卽始卽終，如是，自在具足一切無盡法門，仍隨擧爲首，餘卽爲伴，道理亦不差失。舊來如此，亦辯同體一門中，具足自在無窮德耳。餘異體等門中，亦準思之。問：若一門中卽具足一切無盡自在者，餘門何用爲？答：餘門如虛空。何以故？同體一門，并攝一切無不盡故。問：此同體中所攝一切者，但應攝自門中一切，豈可攝餘門中一切耶？答：既攝自一切，復攝餘一一門中無盡一切，如是重重窮其法界也。何以故？圓融法界，無盡緣起，無一一切，並不成故。此但論法性家實德故，不可説其邊量故。此經偈云："不可言説諸劫中，演説一切不可説，不可説劫猶可盡，説不可説不可盡。"又偈云："一切衆生心，悉可分別知，一切刹微塵，尚可算其數。十方虛空界，一毛猶可量，菩薩初發心，究竟不可測。"良由此一乘圓極自在無礙法門，得一即得一切故耳，因果俱齊，無前後別。故地論云："以信地菩薩，乃至與不可思議佛法，爲一緣起。"以六相總別等義而用括之，明知因果俱時，相容相即，各攝一切互爲主伴。深須思之，此事不疑。又此經云："何以故？此初發心菩薩即是佛故，悉與三世諸如來等，亦與三世佛境界等；悉與三世佛正法等，得如來一身無量身，三世諸佛平等智慧，所化衆生皆悉平等。"又云："初發心時，便成正覺，具足慧身，不由他悟。"如是云云無量，廣如經文。問：此等歟因中德耳，豈可即滿德果耶？答：此一乘義，因果同體，成一緣起，得此即得彼，由彼此相即故。若不得果者，因即不成因。何以故？不得果等，非因也。問：上言果分離緣不可説相，但論因分者，何故十信終心，即辯作佛得果法耶？答：今言作佛者，但從初見聞已去，乃至第二生即成解行。解行終心因位窮滿者，於第三生即得彼究竟自在圓融果矣。由此因體依果成故，但因滿者，即没於果海中也。爲是證境界，故不可説也。此如龍女及普莊嚴童子善財童子，并兜率天子等，於三生中，即克彼果義等。廣如經辯，應準思之。問：上言一念即得作佛者，三乘中已有此義，與彼何別？答：三乘望理，爲一念即得作佛，今此一乘，一念即得具足一切教義理事因果等。如上一切法門，及與一切衆生，皆悉同時同時同時同時同時同時同時同時同時同時作佛，後皆新新斷惑，亦不住學地而成正覺，具足十佛以顯無盡逆順德故。及因陀羅微細九世十世等，徧通諸位，謂説十信終心已去，十解十行十迴向十地及佛地等，同時徧成，無有前後具足一切耳。然此一念與百千劫無有異也，直須思之。此即第三諸法相即自在門訖。第四者、因陀羅網境界門。此但從喻異前耳。

此上諸義，體相自在，隱顯互現，重重無盡，故此經云："於一微塵中，各示那由他，無數億諸佛，於中而説法；於一微塵中，現無量佛國，須彌金剛圍，世間不迫迮；於一微塵中，現有三惡道，天人阿修羅，各各受果報。"此三偈，即三世間也。又云："一切佛刹微塵等，爾所佛坐一毛孔，皆有無量菩薩衆，各爲具説普賢行；無量刹海處一毛，悉坐菩提蓮華座，徧滿一切諸法界，一切毛孔自在現。"又云："如一微塵所示現，一切微塵亦如是。"餘者云云無量，廣如經辯。此等並是實義，非變化成。此是如理智中如量境也，其餘變化等者，不入此例。何以故？此並是法性家實德，法爾如是也，非謂分別情識境界。此可去情思之。問：上一塵中現無量佛刹等者，此但是一重現而已，何故乃云重重現耶？答：此方説華嚴經時，云一切微塵中亦如是説；彼微塵中説華嚴經時，亦云一切微塵中亦如是説。如是展轉，即重重無盡也。宜準思之。問：若據此文重重無盡，有何分齊？云何辯其始終等耶？答：隨其智取，舉一爲首，餘則爲伴。據其首者即當中，餘者即眷屬圍繞。如上教義等，並悉如是自在成耳。及前相即相入自在等，皆悉如是攝一切法。無窮法界，並悉因陀羅成也。五者、微細相容安立門。此上諸義，於一念中具足，始終同時別時前後逆順等一切法門，於一念中炳然同時齊頭顯現，無不明了。猶如束箭，齊頭顯現耳。故此經云："菩薩於一念中，從兜率天降神母胎，乃至流通舍利，法住久遠，及所被益諸衆生"等。於一念中皆悉顯現，廣如經文。又云："一毛孔中，無量佛刹莊嚴清淨，曠然安住。"又云："於一塵内，微細國土一切塵等，悉於中住。"宜可如理思之。問：是義與上因陀羅何别耶？答：重重隱映互現，因陀羅攝；齊頭炳然顯著，微細攝。此等諸義，並别不同，宜細思之。六者、秘密隱顯俱成門。此上諸義，隱覆顯了，俱時成就也。故此經云："於此方入正受，他方三昧起，眼根入正定，色塵三昧起"等云云。又云："男子身中入正受，女子身中三昧起"等云云。於一微塵入正受，一毛端頭三昧起，如是自在，此隱彼顯，正受及起定，同時秘密成矣。又，此經云："十方世界有緣故，往返出入度衆生，或見菩薩入正受，或見菩薩從定起。"又云："於彼十方世界中，念念示現成正覺，轉正法輪入涅槃，現分舍利度衆生。"如是無量，餘如經辯。又如，佛爲諸菩薩受記之時，或現前受記，或不現前秘密受記等，如上第一錢中十錢名爲顯了，第二錢望第一錢中，十卽爲秘密。何以故？見此不見彼故，不相知故。雖不相知見，然則成此彼成，故俱名成也。應如此準思之。第七、諸藏純襍具德門。此上諸義，或純或襍，如前人法等。若以入門取者，卽一切皆入，故名爲純；又，卽此入門，具含理事等一切差別法，故名爲襍。又如菩薩入一三昧，唯行布施，無量無邊，更無餘行，故名純；又，入一三昧，卽施戒度生等無量無邊諸餘襍行，俱時成就也。如是繁興法界，純襍自在，無不具足者矣。宜準思之。八者、十世隔法異成門。此上諸襍義，徧十世中，同時別異，具足顯現，以時與法不相離故。言十世者，過去未來現在三世，各有過去未來及現在，卽爲九世也；然此九世，迭相卽入，故成一總句，總別合成十世也。此十世具足別異，同時顯現成緣起故，卽得入也。故此經云："或以長劫入短劫，短劫入長劫；或百千大劫爲一念，一念卽百千大劫；或過去劫入未來劫，未來劫入過去劫。如是自在，時劫無礙，相卽相入，渾融成矣。又此經云："於一微塵中，普現三世一切佛刹。"又云："於一微塵中，普現三世一切衆生。"又云："於一微塵中，普現三世一切諸佛事。"又云："於一微塵中，建立三世一切佛轉法輪。"如是云云無量，廣如經文。此普攝上諸義門，悉於十世中自在現耳，宜可思之。九者、唯心迴轉善成門。此上諸義，唯是一如來藏爲自性清淨心轉也，但性起具德，故異三乘耳。然一心亦具足十種德，如性起品中説十心義等者，即其事也。所以說十者，欲顯無盡故。如是自在具足無窮種種德耳。此上諸義門，悉是此心自在作用，更無餘物，名唯心轉等，宜思釋之。十者、託事顯法生解門。此上諸義，隨託之事以別顯別法。謂諸理事等一切法門，如此經中說十種寶王雲等事相者，此即諸法門也。顯上諸義可貴，故立寶以表之；顯上諸義自在，故標王以表之；顯上諸義潤益故，資擇故，斷齡故，以雲標之矣。如是等事云云無量，如經思之。問：三乘中以有此義，與此何別？答：三乘託異事相，表顯異理，今此一乘所託之事相，即是彼所現道理，更無異也。具足一切理事教義，及上諸法門無不攝盡者也，宜可如理思之。此上十門等解釋，及上本文十義等，皆悉同時會融，成一法界緣起具德門。普眼境界，諦觀察餘時，但在大解大行大見聞心中。然此十門，隨一門中即攝餘門，無不皆盡，應以六相方便而會通之可準。上來所明，並是略顯別教一乘緣起義耳。又於其中諸餘法相，及問答除疑等，與彼三乘或同或異，所目所設爲方便等，廣如經論疏鈔孔目，及問答中於彼釋矣。與彼三乘，全別不同，宜可廣依華嚴經普眼境界準思之。問：此上道理與彼三乘義別不同，此可信矣。又以何文，證知三乘外別有一乘耶？答：此經自有誠文，故偈云："一切世界羣生類，尠有欲求聲聞道；求緣覺者轉復少，求大乘者甚希有；求大乘者猶爲易，能信是法甚爲難。"良由此法出情難信，是故聖者將彼三乘對比決之。又偈云："若衆生下劣，其心厭沒者，示以聲聞道，令出於衆苦，小乘也；若復有衆生，諸根少明利，樂於因緣法，爲說辟支佛，中乘也；若人根明利，有大慈悲心，饒益諸衆生，爲說菩薩道，即大乘也；若有無上心，決定欲大事，爲示於佛身，說無盡佛法，一乘也。由此一乘，非下機堪受，是故大聖善巧，於彼三乘位中，隨其機欲方便少說。由不窮法界源故，權現二身三身等佛。今爲如是無上心機樂大事，方始現佛十身境界，說無盡佛法耳，名現佛身說無盡佛法也。三乘但隨機而已，未顯諸佛十身自境界故，非現佛身。又，隨機少說一相一寂一味理等，非窮盡說也。何以故？三乘以此無窮爲過失故。然此一乘，以無窮爲實德故耳。又，此經云："於一世界中，聞說一乘者，或二三四五，乃至無量乘。"此據本末分齊說耳。聖教文義顯然，不可以執情而驚怪者矣。

第四，六相圓融義。六相緣起，三門分別：初、列名略釋，二、明教興意，三、問答解釋。初、列名者，謂總相，別相，同相，異相，成相，壞相。總相者，一含多德故；別相者，多德非一故。別依止總，滿彼總故。同相者，多義不相違，同成一總故；異相者，多義相望，各各異故。成相者，由此諸緣起成故；壞相者，諸義各住自法不移動故。第二、教興意者，此教爲顯一乘圓教，法界緣起，無盡圓融，自在相即，無礙鎔融，乃至因陀羅無窮理事等。此義現前，一切惑障，一斷一切斷，得九世十世惑滅；行德即一成一切成，理性即一顯一切顯，並普別具足，始終皆齊，初發心時便成正覺。良由如是法界緣起，六相鎔融，因果同時，相即自在，具足逆順。因即普賢解行，及以證入，果即十佛境界，所顯無窮，廣如華嚴經說。第三、問答解釋者。然緣起法一切處通，今且略就緣成舍辨。問：何者是總相？答：舍是。問：此但椽等諸緣，何者是舍耶？答：椽即是舍。何以故？爲椽全自獨能作舍故。若離於椽，舍即不成；若得椽時，即得舍矣。問：若椽全自獨作舍者，未有瓦等亦應作舍？答：未有瓦等時，不是椽，故不作，非謂是椽而不能作。今言能作者，但論椽能作，不說非椽作。何以故？椽是因緣。由未成舍時，無因緣故，非是椽也。若是椽者，其畢全成，若不全成，不名爲椽。問：若椽等諸緣，各出少力共作，不全作者，有何過失？答：有斷常過。若不全成但少力者，諸緣各少力。此但多箇少力，不成一全舍故，是斷也。諸緣並少力皆無全成，執有全舍者，無因有故，是其常也。若不全成者，卻卻一椽時，舍應猶在。舍既不全成，故知非少力並全成也。問：無一椽時，豈非舍耶？答：但是破舍，無好舍也。故知好舍全屬一椽，既屬一椽，故知椽即是舍也。問：舍既即是椽者，餘板瓦等應即是椽耶？答：總並是椽。何以故？去卻椽即無舍故。所以然者，若無椽即舍壞，舍壞故不名板瓦等，是故板瓦等即是椽也。若不即椽者，舍即不成，椽瓦等並皆不成。今既並成，故知相即耳。一椽既爾，餘椽例然。是故一切緣起法，不成則已，成則相即鎔融，無礙自在，圓極難思，出過情量。法性緣起一切處準知。第二、別相者，椽等諸緣，別於總故。若不別者，總義不成，由無別時，即無總故。此義云何？本以別成總，由無別故，總不成也。是故別者，即以總成別也。問：若總即別者，應不成總耶？答：由總即別故，是故得成總。如椽即是舍故，名總相；即是椽故，名別相。若不即舍不是椽，若不即椽不是舍。總別相即，此可思之。問：若相即者，云何説別？答：祇由相即，是故成別，若不相即者，總在別外，故非總也，別在總外，故非別也，思之可解。問：若不別者，有何過耶？答：有斷常過。若無別者，即無別椽瓦，無別椽瓦故，即不成總舍，故此斷也；若無別椽瓦等而有總舍者，無因有舍，是常過也。第三、同相者，椽等諸緣和同作舍，不相違故，皆名舍緣。非作餘物，故名同相也。問：此與總相何別耶？答：總相唯望一舍説，今此同相，約椽等諸緣，雖體各別，成力義齊，故名同相也。問：若不同者，有何過耶？答：若不同者，有斷常過也。何者？若不同者，椽等諸義互相違背，不同作舍，舍不得有，故是斷也；若相違不作舍而執有舍者，無因有舍，故是常也。第四、異相者，椽等諸緣，隨自形類相望差別故。問：若異者應不同耶？答：祇由異故，所以同耳，若不異者，椽既丈二，瓦亦應爾。壞本緣法故，失前齊同成舍義也。今既舍成，同名緣者，當知異也。問：此與別相有何異耶？答：前別相者，但椽等諸緣別於一舍，故説別相，今異相者，椽等諸緣迭互相望，各各異相也。問：若不異者，有何過失耶？答：有斷常過。何者？若不異者，瓦即同椽丈二，壞本緣法，不共成舍，故是斷；若壞緣不成舍而執有舍者，無因有舍，故是常也。第五、成相者，由此諸緣，舍義成故，由成舍故，椽等名緣。若不爾者，二俱不成，今現得成，故知成相互成之耳。問：現見椽等諸緣，各住自法，本不作舍，何因得有舍義成耶？答：祇由椽等諸緣不作，故舍義得成。所以然者，若椽作舍去，即失本椽法故，舍義不得成。今由不作故，椽等諸緣現前故，由此現前故，舍義得成矣。又，若不作舍，椽等不名多緣，今既得緣名，明知定作舍。問：若不成者，何過失耶？答：有斷常過。何者？舍本依椽等諸緣成，今既並不作，不得有舍，故是斷也；本以緣成舍名爲椽，今既不作舍故無椽是斷，若不成者，舍無因有，故是常也。又，椽不作舍得椽名者，亦是常也。第六、壞相者，椽等諸緣各住自法，本不作故。問：現見椽等諸緣作舍成就，何故乃説本不作耶？答：祇由不作，故舍法得成，若作舍去，不住自法，有舍義即不成。何以故？作去失法，舍不成故，今既舍成，明知不作也。問：若作去有何失？答：有斷常二失。若言椽作舍去，即失椽法，失椽法故，舍即無椽，不得有是斷也；若失椽法而有舍者，無椽有舍是常也。又，總即一舍，別即諸緣，同即互不相違，異即諸緣各別，成即諸緣辦果，壞即各住自法。別爲頌曰：

一即具多名總相　　多即非一是別相

多類自同成於總　　各體別異現於同

一多緣起理妙成　　壞住自法常不作

唯智境界非事識　　以此方便會一乘

（據金陵刻經處本）

五、華嚴金師子章

初明緣起，二辨色空，三約三性，四顯無相，五説無生，六論五教，七勒十玄，八括六相，九成菩提，十入涅槃。

明緣起第一

謂金無自性，隨工巧匠緣，遂有師子相起。起但是緣，故名緣起。

辨色空第二

謂師子相虛，唯是真金。師子不有，金體不無，故名色空。又復空無自相，約色以明，不礙幻有，名爲色空。

約三性第三

師子情有，名爲徧計；師子似有，名曰依他；金性不變，故號圓成。

顯無相第四

謂以金收師子盡，金外更無師子相可得，故名無相。

説無生第五

謂正見師子生時，但是金生，金外更無一物。師子雖有生滅，金體本無增減，故曰無生。

論五教第六

一、師子雖是因緣之法，念念生滅，實無師子相可得，名愚法聲聞教。

二、卽此緣生之法，各無自性，徹底唯空，名大乘始教。

三、雖復徹底唯空，不礙幻有宛然，緣生假有，二相雙存，名大乘終教。

四、卽此二相，互奪兩亡，情僞不存，俱無有力，空有雙泯，名言路絕，棲心無寄，名大乘頓教。

五、卽此情盡體露之法，混成一塊。繁興大用，起必全真；萬象紛然，參而不雜。一切卽一，皆同無性；一卽一切，因果歷然。力用相收，卷舒自在，名一乘圓教。

勒十玄第七

一、金與師子，同時成立，圓滿具足，名同時具足相應門。

二、若師子眼收師子盡，則一切純是眼；若耳收師子盡，則一切純是耳。諸根同時相收，悉皆具足，則一一皆雜，一一皆純，爲圓滿藏，名諸藏純襍具德門。

三、金與師子，相容成立，一多無礙。於中理事，各各不同，或一或多，各住自位，名一多相容不同門。

四、師子諸根，一一毛頭，皆以金收師子盡。一一徹徧師子眼，眼卽耳，耳卽鼻，鼻卽舌，舌卽身。自在成立，無障無礙，名諸法相卽自在門。

五、若看師子，唯師子，無金，卽師子顯，金隱。若看金，唯金，無師子，卽金顯，師子隱。若兩處看，俱隱俱顯。隱則秘密，顯則顯著，名秘密隱顯俱成門。

六、金與師子，或隱或顯，或一或多，定純定雜，有力無力，即此即彼，主伴交輝，理事齊現，皆悉相容，不礙安立，微細成辦，名微細相容安立門。

七、師子眼、耳、支節，一一毛處，各有金師子。一一毛處師子，同時頓入一毛中。一一毛中，皆有無邊師子，又復一一毛，帶此無邊師子，還入一毛中。如是重重無盡，猶天帝網珠，名因陀羅網境界門。

八、説此師子，以表無明；語其金體，具彰真性。理事合論，況阿賴耶識，令生正解，名託事顯法生解門。

九、師子是有爲之法，念念生滅，刹那之間，分爲三際，謂過去、現在、未來。此三際各有過、現、未來，總有三三之位，以立九世，即束爲一段法門。雖則九世，各各有隔，相由成立，融通無礙，同爲一念，名十世隔法異成門。

十、金與師子，或隱或顯，或一或多，各無自性，由心迴轉。説事説理，有成有立，名唯心迴轉善成門。

括六相第八

師子是總相，五根差別是別相。共從一緣起，是同相；眼耳等不相濫，是異相。諸根合會有師子，是成相；諸根各住自位，是壞相。

成菩提第九

菩提，此云道也、覺也。謂見師子之時，即見一切有爲之法，更不待壞，本來寂滅。離諸取捨，即於此路，流入薩婆若海，故名爲道。即了無始已來，所有顛倒，元無有實，名之爲覺。究竟具一切種智，名成菩提。

入涅槃第十

見師子與金，二相俱盡，煩惱不生，好醜現前，心安如海，妄想都盡，無諸逼迫，出纏離障，永捨苦源，名入涅槃。

（據金陵刻經處本）

〔附：大乘起信論別記（選）〕

第三十四，如來藏，二門分別：一喻説，二法説。

言喻説者，且如金性有二義，一隨緣成器調柔義，二守性堅住不改義。問：金是有耶？答：不也。何以故？隨緣成器故。問：金是無耶？答：不也。何以故？性不改故。又問：亦有亦無耶？答：不也。一金故，不相違故。又問：非有非無耶？答：不也。金性具德故，隨緣不改故，卽是顯德門也。又問：器是有耶？答：不也。由器卽金故。又問：器是無耶？答：不也。由器成故。又問：亦有亦無耶？答：不也。由是一器故，不相違故。又問：是非有非無耶？答：不也。由成器卽金故，亦返卽是顯德門。又問：金是無耶？答：不也。由成器故。所以然者，由性不改，方能隨緣故也。又問：金是有耶？答：不也。由性不改故。所以然者，由成器故，性方不改也。又問：亦有亦無耶？答：不也。由是金故。又問：非有非無耶？答：不也。由是金故。又問：器是有耶？答：不也。由器成故。所以然者，由卽金故，器方成也。問：器是有耶？答：不也。由器卽金故。所以然者，由器卽金，器方成也。餘句准也，返卽顯德門。餘一切准例知之。

第二法説。問：如來藏是生耶？答：不也。由隨染生死不顯現故。問：既不生，應滅耶？答：不也。由隨染作生死故。問：亦生亦滅耶？答：不也。由藏性無二故。問：非生非滅耶？答：不也。由藏性具德故。問：生死是生耶？答：不也。由即真如。應滅耶？答：不也。由即真如，生死成故。經云："依如來藏有生死，故知不滅。"問：亦生亦滅耶？答：不也。由生死緣成無二故。問：非生滅耶？答：不也。由生死虛妄，依真如成故。真妄相作，真如不生，由隨染故。生死不滅，依真成故；生死不生，由即真故。真如不滅，由性不改故；真如是生，由隨緣作生死故；真如是滅，由隨緣不現故；真如亦生滅，由具違順性故。經云："如來藏者，受苦樂，與因俱，若生若滅。"又云："一切法不生，我說刹那義。"又云："不生不滅，是無常義"等。准思之，真如非生非滅。何以故？性離分別故，不同所謂故。

（選自金陵刻經處本大乘起信論別記）

六、華嚴經明法品內立三寶章

三寶義略作八門：一明建立，二釋得名，三出體性，四顯融攝，五明種類，六揀所歸，七辨業用，八明次第。

一、明　建　立

初明立意者有七種：

一爲翻邪故。即翻外道尊師謂自在天等，故立佛寶。二爲翻外道邪論等，故立法寶。三爲翻外道邪眾等，故立僧寶。故涅槃經云："歸依於佛者，是真優婆塞，終不更歸依其餘諸天神。歸依於法者，則離於殺害，終不更歸依外道諸典籍。歸依於僧者，不求諸外道"等。

二爲除病。謂須良醫、幷藥、及看病人，故諸病悉愈，三寶亦爾，故不增减。

三爲出怖。如經云："若得一跳，即譬一歸，若得三跳，即譬三歸。"是故三寶慈悲，救衆生生死苦，是故三跳，得出怖也。

四爲生緣念故。爲令衆生念佛求一切智，故立佛寶；爲令念法求證真如，故立法寶；爲令念僧求入聖衆數，故立僧寶。故雜心論云："爲開衆生佛、法、僧念，故說三寶也。"

五約三義故立三寶。一、調御師，二、調御師法，三、調御師弟子。故寶性論云："問曰：依何等義故立三寶？答曰：偈言依調御師所證弟子故也。"

六約三乘人故立三寶。爲大乘人取佛菩提諸菩薩，故立佛寶，以此人求作佛故。爲緣覺人自然知法，故立法寶，以此人但求證深因緣法，不求佛僧故。爲聲聞人立僧寶，以此人但求依僧求解脱故，不求餘也。

七約三根故立三寶。爲信供養諸佛如來福田人，故立佛寶。爲信供養第一妙法福田人，故立法寶。爲信供養第一聖衆福田人，故立僧寶。此上三門，並如寶性論説。故彼偈云："爲三乘信三供養等，是故説三寶。"

二、釋得名

第二釋名者，於中有二：

先釋總名。三是數，寶是喻義，從數義立名，即帶數釋也。又，寶是可貴義，依寶性論，寶有六義：一、希有義。如世珍寶，以難得故。無善根衆生，經百千刼不能得故。二、無垢義。如世珠寶，清淨無垢。三寶亦爾，以離一切有漏法故。三、勢力義。如世珠寶，置濁水中，令水澄淨。三寶亦爾，以具六通等功德故，令衆生澄惑業苦三濁，成淨信智等故。四、莊嚴義。如世珍寶，能兩寶莊嚴衆生。三寶亦爾，莊嚴行者出世行故。五、最上義。如世珍寶，於諸物中最爲微妙。三寶亦爾，過世間故。六、不變義。如世珍寶，以體真故，不可改易。三寶亦爾，以得無流法故，世間八法所不能動故也。彼論偈云："真寶世希有，明淨及勢力，能莊嚴世間，最上不變"等也。

後別名者。佛陀，此云覺者。覺有二種：一是覺悟義，謂理智照真故；二是覺察義，謂量智鑒俗故。又，覺察煩惱賊故，從無明睡覺故，自覺覺他，覺行窮滿故也。者是假人，即有覺之者。名爲覺者，有財釋也。達摩，此云法。法有三義：一、自體名法。如説諸法離他性，各自住己性，即離分別也。二、對意名法。如法處法界等。三、軌則名法。法有軌範，開生物解故也。此中正取後一，兼明前二也。僧伽，此云和合衆。此有二義：一、理和。謂見諦理時，心雖各異，所證理同故。二、事和。謂四人已上，人雖各別，同秉成一羯磨事，故名事和。是則，佛是覺照義，僧是和合義，法是軌範義，皆從義用立名也。又智論云："僧伽，秦言衆，多比丘共一處和合，是名僧伽。"

三、出體性

第三出體者，三寶有三：一、同相，二、別相，三、住持。

初中有三義：一、約事就義門。即佛體上覺照義邊，名爲佛寶；則彼佛德軌則義邊，名爲法寶；違諍過盡，名爲僧寶。三義雖別，然佛德不殊，故云同相。此即以佛無漏功德爲體。此義通諸乘，但淺深異耳，唯除人天，以彼不了故。二、約會事從理門。即三寶相雖別，然同以真空妙理爲性，故云同也。涅槃經云："若能觀三寶，常住同真諦，我性佛性無別。"此即以真空爲體。此義通諸教，唯除凡小也。三、約理義融顯門。心性真如中離念本覺，名佛寶；即此中有恆沙性功德可軌用故，名法寶；即此恆沙德冥和不二，名僧寶。故經云："於佛性中，即有法僧也。"又淨名經云："佛即是法，法即是衆。"是三寶無爲相，與虛空等，爲同相。是故，若就覺義而論，並稱爲佛；軌則而言，無非是法；冥符和合，莫不皆僧。義說有三，不可爲一，然無別體，豈爲異也，故云同相。此義通諸教，唯除小乘及始教。同體門竟。

第二別相中，先明佛寶。若約世間人天所得，以有漏五蘊爲體，以同世間示黑象腳身，及樹神身等。若小乘中，毗曇等宗有二佛：一、生身。謂父母生相好之形，是報無記非可重故，不入佛寶。二、法身。以五分功德爲法身，此中唯取無漏功德，謂道後盡智無生智等，五蘊實法爲佛寶體，以有漏功德非可重故，不入佛寶。或有漏及報相從名佛，於理無傷。又，此宗中，於彼實法上，假施人名，無別假人，如貧名富等。若成實等宗，五蘊功德等，屬法寶攝，別說假人，爲佛寶體，以有假名行人，爲師匠益，要在假中故也。若三乘中三身佛，或以五聚法中一分爲體，謂無爲中真如擇滅等爲法身；色處爲化身，以心無化義故；以無漏清淨八識心王，二十一心所，及不相應行中小分，並色法界所成假者等，相從總爲受用體。此如瑜伽等說，此約始教之初說，亦是迴心聲聞教也。或以真如爲法身，大定智悉爲應身，色形爲化身。如梁攝論說。或約五法攝大覺地，謂以清淨法界爲法身，鏡智及平等智爲受用身，作事智爲化身，妙觀智通二身。此如佛地論說。此等約始教之終說，義當爲直進人說。或唯以大智爲三身體。如攝論以無垢無罣礙智爲法身，以後得智爲受用身，後得智之差別爲變化身。或唯以真如爲三身體。如起信論中，真如三大內，以體相二大爲法身，用大爲二身。此等約終教說。此中化身亦有化心，如大迦葉觀如來心，知向阿難，如是等。又，涅槃經云：“如來所化無量形類，各令有心。”故知有心。但前教生，故順小説。或唯一實性，離言絶慮爲佛寶，亦不分三二等，此約頓教説。若依一乘，二種十佛，既通三世間，即知用一切理事人法等，總爲佛寶體，仍皆就覺義説。若約所依，以海印三昧爲體，亦即攝前諸教所明，並在其中，以具同別二門故。餘可準知。

　　法寶體者，小乘中理教行果。一、以四諦十六行等爲理法體。二、小乘三藏教等，音聲名句文，聲處法處二法，爲教法體。三、以菩薩無漏五藴，卽見道八忍八智，斷非想結，九無間八解脱，合三十三心，在家四果，及辟支無漏五藴等，雖有理和無事和，並是向道法寶攝。此依毗曇宗。若依成實等，三乘無漏，在家出家，總屬助道法寶，但以假人爲佛僧故。彼論云，“信佛有一切智，名信佛，信此真智，名信法”，故得知也。四、以佛及二乘所得涅槃，爲果法寶，以相好身及等智等，有助成無漏智故，相從亦入佛僧攝。涅槃非助彼故，是法寶也。問：涅槃是滅諦，助道是道諦，教法屬苦集，是則一理法寶，已具攝盡，何假後三耶？答：依毗曇宗有二門：一、壞緣者，不分三寶境界差別，若於此門中，理實收盡。二、不壞緣者，建立三寶等差別，是故就此事中最勝義故，立後三法，理亦無違。此義云何？如道有二種，一、事道，謂戒定等；二、理道，謂道如跡乘。此四冥通，是前道諦，戒等約事，屬前助道，以理事異故，通別異故分二也。滅亦二種，一、事滅，以離惑業品數上下，令滅有優劣，故是事滅，屬彼果法。二、理滅，謂盡止妙出。此四冥通，是前滅諦，亦理事異故分二也。苦無我等是所詮，理教是能詮，就勝分二也。問：佛僧俱是人，何不但立人法二寶？答：因果異故分二也。問：若爾，法中亦有因果，何不立四寶？答：人用强勝，能秉持法，是故分二，法不自宏，用劣故合爲一寶也。若三乘中，或内以四諦十六行，及三無性等理，爲理法寶；二、以三藏十二分教，假實二法，識所變等，爲教法體；三、以諸道品六度等，爲行法體；四、以涅槃菩提等，爲果法體。仍此四法，皆卽空無分別，如般若經說。當知此約始教說也。或以真如體相爲理法，從真所流爲教法，從真內熏及依淨教所起諸行爲行法。此行契真證理究竟爲果法，是故四義迴轉，唯一真如也。此如起信等說。問：此中果法與佛，行法與僧，各何別耶？答：約如來所成義邊，總屬佛寶；約諸菩薩施學義邊，總屬法寶。行中約上地所得義邊爲僧寶，下地所學義邊爲法寶。義理差別，約法體不殊也。當知此就終教說。或以離言真法爲法寶，如此經云云。當知此約頓教顯耳。若依一乘，約有十法，謂理、事、教、義、因、果、人、法、解、行，皆就軌範義說，具足主伴無盡因陀羅網等，如此經說。此據別教言。若攝方便，前諸教法並在其中。餘可準知。

僧寶體者，小乘中若依毗曇宗，僧有二種：一、應供僧。上盡諸佛，下極至於凡夫沙彌，通是僧。是故檀越僧次請一，不揀上下，悉得共僧之福。二、三歸僧。唯取聲聞人中四果四向以爲僧。以凡僧無聖德，不可歸，故不取也。緣覺出世，無和合衆不成僧，菩薩單一不成僧，佛是佛寶亦非僧。又，聲聞中，唯無漏寶功德，爲僧寶體，有漏非可重，故非寶也。又，依彼宗，僧又有二：一、第一義僧，謂出家四果聖人。二、等僧，謂凡夫僧。聖中有三：（一）生身，卽報五陰；（二）等智，有漏戒定等，卽方便善五陰；（三）無漏五陰。前二相從名僧，非正寶體，後一爲正也。若成實，以無漏假人爲僧體，仍有四句，謂有僧德，無僧威儀等準之。若三乘內，菩薩以三賢已去，乃至等覺，所有漏無漏功德，及色心等五蘊假者，爲菩薩僧體。獨覺及聲聞人，入資糧位已去，乃至羅漢，所成漏無漏功德五蘊假者，總爲僧寶體。又，此三乘人，唯取出家同僧法者以爲僧寶，以諸在家聲聞菩薩，及犀角辟支等，皆入法寶。故大智論散花品云："以花散諸菩薩，名供養法；以花散諸比丘，名供

養僧。"當知此約始教之初説。或分勝顯劣，以明大小。如涅槃經
云："僧名和合，和合有二。一者世和合，二者第一義和合。世和合
者，名聲聞僧；第一義和合者，名菩薩僧。"當知此約始教之終説。或
説二乘入大乘者是僧寶，不爾卽非，由唯以菩薩爲眞僧寶故。寶性
論云："菩薩爲究竟僧也。"當知此約終教説。或離相離分別，如論
云，實有菩薩，不見有菩薩等。此約頓教寄言顯耳。或唯取菩薩隨
一，皆徧六位，盡三世間，無盡法界，具足主伴，爲僧寶體。此約一
乘別教説。若攝方便，如前諸教，並在此中。上來別相竟。

　　第三住持三寶者。小乘以塑畫等色法，爲佛寶體，但表示一釋
迦佛，以無他方佛故。經法紙墨及塑像，皆以色法爲體；出家凡僧，
以有漏五蘊爲體；四人已上僧，以衆同分不相應法爲體。問：如形
像致敬損壞，於何處得罪福？答：立像擬表眞容，故於眞邊得故。成
實云："隨是何塔，若能爲損，皆望主故得罪，福亦如是。"此明若是
佛塔，以佛爲表主，餘人亦爾。問：若爾，殺凡僧，應聖邊得罪？答：
塔像無心命，從其表主，僧卽不爾，各有心命，故從凡聖自位得罪。
若依律中，損經等，望財主得罪也。若三乘中，佛法及僧像，同以色
法爲體，法中亦兼有名句等，凡僧以五蘊爲體。若一乘中，並是大
法界中約機緣起所成淨用，故亦遠取本法爲體。餘義準之。上來
總明出體竟。

四、顯　融　攝

　　第四融攝門者，有二重：一約三種，二約三寶。

　　初中有三。一、約同相，於中卽有別相住持。此有二義：(一)
以彼二種，皆悉緣成，無自性故，不異眞空。是故俱在同相中攝。
問：若彼攝在同相中時，爲有彼二，爲無彼二？如其有者，云何如
同？以有差別，非同相故。如其無者，云何説攝？以無彼二，無所

攝故。答：但以彼二本來自性空，非壞彼二方得爲空。是故經云："色卽是空，非色滅空。"又經云："非以空色，故名色空。"但以色卽是空，空卽是色。是故當知攝別歸同，而不壞別也，約始教説。(二)以真如體相二大爲内熏因，及彼用大爲外熏緣，令生始覺。於此始覺，分得爲僧，滿足爲佛。此中妙軌，及用中之教，以爲法寶。是故別相三寶，皆從同起，不異同也。此如起信論説。又彼論云："本覺隨染，生二種相，與彼本覺，不相捨離。"一智淨相，謂依法力熏習，如實修行，此明僧寶也。滿足方便，破和合識相，滅相續心相，顯現法身，智純淨故，此明佛寶中法身，及自受用身也。二、不思議業相者。以依智淨，能作一切勝妙境界，所謂無量功德之相，常無斷絶，隨衆生根，自然相應，種種而現，得利益故，此明他受用身，及變化身，並所流教，及住持幢相等，亦在此中。又，彼論云："本覺者，謂心體離念。"離念相者，等虚空界，無所不徧，法界一相。此中既以本覺隨緣，作此別相，還不離彼本，故歸於同相也。又，梁論云："無不從此法身流，無不還證此法身。"此中從彼流故，成法僧也；還證彼故，爲佛寶也。是卽不破別而恆同，不乖同而恆別。其猶攝波唯水而不廢動，攝水唯波而不壞涇，舉體全收，二義不失。當知此中道理亦爾，思之可見。以此教理，是故同中具於別也。又，彼住持之相，卽是真中用大中攝。以依泥等所表真相，及紙墨等所顯教相，並是最淨法界之流。薙髮袈裟是出世相，亦從彼流，非世法故。是故經中，造像糵麥棗葉露盤，功皆不滅，終成大果。又以袈裟至彼獵師非法之處，真相不壞，能令象王發勝心等。又如彼縷救龍難等。又如出家破戒，悉當得泥洹等。又能生天人，得十種功德，如牛黄存香焚氣馥。如是功用極廣大者，明此皆從真如流故，不異真也。又爲真標相，令諸有情卽尋此相還至真源，故卽真也。故論云："真如用者，能生世間、出世間善因果故。"是故以末歸本，一切住持三寶幢相,皆是真中相用攝也。

第二約別相中,亦攝彼二。既以同相成此別相,是故別中亦攝同盡。如波門攝水,水無不盡。此中亦爾,是則不失同而恆別也。餘思準之。又住持幢相,亦在別中。以泥木像等,若非如來神力加持,彼法豈能饒益衆生,生善滅惡等也。又是如來大悲巧智,施設攝生,既從智流,不離智故,攝在其中。是故經云:"不思議菩薩力,及佛力故,令於末代得形像住持。"如是等故也。

第三約住持於中攝者。此中住持有其二義: 一是所住持。由前同相別相真實三寶餘勢力故,舍利形象經卷凡僧相續不絕,故名住持。既以彼持此,此中卽攝彼二法也。以此皆是如來圓智中印機所現粗米之相,如大樹葉不離本莖等故也。二是能住持。謂籍此形象經卷凡僧,住持同相別相三寶,勢力相續,令不斷絕,與諸有情作依止處,令漸修行,得彼二故,故名住持。是故彼二由此得立,攝在此中,潛隱而成。所以然者,以若非彼所持,無以能持彼,是故二義無二,相攝鎔融故也。

第二,三寶相收中亦三。初約僧寶攝二。謂諸菩薩中道觀心智覺,名佛寶;卽此境智軌生物解,説名法寶;卽此觀心,内合中道,外和漏静,故言僧寶。如瓔珞經云:"菩薩謂於第一中道智爲佛寶;一切法無生,動與則用爲法寶;常行六道, 與六道衆生和合, 故名僧寶。轉一切衆生流入佛海故。"

二、約法寶者,此有二義:(一)約理法中卽有佛僧,如前同相中説。(二)以行法攝僧,果法攝佛。理教通因果, 是故法中自具三寶。故經云:"分別一切法,皆悉無真實;如是解諸法, 卽見盧舍那。"又經云:"見緣起法,卽是見佛。"此明法中佛也,但以覺義和義皆可軌故。不離法也,以得法爲佛,行法爲僧,更無異法故也。故論云:"行此法者,名爲僧也。"

三、約佛寶者，有二義：（一）約本覺智，如同相說。（二）約始覺智，謂此圓智無不覺照，故名佛寶。智體徧融智相，圓音與智一味，即爲理教；攬於萬行，成一妙果，故於此智即具行果。就此四義，名爲法寶。又，此智中，具含因智，故亦有僧。故經云："雖得佛道轉於法輪、入於涅槃，而不捨於菩薩之道。"又經云："聲聞緣覺若智若斷，皆是菩薩無生法忍。"是則菩薩無生法忍，亦是圓智攝也。又經云："於如來智中，出菩薩及二乘智等一切智慧。"又經云："於佛寶中，即有法僧。"又論云："依法身有法，依法有究竟僧。"如是等。

上來二門融攝，約三乘教說，亦通一乘，以同法界故。若別教辨者，淨法緣起，有其三義：支分義、圓滿義、軌則義。以分非圓外分，分圓以成分，是則圓內之分也。圓非分外圓，攬分以成圓，是即分內之圓也。軌如圓分，三義通融，皆全攝也。依是義故，是故經中普賢等菩薩，於毛孔中現諸佛海，及轉法輪諸菩薩衆，則僧中自具三寶。又如經中大法界法門，謂理事等法中，亦具佛僧。如彌多羅女、寶經等事中，現佛菩薩等。又一塵中現佛菩薩。又一一法門中，皆具佛僧因果故也。又如經中如來眉間出塵數菩薩，又於毛孔現三世間，轉正法輪，爲諸菩薩衆。如是，佛中亦具三寶。又以法界身，攝一切法並皆都盡，是故一切法皆是三寶故也。

五、明　種　類

第五明種類差別者有二，先別，後總。

別中佛寶，或同世間身，此約人天；或二身，此約小乘；或一身二身三身四身，此約三乘；或十身以顯無盡，此約一乘。此上名義，並如別說。法寶中，或唯教法，此人天；或具四種，如小乘；亦或四種，或唯一種，此約三乘，名同小乘而義別也；或具前諸說，或具十種，謂理事等主伴具足，此約一乘。僧中，或唯凡僧，此約人天；或唯聲聞，此約小乘；或通三乘衆，此約三乘；或唯菩薩，此約一乘。

總說者，或有二種三寶：一真實，謂前別相，二假名，謂前住持，此約小乘及人天，但義異也。或三種，謂同相等如前，此約三乘。或有十門以顯示，應知此約一乘說。何以故？此十三寶相，在修行心證，比教智處，無不顯現，卽是住持，成其大益，主伴具足，通因陀羅微細等故。此中亦卽攝前諸教所明，三寶並在其中也。

六、揀 所 歸

第六揀定所歸者，於中有五門：

一、捨邪歸正門。謂但捨外道邪，歸於有漏三寶，此約人天說。以於此中無無漏故，佛亦同也。

二、捨劣歸勝門。以彼有漏諸功德等，悉非究竟安隱處故，不辨歸依。彼但相從攝在寶中，而非究竟真歸依處，故雜心言三寶各二種。佛有二種：一生身佛，二法身佛。法亦有二種：一無我法，二第一義法。僧亦二種：一第一義僧，二等僧。皆得名寶，乃至約寶明歸。問云：三寶各二種，爲歸何等耶？答歸依彼諸佛所得無學法，僧學無學法，涅槃無上法。此明唯歸佛無漏五分法身，不歸有漏生身；唯歸僧所得學無學無漏法，不歸有漏等僧；唯歸涅槃無漏法，不歸無我有漏法故。問："何故寶中通攝，歸中局耶？答：欲明三寶是所敬養，若其揀擇此有漏此無漏，則敬養心狹，生福則劣；歸依據究竟安隱處者，則可歸依無漏。此有漏則非重，故不歸也。如世間田宅，俱皆寶重，若欲歸之，要捨田歸宅。此亦如是。或可通收，此有二義：或以寶同歸，寶唯無漏，如此上辨，或以歸同寶，歸亦通收，以皆寶重，悉爲物依故也。上來約小乘說。

三、捨權歸實門。謂彼愚法二乘無漏，亦非可歸，以非究竟安隱處故。如彼化城終須捨故。唯大乘中所得無漏，同歸實相，是真歸依處也。寶門與供，通攝如前，歸門趣本，捨權歸實。如經中歸聲聞僧，犯菩薩戒等。此約三乘終教說。或通歸二無漏，此有二義：（一）如前愚法，亦是可歸，以諸趣寂皆究竟故，諸不定性，必迴心故。餘寶準之。此約始教說。（二）此大乘中自有二無漏故，又亦自有三乘法故，故說通二，非攝愚法。此通始終漸教說也。

四、捨相歸真門。謂自宗中，唯同相三寶究竟安隱，故令歸依，餘非究竟，故佛勸捨。是故涅槃經云："汝今不應如諸聲聞凡夫之人，分別三歸。何以故？於佛性中即有法僧。為欲化度聲聞凡夫，故分別說三歸異相。"又云："若於三寶修異相者，當知是章清淨三歸即無依處。"此等經意，勸捨別歸同。當知此約終教及頓教說也。或亦通收，皆可寶重，悉為佛依故。此約三乘教說。

五、捨末歸本門。唯一乘中十三寶，具足主伴，窮於法界，盡三世間，攝一切法，是真歸處，餘隨物機虧盈不定。或亦通收，以本末圓融，無二相故，攝方便故，同一法界故，是故乃至人天所得亦在其中。餘義準之。

七、辨業用

第七業用優劣者，三三寶中，別相最勝，餘二漸劣，於中同相業用者。此中既不分三相，但平等為用，此有三義：謂依持資成別相用故，隨緣顯現別相用故，稱諸菩薩觀智現故。別相中，佛寶利益業用最勝，法次，僧劣。故涅槃經云："譬如人身，頭最為上，非餘支節手足等也。佛亦如是，最為尊上，非法僧也。"餘義可知。住持用，僧最勝，以能秉持佛法，益眾生故。法次，但作境界，資成三慧故。佛寶最劣，形像但為生信境故。若一乘三寶，業用皆齊，以普賢等亦盡佛鏡故，法界起用法如是故。又，諸乘三寶益用分齊，各望本宗,準可知耳。

八、明 次 第

第八明次第者有二,先别,後總。

初中,同相三寶,三相不分,無始本有,故無先後也。別相中有四門:一、約起化次第,先佛,次法,後僧。以佛是教主故,依佛説法故,依法修行以成僧故。如經云:"始在佛樹力降魔,得甘露滅覺道成,三轉法輪於大千,其輪本來常清淨,天人得道此爲證,三寶於是現世間。"寶性論亦同此説。二、約入證次第,先法,次佛,後僧。謂法是諸佛所師故,能生佛故,故先明也。證此法已,道成佛也。後度弟子,方有僧也。問:佛未證法前,豈不名僧耶? 答:如釋迦佛未坐道樹前,不名爲僧,以無衆故,無僧相、無秉法故。三、約興教次第,先佛,次僧,後法。如此經中,佛先現坐寶師子座,次集十方諸菩薩衆,後方加請説示法門。四、約修行次第,先僧、次法、後佛。謂修行之來,先須捨俗投緇,雖復出家,必須依法修行,行滿究竟,終得成佛也。住持中,約元起之由,以明次第,則佛寶在先,如優填王等造像初故。次佛滅後,迦葉等結集法眼,故次也。後度凡僧,以持佛法,故居後也。若一乘三寶,皆無前後,以於法界大緣起中,同時顯現悉具足故。或皆有先後,以主伴相成故,隨舉爲首故。

總説者,小乘二三寶中,真實居先,假名在後。三乘三三寶中,同相居先,別相爲次,住持在後。一乘十三寶,或前後,或非前後,如前説。餘義準可知。

(據金陵刻經處本)

七、流 轉 章

生滅流轉，略作十門：一明違順，二斷常，三一異，四有無，五生滅，六前後，七時世，八因果，九真妄，十成觀。

初中於一有爲流轉法上，義分爲二：謂前念滅，後念生。經云："如印印泥，印壞文成。"此卽印壞爲滅，文成爲生。又經云："由前五陰故，後陰相續生"等，皆是此流轉義也。此中生滅違順有二門：初總，後別。總中有四義：（一）相違義，以背滅爲生，生盡爲滅，以相違故成生滅。（二）相順義，以前念若不滅，後念不生，要由滅前念，後念方生，是故相順方成生滅。問：若前念不滅，後念不得生，以二念不並故者。既其滅已，亦不得生，以生無所依故。如論云："滅法何能緣，故無次第緣"。是故滅已無物，誰能生後？答：滅有二種：一斷滅，二刹那滅。今非斷滅，故不同無物。問：此刹那滅，若不同無物，應非是滅。答：是刹那滅，必引後故，不同無物，若不引後，非此滅故。問：若刹那必引後生，是卽不得入無心定等，以滅已無間要必生故。答：刹那有二位：一約能依，轉識粗故，皆從自種生前念後念，近遠俱爲等無間緣。二約所依，本識細故，前後流注，滅已更生，無間相續。問：若爾，入寂二乘，最後滅心，應亦還生，卽無涅槃，便成大過。答：若約小乘初教，可如所難，以彼宗中許入寂，二乘永滅斷故。若終教等，卽不如此，以二乘人燒分段身，生滅度想，入於涅槃，而餘世界受變易身，受佛教化，行菩薩道，乃至成佛，盡於未來，無有斷絕，以無衆生作非衆生故。四記論中，滅者復生分別記者，此約小乘説。問：此微細滅，既自不住，何能有力而生後念？答：以依真如如來藏故，令此生滅得生滅也。經云："依如來藏，故有生滅心等。"又經云："依無住本，立一切法等。"是故滅無真依，無以起生，生不依真，不從滅起。起信論云："不生不滅，與生滅和合，名阿梨耶識。"是卽流轉是不流轉轉也，是故相順而成生滅。（三）此二亦違亦順，方得生滅，由前二義不相離故。以若不滅生，無以生生，若不依滅，無以背滅。是故，由極相違，方極相順，思之可解。（四）非違非順，方得生滅，由前二義相形奪故。以無二爲一，離二相故，違順雙泯故。第二別解者，此生及滅，各開之爲二。前念滅中二義：一滅壞義，二引後義。後念生中有二義：一依前義，二背前義。由滅壞與背前生滅極相違，由引後與依前生滅極相順，由滅壞不異引後故，由依前不異背前故，是故亦違亦順，無有障礙。由滅壞融引後，背前融依前，故生滅非違非順也。更有句數，思之可見。

第二斷常者，亦先總，後別。總中四句：由前滅故不常，由後生故不斷。俱不俱，準思之。別中亦四句：由滅壞及背前故，法不至法，本不移而不常；由引後及依前故，位不絕位，恒流而不斷。由上二義不相離故。不斷卽不常，恒流而不轉，不轉轉，轉不轉，無二故也。由滅壞違生後，由背前違依前，是故非常非非常，非斷非非斷，令此流轉法，亦非流轉非不流轉也。思之可見。

第三一異者，亦二門。先總中亦四句，由前念中引後義，後念中背前義，是不一門，俱不俱等。思之可知。二別中亦四句，謂前後非一，各二非二爲非異，俱不俱思之。又，交絡相望，亦四句可見，是故一異無礙，流而不流也。

第四有無者，亦四句。（一）後念中背前義，是有義。（二）前念中滅壞義，是無義。（三）後念中依前義，是非有義。（四）前念中能引後義，是非無義。（五）由前二義無二，是俱存義。（六）由後二義無二，是俱泯義。（七）由存泯無礙，合前六句，爲一無障礙流轉。經云："一切法不生滅，我説剎那義。"此之謂也。

第五生滅者，於中亦二重。初中四句：依前後起，是無生義，以不由自能起故；引後是不滅義，以有功能故。俱不俱，準思之。又，前念滅故不生，後念起故不滅。俱不俱，思之。

第六前後中亦二重。初總中四句：由依前及引後故，二念不前後；由滅壞及背前故，二念不同時；由上二門不相離故。俱不俱等，準思之。是故，非初非中後，前中後取，故而説流轉，流轉卽無轉。別中通論，有四重無礙：（一）不礙前後而説同時，（二）不礙同時而説前後，（三）不礙非三時而説三時，（四）、不礙三時而説是非三時。經中"刼入非刼，非刼入刼"等，準之。

第七約時世者，於中有三。初約趣向，二約相成，三約時法。初中有四：（一）從前向後門。謂依前念滅，令後念生，是故依過去轉爲現在，現在滅引起當來。由依此門，則新新生而無窮盡。（二）依後向前門。謂依本無今有，已有還無，卽當來現作現在，現在滅爲過去。由依此門，卽念念滅而無停積。（三）由前二義不相離故，亦向前，亦向後。依此門故，卽生無盡而無不滅，滅無積而無不生，無障無礙，思之。（四）由前二義形奪盡故，非向前，非向後。依此門故，卽滅無積而無滅，生無盡而無生，是謂無礙法門也。第二相成者，有五句：（一）此現在法，由當來有，及由過去滅生，是故現在爲二世所成、令現無體入於過來。（二）此現在法，落謝爲過去，引後作當來，是故二世爲現在所成，令過未無體入於現在。（三）由前二門不相離故，此約相成有力義，故三世俱立。（四）由前二義形奪盡故，此約相依無力義，故三世俱泯。（五）合前四義同一法故，存亡無礙，理事雙融。思之可見。第三時法者，於中亦有五門：（一）時不流而法轉。謂依前滅引後生，此生滅還引後，此是法轉也；然過去時不至現在，現在不至未來，此時不流也。此卽約時念念間斷，約法相續恒流。（二）法不轉而時遷。謂由過去謝滅，方有現在，現在落謝，能引當來，三世念念無有斷絕，此是時遷流也；過去法不來至現在，現在法不去到於當來，各住自位，不相到故，此法不轉也。此即約法本不相到，約時念念無間也。（三）俱遷者，離法無別時故。是故以時流法轉無二故，無始已來未曾暫停也。（四）非遷者，以不流之時不轉之法無二故，無始已來未曾遷動也。（五）合前四句不相離故，從無始來不動而流，遷而不易，無障無礙。是此法體，思之可見。

第八因果門中亦四位：一無，二有，三俱，四泯。初中謂此一念法，前因已滅，對誰稱果，後果未生，對誰說因，當念不住，非因非果。二、假有因果者，如論云："觀現現法有引後用，假立當果對說現因；觀現在法有酬前相，假立曾因對說現果，因果不無。"三、俱者，由有引後義故有因，由有酬前義故有果，由滅壞義故非因，由背前義故非果。由引後不異滅壞，故亦因亦非因；由酬前不異背前，故亦果亦非果。由四義合成一流轉，故具存亡二義也。四、俱泯者，由滅壞不異引後，故非因非非因；背前不異酬前，故非果非非果。此二門復不異，故非因果非非因果。又，若因果先存，可得對之說非，既因果先自不成，今亦無非因果之可立。思之。

第九真妄中亦四：一無人，二無法，三相盡，四理現。初中，此中但是前滅後生，無間流轉，畢竟無人從此至彼，以生滅法中竟無人故。論云："一切世間法，法因果無人。"此之謂也。二、無法者，此生滅法，由後依前起，後無自性無體，又不可從前念而來，由後背前，後非前及，此亦不從前念而來。由前滅壞故，無法可至後念；由能引後故，體非後位攝，此亦不能至後位。是故前念無法可去至後念，後念無法可從前念來，但緣起力故，似有相續，實無有一法從此至彼。故論云："但從於空法，還生於空法。"此之謂也。三、相盡者，思惟此法,過去已滅,未來未至,故無體;現在不能自住,故無體也。又復思惟,前念已謝,故無有來;不至後念,故無有去;當念迅速,故不能住。是故此法相無不盡。又細思惟,現法不離過未,以離首尾無別體故,是故諸相未曾不盡。問:若爾者,豈令現在如彼過未耶?亦無體空耶?答:即以如過未之空無,爲現假有故。是故此現有,無不是真空,以不礙假有者,方是性空故,以是法理空,非是斷空故。是故只説此生死流轉法,即是真空,非滅此法,方爲性空。經云:"諸法畢竟空,無有毫末相。"又經云:"色即是空,非色滅空"。此之謂也。思之可知。四、理現者,即由如是相自盡故,平等理性未嘗不現。論中十種真如内,名爲流轉真如,以尋思此流轉相盡,真理現露,故以爲名。又經云:"生死即涅槃"等,皆此義也。是故諸佛菩薩,著於生死,常見涅槃,常見涅槃,恒遊生死。如履波者,未嘗不踐水,踐水者,無不履波。依是道理,諸佛不起涅槃界,常在生死中,教化衆生等,悲智無礙,斯之謂矣。

第十成觀者有二:先令識妄念,後攝念成觀。前中識妄念者,既思惟此流轉之法,細剋其實,唯是一念。至於無念,彼能緣之念,亦如所念,無不相及,彼此當處相即空故,性本現故。既知法實如此,而昔所見自他人法,是非差別,悉是亂識妄想計度,實無所有,應傷已顛倒,息諸妄念。又復思惟,即此妄念逐自妄鏡,此二則今恆無所有。經云:"從心相生,與心作相,和合而有,共生共滅,同無有住。"此之謂也。二、成觀中二:先解,後行。初解中二:(一)始,謂解知如前所説諸義,令心決定。(二)終,謂知此解,是解非行,亦解知正行不如所解,是故方堪爲行方便。二行中亦二:(一)始,謂思惟彼法至無念處,諸見皆絶,絶亦絶,言説不及,念慮不到。若於爾時作無念等解,並是妄念,非是實行,何況餘念。(二)終,謂以念智照無相境,亦非照非境,亦無觀無不觀,故云:法離一初觀行。

久作純熟，心不失念，四威儀中，常作一切而無所作，雙行無礙，難思議也。問：若爾，則此一門，無念便足，何須如上廣分別耶？答：若不如前尋思彼義者，即見不伏生，若不解知解行別者，即妄以解爲行。情謂不破也，設總無知，但强伏心而作諸觀，並是謂中作，非是眞行，究竟增惡見，入於魔網，不能成益。故經頌云："百千瘂羊僧，無慧修靜慮，設於百千劫，無一得涅槃。總明智慧人，能聽法說法，歛念須臾頃，能速至涅槃。"其觀中魔事，及餘行相觀利益等，並如別說。

（據金陵刻經處本）

八、法界緣起章

夫法界緣起，無礙容持，如帝網該羅，若天珠交涉，圓融自在，無盡難名。略以四門，指陳其要：一緣起相由門，二法性融通門，三緣性雙顯門，四理事分無門。

初緣起相由門者，於中曲有三門：一、諸緣互異門，即異體也；二、諸緣互應門，即同體也；三、應異無礙門，即雙辨同異也。此三門中，各有三義：一、互相依持力無力義，由此得相入也；二、互相形奪體無體義，由此得相即也；三、體用雙融有無義，由此即入同時自在也。

初緣起互異門者，謂於無盡大緣起中，諸緣相望，體用各別，不相參雜，故云異也。依持義者，一能持多，一有力，是故能攝多；多依一故，多無力，是故潛入一。此即無有不容多之一，以無不能持故，無有不入一之多，以無不能依故。如多依一持既爾，一依多持亦然。是故亦無不攝一之多，亦無不入多之一。是故由一望多，有持有依，全力無力，故能攝能入，無有障礙；多望於一，有依有持，無力全力，故能入能攝，亦無有障礙。俱存、雙泯，二句無礙，亦準思之。相入義竟。二、諸緣相奪體無體者，多緣無性，爲一所成，是故多即一。由一有體能攝多，由多無性潛同一，故無不多之一，亦無不一之多。一無性爲多所成，多有一空，即多亦爾。是故一望於多，有有體無體，故能攝他同己，廢己同他，無有障礙；多望於一，有無體有體，亦能廢己同他，攝他同己，亦無障礙。亦同他己，亦同己他，非同他己，非同己他，二句無礙，圓融自在，思之可見。相即義竟。三、體用雙融有無門者，有六句：（一）以體無不用，故舉體全用，即唯用而無體，但有相入，無相即故。（二）以用無不體，故全用歸體，唯體而無用，但有相即，無相入也。（三）歸體之用，不礙其用，全用之體，不失其體，是故體用不礙雙存，即亦入亦即，無有障礙，鎔融自在。（四）全用之體體泯，全體之用用亡，是則體用交徹，形奪兩非，即入同源，圓融一味。（五）合前四句，同一緣起，無礙俱存。（六）泯前五句，絕待離言，應可去情，如理思攝。緣起異體門竟。

　　二諸緣互應門者，謂衆緣之中，以於一緣應多緣故，各與彼多全爲其一，是故此一具多箇一。然此多一，雖由本一應多緣，故有此多一，然與本一體無差別。是故名爲同體門也。依持容入者，謂此本一有力，能持彼多箇一，故本一中容彼多一；多一無力，依本一故，是故多一入本一中。是即無不容多一之本一，亦無不入本一之多一。如本一有力爲持，多一無力爲依，容入既爾；多一有力爲持，本一無力爲依，容入亦爾。是即無不容本一之多一，無不入多一之本一。是即由本一望多一，有持有依，有力無力，故能容能入，無有障礙；多一望本一，有依有持，無力有力，故能入能容，亦無障礙。俱存、雙泯，二句無礙，亦準思之。同體門中容入義竟。二、互相形奪體無體者，謂多一無性，爲本一成，多一舉體即是本一，是則本一爲有體，能攝多一，多一無體，融同本一。故無不攝多一之本一，亦無不即本一之多一。如本一有體，多一無體，攝即既爾，多一有體，本一無體，攝即亦然。是故亦無不攝本一之多一，亦無不即多一之本一。是即本一望多一，有有體無體，故能攝他同己，廢己同他，無有障礙；多一望本一，亦體無體，攝即可知，亦攝不攝，亦即無即，非攝不攝，非即不即，二句無礙，思之可見。同體門中相即義竟。

三、體用俱融即入無礙者，亦六句無礙，準前思之可見。同體門竟。

三應異無礙雙辨同體異體門者，以此二門，同一緣起，不相離故。若無異體，則諸緣雜亂，非緣起故；若無同體，緣不相資，亦非緣起故。要由不雜，方有相資，是故若非同體，無異體故，若非異體，無同體故。是故通辨，亦有四句：（一）或舉體全異，具入即俱。（二）或全體是同，亦具入即俱。以法融通，各全攝故。（三）或俱，以同異無礙，雙現前故。（四）或俱非，以相奪俱盡，故雙非也。餘入即等，準思知之。上來第一緣起相由門竟。（餘未作）

（據<u>金陵刻經處</u>本）

九、十 世 章

十世義作二門：

一建立者，如過去世中法，未謝之時，名過去現在；更望過去，名彼過去爲過去過去；望今現在此是未有，是故名今爲過去未來。此一具三世俱在過去。又，彼謝已，現在法起，未謝之時，名現在現在；望彼過去已滅無故，名彼以爲現在過去；望於未來是未有故，名現在未來。此三一具俱在現在。又，彼法謝已，未來法起，未謝之時，名未來現在；望今現在已謝無故，名未來過去；更望未來亦無有故，名未來未來。此三一具俱在未來。此九中，各三現在是有，六過未俱無。問：若於過未各立三世，如是過未既各無邊，此三世亦無邊，何但三重而説九耶？答：設於過未更欲立者，不異前門，故唯有九。又，此九世總爲一念，而九世歷然，如是總別合論，爲十世也。

第二相攝者，有二門：一相即，二相入。此二得成，由二義故。一緣起相由義，二法性融通義。

初、緣起相由者，且如過去現在法，未謝之時，自是現在，以現在現在望之，乃是現在之過去。是故，彼法亦現在亦過去，所望異故不相違。又，現在現在法，自是現在，以未謝故，以過去現在望之，乃是過去之未來，又以未來現在望之，復是未來之過去。是故，彼法亦現在亦過未。又，未來現在法，亦現在亦未來，準之可見。又，此九中，三世現在必不俱起，六世過未亦不俱，一現在，二過未，此三定得俱。是故九中，隨其所應，有隱有現，以俱不俱故。且就俱中，由過去過去無故，令過去現在法得有也。何以故？若彼不謝，此不有故。又，由過去現在有故，令過去過去無也，以若此不有，彼無謝故。又，由過去現在有，令過去未來無也，以由彼未謝，令此未有故。又，由此過去未來無故，令彼過去現在成有，以若此有，彼已謝故，是故由此未有，彼得未謝故也。又，由過去過去無故，令過去未來無也，謂若彼不無，此現不成有，現不成有，此未來不成無，是故此無展轉由彼無也。又，由過去未來無故，令過去過去無也，反上思之。如過去三世，有此六義相由，現在未來各有六，可知。二、就不俱中有二：初顯現相由亦有六義，謂由過去現在有，方令現在現在成有。何者？以若彼不有，無法可謝至此現有。又，由現在現在有故，方知過去現在是有，以若此不有，彼有不成故。何者？若無此有，即令彼有不得謝。無不謝之有，非緣起有，故不成有也。現在現在，望未來現在，亦二義，準上思之。過去現在，望未來現在，亦二義，謂若過去現在不有，即未來現在有不成故。反此亦準知。問：俱者可相由，不俱者云何得相由？答：俱者現相由，不俱者密相由，亦是展轉相由。以若無此不俱，俱不成故。是故此九世，總爲五位，有此十門：一、如過去過去，唯一謝滅，但是過去現在家之過去故。二、如過去現在，有二門，謂是過去位中自現在故，以現在望之是過去故。是故，此法亦現在亦過去，以所望異，故不相礙也。三、如過去未來，有三門：一以過去現在望之，此未有故，是過去家未來；二以現在緣現起猶未謝故，是現在現在；三以未來現在望之，此已謝故，是未來過去。是故，此現在現在亦現在亦過未。四、未來現在，亦二門。五、未來未來，唯一門。並準可知，上來次第相由，有斯九門。第十、超間相由，謂若無初一，則無後一等。是故，如次及超間，無礙相由故。依是道理，令諸門相入相經。如經云：“過去一切劫，安置未來今，未來一切劫，迴置過去世。”斯之謂也。凡論相由之義有二門：一約力用。謂若無此彼不成，仍此非彼故。以力用相收，故得說入，然體不雜，故不相是也。二約體性。謂若無此彼全不成，故此即彼也。是故約體說爲相即。釋此二門如別說，是故不失本位，不無即入也。思之可見。經云：“無量無數劫，能作一念頃”等，是此義也。

　　第二、約法性融通門者。然此九世時無別體，唯依緣起法上假立，此緣起法復無自性，依真而立，是故緣起理事，融通無礙。有其四重：一泯相俱盡，二相與兩存，三相隨互攝，四相是互即。初中以本從末，唯事而無理，以末歸本，反上可知。經云：“非劫入劫，劫入非劫”，是此義也。二中全事之理，非事，全理之事，非理，故俱存而不雜也。經中"諸刼相卽，而不壞本刼"者，是此義也。三中由隨事之理，故全一事能容一切也，由隨理之事，故一切事隨理入一中也。反上，卽是一入一切可知。四中由卽理之事，故全一卽一切也，由卽事之理，故全一切卽一也。是故，唯理無可入，唯事不可卽入。要理事相從相卽故，是故有卽有入。時刼依此無礙法故，還同此法自在卽入。餘義思之可解。

（據金陵刻經處本）

十、玄義章

緣起無礙一，染淨緣起二，揀理異情三，藥病對治四，理事分無五，因因果果六，二諦無礙七，真妄心境八，能化所化九，入道方便十。

緣起無礙門第一

問：緣起諸法會融無礙，如何可見？答：今釋此義作二門：一開義融通，二句數決擇。

初中開有三重四句：一、空不空門。謂一切皆空，無有毫末相，以緣起無性故，虛相盡故。或一切不空，以空爲諸法故，以非情謂之無故，不異色等故。或二義無礙，或兩門俱泯，並可準思。二、相在不在門。謂或一切入一中，由一無性，以法性爲一。又一切法既卽法性，是故一切同在一中而不相是也。或不在一，謂由無性，一多絕故，不壞其有，互不雜故，雖恆涉入，住自位故。或俱，謂微細相入，恒在外故，萬里迢然，恆相在故，相在不在，是一事故，無障礙故。或俱非，謂入出融故，絕二相故，無在不在，仍有此法難名目也。如一切入一，具斯四句，一入一切，亦準思之。三、相是不是門。或一切卽是一，此有二門：一約性。謂如經云："若人欲成佛，勿壞於貪欲。諸法卽貪欲，如是卽成佛。"此經意以貪欲卽無性，故不可壞。諸法卽貪欲者，卽貪欲之無性理也。若不爾者，豈貪是一切法體耶？是故當知舉貪名而取貪實。二約事。此中二：一始，二終。始謂法界無別有，卽以諸法卽法界爲法界；一法無別有，卽以法界卽一法爲一法，是故一切法卽是一法也。二終者，既全以法界卽一法爲一法故，是故此一卽是一切，一切法卽是一也。問：若就理性，既一多俱絕，則無可卽；若約事相，人法相乖，故云何卽。若約事有卽，卽壞其事，卽乖於俗；若約理有卽，卽乖於真；若舉事而取理，卽不異前門，更何可辨？答：只由此二義，故得相卽也。何者？若事而非理不可卽，若理而非事無可卽。今由理事不二而二，謂卽事之理方爲真理，故全事相卽而真理湛然，卽理之事方爲幻事，故恆相卽而萬像紛然。良由理事相是而不一，故全一多互卽而不雜也。去情思之，或若徇像執言求解，終日難見，或一切不是一，謂全體相是而不雜故，不壞本法故，其猶色卽空而不壞色等。準之，或俱，由前二義無礙具故；或俱非，由前二義互形奪故，絕二相故，無是不是，仍有此法也。如一切卽一有此四句，一卽一切，四句準思。此上三重，融成一際，圓明具德，無礙自在，是謂法界緣起門。思之知耳。

二、句數決擇者，亦三重：先約一多相卽不相卽，總有四四句：一、由一卽多故名一，二、一卽多故非一，三、一卽多故亦一亦非一，四、一卽多故非一非不一。多卽一準之。第二、由一不卽多故名一，二、由一不卽多故非一，三、一不卽多故亦一亦不一，四、一卽多故非一非不一。多不卽一準之。第三、由一不卽多故名一，二、由一卽多故非一，三、由亦卽亦不卽，故亦一亦不一，四、由非卽非不卽，故非一非不一。多卽一準之。第四、由一卽多故名一，二、由一不多故非一，三、由俱故俱，四、由不俱故不俱。多一亦準之。是故，此上順有十六句，逆亦十六，總三十二句也。二約相在不在，亦三十二句。三約空不空，亦三十二句。是故，合有九十六句。又若三重相融，有三重四句：一、或唯空不空，或唯卽不卽，或俱或不俱；二、或唯在不在，或唯空不空，或唯不俱等；三、或唯卽不卽，或唯在不在等。四句準之。是故，三四爲十二句，帖前九十六，總爲一百八句法門也。

染淨緣起門第二

問：衆生雜染，及三寶清淨，爲俱是妄，爲亦非妄？答：此二各有四句：謂衆生是妄，以橫計有故；衆生非妄，成法器故，此二約用。衆生是妄，由上二句故；衆生非妄，以妄卽空故，真如性滿故。三寶是妄，妄情取有故。經云："衆生强分別，作佛度衆生。"經云："若解真實者，無佛無菩提"等。二、三寶非妄，以能治妄故。經云："佛菩提智之所能斷故。"三、三寶是妄，由治妄故立也，無妄卽無真故。論云："但隨衆生見聞得益，故説爲用也。"四、三寶非妄，由全體是真故，恆一相故。經云："三寶同一味故也。"

揀理異情門第三

問：真空與斷空何別？答：略有四別：一、約境，謂真空不異色等，名法理空也；斷空在色等外，及滅色方爲空，名爲斷滅空也。二、約心，謂真空聖智所得，比證等不同也；斷空情謂所得，世人所知也。三、約德用，謂觀達真空，必伏滅煩惱，令成正行，入位得果；若緣念斷空，成斷滅見，增長邪趣，入外道位，顛墜惡趣。經云："寧起有見如須彌，不起空見如芥子。"論云："若復見於空，諸佛所不化”等。又，真空即色故，不可斷空取。是故真空不思議也，斷空不爾，反上知之。四、約對辨異者：問：色等既即是真空，斷空何獨不真耶？答：若斷空亦即空，而實無差別，但爲濫取空名，是故揀之耳。略作四句：一、色與斷空不相即，以俱是所執故。如見人畜等。二、斷空即空，與色即空，二空不別，以無二相故。三、色真空與斷空不相即，以情理異故。又，斷空空與色不相即，亦情理別故。四、即空之色與即真之斷得相即，以從詮說理故，就法融通故。如此二門，具斯四句，餘一切法相望，皆亦如是準思。故經云諸法即貪者，以即空之諸法，還即彼即空之貪耳。問：如貪法既即空，瞋等亦即空。未知瞋等空，爲即是貪空，爲猶在貪外？答：全是内而外宛然，全是外而内亦爾。以圓融故，無限分故，無障礙故。問：爲如堂内空，與房内空，此二空無分限故，一味同故，云堂空即房空。而實堂内空，不是房中攝，爲如此不？答：不也。此是世法，非可同彼。若如彼言，房空不移，而全在堂内，堂中亦爾。非是彼此相通，故說無二。但以彼空，元來是此空，故名無二也。既非世法，難申說也。會意思之，或容可見耳。

藥病對治門第四

問：對病興治，分齊有幾，修行之要，故請示之。答：病有二種：一、粗，謂巧僞修行；二、細，謂執見不破。前中亦二：一、内實破戒，而外現威儀等；二、假全不破，爲他知故，求名利故，狡猾故，伺狎故，不直故，護短故。第二細中亦二：一、雖具直心，而執我修行；二、雖不執有人，而計有法，實見不破故。對治之藥，亦有二種：一、粗亦二：謂於諸過非，而不覆藏，深愧懺悔。二、於所修行，不雜巧僞，皆質直柔軟，作下下意，不顯己德。第二細中亦二：一、諸修行時，知無我人，不計疲苦。二、觀察諸法等不二，一相無相，入理究竟。二通説者，但深觀諸法平等之時，於上諸病，無不治盡。此是大乘修行法門，依佛藏經義説。

理事分無門第五

問：如此理事，爲理無分限，事有分限耶？爲不耶？答：此中理事各有四句：且理，一、無分限，以徧一切故。二、非無分限，以一法中無不具足故。三、具分無分一味，以全體在一法，而一切處恆滿故。如觀一塵中，見一切處法界。四、俱非分無分，以自體絶待故，圓融故，二義一相非二門故。事中，一、有分，以隨自事相有分齊故。二、無分，以全體即理故。大品云："色前際不可得，後際亦不可得。"此即無分也。三、俱，以前二義無礙具故，具此二義，方是一事故。四、俱非，以二義融故，平等故，二相絶故。由上諸義，是故理性，不唯無分故，在一切法處，而全體一内；不唯分故，常在一中，全在一外。事法，不唯分故，常在此處，恆在他方處；不唯無分故，徧一切而不移本位。又，由理不唯無分故，不在一事外；不唯分故，不在一事内。事不唯分故，常在此處而無在也；不唯無分故，常在他處而無在也。是故，無在不在，而在此在彼無障礙也。

因因果果門第六

師子吼品云："佛性者，有因，有因因；有果，有果果。"因者，十二因緣；因因者，即是智慧。通法已去。果者，阿耨菩提；果果者，無上大般涅槃。後四句者，是因非果，如佛性；是果非因，如大涅槃；是因是果，如十二因緣所生之法；此中具智慧及菩提二句。非因非果，名爲佛性。中道正性，謂法身理也。開第三句，即爲五種佛性也。或有佛性，闡提人有，善根人無；是前因性。或有佛性，善根人有，闡提人無；是因因性。或有佛性，二人俱有；非因非果性。或有佛性，二人俱無。果與果果二性。

十二因緣名佛性者，且如無明是佛性有二義：一、當體淨故，是法身性。二、是能知名義成反流故，名報身性。餘支準此。又，初四句中，初者謂染淨緣起門，二、內熏發心，三、始覺圓，四、本覺現。又，初隨染隱體，二、微起淨用，三、染盡淨圓，四、還源顯實。又，初與第四，俱是理性，但染淨異；中間二，俱是行性，但因果異。又，初染而非淨，第二淨而非染，第三亦染亦淨，第四非染非淨。又，初是自性住，二是引出，三四是至得果。又，初二因，後二果。又，轉初爲四，轉二爲三。又，依初起二，以二成三，以三證初，冥合不二。是故，四義唯一心轉，若離無明，此四相皆盡也。

二諦無礙門第七

　　二諦無礙，有二門説：一約喻，二就法。喻者，且如幻兔依巾。有二門：一兔，二巾。兔亦二義：一、相差別義，二、體空義。巾亦二義，一、住自位義，二、舉體成兔義。此巾與兔，非一非異。且非異有四句：一、以巾上成兔義，及兔上相差別義，合爲一際，故爲不異。此是以本隨末，就末明不異。二、以巾上住自位義，及兔上體空義，合爲一際，故爲不異。此是以末歸本，就本明不異。三、以攝末所歸之本，與攝本所從之末，此二雙融無礙俱存，故爲不異。此是本末雙存，無礙不異。四、以所攝歸本之末，亦與所攝隨末之本，此二俱泯，故爲不異。此是本末雙泯，平等不異。第二，非一義者，亦有四句：一、以巾上住自位義，與兔上相差別，此二相違，故爲非一。此是相背非一。二、巾上成兔義，兔上體空義，此二相害，故爲非一。三、以彼相背，與此相害，此二位異，故爲非一。謂背卽各相背捨，相去懸遠也；相害卽與敵對，親相殞害，是故近遠非一也。四、以極相害，泯而不泯；由極相匪，存而不存。此不泯不存，義爲非一。此是成壞非一。又，此四非一，與上四不異，而亦非一，以義不雜故。又，上四不異，與此四不一，而亦不異，理徧通故。是故，若以不異門取，諸門極相和會；若以非一門取，諸義極相違諍。極違而極和者，是無障礙法也。第二，就法説者，巾喻真如<u>如來藏</u>，兔喻眾生<u>生死</u>等，非一非異，亦有十門，準喻思之可知。又，兔即生即死而無礙，巾即隱即顯而無礙，此生死隱顯，逆順交絡，諸門鎔融，並準前思攝可解。

二顯義者有四門：一開合，二一異，三相是，四相在。初開合者，先開後合。開者，俗諦緣起中有四義：一、諸緣有力義，二、無力義，三、無自性義，四、事成義。真諦中亦有四義：一、空義，二、不空義，三、依持義，四、盡事義。合者三門：一、合俗，二、合真，三、合二。初者有三：一、約用，謂有力無力無二故。二、約體，謂性無性無二故。三、無礙，謂體用無二，唯一俗諦。合真者亦三：一、約用，謂依持成俗，即是奪俗，全盡無二故。二、約體，空不空無二故。三、無礙，謂體用無二故。三、合二者有四門：一、約起用門，謂真中依持義，與俗中有力義，無二故。二、約泯相門，謂真中盡俗，與俗中無力，無二故。三、約顯實門，謂真中不空義，與俗中無性義，無二故。四、成事門，謂真中空義，與俗中存事義，無二故。開合門竟。

理事即不即門者，此中理事相即不相即，無礙融通，各有四句：初、不即中四句者：一、二事不相即，以緣相事礙故。二、二事之理不相即，以無二故。三、理事不相即，以理靜非動故。四、事理不相即，以事動非靜故。二、相即中四句者：一、事即理，以緣起無性故。二、理即事，以理隨緣事得立故。三、二事之理相即，以約詮會實故。四、二事相即，以即理之事無別事，是故事如理而無礙。

真妄心境門第八

真妄心境，通有四句：一、約情有心境，境謂空有相違，以存二相故；心謂二見不壞，是妄情故。或境上有空同性，以俱是所執故；心上亦同，俱是妄見故。二、約法亦有心境，境謂空有不二，以俱融故；心謂絕二見，以見無二故。或境上空有相違，以全形奪故；心上亦二，謂隨見一分，餘分性不異故。三、以情就法說，謂境卽有無俱情有，有無俱理無，無二爲一性，或亦相違，以全奪故。心謂妄取情中有，以是執心故，或亦比知其理無，以分有觀心故。四、以法就情說，境卽有無俱理有，有無俱情無，無二爲一性，或亦相違，以全奪故；心謂見理有，以智故，見情無，以悲故。或見無二心，是一心故。此上四門中，約境各有四句，心上各四句，總有三十二句，準思之。

能化所化融作十門第九

諸佛衆生緣起融通，總有十門：一、分位門。佛有二義，一法身平等，二報化差別，此二是能化佛門。衆生亦二義，一所依如來藏，二能依妄染，此二是所化衆生門。二、理事門。以佛法身與衆生如來藏無二性故，爲理法門也；以佛報化與衆生妄染以相由是故，是事法門也。三、以法身不異如來藏，報化依染器而現，是故總是衆生門也。四、以如來藏不異法身，妄染是報化所翻，是故總是佛門也。五、以事虛無體故，理性不改故，唯一理門。六、以理隨緣故，事無不存故，唯一事門。七、以報化外攝妄染，內攝理性，唯報化門。八、以妄染能現報化，復內攝真理故，唯妄染門。九、此上諸義無礙現前，是俱存門。十、此上諸義容融平等，是俱泯門。此十門，應以六相準之。

入道方便門第十

作入道緣起，要有三義：一識病，二揀境，三定智。初中有二：

一、粗，謂求名利等。二、細，存見趣理等。二、揀境中二：一、對境，謂情謂之境在邊等。二、真境，有二：一、三乘境，謂空有不二融通等；二、一乘境，謂共盡緣起具德圓融等。三、定智中亦二：一、解，謂能生正解，仍解知解行別者是也。二、行，謂不如所解，以解不能至故，無分別心行順法忘情等。又，此行依解成，亦行現前，其解必絕。又，約境，以三空亂意揀之，約行，以無分別智互相揀之，其義即見。

又，入道方便，略作四門：一懺除宿障門，二發菩提心門，三受菩薩戒門，四造修勝行門。造修勝行有二途：一始，二終。初中有三門：一捨緣門，二隨緣門，三成行門。初中有六重：一捨作惡業；二捨親眷屬，若出家，捨門徒及生緣眷屬；三捨名聞利養；四捨身命；五捨心念；六捨此捨，令絕能所無寄故。二、隨緣門者有四重：一還隨前六事，而守心不染；二凡於一切堪情，下至微少堪處，皆應覺知不受，勿有少染；三於一切違境，乃至斷命等怨，皆應守心，歡喜忍受；四凡所作行，遠離巧偽虛詐，乃至一念亦不令有。三、成行門者：一起六波羅蜜行；二四無量行；三十大願行。願行有二：一諸未起行，策令起；二已起行，持令不退。皆由願力，即通法行也。二終者，亦三門：初捨門者，即止行也，觀諸法平等一相，諸緣皆絕。二隨緣門者，即觀行也，還就事中起大悲大願等行。三成行門者，即止觀俱行，雙融無礙，成無住行，真俗境不殊，悲智心不別，又此境而不別也。又，明菩薩住不住行，說有二門：一開，二合。開中亦二：初不住，後明住。不住亦二：一、不住生死，二、不住涅槃。初中亦二：一、由見生死過患，故不可住；二、生死見本空，故無可住。二、不住涅槃亦二：一、見涅槃本自有，故不待住；二、由不異生死，故不住。又智理無別故，能所絕故，無能住也。二、明住亦二：初住生死者亦二：一、由見過患起大悲故住，爲除纏故也；二、見空故住，不怖故也。又二：一、見過生厭故住，二、見空則涅槃住。此即常在生死，恆住涅槃也。二、住涅槃者亦二：一、常證理故住，二、常化衆生故住，以所化衆生即涅槃故。第二，合中有四：初、合生死涅槃，以無二故無偏住，故云無住。又即住此無二之處，故亦云住。二、合住不住二行者，良由以不住爲住，住爲不住，唯一無分別行，故無二也。三、合行境二門者：以法界法門，絕能所故，平等法性，唯一昧故，無境行之異也。四、合前開與此合無二無別，唯一無礙法門，是故不礙開而恆合，不壞合而恆開，無二相故。且言説所不能至也，若更以句數分別，有四重四句：一、唯不住生死即是，二、唯不住涅槃亦是，三、俱不住亦是，四、俱非不住亦是。二、唯住亦四句，返上思之。三、唯住生死，唯不住生死，俱，不俱，皆是。可知。四、唯住涅槃，唯不住涅槃，俱，不俱，亦準之。此上十六，門門皆全得，得一即不假餘，餘門仍不壞。是故，無障無礙，多即多，一即一，隨智取捨。思之。

（據金陵刻經處本）

十一、華嚴三昧章

三昧略以四門分別：發心第一，簡教第二，顯過第三，表德第四。

初中問：云何名發菩提心？答曰：依起信論，有三種心：一者直心，正念真如法故。二者深心，樂修一切諸善行故。三者大悲心，救度一切苦衆生故。依此三心，各曲開十門。

就初直心中，具有十心：一者廣大心，謂誓願觀一切法悉如如故。二者甚深心，謂誓願觀真如，要盡源底故。三者方便心，謂推求簡擇，趣真方便故。四者堅固心，謂設逢極苦樂受，此觀心不捨離故。五者無間心，謂觀此真如理，盡未來際，不覺其久故。六者折伏心，謂若失念，煩惱暫起，即便覺察折伏令盡，使觀心相續故。七者善巧心，謂觀真理，不礙隨事巧修萬行故。八者不二心，謂隨事萬行，與一味真理，融無二故。九者無礙心，謂理事既全融不二，還令全理之事互相即入故。十者圓滿心，謂頓觀法界，全一全多，同時顯現，無障無礙故。

第二深心中，亦具十心者：一者廣大心，謂於徧法界一切行門，誓當修習學故。二者修行心，謂於無邊行海，對緣修造故。三者究竟心，謂凡所修學，要當成就，乃至菩提故。四者忍苦心，謂能忍大苦，修諸難行，不以爲難故。五者無厭足心，謂頓修多行，情無厭足故。六者無疲倦心，謂於一難行，多時勇悍，無疲倦故。七者常心，謂於一一行，各盡未來際，念念相續，恆不斷故。八者不求果報心，謂修此諸行，不求人天二乘果故。九者歡喜心，謂凡修諸行，稱本求心，皆大歡喜故。十者不顛倒心，謂凡所修行，皆離二我，俱絕三輪故。

第三大悲心中，亦具十心：一者廣大心，謂於一切衆生，皆立誓願，將度脱故。二者最勝心，謂度彼要當得佛果故。三者巧方便心，謂求度衆生巧方便法，要當成就故。四者忍苦心，謂堪忍代彼一切衆生受大苦故。五者無厭足心，謂於一一難化衆生，化以無量方便，無厭離故。六者無疲倦心，謂化一難化衆生，設於無量刼荷負衆生苦，不以爲勞故。七者常心，謂於一一衆生，盡未來際，念念無間，不休息故。八者不求恩報心，謂於諸衆生作此廣大饒益，終不希望毛端恩報故。九者歡喜心，謂令衆生得安樂時，過自得輪王樂，釋梵天王，乃至二乘涅槃故。十者不顛倒心，謂不見能化及所化故。

第二簡教者。問：衆生修行，爲要藉受持聖教，方成行耶，爲要須捨教法，行方成立耶？答：通辨此義，略有十類衆生：一者，自有衆生，元不識教，懸捨聖言，師自妄心；或隨邪友，違教修行，以爲心要，外現威儀，内懷巧僞，巧僞誑惑，是魔徒黨。此爲最惡人也。二者，自有衆生，亦背聖教，不讀經典，以質直心，隨逐前人，謂爲出要，勤苦修行，竟無所益。此雖輕於前類，猶非好人也。此上二人，俱捨聖教，不得義理。三者，自有衆生，聞前二人背教爲損，即便唯讀聖言，不解義意，莫知修行，唯以巧僞依傍聖教，求名求利，違自所誦，順妄背真。此雖不捨聖言，猶非好人也。四者，自有衆生，受持讀誦，唯逐文句，不知義理，不解修行，唯以直心讀誦爲業。雖無巧僞，勝過前人，猶非究竟。此上二人，俱不捨教，不得義理。五者，自有衆生，讀誦聖教，分知解行，隨力修行，多讀文句，少有修行。雖是好人，猶非究竟。六者，自有衆生，廣尋聖教，徧知解行，漸修聖教，順教修行，取意專修，不復多讀。此雖勝前，猶非究竟。七者，自有衆生，受持聖教，深會其意，亡筌得實，唯在修行，不復尋言。雖捨教筌，猶非究竟。八者，自有衆生，尋教得旨，知一切法無不稱性，是故於文字教法亦不待捨離，持此順性之教，則爲正行。此雖不捨教而得真，猶非究竟。九者，自有衆生，常受持稱性之言教，遂得於不捨不著，恆觀絶言之真理，不捨不滯，俱起二行。經云："聖説法，聖默然"者，是其事也。此雖理事無礙，二行俱起，猶非究竟。十者，自有衆生，尋教得真，會理教無礙，常觀理而不礙持教，恆誦習而不礙觀空，此則理事俱融，合成一觀，方爲究竟也。

　　第三顯過。問：色空，空色，爲相即耶？爲不相即耶？答：有四句：謂即亦不可，非即亦不可，俱亦不可，非俱亦不可。

　　初中有二：謂據人及法。就人有四句：若色即空，有二過：一、凡迷同聖過，以凡夫見色是真空故；二、聖智同凡過，以所證真空，即是凡見色故。若空即色，亦有二過失：一、聖應同凡，見妄色故；二、凡應同聖，見真空故。就法四句者：若色即空，還有二過：一、壞俗諦過，以青黄等色，卽是真空，則無別俗故；二者、壞真諦過，旣以青黄等相爲真空，則別無真空故。若空卽色，亦有二過失：一、壞真諦過，以空卽是青黄等，則無真空故；二、壞俗諦過，以真空爲色，則無妄色故。

第二、非卽亦不可者，亦有二失。據人四句者：若色不卽空，有二失：一者：凡迷不成過，以所見色，非妄故；二、凡無悟聖過，以所見妄色，隔色空故。若空不卽色，亦有二失：一、聖智不成過，以取色外，非真空故；二、聖不從凡過，以空異妄色，聖自聖故。就法四句者：若色不卽空，有二失：一、壞俗諦過，以色不無性，待緣不得有故；二、壞真諦過，以不會色歸空，則無真空故。若空不卽色，亦有二失：一、壞真諦過，以色外斷空，理非真故；二、壞俗諦過，以空非色，妄無依故。

第三、俱亦不可者，謂若色卽空不卽空，空卽色不卽色，亦有二種。先據人有二失：一、凡聖雜亂過，二、迷悟不成過。次就法亦有二失：一、二諦雜亂過，二、二諦不成過。思之可見。

第四、非俱亦不可者，謂若色非空非不空，空非色非不色者，亦有二種。先就人有二失：一、迷無悟聖期，悟不從凡過，二、聖凡既雜亂，二位俱壞過。二、據法者亦有二失：一、二諦各別俱不成過，二、二諦混雜失法體過。思之可見。

第四顯（前文作表）德，自有五門：一真空觀，二理事無礙觀，三周徧含容觀，四色空章，十門止觀，五理事圓融義。

四、色空章，十門止觀者：

第一、會相歸性門。於中有二種：一、於所緣境，會事歸理；二、於能緣心，攝散入止也。

第二、依理成事門者，亦有二種：一者、所歸之理非斷空故，不疑事相宛然；二、由所入之止不滯寂故，復有隨事起於妙觀。

第三、理事無礙門者，亦有二種：一、由習前理事，融通交徹，令無礙故；二、雙現前故，遂使止觀同於一念頓照故。

第四、理事雙絕門者，由事理雙觀，互相形奪故，遂使兩相俱盡。非事，非理，寂然雙絕，是故令止觀雙泯，迥然無寄也。

第五、心境融通門者，即彼絕理事之無礙境，與彼泯止觀之無礙心，二而不二故，不礙心境而冥然一味；不二而二故，不壞一味而心境兩分也。

第六、事事相在門者，由理帶諸事，全徧一事，是故以即止觀之觀，於一事中見一切法，而心無散動，如一事。一切亦爾。

第七、彼此相是門者，由諸事悉不異於理，理復不異於事，是故以不異止之觀，見一事即是一切，而念不亂，如一事。一切亦爾。

第八、即入無礙門者，由交參非一，與相含非異，體無二故，是故以止觀無二之智，頓現即入二門，同一法界，而心無散動也。

第九、帝網重現門者，由於一事中具一切，復各具一切，如是重重，不可窮盡。如一事既爾，餘一切事亦然。以止觀心境不異之目，頓現一切，各各重重，悉無窮盡，普眼所矚，朗然現前，而無分別，亦無散動也。

第十、主伴圓備門者，菩薩以普門之智，頓照於此普門法界，然舉一爲主，一切爲伴，主伴互容，皆悉無盡，不可稱說。菩薩三昧海門，皆悉安立，自在無礙，然無異念也。

五、理事圓融義十門：

第一、理事俱融門。事虛理實，相攝全收，融成十義：一、緣起事法，以虛無性故，舉體全理也。二、真性理法，以真實故，不礙舉體全事也。三、由前二義不相離故，理事俱存。四、由二義相奪故，理事雙泯也。五、事全理而事不壞。六、理全事而理不失。七、二俱存而俱不立。八、俱亡而俱不泯。九、前八相順而俱現。十、皆各相奪而無不泯。並銳意思之。

第二、理法隱顯門。理性隨事，隱顯融通，亦有十義：一、以理全事故，理隱也。二、事全理故，理顯也。三、以前二不相離故，隱顯俱立也。四、以二義相奪故，非隱非顯。五、以全事而不自失故，即隱常顯也。六、以事盡而不泯他，即顯常隱也。七、此二不相離故，即俱隱俱顯也。八、相奪二亡故，俱非隱顯也。九、由前八義，同一理性，不相礙故，同時俱現也。十、同時相奪，義無不盡，泯同一味，亦非一也。深思可見。又，單隱單顯，各有四義，及俱存俱泯十義。思準可知。

第三、事法存泯門。事相隨理，存亡自在，亦融成十義：一、以事全理故，事泯也。二、以理全事故，事存也。三、以前二不相離故，亦存亦泯。四、以二相奪故，非存非泯也。五、以舉體全理，事相方成故，即泯而存也。六、以事舉體全成，無不蕩盡故，即存而泯也。七、以二義相順故，即存即泯俱存。八、相奪故，即存即泯俱泯也。九、以前八義，同一事法，存亡自在，無礙俱現。十、以同時相奪義故，無不盡圓融，迴超出情表。亦深思可見。單存單泯等十義，準前思之。

第四、事事相在門。事法緣起，力用相收，亦有十義：一、眾緣起法，於中若無一緣，餘一切緣全不成故，是故即一緣有力，能攝一切，餘並無力，攝在一中。即一現多隱也。二、以多唯一故，是故即多緣有力，而能收一，一緣無力，攝在多中。即多現一隱也。三、由前二義不相離故，無礙俱現也。四、以各相形奪，無不盡故，即非隱非現也。五、由有力攝他時，必無力入他故，現即隱也。六、無力入他時，必有力攝他故，隱即顯也。七、俱攝無不俱入故，隱顯俱現也。八、俱攝俱入，必不俱故，隱顯斯絕也。九、以前八義同一緣起門，自在俱現前也。十、各相形奪，超然無寄，圓融絕慮也。亦深思會意，可以準知。又，單攝單入等十義，亦準前思之。

　　第五、一事隱現門。一事望多，有攝有入，隱顯自在，亦有十義：一、由一攝多故，一現也。二、由一入多故，一隱也。三、以攝入同時一法故，亦隱亦顯也。四、全攝相奪各盡故，非隱非現也。五、由一能攝多，方能入於多，是即現常隱也。六、由入多故，方能攝多，是即隱常現也。七、由具前三義，方爲一故，俱隱俱現也。八、二義同一，相奪俱盡故，非隱非現也。九、合前八義，同在一法，無礙頓現前。十、由前諸義，各相奪盡，泯然無寄，迴超言慮，即俱泯也。並各去情如理思之。又，如攝入具隱現有此十義，當知隱現具攝入，亦有十義。準思之。

　　第六、多事隱現門。多事望一，有攝有入，隱現自在，亦有十義：一、由多攝一故，多顯也。二、由多入一故，多隱也。三、以攝入俱現故，亦隱亦現。四、攝入相奪故，俱非也。五、以多能攝一，方能入一，即顯常隱。六、以能入一方能攝一故，即隱常顯也。七、以具前二義，方爲多故，即隱即顯俱現也。八、同體二義，必相奪盡，即隱顯非也。九、合前八義，同時頓現前也。十、以前諸義，各相形奪，泯然超絕。準前思之。又，隱顯具攝入十義，同前思準。

　　第七、事事相是門。緣起事法，展轉相成，體互有相無，彼此相是，亦有十義：一、於大緣起中，若無一緣，非直所起不成，彼能起緣體亦不成，是故一緣是能成，爲有義，多緣是所成無體，是空義。是即多歸於一故，一存多泯也。二、多亦爲一故，多爲能成，是有義，一爲所成，是空義。是即一歸於多故，多存一泯。三、兩門二義，並不相離故，即存亡俱現。四、形奪俱盡故，即存亡俱泯也。五、一爲能成，必有所成故，是即攝一同一之有，即是廢自同他之空也。六、多爲能成，必有所成故，亦攝廢同時也。七、一多各二不相離故，無礙俱現也。八、攝廢同體，定不得故，即俱非也。九、一多緣起，隨義成立故，則相是存亡俱存現前。十、能成存亡空有俱反故，泯然超絶也。深思可知。

第八、一事存泯門。然一望多，有攝他廢自，相是存泯，亦有十義：一、此法有攝他同己故，自存也。二、廢己同他故，自泯也。三、收廢俱現故，亦存亦泯也。四、以二義全奪故，俱非也。五、非盡己同他，無以盡他同己，是故卽泯常存也。六、反上句故，卽存常泯也。七、二義不相離故，存卽泯，泯卽存，俱現也。八、相奪全盡故，存泯，泯存，俱非也。九、合前八句，一事法不相障礙，俱現前也。十、諸義同體相奪俱盡故，超然絶慮也。思之可見。

第九、多事存泯門。然多望一，既攝他廢自，相是存亡，亦有十義：一、以多有攝一同己故，多存也。二、以多有廢自同一故，多泯也。三、以前二義不相離故，存泯雙現。四、形奪俱盡故，雙非也。五、以非不攝一同多，無以廢多同一，是故存卽泯也。六、非不同一，無以攝一，泯卽存也。七、由存卽泯故，有泯；由泯卽存故，有存。二義不相離故，存泯，泯存，俱現前也。八、由存無不泯故，非存；由泯無不存故，非泯。二義形奪兩亡故，俱非也。九、由八義同位相須，法體方立，是故圓通無礙，俱現前也。十、由前諸義，各互相奪，定取不得，是故無不超絶，挺然無寄，唯證相應也。會意思之。

第十、圓融具德門。然上諸門，並同大緣起，無障無礙，圓明自在，亦有十義：一、諸門融合，圓明頓現，具足一切也。二、隨舉一門，亦具一切。三、隨舉一義，亦具一切。四、隨舉一句，亦具一切。五、以此圓分，俱是總相，是故融攝一切。六、俱足別相，莫不皆是所攝一切。七、俱是同相，能所攝義，齊均同故。八、俱是異相，義各別不離故。九、俱是成相，緣起義門，正立俱現故。十、俱是壞相，緣起無作，同一味故。此上諸義中各有解行境，會意思之。

此卽略辨理事圓融，若能熟思，使法理現前，則華嚴義旨，由此稍開耳。

（據金陵刻經處本）

十二、華嚴經探玄記（選卷一）

歸依大智海	十身盧舍那
充滿諸法界	無上大慈尊
方廣離垢法	圓滿解脫輪
普賢文殊等	海會大菩薩
我在具縛地	悕心大法門
唯願見加哀	令增念智力
開此秘奧藏	廣益於自他
願令法久住	傳燈報佛恩

夫以法性虛，空廓無涯而超視聽；智慧大海深，無極而抗思議。眇眇玄猷，名言罕尋其際；茫茫素範，相見靡究其源。但以機感萬差，奮形言而充法界；心境一味，泯能所而歸寂寥。體用無方，圓融叵測，於是無像現像，猶陽谷之昇太陽；無言示言，若滄波之傾巨壑。是故創於蓮華藏界，演無盡之玄綱，牢籠上達之流，控引令階佛境。然後化霑忍土，漸布慈雲，灑微澤以潤三根，滋道芽而歸一揆。是知機緣感異，聖應所以殊分，聖應雖殊，不思議一也。華嚴經者，斯乃集海會之盛談，照山王之極說，理智宏遠，盡法界而亘真源；浩汗微言，等虛空而被塵國。於是無虧大小，潛巨刹以入毫端；未易鴻纖，融極微以周法界。故以因陀羅網參互影而重重，錠光玻黎照塵方而隱隱，一卽多而無礙，多卽一而圓通，攝九世以入刹那，舒一念

而該永劫。三生究竟堅固種而爲因，十信道圓普德顯而成果。果無異因之果，派五位以分鑣；因無異果之因，總十身以齊致。是故覺母就機於東城，六千疏其十眼；童子詢友於南國，百十圓成以一生。遂使不越樹王，六天斯屆，詎移華藏，十刹虛融。示寶偈於塵中，齊輝八會；啓王珠於性德，七處圓彰。浩浩鏗鋐，隔思議而迥出；巍巍焕爛，超視聽於聾盲。是故舍那創陶甄於海印，二七日旦爰興；龍樹終俯察於虬宮，六百年後方顯。然卽大以包含爲義，方以軌範爲功，廣卽體極用周，佛乃果圓覺滿，華譬開敷萬行，嚴喻飾兹本體，經卽貫穿縫綴，能詮之教著焉。從法就人，寄喻爲目，故云大方廣佛華嚴經。世間淨眼品者，器等三種顯曜於時，光潔照明況於淨眼。法喻合舉，故云世間淨眼；語言理一，格類相從，故稱爲品。此經有三十四品，此品建初故稱第一，故言大方廣佛華嚴經世間淨眼品第一，餘義如下説。

將釋此經，略開十門：一明教起所由，二約藏部明所攝，三顯立教差別，四簡教所被機，五辨能詮教體，六明所詮宗趣，七具釋經題目，八明部類傳譯，九辨文義分齊，十隨文解釋。

初，教起所由者，先總辨，後別顯。

總者，夫大教之興因緣無量，故智論之初，廣辨般若教起因緣，如須彌山不以無事及小因緣而能令動佛，亦如是大因緣，故而有所説所謂般若波羅蜜，流行世間廣益羣品故也。法華亦云，如來爲一大事因緣故出現于世，所謂開示悟入佛知見等。此經下云：如來應供等正覺性，起正法不可思議。所以者何？非少因緣成等正覺出興于世，以十種無量無數百千阿僧祇因緣，成等正覺出興于世。何等爲十？一者發無量菩提之心，不捨一切衆生，如是等乃至廣説應知。

次別顯者，略提十義以明無盡。何者爲十？謂由法爾故，願力故，機感故，爲本故，顯德故，，顯位故，開發故，見聞故，成行故，得果故。

初，法爾故者，一切諸佛法爾皆於無盡世界，常轉如此無盡法輪如大王路法爾常規，無停無息，盡窮未來際。是故下文不思議品云："一切法界虛空等世界，悉以毛端周徧度量。一一毛端處於念念中，化不可說不可說佛刹微塵等身，乃至盡未來際劫，一一化佛身有不可說不可說佛刹微塵等頭，一一頭有不可說不可說佛刹微塵等舌，一一舌出不可說不可說佛刹微塵等音聲，一一音聲說不可說不可說佛刹微塵等修多羅，一一修多羅說不可說不可說佛刹微塵等法，一一法中說不可說不可說佛刹微塵等句身味身，復不可說不可說佛刹微塵等劫說異句身味身。音聲充滿法界，一切衆生無不聞者，盡一切未來際劫常轉法輪，如來音聲無異無斷，不可窮盡。"解云：準此經文，於一毛端處，於一念中，出於如上業用，餘念念中皆亦如是。如一毛端處如是念念業用無盡，餘一一毛端次第周徧虛空法界等一切世界，各皆如是無盡無盡。此卽處以毛端，該於法界，時以刹那盡於劫海。謂於此處明頓起業用，謂於此時明常起業用，此亦不待因緣。諸佛法爾，此經下文所說皆爾。問：若爾何故？處唯八會，時局二七耶？答：遮那品云："一一微塵中，佛國海安住，佛雲徧護念，彌綸覆一切。"又云："一毛孔中，無量佛刹莊嚴清淨，曠然安住。彼一切處，盧遮那佛於衆海中演說正法。"解云：況八會處而不該攝十方法界。又，發心品云："知無量劫卽一念，一念卽是無量劫。"解云：況二七日時不攝無量劫海。不思議品云："一切諸佛，於一微塵中普現三世一切佛刹，於一微塵中普現三世諸佛自在神力，於一微塵中普現三世一切衆生，於一微塵中普現三世一切諸佛佛事。"解云：此中塵内三世，通括一切前後際劫，是謂諸佛法爾常說故也。

二，願力故者，謂是如來本願力故，令此教法稱機顯現。是故盧遮那品云："十方國土中，一切世界海，佛願力自在，普現轉法輪。"又云："盧遮那佛神力故，一切剎中轉法輪，普賢菩薩願音聲，徧滿一切世界海。"解云：即是此經該於十方，虛空法界等一切世界及諸塵内、諸剎土中，同時説此經者，皆是本師願力所致。是故下諸會初皆云盧遮那佛本願力故。又，雲集品頌云："無量無數劫，此法甚難值，若有得聞者，當知本願力。"解云：此即由佛願力令衆得聞。又云："如來不出世，亦無有涅槃，以本大願力，顯現自在法。"

三，機感故者，如來平等，無有改易，隨應衆生，現身説法。此有三義：一、以佛果色聲清淨功德爲增上緣，應彼機感以成攝化。雲集偈云："有眼有日光，能見微細色，最勝神力故，淨心見諸佛。"又，法界品云："佛於過去行，得一微妙音，無心於彼此，而能應一切。"二、佛果無有色聲粗相，但以平等理智增上願力，機感相應有形言現。雲集偈云："三世一切佛，法身悉清淨，隨其所應化，普現妙色身。"又云："一切諸如來，無有説佛法，隨其所應化，而爲演説法。"三、通上二義，有無無礙，以稱法界無障礙。故舍那品云："佛身充滿諸法界，普現一切衆生前，應受化器悉充滿，佛故處此菩提樹。一切佛刹微塵等爾所佛，坐一毛孔皆有無量菩薩衆，各爲具説普賢行。"解云：正是此經所説分齊。

四，爲本故者，謂將欲逐機漸施末教故，宜最初先示本法，明後依此方起末故。是故最初説此經法，然後方於鹿園等處漸説枝末小乘等法。又，下性起品云："猶如日出，先照高山"等。如下立教中引説。

五，顯德故者，謂顯佛果殊勝之德，令諸菩薩信向證得。此有二種：一、依果，謂蓮華藏莊嚴世界海；二、正果，謂如來十身通三世間等，並如下文説。此二無礙有四句：一、依内現依，如塵内現剎海;二、正內現正,如毛孔現佛等;三、正內現依,如毛孔現刹等;四、依內現正,如塵內現佛等。是故隨舉一門,卽攝一切,無不皆盡,並如下說。爲顯此果德,故說是經。

六、顯位故者,爲顯菩薩修行佛因,一道至果具五位故。此亦二種:一、次第行布門,謂十信十解十行十迴向十地滿後,方至佛地。從微至著,階位漸次。二、圓融相攝門,謂一位中卽攝一切前後諸位,是故一一位滿皆至佛地。此二無礙,廣如下文諸會所說。

七、開發故者,爲欲開發衆生心中如來之藏,性起功德,令諸菩薩依此修學,破無明殼,顯性德故。此亦有二種:一、以言說顯示,令知有故;二、教其修行得顯現故,如下文破微塵出經卷等,具如彼說。

八,見聞故者,示此無盡自在法門,唯是極位大菩薩境,而令下位諸衆生等於此見聞,而得成彼金剛種子不毀不盡,要當令其至究竟位故也。亦如性起品說。

九,成行故者,謂爲示此普法,令諸菩薩成普賢行。一行卽一切行,初發心時便成正覺,具足慧身,不由他悟。又云:菩薩受持此法,少作方便,疾得阿耨多羅三藐三菩提等。此亦二種:一、頓成多行,二、徧成普行,並如下說。

十,得果故者,令得佛地智斷果故。亦有二種:一、斷果。謂除障故,卽普賢品明一障一切障、小相品明一斷一切斷,廣如下說。二、智果。謂成德故,具足十身盡三世間,逆順自在依正無礙。如不思議品等說。此上略由顯示如是十義,令此經教興起故也。

第二,藏部明攝者,略顯十義以明收攝。一明三藏,二顯所攝,三辨二藏,四釋相違,五開種類,六定所攝,七一部收,八三部攝,九或九部,十具十二。

初，明三藏者，一名修多羅，或云修妬路，或云素呾纜，此云契經。契有二義：謂契理故，合機故。經亦二義：謂貫穿法相故，攝持所化故。貫穿者，世親釋云：謂能貫穿，依故相故法故義故，名素呾纜。謂於是處，由此爲此而有所說，名之爲依。真俗諦相，名之爲相。十善巧法等，名之爲法。隨密意等以說諸法，名之爲義。又，無性釋爲貫穿縫綴。解云：貫穿是契入義，縫綴是契合義。謂以聖言貫穿義理，令不散失，令不隱没，縫綴連合，令成詮表，令得久住。佛地論云："能貫能攝故名爲經。"以佛聖教貫穿攝持所應說義及所化生，名爲契經。契理之經，依主釋也，契經即藏持業釋也。又，雜心五義：一涌泉，二出生，三顯示，四繩墨，五結鬘。正翻名線，何故稱經？謂線能貫華，經能持緯，義用相似。但以此方重於經名，不貴線稱，是故翻譯逐其所重，廢線存經，從譬立名。二、毘柰耶，此云調伏。調者和御，伏者制滅。調和控御身語等業，制伏除滅諸惡行故。此是所詮行，謂調伏之藏也。或翻名滅，滅有三義：一滅業非，二滅煩惱，三得滅果。或云尸羅，此名清凉。三業過非，猶如火燃，戒能息滅，故云清凉。十誦律中名爲性善，或云守信，如昔所受實能持故。或云波羅提木叉，此云隨順解脱。由持戒故順至解脱，亦名別解脱。三名阿毘達摩藏。達摩名法。阿毘有七義：一名對法，此有二義：一對向，謂因智趣向涅槃果故。二對觀，謂果智觀證涅槃滅故。雖因智亦有對觀，然以仰進修故，但名對向。世親攝論云：此法對向無住涅槃，能說諸諦菩提分等諸妙門故。此約因智說，此唯所詮。二名數法。梁攝論釋云：諸法中隨一法，或以名相，或以別相，或以通相等，數數顯此一法，故名數法。三名伏法者，彼論云：此法能伏諸說，立破二能。由正說依止等方便故，故名伏。四名通法，此能通釋契經義故，契經稱法，此法能通彼，即法之通。梁攝論名解法。由阿毘達摩修多羅義易解故也。五名無比法，六名大法，七名擇法。此三唯約所詮。又，順正理云：或契經名爲達摩論，能決了名爲對法。此卽以教對教，同上通法。或云摩得勒伽，此云本母。以教與義，爲本爲母，亦名分別解脱。或云優波提舍，此云論義。雜集中名解釋也。此契經等上三種，皆含攝所詮出生義理，俱名爲藏。莊嚴論第四云：彼三及此二，云何名藏？答：由攝故。謂攝一切所應知義也。初藏通持業依主，後二藏唯依主，以從所詮爲名故。餘出體性及諸門分別，廣如別説。

第二，顯所攝者，此經何藏攝者。或唯契經攝，以非餘二故；或二攝，以有決擇義理對法收故；或三攝，下文亦顯諸戒行故；此約同教辨。或是下文十藏所攝，以主伴具足顯無盡故，此約別教。問：三藏據教，十藏約義，如何以義而云攝教？答：若小乘教義俱不融，三乘義融教不融，一乘教義俱融，是故得攝。如意言無分別觀入教攝等，三乘中已有，況一乘耶﹗但標召表示卽屬教攝，思之可見。

第三，約辯二藏者，謂聲聞藏菩薩藏。初者約聲聞小根，立三藏教詮，示聲聞理行果等爲聲聞藏。二約菩薩大根，立三藏教詮，示菩薩所行等法爲菩薩藏。莊嚴論第四云：此三藏由上下乘差別故，復説爲聲聞藏及菩薩藏。

第四，釋相違者。問：經中亦云，爲求緣覺者説十二因緣，何故不名緣覺藏耶？答：以諸緣覺亦唯斷我執，唯證生空，果成羅漢，入滅不殊。望於菩薩，俱是下乘，故不別説。問：等俱是下，何故獨名聲聞藏？答：以緣覺亦有出無佛世無教者故，聲聞不爾故，偏得名。問：小乘教中亦有詮示菩薩乘法，何不亦名菩薩藏耶？答：以彼宗菩薩所斷所證所入涅槃亦與二乘無差別故，又以菩薩唯一不多故，亦不説。問：若爾，何故普超三昧經三藏品及入大乘論説彼三乘卽爲三藏：一聲聞藏，二緣覺藏，三菩薩藏？答：彼經論中，皆云大乘之中有此三藏故，非謂小也。問：卽據此文，緣覺有藏，與莊嚴論如何會釋？答：前據理果不異，故合也；此約教行小別，故分也。是故二説不相違也。

第五，開種類者，就聲聞藏中，準諸經論，曲開三種：一、静論聲聞藏。謂契經四阿含，調伏五部，對法二十，互相違静。所説不同，不妨聖果，是故總名爲静論藏。二、稱實聲聞藏。謂如瑜伽聲聞地及聲聞決擇，詮示聲聞行位果等，皆悉稱實與理相應，不同婆娑及諸異論。以補處所説非諸異論所能静故，是故總名稱實聲聞藏。問：此中所説既與小乘諸部不同，豈聲聞人有兩種耶？答：此約教中説聲聞法盡理不盡故，開爲二，非謂聲聞亦有差別。三、假立聲聞藏。如大乘經中，爲引聲聞令迴心故，所立法門亦同聲聞名數而説。如無作四諦及道品等，如諸大乘經中説，不能繁引。既非菩薩所學，是故名爲假立聲聞藏。問：此中名雖同小乘，義實是大，何得總説爲聲聞藏？答：只爲此義名爲假立。問：諸聲聞人根熟迴心，所學即是菩薩藏收，此假立藏於彼何用？答：但聲聞迴心有二種：一勝二劣。勝者，一往入大，不藉此藏；劣猶怖大，是故方便同彼名數，令易信受，故立此門。第二菩薩藏中，準諸聖教亦有三類：一、小乘中菩薩藏。謂詮示菩薩依三十四心等次第成佛，亦不論於十地行位，仍復不同聲聞等者是也。如婆娑俱舍説。二、大乘共教中菩薩藏。謂詮示菩薩次第行位，雖説有迴心直進不同，俱依十地行布漸次修至佛果。如瑜伽菩薩地及諸大乘經論中説。三、不共教中菩薩藏。詮示菩薩依普賢行位五位圓融，謂一位即一切位，一行即一切行，圓極法界，無礙自在，始終皆齊，一一位滿即成十佛，主伴具足等。故智論云："般若波羅蜜有二：一者共，謂此大品經及餘方等經與諸聲聞共説故；二者不共，謂不思議經不與聲聞共説故。"解云：此中共大之小非愚法，共小之大非別教，是故有三菩薩藏也。問：菩薩聲聞二藏別故，即彼二人各別得果。菩薩藏中既分三位，應三種菩薩各別成佛。答：成佛唯一，但機有淺深，教說三類，匪謂成佛體實有三。今就教開，不約佛體。問：若三說俱稱理，佛體亦成三；若成佛理是一，二說卽爲虛。答：於一成佛通有三義：一、以本從末門，如小乘說，以同聲聞故。二、開本異末門，如共教說，以與聲聞相對辨異故。三、末盡唯本門，如不共教說，二乘聾盲無對異故。佛體圓融，具斯三義，是故三說各異，佛無若干，是故今菩薩藏中，有此三類。

第六，定所攝者，此經何藏攝者，俱非前三聲聞藏攝，於後三種菩薩藏中正唯後攝，以智論中別指此經爲不共故。或三類中唯除初一後二俱攝，以此經中具普別故。或亦通彼假立聲聞藏收，以經中亦辨四諦等故。或亦總通二藏所收，以聲聞藏法竝依一乘法界所流昧無別故。

第七，一部攝者，於十二部中或唯約方廣一部所攝。對法論說一切有情利益安樂所依處故，宣說廣大甚深法故，名爲方廣。又，瑜伽說聲聞藏中無方廣故，或此經題目已顯現故。

第八，三部攝者，謂記別、自說、方廣。以法華中說餘九部爲小乘故，此經非彼，故唯三攝。

第九，或九部攝者，謂除因緣、譬喻、論義。以涅槃第三說護大乘者受持九部，除前三故。第十，具十二者，一是契經攝，以涅槃經說始從如是，終至奉行，是契經故。二應頌，如下文，具有重頌故。三記別，如下文，具有記成佛等故。四諷頌，如下文有直說頌等故。五自說，如下文從定起卽說本分等。六緣起，如下文因請說故。七譬喻，如下文廣說喻故。八本事，如下說盧舍那等及普賢本所經本事故。九本生，如下說舍那等本生相故。十方廣一門可知。十一希法，如下文毛孔說法及座出衆寶柱現佛等。十二論義，如瑜伽八十一說，謂諸經典循環研覈摩怛理迦，一切了義經皆名摩怛理迦。

謂於是處世尊自廣分別法相等，如下文明難品等説。是故此經具
有十二部攝也。餘義如下十二部經處説。藏部攝竟。

　　第三，明立教差別者，略提十類：一叙古説，二辯是非，三述西
域，四會相違，五明現傳，六定權實，七顯開合，八教前後，九就義分
教，十以理開宗。

　　初中，古來諸德立教多端，難以具顯，略叙十家，以成龜鏡。
一、後魏菩提留支立一音教。謂一切聖教唯是如來一圓音教，但隨
根異故分種種，如經一雨所潤等。又，經云：“佛以一音演説法，衆
生隨類各得解”等。二、陳朝真諦三藏等立漸頓二教。謂約漸悟
機，大由小起，所設具有三乘之教，故名爲漸，即涅槃等經。若約直
往頓機，大不由小，所設唯是菩薩乘教，故名爲頓，即華嚴等經。後
大遠法師等亦同此説。三、後魏光統律師承習佛陀三藏立三種教，
謂漸頓圓。光師釋意：一、爲根未熟，先説無常，後乃説常，先空後不
空等，如是漸次，名爲漸教。二、爲根熟之輩，於一法門具足，演説
一地佛法，謂常與無常、空不空等，一切具説，更無由漸，故名爲頓。
三、爲於上達分階佛境之者，説於如來無礙解脱，究竟果德圓極、秘
密自在法門，故名爲圓。即以此經是圓頓所攝。後光統門下遵統
師等亦皆宗承同於此説。四、齊朝大衍法師等立四宗教：一、因緣
宗，謂即小乘薩婆多等部。二、假名宗，謂成實論及經部等説。三、
不真宗，謂諸部般若，説即空理，明一切法不真實等。四、真宗，謂
華嚴涅槃，明法界真理佛性等故。五、護身法師等立五宗教。謂此
於前第四宗內，開真佛性以爲真宗，即涅槃等經。第五名法界宗，
即華嚴明法界自在無礙法門。六、陳朝南嶽思禪師智者禪師等立
四教：一、三藏教，亦名小乘教，如法華云不得親近小乘三藏學者，
智論中説小乘爲三藏，大乘名摩訶衍藏。二、名通教，亦名漸教，謂

大乘經中通說三乘通被三根等。又如大品中乾惠等十地通三乘者是也。三、名別教，亦名頓教，謂諸大乘經中所說法門道理不通小乘等者是也。四、名圓教，亦名秘密教，謂法界自在，具足圓滿，一即一切，一切即一，無礙法門，亦華嚴等是也。七、唐朝海東新羅國元曉法師造此經疏，亦立四教：一、三乘別教，謂如四諦教緣起經等。二、三乘通教，謂如般若經深密經等。三、一乘分教，如瓔珞經及梵網等。四、一乘滿教，謂華嚴經普賢教。釋此四別，如彼疏中。八、唐吉藏法師立三種教，爲三法輪。一、根本法輪，即華嚴經最初所說。二、枝末法輪，即小乘等於後所說。三、攝末歸本法輪，即法華經四十年後說迴三入一之教，具釋如彼。九、梁朝光宅寺雲法師立四乘教，謂如法華中，臨門三車即爲三乘，四衢道中所授大白牛車即爲第四乘，以臨門牛車亦同羊鹿俱不得故。若不爾者，長者宅內引諸子時，云此三車只在門外，諸子出宅即應得車，如何出已至本所指車所住處而不得，故後更索耶？故知是權同羊鹿也，以是大乘中權教方便說故。具釋如彼法華疏中。十、唐江南印法師敏法師等立二教：一、釋迦經，名屈曲教，以逐機性隨計破著故。如涅槃等。二、盧舍那經，名平道教，以逐法性自在說故。如華嚴等。彼師釋此二教略有四別：一、主異，謂彼釋迦化身所說，此是舍那十身所說。二、處異，謂彼說在娑婆世界木樹草座，此說在於蓮華藏世界寶樹金座。三、衆異，彼與聲聞及菩薩說，此唯菩薩極位同說。四、說異，謂彼但是一方所說，此要該於十方同說。廣釋如彼華嚴疏中。

　　第二，辨是非者，此上十家立教諸德，並是當時法將，英悟絕倫。如思禪師智者禪師等，神異感通，迹參登位，靈山聽法，憶在於今。雲法師依此開宗，講法華感天雨華等，並如僧傳等所顯。又，此諸德豈夫好異，故分聖教？但以解該羣典，異軫呈根，言不得已，開宗別釋，務令聖說各契其宜。問：此上十說，誰是誰非？答：依成實論，佛說内外中間之言遂即入定時，有五百羅漢各釋此言，佛出定後，同問世尊，誰當佛意？佛言並非我意。諸人問佛，既不當佛意，將無得罪？佛言雖非我意，各順正理，堪爲聖教，有福無罪。況此諸說，各有少多聖教爲證，是故不可全非棄耳。

第三，述西域說者，真諦三輪，笈多四教，波頗五說，並如別說。又，法藏於文明元年中，幸遇中天竺三藏法師地婆訶羅，唐言日照，於京西太原寺翻譯經論，余親于時乃問：西域諸德，於一代聖教頗有分判權實以不？三藏說云：近代天竺那爛陀寺同時有二大德論師，一名戒賢，二稱智光，並神解超倫，聲高五印，羣邪稽顙，異部歸誠。大乘學人仰之如日月，獨步天竺各一人而已。以所承宗別，立教不同。謂戒賢即遠承彌勒無著，近踵護法難陀，依深密等經瑜伽等論立三種教。謂佛初鹿園說小乘法，雖說生空，然猶未說法空真理，故非了義。即四阿含等經。第二時中雖依徧計所執自性說諸法空，然猶未說依他圓成唯識道理，故亦非了義。即諸部般若等教。第三時中方就大乘正理具說三性三無性等唯識二諦，方爲了義。即解深密等經。又，此三位各以三義釋：一攝機，二說教，三顯理。且初唯攝聲聞，唯說小乘，唯顯生空。二唯攝菩薩，唯說大乘，唯顯二空。三普攝諸機，通說諸乘，具顯空有。是故前二攝機教理各互有闕故，非了義；後一，機無不攝、教無不具、理無不圓故，爲了義。第二智光論師遠承文殊龍樹，近稟提婆清辯，依般若等經中觀等論亦立三教。謂佛初鹿園爲諸小根說小乘法，明心境俱有。第二時中爲彼中根說法相大乘，明境空心有唯識道理，以根猶劣未能令入平等真空，故作是說。於第三時爲上根說無相大乘，辯心境俱空平等一味，爲真了義。又，此三位亦三義釋：先攝機者，初時唯攝二乘人機。第二通攝大小二機，以此宗計一分二乘不向佛果。

三唯攝菩薩，通於漸頓，以諸二乘悉向佛果無異路故。二約教者，初唯說小乘，次通三乘，後唯一乘。三約顯理者，初破外道自性等故，說緣生法定是實有。次卽漸破二乘緣生實有之執，說此緣生以爲似有，以彼怖畏此真空故，猶存假有而接引之。後時方就究竟大乘，說此緣生卽是性空平等一味，不礙二諦。是故法相大乘有所得等，屬第二教，非真了義。此三教次第，如智光論師般若燈論釋中，具引蘇若那摩訶衍經說，此云大乘妙智經，此昔所未聞也。

　　第四，會相違者。問：此二說既各聖教互爲矛楯，未知爲可和會爲不可會耶？答：無會無不會。初、無會者，既並聖教，隨緣益物，何俟須會？卽是智論四種悉檀中，各各爲人悉檀；亦是攝論四意趣中，衆生樂欲意趣。於一法中或讚或毀，是故二說不須强會。二、無不會者，有二門：一、約教應機，二、約機領教。前中，但佛教門了與不了有其四位：一、約攝機寬狹，二、約言教具闕，三、約益物大小，四、約顯理淺深。初者，若唯攝二乘不兼菩薩，或唯菩薩不兼二乘，各攝機狹，故非了義。若寬攝三機周盡，方了義。二者，若唯說小不兼說大，或唯說大乘不兼小乘教，言各有闕，故非了義。若言包大小，具足三乘，方爲了義。深密經等據上二門，戒賢所判亦有道理。三，約益物大小者，若令一切衆生得小乘益，或令一切有情得大乘益，有得小益不能全令得究竟益，俱非了義。若能令彼一切衆生及入寂二乘，悉皆當得大菩提益，方爲了義。四，顯理淺深者，若於緣起隨說實有，或雖破實猶存假有，既會相未盡，顯理未極故，非了義。若說緣生卽是性空，不礙緣起，融通無二，會緣既盡，理性圓現，方爲了義。彼妙智經據上二門，智光所判甚有道理。是故二說各據別門，互不相至，豈有相違？二、約機領教者。問：二說三教各初說小，華嚴初說如何會釋？答：諸德三釋，一云此三法輪約漸悟機說，華嚴最初約頓悟機說。若爾，密迹力士經初時具說三乘法，此爲屬漸爲屬頓耶？若是漸教應唯説小，若是頓教應唯説大，彼既具三極成違害，是故此釋亦難用也。一云若依顯了門，則有如前三法次第，若約秘密門，卽諸説同時。若爾者，卽初時小顯而大密，何不以大顯而小密耶？又，判此顯密，出何聖教？理既不齊，復無聖教，故難依用。此上二釋此三法輪攝法不盡。初卽漸而非頓，後卽顯而非密。一云但是如來圓音一演，異類等解。就小結集唯説小乘，就大結集唯説大乘，就通結集具説三乘。若爾，隨一結集俱無前後，何有如此三教次第？今解此難，便會二説。汎論如來圓音説法大例有二：一、爲此世根定者説，二、爲此世根不定説。初中三節：一、或有衆生此世小乘根性定者，見佛始終唯説小乘。如小乘諸部，結集三藏總無大乘。二、或有衆生此世三乘根性熟者，見佛始終但説三乘。如密迹力士經，佛初鹿園説法之時，無量衆生得阿羅漢果，無量衆生成辟支佛道，無量衆生發菩提心，住初地等。乃至廣説，大品大般若亦同此説。以此義準後時所説，皆通具此三乘，如諸大乘經中所説。三、或有衆生此世一乘根性熟者，卽初見佛於樹王下華藏界中依海印定，唯爲菩薩演説無盡圓滿自在無礙法門，具足主伴，乃至終極亦同此説，以此法中通括九世攝前後故也。二、爲不定根者，有二位：一、此世小乘根不定故，堪可進入三乘位者。卽初開唯小以爲不了，次聞唯大亦非是了，後聞具三方爲了義。解深密經就此根辯。二、此世小乘根不定故，堪可進入一乘位者。卽初唯説小爲不了教，次通大小亦非了教，後會三歸一，唯説一乘，方爲了教。妙智經當此意也。由根不定有此二門，是故二師各述一門，故不相違。由有如是此世根定及不定故，是故令彼教門或有前後，或無前後，準釋可知。

第五，明現傳者。當今諸德，於大乘中自有二説：一、立三乘大乘，以此宗許入寂二乘定不成佛，是故約彼五性差別，具説三乘。

二、立一乘大乘，以此宗許入寂二乘亦並成佛，是故約此佛性徧有，唯說一乘。前師引教成立云：如大般若經第五百九十云："若有情類於聲聞乘性決定者，聞此法已速能證得自無漏地；於獨覺乘性決定者，聞此法已速依自乘而得出離；於無上乘性決定者，聞此法已速證無上正等菩提。若有情類雖未證入正性離生，而於三乘性不定者，聞此法已皆發無上正等覺心。"又，解深密經第二云："乃至更說法要，謂相無自性性，勝義無自性性，乃至諸聲聞乘種性有情，亦由此道此行迹故，正得無上安穩涅槃。一切聲聞獨覺菩薩皆共此一妙清淨道，皆同此一究竟清淨，更無第二。我依此故，密意說言唯有一乘，非於一切有情界中無有種種有情種性，或鈍根性或中根性或利根性有情差別。"解云：此約三乘同一所觀無性道故，密意說此名爲一乘，理實三乘各證涅槃，非是一也。"又，瑜伽論第三十七云："補特伽羅成就者，略說四種：有聲聞種性，以聲聞乘而成就之；有獨覺種性，以獨覺乘而成就之；有佛種性，以無上乘而成就之；無種性者，即以善趣而成就之。"善戒地持皆同此說。又，解深密經云："一向趣寂聲聞種性補特伽羅，雖蒙諸佛施設種種勇猛加行，方便化導，終不能令當坐道場證阿耨多羅三藐三菩提。"深密解脫亦同此說。十輪經第九卷亦說三乘各定差別，如是等文並非小乘，是大乘中許三差別，是故名爲三乘大乘教也。二、後師引彼一乘大乘教者，涅槃經三十三云："一切衆生同有佛性，皆同一乘同一解脫。一因一果，同一甘露，一切當得常樂我淨，是名一味"。又，法華第一云："十方佛土中，唯有一乘法，無二亦無三，除佛方便說。"又云："初以三乘引導衆生，然後但以大乘而度脫之。"又第三云："我滅度後，復有弟子不聞是經，不知不覺菩薩所行，自於所得功德，生滅度想入於涅槃。我於餘國作佛，更有異名，是人雖生滅度之想入於涅槃，而於彼土求佛智慧。"大智度論第九十五亦同此說。又，法華論中四聲聞內退菩提心及應化，此二聲聞佛與授記，決定及增上慢此二根未熟故，菩薩與授記，方便令發心。解云：既但云未熟，不言無根，故知定當得佛菩提。又，復云方便令發心，即是發菩提心也。又，入楞伽第二、第四、第七，皆同說二乘無實涅槃但是三昧力住，後必當得無上菩提。法華論云：“第四人者，方便令入涅槃城故。”涅槃城者，諸禪三昧城，過彼城已令入大般涅槃城。此同楞伽住三昧樂，離分段故，假說涅槃。而實有彼變易身，故於淨土中行菩薩道。勝鬘經云：“言諸二乘得涅槃者，是佛方便，唯有如來得般涅槃。”又，此經及無上依經寶性論佛性論皆說入滅二乘，於三界外受變易身。又，密嚴經中二乘必無灰斷永滅。如是等文，亦是大乘。不許三乘決定差別。是故名爲一乘教。

第六，定權實者。或有說者，一乘是權，三乘是實。以深密經，第一時教唯爲發趣聲聞乘者，說即總無成佛。第二時教唯爲發趣修大乘者，說即總無不成佛。此二若過若不及，故俱非了義。莫若第三時教，有種性者成，無種性者不成，方爲了義。法華既當第二時教，即是密意權說。是故勝鬘經以一乘爲方便說，是故理實但約不定種性說爲一乘。攝論莊嚴論顯揚論等皆同此釋。又，法華第三生滅度想入涅槃等，依瑜伽八十一，並是變化聲聞，示現入滅。楞伽密嚴皆同此會釋。無上依經寶性等論並是不定二乘，向菩提者增壽變易，非謂入滅更起受身。瑜伽說本轉二識成就不成就四句中，第四俱不成就者，爲聲聞獨覺入無餘依涅槃界時。又，八十云：“無餘依涅槃界中，唯有清淨真如法界。”依此等文，入涅槃已，身智俱滅，根識永無，豈有變易修行成佛？是故，唯有一乘非極了義。深密經中第三時，普爲發趣一切乘者說，名爲了義，故知三乘是盡理實教。又，深密第二、第四皆云，一乘是密意說，故知是權也。或有說者，一乘是實，三乘是權。謂法華經唯一佛乘是深密經三乘後說定性二乘滅亦不存故，方便説三，實唯一故。若言法華是第二時教，爲引不定二乘，故説一切悉皆成佛，而猶未説定性不成，故非了者。若爾，法華之時猶未説有定性二乘，何因彼論立四聲聞？彼定性言從何處得？若有定性，豈得總成？若許總成，何名定性？故知定性之言，牒前深密所説，後至法華明悉全成佛。是故彼論順此經文，會前權説，歸後實教，故知法華定在深密後説。妙智三教一乘在三乘後，梁論成立正法三中亦一乘在後，並同此説。法華中生滅度想入涅槃等，釋爲變化示現滅者，極違教理。違教者，若是變化聲聞，即實是諸佛菩薩，豈可迷自所示涅槃，乃生滅度之想？若作此釋，元未讀經。違理者，若入涅槃，是永斷滅。諸佛菩薩於所化前示現涅槃。若彼所化不定種性是勇猛者，不怖生死能修勝行；若有一類性怯弱者，怖畏生死學佛菩薩，先入涅槃擬欲於後行菩薩道。汝宗入滅既無有起，豈不誤彼一類衆生？此乃誤衆生，何成引導？況復此文無不相干，又亦未見勝鬘經意，乃輒斷一乘以爲方便。彼經云："若如來隨彼所欲而方便説，即是一乘無有二乘，二乘入於一乘。一乘者即第一義乘。又，彼經中廣破二乘，云無涅槃，又云，此經斷一切疑，決定了義入一乘道。豈説一乘以爲方便？解深密經一乘是密意者，是未説法華之前，故作是説，及後説法華時，會前三乘，皆是方便。瑜伽轉本俱滅，顯揚六義説一乘，攝論十義説一乘，皆同深密會釋。以此等論隨彼經造故。法華論説決定二乘亦受記等，是隨此本經造故。若不信一乘守權乖實，甚爲可愍故。百喻經第二卷云："昔有一聚落，去王城五由旬，村中有好美水。王勅村人常使日日送其美水，村人疲苦，悉欲移遠此村去。時彼村主語諸人言，'汝等莫去，我當爲汝白王，改五由旬作三由旬，使汝得近，去來不疲'。則往白王，王爲改之作三由旬。衆生聞已便大歡喜。有人語言，'此故是本五由旬，更無有異'。雖聞此言，信王語故，終不肯捨。世間之人亦復如是。修行正法，度於五道，向涅槃城，心生疲倦，便欲捨離頓駕，生死不能復進。如來法王有大方便，於一乘法分別説三，小乘之人聞之歡喜，以爲易行，修善進德，求度生死。後聞人説無三乘，故是一乘，以信佛語終不肯捨。如彼村人，亦復如是。”解云：此經卽是金口良斷，權實顯然，可息諸説耳。

第七，顯開合者。然此三乘一乘各有二種：三乘二者：一、異時三乘。如深密經，初時唯小乘，第二唯大乘。二、同時三乘。如第三時普爲發趣一切乘等。於此教中，一乘相隱，三乘相顯，是故就顯總名三乘。一乘二者：一、破異明一。如法華經，破二實滅，及涅槃經破無佛性，俱是對權會破，方説一乘。二、直體顯一。如華嚴經，不對二乘，無所破故，爲大菩薩直示法界成佛儀故。是故，初説華嚴無權可會，終説涅槃會前諸權，是卽非盡權無，以顯實是俱名一乘。又，復更開各有三種：初三乘三者：一、始別終同三。謂始約因修四諦，緣生六度等別；終就得果三乘之人，身智同滅。如俱舍等説，比約初時小乘教説。二、始同終別三。謂同聞般若，同觀無性，三乘之人各得自果，如前所引説。若據聖諦緣生，六度行異，亦得名爲始終各別。此是第二、第三時教説也。三、近異遠同三。謂法華等，初以三乘方便誘引，後同以大乘令得度等。一乘三者：一、存三之一，如深密等説。二、遮三之一，如法華等。三、表體之一，如華嚴等。是故通説有其四句：一、或唯三無一，如俱舍等。二、或唯一無三，如華嚴等。三、或亦一亦三，此有二位：初三實一權，如深密等；後一實三權，如法華等。四、或非一非三，約理絶言故。大般若中舍利子問善現云：“如來授諸天子記，於三乘中何乘得記？”善現答言：“於法相中無一無三，云何問言？於何乘得記？”是故，一乘三乘有存有泯，諸説不同。或聞唯破二乘，卽謂唯約不定種性；

或聞無二亦無三，卽謂大乘實教亦破；或聞不破大乘，卽謂大乘權教亦存。今釋有二位：一、約事破二乘實滅，二、約教亦會大乘權教。大乘權教許入寂二乘不成佛故，但深破二乘卽是破三，是故破二破三皆不相違。

第八，教前後者。今辯<u>如來</u>一代所説，約時顯教，大例有四：一、本末差別門，二、依本起末門，三、攝末歸本門，四、本末無礙門。初中，本末同時，始終一類，各無異説。然有三位：一、若小乘中，卽最初度彼<u>憍陳那</u>等，最後度於<u>須跋陀羅</u>。中間亦復唯説小乘，唯益小機，如四阿含經及五部律遺教等説。二、若約三乘，卽從始至終皆説三乘，通益三機。如前所引力士經大般若等諸大乘經。於中雖有權實不同，皆具三乘。三、若約一乘，卽從初至極爲大菩薩唯説一乘。如最初時説華嚴等。其中不通二乘，復攝九世該於前後，是故至極更無異説。然此三類既依此世根定者説，此卽諸教相望各通始終，竟無前後。二、依本起末門者，有四類：一、謂初時爲大菩薩説大乘，次説中乘，次説小乘，後説人天。如此經下<u>性起品</u>云：“譬如日出，先照一切諸大山王，次照一切大山，次照金剛寶山，然後普照一切大地。<u>如來</u>應供等正覺，亦復如是：成就無量無邊法界智慧日輪，常放無量無礙智慧光明，先照菩薩摩訶薩等諸大山王，次照緣覺，次照聲聞，次照決定善根衆生隨應受化，然後悉照一切衆生乃至邪定，爲作未來饒益因緣。又，此品中如三千界初始成時，先成色界諸天宮殿，次成欲界諸天宮殿，次成人處及餘衆生諸所住處。如來應供等正覺，亦復如是：先起菩薩諸行智慧，次起緣覺聲聞及餘衆生一切善根，依此等文明，佛初時説大，後漸説小。約法以明依本起末，非約根器，以無先學大後學小故。問：法豈不別耶？答：小乘之法定從大乘所流出故。<u>文殊問經</u>云：“十八及本二皆從大乘出。<u>普超三昧</u>及入大乘論意並同此。三、攝末歸本門者。依無量義經，初時說小乘，次說中乘，後時說大乘。依解深密經，初時唯小乘，第二時唯大乘，第三時具三乘。依妙智經，初時唯小乘，次具三乘，後唯一乘。此即無量義經合大開小，深密等合小開大，謂於大乘開於權實。然深密妙智既各聖教，不可取一捨一。是故合此二經，總有四門：一、初時小乘，二經同說；第二時唯大乘，唯深密說；第三時具三乘，此是深密第三妙智第二；第四時唯一乘，唯妙智第三時說。是故，當知妙智經在深密後說。若謂妙智經此土未翻而不信者，彼深密經既當第三時教，然許定性二乘及無性有情並不成佛，具足三乘名一切乘者；是即法華涅槃既在深密後說，然定性二乘及無性闡提悉皆成佛，當知即是第四時名一乘教，是故與妙智經懸會無疑。又，初小乘教，依法華等，佛成道後三七日等說。依真諦三藏記云，佛成道七年後，說諸部般若，是第二時教。又云：三十八年後，說解節經，當第三時教。今依法華經及無量義經，並云四十年後說法華等，故知是深密後說。真諦此說必有聖教，若無聖教，豈可自作年數？若不信此者，即涅槃經最居末後，是即無疑。然此四時，皆前權後實，以後會前。法華涅槃會深密之三乘，歸究竟一乘，其義決定。是故此四從淺至深，明攝末歸本之漸次也。四、本末無礙門者。謂初舉照山王之本教，明非本無以起末，後顯歸大海之異流，明非盡末無以歸本。是即本末交映，與奪相資，方爲攝生之善巧也。是故，通論總有五位：一、根本一乘教，此如華嚴說；二、密意小乘教；三、密意大乘教；四、顯了三乘教。上三如深密經說。五、破異一乘教，如法華涅槃等說。此上四門既圓通無礙，是即前後即無前後，無前後即前後，皆無障礙。思准之耳。

第九，以義分教，教類有五，此就義分，非約時事。一、小乘教，二、大乘始教，三、終教，四、頓教，五、圓教。初小乘可知。二　始教者，以深密經中第二、第三時教同許定性二乘俱不成佛故，今合之總爲一教。此既未盡大乘法理，是故立爲大乘始教。三、終教者，定性二乘無性闡提悉當成佛，方盡大乘至極之説，立爲終教。然上二教並依地位漸次修成，俱名漸教。四、頓教者，但一念不生即名爲佛，不依位地漸次而説，故立爲頓。如思益云："得諸法正性者，不從一地至於一地。"楞伽云："初地即入地，乃至無所有何次"等。又，下地品中，"十地猶如空中鳥跡，豈有差別可得"。具如諸法無行經等説。五、圓教者，明一位即一切位，一切位即一位，是故十信滿心，即攝五位成正覺等。依普賢法界，帝網重重，主伴具足故，名圓教。如此經等説。若約所説法相等者，初小乘法相有七十五法，識唯有六，所説不盡法原，多起異静。如小乘諸部經論説。二、始教中廣説法相，小説真性，所立百法，抉擇分明，故無違静。所説八識，唯是生滅法相，名數多同小乘，固非究竟玄妙之説。如瑜伽雜集等説。三、終教中少説法相，廣説真性，以會事從理故。所立八識通如來藏，隨緣成立，具生滅不生滅，亦不論百法，名數不廣，又不同小，亦無多門。如楞伽等經實性等論説。四、頓教中總不説法相，唯辯真性，亦無八識差別之相。一切所有唯是妄想，一切法實唯是絶言，呵教勸離，毀相泯心。生心即妄，不生即佛，亦無佛無不佛，無生無不生。如淨名默住顯不二等，是其意也。五、圓教中所説唯是無盡法界，性海圓融，緣起無礙，相即相入，如因陀羅網重重無際，微細相容，主伴無盡。十十法門，各稱法界，具如下説。然此五教，有開有合，亦有五重：一、或總爲一，謂唯是如來一大善巧攝生方便也。二、或開爲二，謂一乘、三乘教。前諸教中雖有存三泯二不同，然皆通三乘趣入，故名三乘教；後一直顯本法，不通二乘，故唯是一。即智論中名共教不共教。此亦同上印師等所立二教也。三、或分爲三，謂小乘、三乘、一乘教。智論既將此經爲不與二乘共，故名爲不共，卽是一乘。大品等爲通三乘，同觀得益，故名爲共，卽是三乘。義准四阿含經，既不共菩薩，亦名不共，卽是小乘。依此三位，梁攝論第八云："如來成立正法有三種：一立小乘，二立大乘，三立一乘。第三最勝，故名善成立。"此亦同上妙智經説。又，真諦三藏部異執疏第二卷中亦同此説。四、或分爲四，此有二義：一、於上共教中，約存三泯二開兩教故爲四：一、別教小乘，二、同教三乘，如深密等，三、同教一乘，如法華等，四、別教一乘，如華嚴等。二、約歷位無位開漸頓二教故爲四：一、小乘教，二、漸教，三、頓教，四、圓教。五、或散分爲五，於上漸教復分始終二教。此上五教，非局判經，但多分而論，如上所指通諸經論，並可知。

第十，以理開宗，宗乃有十：一、法我俱有宗，謂人天位及小乘中犢子部等。彼立三聚法：一有爲法，二無爲法，三非二聚。卽初二是法，後一是我。又立五法藏，一過去，二未來，三現在，四無爲，五不可説。此卽是我以不可説是有爲無爲故。二、法有我無宗，謂薩婆多等。彼説諸法二種所攝：一名，二色。或四所攝，謂三世及無爲。或立五法：一心，二心所，三色，四不相應，五無爲。此卽但有此法，無別有我。三、法無去來宗，謂大衆部等説。有現在及無爲，以過未法體用俱無故也。四、現通假實宗，謂説假部等。彼説無有去來二世，於現在法中，在蘊可實，在界處爲假。隨應諸法，假實不定。成實論及經部別師亦同此類。五、俗妄真實宗，謂説出世部等。彼説世俗法假，以虛妄故；出世法實，以非虛妄故。六、諸法但名宗，謂一説部等。一切我法唯有假名，都無實體。此又通於初教之始。七、一切皆空宗，謂大乘初教。説一切法悉皆性空，超於情表，無分別故。如般若等皆辯。八、真德不空宗，謂終教諸經所説。一切法唯是真如如來藏中實德攝故，真體不空，具性德故。九、相想俱絶宗，謂頓教中絶言所顯，離言之理，理事俱泯，平等離念。十、圓明具德宗，謂如別教一乘，主伴具足，無盡自在所顯法門。上來分教開宗，粗陳梗概，廣引教理。具明義相，如別記說。

　　第四，教所被機者，通有十位。於中，前五簡其非器，後五正顯所爲。前中五者：一、違真非器。謂不發菩提心，不求出離，依傍此經，求名求利，莊飾我人，經非彼緣，故非其器。下云："爲名利說法，是爲魔業。"又如："不淨說法，墮惡道"等。二、背正非器。謂詐現大心，僞修邪善，近感人天終〔不〕成佛，恐墮阿鼻地獄，多劫受苦。如提婆達多爲闡提頂，又如八大善人當成不善。前據初時即可知，此就終時方顯。下云："忘失菩提心修諸善根，是爲魔業。"經非此緣，故亦非器。三、乖實非器。謂雖不巧僞，然隨自執見，以取經文，遂令超情至教，迴不入心，故成非器。地論云："聞作聞解，不得不聞。"又如，"隨聲取義，五種過失"等。此上三位，俱是凡愚衆生境界。下云："此經不入一切衆生之手，唯除菩薩。"良以此經非是衆生流轉之緣，故不入手。四、狹劣非器。謂一切二乘無廣大心，亦非此器。下文云："一切聲聞緣覺不聞此經，何況受持。"又，"舍利弗等五百聲聞，皆如聾盲，不聞不見。"五、守權非器。謂三乘共教諸菩薩等，隨自宗中修行未滿初阿僧祇，亦非此器故。下文云："菩薩摩訶薩，雖無量億那由他劫行，六波羅蜜修習道品善根，未聞此經。雖聞不信受持隨順，是等猶爲假名菩薩。"問：瓔珞經等十千劫修，十信行滿，何故此中無量億等不信此經？答：以彼但於行布位中修行信等，於此圓融普賢十信，一攝一切，猶未聞信。由此，故知二宗差別。若不爾者，修行既經爾許時劫，不信此經，何名菩薩摩訶薩也。簡非器竟。

　　第二，顯所爲中五者：一、正爲者。謂是一乘不共教中普機菩薩，正是此經所爲之器。下文云："如是經典，但爲乘不思議乘菩薩摩訶薩説，不爲餘人。”解云：乘者，運轉爲義。若依別門，初運至十信，次轉至十住，乃至佛果，次第相乘，以階彼岸，名可思議。若依普門，一位卽一切位故，亦一運卽一切運，名不思議乘。乘此乘者，十信滿心，卽得六位，如賢首品等説。又，十住等位，皆亦如是，如下文諸會處説。又如，善財一生具五位等，皆是普法相收故也。又，舍那品云：“非餘境界之所知，普賢方便皆得入。”又，普賢誡衆云：“普眼境界清淨身，我今演説仁諦聽。”如是可知。問：何故此法非餘境界？答：以盧舍那周徧塵方，普應法界一切羣機。若彼別機稱自根器，但各見己所見，聞自所聞，皆不見他所見，不聞他所聞。此普賢機乃見一切所見，聞一切所聞，皆盡盧舍那能化分齊，故云普眼境也。是故，當知普別二機感，普別二法，各不同也。二、兼爲者。謂遺法中，見聞信向此無盡法，成金剛種，當必得此圓融普法。如下文吞服金剛喻，又小火廣燒喻等，又如兜率天子從地獄出，得十地無生忍，展轉利益不窮盡等，皆由宿聞此法爲本因故。又下文云：“雖在於大海及劫盡火中，決定信無疑，必得聞此經。”三、引爲者。謂彼如前共教菩薩，於彼教中多時長養，深解窮徹，行布教源，卽當得此普賢法界。既云無量億那由他劫不信此經，卽知過此劫數必當信受。以離此普法，更無餘路得成佛故，經不説彼過此劫數猶不信故。問：若彼地前過彼劫數必信受者，卽知地上二宗不別，豈彼所信無十地耶？答：於彼教中具有行布十地漸次乃至佛果，長養彼根器務令成熟。極遲之者，至此劫數定當信入，如其疾者，是卽不定可准知耳。四、轉爲者。謂諸二乘以根鈍故，要先迴入共教大乘，捨二乘名，得菩薩稱，然後方入此普賢法。故説此經唯爲菩薩，不攝二乘。若不爾者，餘大乘經有聲聞衆爲所被機，亦引二乘令其入大。唯獨此經，衆無聲聞之機，文無迴小之説，何成了義深廣之典。設第八會有聲聞者，爲寄對顯法，表如聾盲，非是所被。其六千比丘非是羅漢，故不相違。是故，當知一切二乘總無頓入普賢法界。依究竟説，無有二乘而不迴入共教菩薩，無彼菩薩而不入此普賢之法，是故展轉無不皆是此法之器。五、遠爲者。謂諸凡愚外道闡提悉有佛性，以障重故，久遠亦當得入此法。如佛性論及實性論皆説，以一闡提謗大乘因，依無量時説無佛性，非謂究竟無清淨性。又如此經，性起大樹於二乘闡提二處不生芽，亦不捨生性等，又如日照生盲喻等。是故，當知一切衆生，究竟無不皆入此法，以此普法衆生具有故。下文云："菩薩知一切衆生身中有如來菩提等。"問：若爾，何故瑜伽等論，定性二乘及無性有情定不成佛？答：此由教門有了不了，故有諸説。若依小乘，一切衆生總皆無有大菩提性，如小論説。若大乘初教，即五性差別，一分有性，一分無性，如瑜伽等。若依終教，一切衆生悉有佛性，如涅槃等經佛性等論。若依頓教，衆生佛性一味一相，不可言有，不可説無，離言絕慮，如諸法無行經等説。若依圓教，衆生佛性，具因具果，有性有相，圓明備德，如性起品如來菩提處説。

第五，能詮教體者，通論教體，從淺至深，略有十門：一言詮辯體門，二通攝所詮門，三徧該諸法門，四緣起唯心門，五會緣入實門，六理事無礙門，七事融相攝門，八帝網重重門，九海印炳現門，十主伴圓備門。

初中有二，先辨小乘，後顯大乘。前中，依薩婆多宗諸德三説：一云，但名句文身以爲教體。故發智論云："十二部經以何爲性？答：名身、句身、文身，次第住等。"一云，以聲善故是佛教體，名等無記是教作用。婆娑論第一百二十六云："佛教云何？答：謂佛語言、詞唱、評論、語音、語路、語表是佛教，乃至説者語業爲體。佛語何法？答：謂名身、句身、文身，次第行列，次第安布，次第連合，此即總顯佛教作用"。解云：評家正義音聲爲體，經部宗亦以音聲爲性，故順正理論第十四破經部云："汝不應立名句文身，卽聲爲體。"又，無性攝論破彼云："諸契經句語爲自性不應理故，初是法處後是聲處。"亦又因前二說，諸德合取以爲教體。餘如彼說。就大乘宗有四句：初，攝假從實，唯聲爲體，以名等依聲屈曲，假立無別體故。無性攝論云："依弘誓願立菩薩聲。"雜集論云："成所引聲謂諸聖說，二分假異實，以名等爲性故。"唯識論第二云："若名句等不異聲者，法詞無礙境應無別，三假實合辯，亦聲亦名"等。維摩經云："有以音聲、語言、文字而作佛事。"十地論中，說者以二事說，聽者以二事聞，謂音聲名字。問：依此宗，聲表善惡，聲是無記。又，名句文是自性無記，何得無記爲聖教體？答：若有漏心變，可是無記，若佛菩薩後得智說，俱是善攝。十地論云："依止何事者謂音聲及善字？四假實雙泯，非聲非名，以卽空故，言卽無言故。"維摩云："文字性離是卽解脫。"十地論中，風喻音聲，畫喻名字。若動樹葉風及壁上畫是卽可取，若空中風及空中畫皆不可取。大乘聲名當知亦爾，皆不可取以相盡故。此上四句爲一教體，是故空有無礙名大乘法。謂空不異有，有是幻有，幻有宛然，舉體是空。有不異空，空是真空，真空湛然，舉體是有。是故，空有無毫分別。故佛藏經云："諸法如毫釐，許不空者，卽諸佛不出世。"又下云："諸法畢竟空，無有毫末相，如是非一也。"

　　第二，通攝所詮門者，非但如前取能詮教，亦漸通取所詮之義，以並是所知所解法故。瑜伽八十一云："諸契經體略有二種：一文，二義。文是所依，義是能依。如是二種總名，一切所知境界。"解云：以義依文而得顯故。

　　第三，徧該諸法門者，謂一切諸法悉爲教體。此亦二種：一有爲法，二無爲法，以無不能令生開覺故。如下文華鬘寶地、香樹雲閣、法界法門，無非佛事。如勝音菩薩及所坐蓮華卽通人法、教義、行位、因果、理事、總能，發生勝解行，故並爲教體。準思可知。

第四，緣起唯心門者，此上一切差別教法，無不皆是唯心所現。是故，俱以唯識爲體。然有二義：一本影相對，二說聽全攝。初中通辨諸教總有四句：一、唯本無影。如小乘教，以無唯識變現等，故達摩多羅等諸論師多立此義。二、亦本亦影。如大乘始教，衆生心外佛有微妙色聲等法，由聞者善根增上緣力擊佛利他等子爲因，於佛智上文義相生爲本性相教，由佛此教增上緣力擊聞法者有漏無漏善根種子，聞者識上文義，相生爲影像相教也。二十唯識論云："展轉增上力，二識成決定。"護法論師等悉立此義。三、唯影無本。如大乘終教，離衆生心佛果無有色身言聲事相功德，唯有如如及如如智，大悲大願爲增上緣令彼所化根熟，衆生心中現佛色聲說法，是故聖教唯是衆生心影像。故下文云："一切諸如來，無有說佛法，隨其所應化，而爲演說法。"又云："如來法身不思議無色無相，無倫匹示現色像，爲衆生十方受化靡不見，如是非一。"龍軍堅慧諸論師等並立此義。四、非本非影。如頓教中，非直心外無佛色等，衆生心内所現之佛亦當相空。以唯是識無別影故，色等性離無所有故，一切無言無言亦無故，是故聖教卽是無教之教。如經云："如來不出世，亦無有涅槃。"又，密嚴經明佛常在法界，無不出世等。龍樹等宗多立此義。此前四說，總爲一教，圓融無礙，皆不相妨，以各聖教從淺至深，攝衆生故。思之可見。第二，說聽全收者，亦四句：一、離佛心外無所化衆生，況所說教？是故唯是佛心所現。此義云何？謂諸衆生無別自體，攬如來藏以成衆生。然此如來藏卽是佛智證爲自體，是故衆生舉體總在佛智心中。下文云："諸佛悉了知，一切從心轉。"又云："如來菩提身中悉見一切衆生，發菩提心修菩薩行成等正覺，乃至見一切衆生寂滅涅槃亦復如是，皆悉一性以無性故。”又云：“三世一切劫佛刹及諸法、諸根心、心法、一切虛妄法，於一佛身中此法皆悉現。”又，佛性論第二如來藏品云：“一切衆生悉在如來智内，故名爲藏，以如如智稱如如境故。一切衆生決定無有出如如境者，並爲如來之所攝持，故名所藏衆生爲如來藏。是故離佛心智無一法可得。二、總在衆生心中，以離衆生心無別佛德故。此義云何？佛證衆生心中真如成佛，亦以始覺同本覺故，是故總在衆生心中。從體起用，應化身時即是衆生心中真如用大，更無別佛。起信論中盛明此義。又下文云：“若人欲求知三世一切佛，應當如是觀。心造諸如來。”三、隨一聖教全唯二心。以前二説不相離故，謂衆生心内佛爲佛心中衆生説法，佛心中衆生聽衆生心佛説法。如是全收説聽無礙，是謂甚深唯識道理。四、或彼聖教俱非二心。以兩俱形奪不並現故，雙融二位無不泯故，謂佛心衆生無聽者故，衆生心佛無説者故，兩俱雙泯二相盡故。經云：“夫説法者無説無示，亦其聽法者無聞無得。”又此下文云：“衆生所生非是生，亦無流轉生死中。”又經云：“如來不説法，亦不度衆生”，如是等。是故，此四於一聖教圓融無礙，方爲究竟。

第五，會緣入實門者，亦有二義：一、以本收末，二、會相顯性。初中，以諸聖教皆從真流，是故與真性常不異，如海起潮不失鹹味。論中名爲真如所流十二分教。又云：從最清淨法界等，流教法等，是故以本收末，唯是真如也。二，會相顯性者，謂彼一切差別教法皆悉從緣起，從緣起故必無自性，無自性故即是真如。是故空相本盡，真性本現，唯是真如故。經云：“一切法即如也。”又下文云：“彼生滅法如如相也。”

第六，理事無礙門者，亦有二義：一、謂一切教法舉體真如，不礙事相歷然差別。二、真如舉體爲一切法，不礙一味湛然平等。前即如波即水不礙動相，後即如水即波不失濕體。當知此中道理亦爾。是故，理事混融無礙，唯一無住不二法門，維摩經中盛顯斯義。又此經云："知非有是有，有是非有，非相是相，相是非相。"良由本以非有爲有，是故此有即是非有。聖教準此理事無礙，思之可見。

第七，事融相攝門者，亦有二義：一、相在，二、相是。初中，先一在一切中，謂如一教法不礙在事全是真理，真理徧餘一切事中同理。教事亦如理徧，是故一切法中常有此一。依是義，故無一微細塵毛等處無佛說教。故此經云："一切佛刹微塵中盧舍那現自在力，弘誓願海振音聲調伏一切衆生類。"二、一切在一中，謂無分齊理既不改性而全是事，是故一事攝理無不皆盡。餘事如理在一事中，以理無際限不可分故，隨一事處皆全攝也，是故一中常有一切。依是義，故此經云："於此蓮華藏莊嚴世界海之內一一微塵中見一切法界。"又云："於一法中解衆多法，衆多法中解了一法。"若具通說，有其四句：初、一在一中，謂別說一切差別事中，一一各有彼一法故。二、一在一切中，謂通說一切悉有一故。三、一切在一中，謂別說一中攝一切故。四、一切在一切中，謂通說一切悉有一切故。又，此常含一切之一即復恒在彼一切中，同時自在無障無礙，不動一方徧十方等，皆是此義。思之可見。既一切法悉爲教體，皆互相收圓融無礙，方是此經教之體性。二，相是者，先一即是一切，謂如一教事既全是真理，真理即爲一切事故。是故此一即是一切，一切即一，反上應知。此經云："若一即多，多即一，義味寂滅悉平等。"通亦四句，準前思之。良以全理之事與全事之理非一非異。由非一門故得相在也，由非異門故得相是也，深思可見。依是義，故一句即是一切句而無窮盡，一切亦爾。下文云："欲具演說一句法，阿僧祇劫無窮盡。"如是，自在是此教體。

第八，帝網重重門者，亦二義：先辨一門，後類顯一切。前中，如一句內即具一切，此一中一切復一即一切，如是重重，具即不可窮盡，總是一句。二、類顯者，如此一句，餘一切句一一皆爾，是卽無盡無盡，具唯普眼所知，非是心識思量境界。下文云："於彼一一修多羅分別諸法不可説，於彼一一諸法中又説諸法不可説。"又云："若於一小微塵中有諸佛刹不可説，於彼一一佛刹中復有佛刹不可説。"解云：如是重重如因陀羅網，是謂此經圓宗教體。

第九，海印炳現門者，亦有二義：一、約果位，如前差別無盡教法，皆是如來海印定中同時炳然圓明顯現，設所化機亦同緣起在此中現，是故唯以此三昧海爲斯教體。如下文云："一切示現無有餘海印三昧勢力故。"二、約因位，要普賢等諸大菩薩方得此定，同前業用亦無差別，是故十信滿處，普賢位中亦得此定。如賢首品説。

第十，主伴圓備門者，謂此普法教不孤起，必主伴隨生，如下文普莊嚴童子聞佛説一切法界無垢莊嚴經。有世界微塵數修多羅以爲眷屬，如是等文處處皆有。此眷屬經有其二義：一同類，二異類。初、同類者，如説十住十方各有十刹塵數菩薩來證，同名法慧。我等佛所亦説十住，大眾眷屬名味句身等無有異，是故當知一十住經十方各有十刹塵數修多羅等以爲眷屬，如一十住餘一切處所説十住，皆攝爾許塵數眷屬。十住既爾，餘十行等一一品會皆有證法。數量準釋可知。二、異類者，謂隨一方一界爲一類機説一會法，既無結通十方等説，故非主經。然亦與主爲勝方便，故爲眷屬。是故主經必十方塵道同時同説，伴經不爾隨方各別。是故一一主經各有塵數眷屬，是謂本末相資，主伴圓備。教體門竟。

第六，宗趣者。語之所表曰宗，宗之所歸曰趣。然此大經宗趣難辨，略敍十説以顯一宗：

一、江南印師敏師等多以因果爲宗。謂此經中廣明菩薩行位之因，及顯所成佛果勝德。下文所説不離此二，故以爲宗。

二、大遠法師以華嚴三昧爲宗。謂因行之華能嚴佛果。此上二説但得所成行德，遺其所依法界。

三、依衍法師以無礙法界爲宗。

四、依裕法師，以甚深法界心境爲宗。謂法界門中，義分爲境，諸佛證之以成淨土。法界卽是一心，諸佛證之以成法身。是故初品之內，初天王偈讚無盡平等妙法界，悉皆充滿如來身，末後復明入法界品，故知唯以法界爲宗。此上二説但得所依法界，遺所成行德。

五、依光統師以因果理實爲宗。卽因果是所成行德，理實是所依法界。此雖義具，然猶未顯。

六、今總尋名，案義以因果緣起理實法界以爲其宗。卽大方廣爲理實法界，佛華嚴爲因果緣起。因果緣起必無自性，無自性故卽理實法界；法界理實必無定性，無定性故卽成因果緣起。是故此二無二，唯一無礙自在法門，故以爲宗。

七、別開攝法界以成因果。謂普賢法界爲因，舍那法界爲果，是故唯以法界因果而爲宗趣。於中分別有十事五對：一、所信因果。如初會中舍那品內，先明蓮華藏世界果，後顯普莊嚴因。二、差別因果。如第二會至小相品説。於中，初二十五品，説五位差別因，後三品説三德差別果。三、平等因果。如普賢品説平等圓因，性起品説平等滿。上二門是生解因果。四、成行因果。如離世間品中二千行法內，先明因行，後顯果行。五、證入因果。如入法界品先祇洹林中現自在果，後善財童子辨證入因。因果五周，一部斯畢，是故唯辨因果，不失所依，但以因果爲宗，理亦無咎。

八、會因果以同法界，法界法門略顯十事五對：一、教義相對，舉此所説教法爲宗，意顯所詮義理爲趣。或反此，以辨義深教勝故。二、理事相對，舉事法爲宗，意取理性爲趣。或反此，以依理性方成事故。三、境智相對，舉所觀境，意欲令成觀智行故。或反此，以令修起智證同真境故。四、行位相對，舉所依之五位，意令依之修成勝行。或反此，以積行成位故。五、因果相對，勸彼修因，意在證果。或反此，以舉果勸樂令修因故。此上五對通於一部，處處皆有，故不別屬。是故，唯辨法界不失所成，但以法界爲宗理亦無違。

九、法界因果分相顯示中，亦有十義五門：一、無等境卽理實法界。此有二位：一是出纏最淨法界，二是在纏性淨法界。此二爲所信證故。二、無等心，此亦二義：一、大菩提心，爲普賢行所依本故；二、信悲智等隨行起故。三、無等行，此亦二義：一、差別行各別修故；二、普賢行一卽一切故。四、無等位，此亦二義：一、行布差別位比證不同故；二、圓融相攝位一位卽具一切位故。五、無等果，此亦二義：一、修生果，二、修顯果。此五門十義通收此經一部略盡，是故具以爲宗，義亦備矣。

十、法界因果雙融俱離。謂性相混融無礙自在，亦有十義：一、由離相故，因果不異法界，卽因果非因果也。二、由離性故，法界不異因果，卽法界非法界也。三、由離性不泯性故，法界卽因果，以非法界爲法也。四、由離相不壞相故，因果卽法界，以非因果爲因果也。五、由離相不異離性故，因果法界雙泯俱融，迴超言慮也。六、由不壞不異不泯故，因果法界俱存現前，爛然可見也。七、由上存泯復不異故，超視聽之法恒通見聞，絕思議之義，不礙言念也。八、由法界性融不可分故，卽法界之果統攝法界無不皆盡。因隨所依，亦在果中，是故佛中有菩薩也。九、卽法界之因攝義亦爾，故普賢中有佛也。十、因果二位各隨差別，一一法、一一行、一一德、一一位，皆各總攝無盡無盡諸法門海者。良由無不該攝法界圓融故也，是謂華嚴無盡宗趣。餘義如指歸等説。

第七,釋經題目者,略釋十名: 一數名, 二法名, 三喻名, 四義名,五德名,六事名,七開名,八具名,九合名,十品名。

初, 數名者, 依梁攝論第十勝相云:“百千經者,是華嚴經有十萬頌,名百千經。”此即從本數以立其名。

二,法名者,依智度論屬累品云:“名不思議解脱,經有十萬偈。又,彼中自指是華嚴故。”良為此經所説之法皆一攝一切,無不悉是不思議解脱,故以爲名。

三,喻名者,依涅槃經及觀佛三昧經名此經爲雜華經。以萬行交飾緣起集成,從喻標名,猶雜華耳。

四,義名者,如下離世間品出生菩薩深妙義華等十義立名, 至彼當辯。

五,德名者,如性起品末就十勝德以立其名,亦至彼當釋。

六,事名者,華嚴之稱,梵語名爲健拏驃訶。健拏名雜華,驃訶名嚴飾。日照三藏説云:“西國別有一供養具,名爲驃訶, 其狀六重,下闊上狹,飾以華寶,一一重內皆安佛像。”良以此經六位重疊,位位成佛,正類彼事,故立此名。人天八會亦似彼,應知。

七,開名者,此一名開爲十事五對: 一、通別一對, 謂大方廣等一部通名,世間淨眼是當品別目。二、就通中教義一對,謂大等是所詮義,經之一字是能詮之教。三、就義中法喻一對,謂大等是法,華嚴爲喻。四、就法中境智一對, 謂大等是所證所覺,佛是能證能覺,亦是人法一對。五、就境中簡持一對,謂大字是能簡,方廣爲所簡,即簡大異小、簡實異權、簡果異因故也。

八,具名者,大有十義: 一、境大, 謂十蓮華藏及十佛三業無邊依正爲所信境,如初會等説。二、心大,謂依前大境起大心故,如賢首品及發心品説。三、行大,謂依大心起大行故,如離世間品等説。

四、位大，謂積大行成大位故，卽五位圓通等，如第二會至第六會來説。五、因大，謂行位普圓，生了究竟，如普賢品等説。六、果大，謂隨緣自體，果德圓明，如不思議品等説。七、體大，謂大用平等，皆同真性，如性起品等説。八、用大，謂念念益生，頓成行位，如小相品等説。九、教大，謂一一名句皆徧一切，如下結通等説。十、義大，謂所詮皆盡無邊法界，如一塵含十方，一念包九世，八會等説。此上十義，一一統收一切法盡，莫不稱大。又有七義，如瑜伽等七種大性相應等，以釋大義。又依涅槃經更有三義釋大，經云："所言大者，名之爲常。"又，"言大者，其性廣博"。又云："能建大義，名大涅槃。"又，起信論亦以三義釋大，謂體相用等。次釋方廣，亦有十義：一、周徧義，謂言教廣徧諸塵方故。二、普説義，謂普宣説一切法故。三、深説義，謂説甚深法界海故。四、備攝義，謂普攝無盡衆生界故。五、廣益義，謂要令衆生得佛菩提大利樂故。六、蕩除義，謂徧除二障及習氣故。七、具德義，謂具攝無邊諸勝德故。八、超勝義，謂獨絶超餘無比類故。九、含攝義，謂通攝衆多異類法故。十、廣出義，謂能出生佛大果故。然此十義如二論説，入大乘論。一、爲衆生説對治法故，二、有衆多乘故，三、多莊嚴具故，四、能出生無量大果故，五、除斷一切諸邪見故，名毘佛略。又，雜集論釋方廣者，謂菩薩藏相應言説，名爲方廣，一切有情利益安樂所依處故，宣説廣大甚深法故。亦名廣破，以能廣破一切障故。亦名無比法，無有諸法能比類故。次釋佛義，亦有十種，如無著佛等，尋文具辯。次釋華嚴。問：華有幾義？復何所表以華爲嚴？答：華有十義，所表亦爾。一、微妙義是華義，表佛行德離於粗相，故説華爲嚴。下竝準此。二、開敷義，表行敷榮性開覺故。三、端正義，表行圓滿德相具故。四、芬馥義，表德香普熏益自他故。五、適悦義，表勝德樂歡喜無厭故。六、巧成義，表所修德相善巧成故。七、光淨義，表斷障永盡極清淨故。八、莊飾義，表爲了因嚴本性故。九、引果義，表爲生因起佛果故。十、不染義，表處世不染如蓮華故。次釋經字，亦有十義：如寶雲經說。餘義同上。

九，合名者，大卽當體爲目，包含爲義。方卽就用爲名，軌範爲義，是方法故；性離邪僻，是方正故；能治重障，是醫方故；徧虛空界盡方隅故。廣卽體用合明，周徧爲義，謂一切處、一切時、一切法、一切人無不周徧，皆重重如帝網。此中且就一攝一切名大，一徧一切稱廣。前廣後大，理亦不違。方卽是廣大，卽方廣，皆持業釋。此是所得之法。佛是能得之人，覺照爲名，果滿爲義。此中人法境智有相依相卽。相依者，智依境故，方廣之佛簡下乘佛；境依智故，佛之方廣簡因位法。此二相依各有有力無力緣起四句，思之可見，皆依主釋。相卽者，謂佛卽方廣，方廣卽佛，人法無礙，全體相卽。空有四句，亦準思之。此唯持業釋，既佛非下乘法超因位，果德難彰，寄喩方顯。謂萬德究竟，瓘麗猶華，互相交飾，顯性稱嚴。此有二門：一、諸德互嚴，亦有相依相卽。各有四句，存亡俱泯，皆持業釋，思之可見。二、理行互嚴，亦有相依相卽。初相依四句者：一、理由修顯故，卽行華嚴性也。二、行從理起故，卽理華嚴行也。梁攝論云：“無不從此法身流，無不還證此法身。”三、理行俱融，不二而二。非真流之行無以契真，非飾真之行不從真起。良以體融行而因圓，行該真而果滿，是故標爲佛華嚴也。四、理行俱泯，二而不二。以理之行故非行，行之理故非理，是卽能所兩亡，超情離相，非嚴非不嚴，是謂華嚴。相卽四句，理行全收，準思可見。是知法喩交映，昭然有在。餘如前釋。

十，品名者，世間是法，淨眼爲喩。世者是時，間者是中，時中顯現，故云世間。世間不同有其三種：一、器世間，爲所依處；二、智正覺世間，爲能化主；三、衆生世間，爲所化機。此品之內不越此三,故立斯名。器有二種: 一、場地別處, 二、華藏通處。智正覺亦二: 謂三身十身。眾生亦二: 謂同生異生。淨眼三義: 一、洞徹義,況器世間,内徹理故。下文云: "法界不可壞蓮華世界海。"二、現像義,況智正覺。下文云: "清淨法身無像而不現。"三、照矚義,況眾生世間。下文云: "猶如淨眼觀明珠。"又,若通論此三世間,各有淨眼三義,思準可知。又,釋佛未出世,無善導,故如盲。如來創出世間淨眼,現名世間淨眼,是故佛涅槃時言世間眼滅。品者,類也,別也,餘義可知。

　　第八,部類傳譯者,亦有十義: 一恒本,二大本,三上本,四中本,五下本,六略本,七論釋,八翻譯,九支流,十感應。

　　初,恒本者,下不思議品云: "一切法界虚空界等世界,悉以一毛周徧度量,一一毛端處於念念中,不可説微塵等身盡未來際劫常轉法輪。"解云: 此通樹形等異類世界各毛端處念念常説,無有休息。此非可結集,不可限其品頌多少,亦非下位所能受持。

　　二,大本者,如下海雲比丘所受持普眼經,以須彌山聚筆四大海水墨,書一品修多羅不可窮盡,如是等品復過塵數。此是諸大菩薩陀羅尼力之所受持,亦非貝葉所能書記。

　　三、上本者,此是結集文中之上本也。故西域相傳,龍樹菩薩往龍宮見大不思議解脱經有三本,上本有十三千大千世界微塵數頌,四天下微塵數品。

　　四、中本者,有四十九萬八千八百偈,一千二百品。此上二本並秘在龍宮,非閻浮提人力所受持,故此不傳。

　　五、下本者,有十萬頌,三十八品。龍樹將此本出現,傳天竺,卽攝論百千爲十萬也。西域記説: 在于闐國有遮俱槃國山中具有此本。

六、略本者，卽此土所傳六十卷本，是彼十萬頌中前分三萬六千頌要略所出也。近於大慈恩寺塔上見梵本華嚴有三部，略勘並與此漢本大同，頌數亦相似。

七、論釋者，龍樹既將下本出，因造大不思議論，亦十萬頌以釋此經。今時十住毘婆沙論是彼一分。秦朝耶舍三藏頌出譯之，十六卷文纔至第二地，餘皆不足。又，世親菩薩造十地論，偏釋十地一品，魏朝勒那三藏及菩提留支於洛陽各翻一本，光統律師自解梵文，令二三藏對御，和會合成一本，見傳者是。金剛軍菩薩及堅慧菩薩各造十地釋，並未傳此土。又，魏朝此土高僧靈辯法師，於五臺山頂戴華嚴，膝步懇懃，足破血流，遂經三載冥加解悟，於懸瓮山中造此經論一百餘卷，現傳於世。後勅請法師入內，於式乾殿講此大經。

八、翻譯者，有東晉沙門支法領，從于闐國得此三萬六千偈經，并請得北天竺大乘三果菩薩禪師名佛馱跋陀羅此云覺賢，俗姓釋迦氏，卽甘露飯王之苗裔，曾往兜率天就彌勒問疑，以晉義熙十四年歲次鶉火三月十日，於揚州謝司空寺別造護淨法堂於中譯出此經。時堂前有一蓮華池，每日有二青衣童子，自池之出堂灑掃供養，暮還歸池。相傳釋云，以此經久在龍宮，龍王慶此傳通，躬自給侍，後因改此寺名爲興嚴寺。沙門法業及慧嚴、慧觀等親從筆受。時有吳郡內史孟顗、右衛將軍褚叔度等爲檀越主。至元熙二年六月十日出訖，至大宋永初二年十二月二十日，與梵本再校勘畢，於法界品內從摩耶夫人後至彌勒菩薩前，所闕八九紙經文。今大唐永隆元年三月內，有天竺三藏地婆訶羅，唐言日照，有此一品梵本，法藏親共校勘，至此闕文，奉勅與沙門道成、復禮等譯出補之。

九、支流者，謂此大經隨力受持，分成多部。兜沙經一卷，是第二會初；菩薩本業經一卷，是淨行一品；小十住經一卷，是十住品；

大十住經四卷，漸備一切智德經四卷，並是十地品；此來性起微密藏經兩卷，是性起品；顯無邊佛土經一卷，是壽命品；度世經六卷，是離世間品；羅摩伽經三卷，是入法界品。近於神都共于闐三藏翻華嚴修慈分一卷，不思議境界分一卷，金剛鬘分十卷，此分翻未成三藏亡歿。今現於神都更得于闐國所進華嚴五萬頌本，并三藏至神都現翻譯。其慈恩寺梵本與舊漢本並同無異，新來梵本品會及文句有少不同，明此大經數本故也，此並大經支流隨器分流。

十，感應者，宋主請西來三藏令講此經，其人恨以方音未通，恐說不盡旨，乃入道場祈請，纔盈七日，遂夢以漢首易己梵頭，因即洞解宋言，講授無滯。又，九隴山尼敬重此經，專精轉讀二十餘載，遂感目覩毛端刹海。又，五臺山尼常誦此經，從曛至曉，一部斯畢，口中光輝徧燿山谷。又，北齊炬法師崇重此經，闕於師受，專讀祈解十五餘年，遂夢善財授聰明藥，因即開悟，造疏十卷，講五十餘徧。又，定州中山修德禪師翹誠護淨鈔寫此經，後開函放光，照一百二十里。又，闍人劉謙之因於五臺山專讀此經，遂復丈夫形。諸如此例，事極繁廣，具如五卷華嚴傳中說。

第九，顯義理分齊者。然義海宏深，微言浩汗，略舉十門，撮其綱要：一同時具足相應門，二廣狹自在無礙門，三一多相容不同門，四諸法相即自在門，五隱密顯了俱成門，六微細相容安立門，七因陀羅網法界門，八託事顯法生解門，九十世隔法異成門，十主伴圓明具德門。然此十門同一緣起無礙圓融，隨有一門即具一切，應可思之。

就初門中，有十義具足：一教義具足，二理事，三境智，四行位，五因果，六依正，七體用，八人法，九逆順，十應感具足。謂衆生機感如來應赴。下云："一切衆生所樂示現雲。"然此十對同時相應爲一緣起，隨一各具餘一切義。如初門既爾，餘廣狹等九門皆各具前十對，但隨門異耳。是故一一門中各有十百千等，思之可見。今且於一事法之上辨此十對，餘可準知。如下文中，一、蓮華葉表令生解爲教，即是所詮爲義。如下勝音菩薩蓮華處説。二、華相爲事，華體是理。下云："法界不可壞蓮華世界海。"三、華是所觀，亦即能觀，以此經中可以內行爲外事故。四、行事之華結成位故。五、因事之華攬成果故。六、華臺所依亦入正故。如國土身等。七、華體同真用應機故。八、全攬爲人，恒是法故。九、逆同五熱，順十度故。十、應赴羣機，亦能感故。如一華事既爾，餘一切事皆準知之。事法既爾，餘教義等一切皆然，準思可見。如具自十對既爾，彼一華葉具前十門亦然。何者？此蓮華葉具前十義，同時相應具足圓滿故。是初門也。

二、即彼華葉普周法界而不壞本位，以分即無分，無分即分，廣狹自在，無障無礙。下云："此大蓮華，其葉徧覆一切法界。"是故或唯廣無際，或分限歷然，或即廣即狹，或廣狹俱泯。或具前四，以是解境故；或絶前五，以是行境故。下皆準此。

三、即此華葉舒己徧入一切法界中，即攝一切令入己內，舒攝同時，既無障礙，是故鎔融。或有四句、六句，準前思之。下云："以一佛土滿十方，十方入一亦無餘。"

四、此一華葉廢己同他，舉體全是彼一切法，而恒攝他同己，全彼一切即是己體。一多相即，混無障礙，解行境別，六句同前。下云："知一即多，多即一"等。

五、華能攝彼，即一顯多隱；一切攝華，即一隱多顯。顯顯不俱，隱隱不並，隱顯顯隱，同時無礙，全攝俱泯，存亡俱成，句數同前。下云："東方見入正受，西方見三昧起"等。

六、此華葉中微細刹等一切諸法，炳然齊現。下云："於一塵中，微細國土曠然安住。”

七、華葉一一微塵之中，各皆竝現無邊刹海，刹海之中復有微塵，彼諸塵內復有刹海，如是重重不可窮盡，非是心識思量所及，如帝釋網，天珠明徹，互相影現，影復現影，而無窮盡。下文“如因陀羅網世界”等。

八、見此華葉卽是見於無盡法界，非是託此別有所表。下云：“此華蓋等從無生法忍所起”等。

九、卽此一華旣具徧一切處，亦復該一切時。謂三世各三，攝爲一念，故爲十世也。以時無別體，依華以立，華旣無礙，時亦如之。是故下云：“過去一切劫安，置未來今；未來一切劫迴，置過去世。”又云：“無量劫卽一念，一念卽無量劫”等。

十、此圓教法理無孤起，必眷屬隨生。下云：“此華有世界海塵數蓮華以爲眷屬。”又如，一方爲主，十方爲伴，餘方亦爾。是故，主主伴伴各不相見，主伴伴主圓明具德。如一事華，帶自十義，具此十門，卽爲一百門。餘教義等，亦各準之，故成千門。如教義等望自類十義及同時等十門有此千門，彼同時等亦望自類十門及教義等亦成千門，準思可見。

問：有何因緣令此諸法得有如是混融無礙？答：因緣無量，難可具陳，略提十類，釋此無礙：一緣起相由故，二法性融通故，三各唯心現故，四如幻不實故，五大小無定故，六無限因生故，七果德圓極故，八勝通自在故，九三昧大用故，十難思解脫故。

初，緣起相由故者，謂大法界中緣起法海，義門無量，約就圓宗略舉十門以釋前義。謂諸緣起法，要具此十義方緣起故，闕卽不成。一、諸緣各異義，謂大緣起中，諸緣相望要須體用各別，不相和雜，方成緣起。若不爾者，諸緣雜亂失本，緣法緣起不成，此卽諸緣各各守自一也。二、互徧相資義，謂此諸緣要互相徧應方成緣起。

且如一緣徧應多緣,各與彼多全爲一故,此一卽具多箇一也。若此一緣不具多一,卽資應不徧,不成緣起,此卽一一各具一切一也。三、俱存無礙義,謂凡是一緣,要具前二,方成緣起。以要住自一,方能徧應,徧應多緣,方是一故。是故唯一、多一自在無礙。由此鎔融,有六句:或舉體全住,是唯一也;或舉體徧應,是多一;或俱存,或雙泯,或總合,或全離,皆思之可見。此上三門,總明緣起本法竟。四、異門相入義,謂諸緣力用,互相依持,互形奪故,各有全力、無全力(一本作“全無力”)義,緣起方成。如論云:“因不生緣生故,緣不生自因生故。”若各唯有力,無無力,卽有多果過,一一各生故。若各唯無力,無有力,卽有無果過,以同非緣俱不生故。是故,緣起要互相依具力無力,如闕一緣,一切不成,餘亦如是。是故,一能持多,一是有力能攝多;多依於一,多是無力潛入一。由一有力必不得與多有力俱,是故無有一而不攝多也;由多無力必不得與一無力俱,是故無有多而不入一也。如一持多依既爾,多持一依亦然。反上思之,是卽亦無多不攝一,一無不入多者也。如一望多有依有持,全力無力常全,多在己中,潛己在多中,同時無礙。多望於一,當知亦爾。俱存雙泯二句無礙,思準之。五、異體相卽義,謂諸緣相望,全體形奪,有有體無體義,緣起方成。以若闕一緣,餘不成起,起不成故,緣義卽壞。得此一緣,令一切成起,所起成故,緣義方立。是故,一緣是能起,多緣及果俱是所起。是卽多爲一成,多是無體,一能作多,一是有體。由一有體必不得與多有體俱,多無體必不得與一無體俱,是故無有不多之一,無有不一之多。一多既爾,多一亦然。反上思之,如一望多有有體無體故,能攝他同己,廢己同他,同時無礙,多望於一當知亦爾。準前思之,俱存雙泯二句無礙,亦思之可見。六、體用雙融義,謂諸緣起法要力用交涉,全體融合,方成緣起。是故圓通亦有六句:一、以體無不用故,舉體全用。卽唯有相入，無相卽義。二、以用無不體故，卽唯有相卽，無相入也。三、歸體之用不礙用，全用之體不失體，是卽無礙雙存，亦入亦卽，自在俱現。四、全用之體體泯，全體之用用亡，非卽非入，圓融一味。五、合前四句，同一緣起無礙俱存。六、**泯前五句，絕待離言，冥同性海**。此上三門，於初異體門顯義理竟。七、同體相入義，謂前一緣所具多一，與彼一緣體無別，故名爲同體。又，由此一緣應多緣，故有此多一。所應多緣既相卽相入，令此多一亦有卽入也。先明相入，謂一緣有力，能持多一，多一無力，依彼一緣。是故，一能攝多，多便入一，一入多攝，反上應知。餘義餘句，準前思之。

八、同體相卽義，謂前一緣所具多一，亦有有體無體義，故亦相卽。以多一無體，由本一成多，卽一也；由本一有體，能作多，令一攝多。如一有多空既爾，多有一空亦然。餘義餘句，並準前思之。九、俱融無礙義，謂亦同前，體用雙融，卽入自在，亦有六句，準前應知。此上三門，於前第二同體門中辨義理竟。十、同異圓備義，謂以前九門總合爲一大緣起故，致令多種義門同時具足也。由住一徧應，故有廣狹自在也；由就體就用，故有相卽相入也；由一攝多時爲顯，令一入多爲隱，多攝一入亦爾。又，就用相入爲顯，令就體相卽爲隱，顯入隱亦然。又，異門卽入爲顯，令同體爲隱，同顯異隱亦爾。又，由以異門攝同體中相入義，故現微細門也；由異體相入帶同體相入，故有重重無盡帝網門也；由此大緣起法卽無礙法界法門，故有託事顯法門也；由此融通自在，今依此法上所辨時法，亦隨此無礙自在，故有十世門也；由此法門同一緣起相帶起故，隨一門必具一切，故有主伴門也。此之一門，於前第三門中以辨義理。上來十義，總是緣起相由門竟。餘門如指歸中説。

（選自大正大藏經卷三五）

十三、大乘起信論義記(選卷一)

　　夫真心寥廓，絕言象於筌蹄；沖漠希夷，亡境智於能所。非生非滅，四相之所不遷；無去無來，三際莫之能易。但以無住爲性，隨派分歧，逐迷悟而升沉，任因緣而起滅。雖復繁興鼓躍，未始動於心源；靜謐虛凝，未嘗乖於業果。故使不變性而緣起，染淨恒殊；不捨緣而即真，凡聖致一。其猶波無異水之動，故即水以辨於波；水無異動之津，故即波以明於水。是則，動靜交徹，真俗雙融，生死涅槃，夷齊同貫。但以如來在世，根熟易調，一稟尊言，無不懸契。大師滅後，異執紛綸，或趣邪途，或弄小徑。遂使宅中寶藏，匿（或作“匸”）濟乏於孤窮；衣內明珠，弗解貧於傭作。加以大乘深旨，沈貝葉而不尋；羣有盲徒，馳異路而莫返。爰有大士，厥號馬鳴，慨此頹綱，悼斯淪溺，將欲啓深經之妙旨，再曜昏衢，斥邪見之顛眸，令歸正趣，使還源者可即，返本非遙。造廣論於當時，遐益羣品，既文多義邈，非淺識所闚，悲末葉之迷倫，又造斯論。可謂義豐文約，解行俱兼，中下之流，因茲悟入者矣。然則，大以包含爲義，乘以運載爲功，起乃對境興心，信則於緣決定。往復折徵，故稱爲論，故云大乘起信論。餘義下當別辨。

　　將釋此論，略開十門：一、辨教起所因，二、諸藏所攝，三、顯教分齊，四、教所被機，五、能詮教體，六、所詮宗趣，七、釋論題目，八、造論時節，九、翻譯年代，十、隨文解釋。

　　初、教起因者，略有十因：一、依何智，二、示何法，三、云何示，四、以何顯，五、依何本，六、藉何力，七、爲何義，八、以何緣，九、由何起，十、幾何益。

初、依何智者，謂依論主洞契心源之智，隨機巧妙之辯。十地論云："歎辯才有三種：一真實者，謂無漏智故；二體性成就，無量義辯才故；三者果字義成就，復是滑利勝上字義成就故。"解云：此初是根本智爲依，二是後得智爲因，三是言説教爲果。是故教起，内依智也。

二、示何法者，謂一心、二門、三大、四信、五行等法，此卽是大乘之中，起信之法，是所示也。

三、云何示者，謂以巧便開一味大乘，作法義二種；分一心法，復作二門；析一義理，復爲三大。由此善巧，而得開示。

四、以何顯者，謂妙音善字，譬喻宗因，方令義理明了顯現。

五、依何本者，謂佛聖言，及正道理，定量爲本。

六、藉何力者，謂歸命三寶，承力請加，賴彼勝力，有所分別，故能造論。

七、爲何義者，謂助佛揚化，摧邪顯正，護持遺法，令久住世，報佛恩故。

八、以何緣者，謂緣於衆生，欲令離一切苦，得究竟樂，故造斯論。

九、由何起者，謂由菩薩大悲内融，愍物長迷，由此造論，法施羣品。

十、幾何益者，略有六種：一、未信者令生信故，二、已信者令得聞慧故，三、已聞者令得思慧故，四、已思解者令得修慧故，五、已修行者令證入故，六、已證入者令圓滿故。

略有如是十因緣故，令此教興。更有六因，如瑜伽六十四云："欲造論者，要具六因：一、欲令法義當廣流布故，二、欲令種種信解有情，由此因緣，隨一當能入正法故，三、爲令失没種種義門，重開顯故,四、爲欲略攝廣散義故,五、爲令顯其深義故,六、欲以種種美妙言辭,莊嚴法義,生淨信故"。此論下八因緣等,及十住毗婆沙論,並大毗婆沙等,各有因緣,可尋彼知之。

第二、明藏攝分齊者有二:初約所詮三故,教則爲三;後約所爲二故,教則爲二。

前中爲詮三學,故立三藏:一、修多羅藏,或云素怛藍,或云修妒路等,並以應語梵名,難得曲耳。此翻名契經。謂契理合機,故名爲契;貫穿縫綴,目以爲經。佛地論云:"貫穿攝持所應説義,及所被機,故名素怛藍。"即詮定之教,契經卽藏,持業釋。二、名毗奈耶藏,或云毗那耶,或云毗尼。古翻名滅,謂身語意思,焚燒行者,義同火然,戒能止滅,故稱爲滅。或云清涼,以能息惡炎熾相故。今翻爲調伏,謂調是調和,伏是折伏,則調和控御身語意業,制伏除滅諸惡行故。調伏是行,卽所詮戒行。調伏之藏,依主釋,以從所詮爲名故。三、阿毗達摩藏,或云阿毗曇。古譯爲無比法,謂阿毗云無比,達摩云法。卽無分別智、分別法相,更無有法能比於此,故云無比法。今譯爲對法,謂阿毗是能對智,達摩是所對境法。謂以正智妙盡法源,簡擇法相,分明指掌,如對面見,故云對法。對法是所詮之慧,卽對法之藏,亦依主釋,從所詮爲目。又,或名伏法、擇法、數法、通法、大法等,並隨義之名,如餘説。問:若此三藏,於彼三學,各詮一學,何故雜集論第十一云:"復次開示三學,立素怛藍;開示戒定,名毗奈耶;開示慧學,名阿毗達摩。"答:若依剋性門,如前各詮一;若依兼正門,則如集論説。以經寬故具三,律次具二,論狹唯一。亦是本末門,謂經是本,餘二次第末也。此論於彼三藏之中,對法藏攝。問:如瑜伽八十一云:"謂諸經典,循環研覈,摩怛理迦,一切了義經,皆名摩怛理迦。謂於是處,世尊自廣分別法相。準此文證,縱對法藏,亦是佛説。此論既是如來滅後菩薩所作，何得亦入達摩藏收？答：有二義：一、准瑜伽是彼種類，故入彼攝。二、準摩訶摩耶經，佛説馬鳴善説法要。既言善説，即是如來懸印所説，故知亦得入此藏收。因此，通論如來説法有其三種：一、佛自説，二、加他説，三、懸許説。此論即當懸許説也。

　　二、約所爲二故，教即爲二者，但根有利鈍，法有淺深，故合三藏，分爲二種。故莊嚴論第四云："此藏由上下乘差別故，復説爲聲聞藏及菩薩藏。"問：彼三及二，云何名藏？答：由攝故。謂攝一切所應知義。解云：是故爲彼聲聞鈍根下乘，依法執分別施設三藏，詮示聲聞理行果等，名聲聞藏。爲諸菩薩利根上乘，依三無性、二無我智，施設三藏，詮示菩薩理行位果，名菩薩藏。問：經中爲諸緣覺説因緣法，何故獨覺不立藏名？答若依普超三昧經及入大乘論，即約三乘而立三藏。今依攝論及莊嚴論，約上下乘分爲二藏，故不立也。問：何故二教廢立不同？答：但彼獨覺與此聲聞有同有異。謂約教行少分不同，分三乘藏；約彼理果全體不殊，故合爲一藏。謂同斷我執，同證生空，果同羅漢，故不別立。是故，經論開合不同。如是此論，二藏之中，菩薩藏攝。

　　第三、顯教分齊者，於中有二：先敍諸教，後隨教辨宗。

　　前中，此方諸德，立教開宗，紛擾多端，難可具陳。略述十家，如華嚴疏中。又，古代譯經，西來三藏，所立教相亦有多門。略舉五家，亦如彼説。今中天竺國三藏法師地婆訶羅，唐言日照，在寺翻譯，余親問，説云：近代天竺那爛陀寺，同時有二大德論師，一曰戒賢，一曰智光，並神解超倫，聲高五印，六師稽顙，異部歸誠，大乘學人，仰之如日月，獨步天竺，各一人而已。遂所承宗異，立教互違。謂戒賢則遠承彌勒、無著，近踵護法、難陀，依深密等經，瑜伽等論，立三種教，以法相大乘爲真了義。謂佛初鹿園轉於四諦小乘法輪，說諸有爲法從緣生，以破外道自性因等；又由緣生無人我故，翻彼外道說有我等。然猶未說法無我理，即四阿含經等。第二時中，雖依徧計所執，而說諸法自性皆空，翻彼小乘，然於依他圓成，猶未說有，即諸般若等。第三時中，就大乘正理，具說三性三無性等，方爲盡理，即解深密經等。是故，於彼因緣生法，初唯說有，即墮有邊，次唯說空，即墮空邊，既各墮邊，俱非了義，後時具說所執性空，餘二爲有，契合中道，方爲了義。此依解深密經判。二、智光論師遠承文殊、龍樹，近禀提婆、清辯，依般若等經，中觀等論，亦立三教，以明無相大乘爲真了義。謂佛初鹿園爲諸小根說於四諦，明心境俱有。次於中時，爲彼中根說法相大乘，明境空心有唯識道理，以根猶劣，未能令入平等真空，故作是說。於第三時，爲上根說無相大乘，辯心境俱空，平等一味爲真了義。又，初則漸破外道自性等，故說因緣生法，決定是有。次則漸破小乘緣生實有之執，故說依他因緣假有，以彼怖畏此真空故，猶在假有而接引之。後時方就究竟大乘，說此緣生即是性空，平等一相。是故，即判法相大乘有所得等爲第二時，非真了義也。此三教次第，如智光論師般若燈論釋中引大乘妙智經說。問：此二所說，既各聖教，互爲矛楯，未審二說可和會與不？答：此有二義：謂無會無不會。初、無會者，既並聖教，隨緣益物，何俟須會？即是智論四悉檀中，各各爲人悉檀。是故，雖有相違而不可會。亦是攝論四意趣中，衆生樂欲意趣，於一法中或讚或毀。是故二說不須和會。二、無不會者，通論此二所設教門，了與不了有其二門：一約攝生寬狹，言教具闕，以明了不了；二約益物漸次，顯理增微，以明了不了。初中有二，先約攝生寬狹者。依解深密經，初時唯爲發趣聲聞乘說。第二時中唯爲發趣大乘者說。此二各唯攝一類機，攝機不盡，故各非了。第三時中，普爲發趣一切乘者說。此中攝機，普該諸乘，故云普爲一切乘說。攝機周盡，方爲了義。二、約言教具闕者。約機取教，則初時唯説小乘，第二唯説大乘，第三具説三乘。前二各互闕教不具，故非了義，後一具三乘，教滿爲了義。由此等義，是故第三方爲了義。戒賢所立，依此門判。第二門内亦二：初約益物漸次者。謂初時所説，唯令衆生得小乘益，益未究竟，故非了義。第二時中，雖益通大小，然不能令趣寂二乘，亦得大乘，是故此説亦非盡理。第三時中，普皆令得大乘之益，縱入寂者，亦令廻向大菩提故。是故經云：唯此一事實，餘二則非真。又云：若以小乘化，我則墮慳貪，此事爲不可。是故，此説方爲了義。二、約顯理增微者。初説緣生以爲實有，次説緣生以爲假有，後説緣生方是性空。前二所説，顯理未周，會緣未盡，故非了義，後一顯理至究，會緣相盡，故爲了義。由此等義，是故第三方爲究竟了義大乘。亦即初唯小乘，次具三乘，後唯一乘故也。智光所立，依此門判。由有此二種門故，是故聖教各依一勢，以明權實，互不相違。問：若如所説，兩宗各初唯説小乘，何故華嚴亦最初説，而非小乘？答：此難，諸德總有三釋：一云：約漸悟機，立三法輪，有此漸次。若頓悟機，則最初亦説彼華嚴等。若爾，密迹力士經初時具説三乘之法，此爲其漸，爲其頓耶？若是漸教，應唯説小，若是頓教，應唯説大，是故難解。一云：若依顯了門，則如前有此三法次第，若約秘密門，則同時皆有。若爾，則初時小顯而大密，何不以大顯而小密耶，又，判此顯密，出何聖教？理既不齊，又無聖教，故亦難依。一云：但是如來圓音一演，異類等解。就小結集，故唯説小；就大結集，故唯説大；就通結集，故説三乘。若爾，説華嚴時，何故聲聞不聞自所聞，乃如聾盲無所見聞？是亦難解。今解此難，汎論如來圓音説法，大例有二：一爲此世根定者説，二爲此世根不定説。初中自有三節：一或有衆生，此世小乘根性定者，唯見如來從始至終，但説小乘。如小乘諸部，不信大乘者是。二或有衆生，此世三乘根性熟者，則唯見如來從始至終，但說三乘。如密迹力士經說，佛初鹿園說法之時，無量衆生得阿羅漢果，無量衆生得辟支佛道，無量衆生發菩提心、住初地等。廣如彼說。大品經中亦同此說。是故，後時所說皆通三乘，如諸大乘經中說也。三或有衆生，此世一乘根性熟者，則唯見如來初樹王下華藏界中，依海印三昧，說無盡圓滿自在法門，唯爲菩薩，如華嚴經等說。是故，諸說各據當根所得，互不相違也。二、不定根者有二位：一此世小乘根不定故，堪可進入三乘位者，則初聞唯小，爲不了教，次唯說大，亦非了教，後具說三乘，方爲了義。故有深密經中三時教也。二此世小乘根不定故，堪可進入一乘位者，則初聞小乘爲不了教，次通三乘，亦非了教，後唯說一乘，方爲了教。智光所立，當此意也。是故，由有於此世中根定不定二位別故，令此教門或有前後，或無前後也。上來總明敍會諸教竟。

第二隨教辨宗者。現今東流一切經論，通大小乘，宗途有四：一、隨相法執宗，即小乘諸部是也。二、真空無相宗，即般若等經，中觀等論所說是也。三、唯識法相宗，即解深密等經，瑜伽等論所說是也。四、如來藏緣起宗，即楞伽、密嚴等經，起信、寶性等論所說是也。此四之中，初則隨事執相說，二則會事顯理說，三則依理起事差別說，四則理事融通無礙說。以此宗中，許如來藏隨緣成阿賴耶識，此則理徹於事也；亦許依他緣起無性同如，此則事徹於理也。又，此四宗，初則小乘諸師所立，二則龍樹、提婆所立，三是無著、世親所立，四是馬鳴、堅慧所立。然此四宗亦無前後時限差別，於諸經論亦有交參之處，宜可准知。今此論宗，意當第四門也。

第四、教所被機，說有二重：一、約權教，即五種姓中，菩薩種姓，及不定性，是此所爲，餘三非此，以無分故。如瑜伽等說。二約實教，一切衆生，皆此所爲，以無不皆當得菩提故。

問：若諸無姓，亦當成佛，何得說有無姓有情？答：論有二釋，故佛性論及寶性論同爲謗大乘人，依無量時，故作是說，非謂究竟無清淨性。佛性論第二卷中，判說無佛性，是不了教故也。准此當知，永無種性，非盡理說，楞伽文可證知。

問：如有難言：若諸衆生，等有佛性，必當得佛，則衆生雖多，要當有盡，是爲大過。又，若悉有性，令最後菩薩闕利他行，以無所化諸衆生故，闕行成佛，不應道理。又，令諸佛利他功德，亦則斷絕，以無所化機緣感故。如是三難，若爲得通？答：此所設難，並由妄見衆生界故，妄起此難，故不增不減經云：大邪見者，見衆生界增，見衆生界減，以不如實知一法界故，於衆生界起增減。

問：我所說義，扶此經文。何者？若諸衆生，悉皆有性，並當解脫，則衆生有減，今立有此無性衆生常在世間，故無增減。答：若爾，汝於有性既起減見，卽於佛界必起增見。此增減見，不離汝執，當知經意明一切衆生一時成佛。佛界不增，衆生界不減，故彼經云：“衆生卽法身，法身卽衆生，衆生法身，義一名異。”解云：況衆生界如虛空界，設如一鳥飛於虛空，從西向東逕（經）百千年，終不得說東近而西遠。何以故？以虛空無分齊故。亦不得云總不飛行，以功不虛故。當知此中道理亦爾。非有滅度，令有終盡，非無終盡，有不滅度。故衆生界甚深廣大，唯是如來智所知境，不可輙以狂心限量斟酌，起增減見。既其無盡，是故三難無不能離。二乘迴心者，若不定種姓，未入無餘前，卽有迴心，此不待言；若決定種姓，未入無餘前，定不迴心。要入無餘，方有迴心，以二乘人本來不得無餘依涅槃界故。佛性論第三云：“二乘人有三種餘：一、煩惱餘，謂無明住地；二、業餘，謂無漏業；三、果報餘，謂意生身變易身也。”又，無上依經、勝鬘經、寶性論等，廣明無漏界中有三種不思議變易生死，謂聲聞、緣覺、大力菩薩。若言此中二乘是不定種姓，理必不然。以未廻心，有分段故；廻心已去，是漸悟菩薩，非二乘故；論説二乘有三種餘，非菩薩故。當知定是二乘自位無餘依中，大乘説彼有三種故。然彼二乘既不能知此三餘故，是故化火燒分段身，入無餘依，法爾皆有變易報殘，而彼不知，謂爲涅槃，而實但是未燒身前，期以滅智，所得滅定。法華論云："方便入涅槃城故。涅槃城者，諸禪三昧城。過彼城已，令入大般涅槃城故。"解云：以此，當知二乘無餘，體雖滅定，亦通方便，故云諸禪也。由彼二乘根有利鈍，滅定防心，種有强弱，是故在定，極逐八萬，乃至一念，由佛根欲性智爲增上緣力，又由本有佛性之力，令心還生於淨土中，逢佛菩薩，善友力故，修大乘道。然此利鈍遲疾，諸聖教略有七位，謂八萬、六萬、四萬、二萬、一萬等刼，如次以配四果及獨覺人。此五如彼涅槃經説。第六位中，如楞伽云："三昧酒所醉，乃至刼不覺，酒消然後覺，得佛無上身"。此亦利於前，不逐萬刼。第七位，如法華第三云："我滅度後，復有弟子，不聞是經，不知不覺。菩薩所行，自於所得功德生滅度想，當入涅槃。我於餘國作佛，更有異名。是人雖生滅度之想，入於涅槃，而於彼土求佛智慧。得聞此經，唯以佛乘而得滅度，更無餘乘，除諸如來方便説法也。"解云：此最利根，亦捨分段入涅槃已。即於佛土受變易身，受佛教化，入於大乘。亦有人解此經文是變化聲聞，理定不然。若是化作，必爲引攝實類衆生。若彼衆生受此引攝，亦學先入無餘涅槃，後方廻心，而汝所執無餘灰斷，即便悞彼所引衆生。是則諸佛菩薩等，於彼衆生便成大怨，何名大悲方便攝化？既無此理，故知入寂廻心，定非變化。此上七位，並是定性二乘，要入寂已，方乃廻心，不同不定性人，未入寂前有廻心故。

　　問：爲一切定性二乘入寂，悉皆廻心，爲有不廻者？答：一切皆迴。何以得知？法華論云："授聲聞記，有其二種：一者如來，二者不輕菩薩所授。聲聞有四種：一、決定聲聞，二、增上慢聲聞，三、退菩提心聲聞，四、應化聲聞。後二聲聞，以根熟故，佛爲授記，謂應化聲聞退已，還發菩提心也。決定聲聞、增上慢人，以根未熟，菩薩與記，方便令發菩提心也"。解云：決定聲聞既在所記之中，故知定有發菩提心。又，既但云根未熟，不言總不熟，故知定有性。又，彼論云："我不殊汝，汝等皆當作佛者，示諸衆生皆有佛性也。"解云：此是菩薩與記，明知定性聲聞有佛性也。

　　問：何故新翻經論說有入寂定性二乘不迴心耶？答：新經論中，據未入寂定不迴心，入寂已去彼不說故，故不相違。又，教有了非了，別如佛性論辨，故不可怪。又，涅槃經中言"佛性有無皆不解我意"者，明佛性法離有離無，隨言執取，是不解意，非謂說有一分無性。佛性論云："是故佛性決定是有，離有離無，此之謂也。是故一切衆生皆此所爲。"餘經論皆準此釋。

　　第五、能詮教體者，略作四門：一、隨相門，二、唯識門，三、歸性門，四、無礙門。

　　初中有四句：一、或唯以名句文爲性，以聲是依，非正體故。唯識論云："若名句等不異聲者，法詞無礙，境應無別。"二、或唯以音聲爲性，名句文等，聲上屈曲，假立無體故。雜集論云："成所引聲，謂諸聖說。三、或具前二事，方爲其性。維摩經云："有以音聲語言文字爲佛事。"又，十地論中，"說者以二事說，聽者以二事聞"，謂聲名等也。問：大乘中聲表善惡，聲是無記，名句文亦是無記，云何無記爲聖教體。答：諸佛菩薩後得智說，故俱是善也，十地論名善字等是也。四、或俱非二事，以爲其性，以說卽不說故，文字性離故。經云："夫說法者，無說無示，其聽法者，無聞無得"。此之謂也。於此四句中，別取前三通小乘，具斯四説爲大乘。又，此四句合爲一教，互有無礙，是大乘教也。

二、唯識門者，謂説者識現爲增上緣，令聞者識文義相現。下論云：“若離心念，則無一切境界之相。”又，攝論名爲言説識。又，聞者識上聚集現等，是故一切聲名句等，皆是自心之所顯現。下論云：“唯依心現，不離真如。”

三、歸性門者，此識無體，唯是真如。下論云：“是故一切法，從本已來，離言説相，離名字相，離心緣相，畢竟平等，無有變易，不可破壞，唯是一心，故名真如。”以一切言説假名無實，但隨妄念，不可得故。准此而知。

四、無礙門者，謂於前三門，心境理事，同一緣起，混融無礙，交徹相攝，圓明自在，不相障礙，以爲教體。以一心法有二門故，皆各總攝一切法故。思以準之。

五、教通諸法門者，謂徧於六塵一切所知境，總爲生解之義，悉爲教體。準之。

第六、所詮宗趣者，先總後別。

總中以一心法義爲宗，信行得果爲趣，卽俱境、行、果三也。此中，境有二種：一法、二義，如下文辨。行亦二種：一行體，謂四種信心；二行用，謂五門修行，亦如下顯。果亦二種：一分果，謂令得入位；二滿果，謂成如來，並如下辨。

宗之與趣何別者？謂當部所崇曰宗，宗之所歸曰趣。二、別顯宗趣，略有五重：一、教義相對以教説爲宗，用義意爲趣，如下文令捨言取意等。二、理事相對，舉事爲宗，顯理爲趣，如下文從生滅門入真如門等。三、境行相對，以真俗境爲宗，觀心行爲趣。四、證信相對，以成信不退爲宗，登地入證爲趣。五、因果相對，以因爲宗，剋果爲趣。此五亦是從前起後，漸次相由。準釋可知。

第七、釋論題目者。大者，當體爲目，包含爲義。乘者，就喻爲稱，運載爲功。法喻合舉，故云大乘。大乘，即所信之境，體能爲義。起信，即能信之心，澄淨爲性。心境合目，故云大乘起信。此即大乘之起信，是對境揀心，非是證等也。又，亦起大乘之信，則對宗別行，行非小乘信也。

又，大者就義，謂體、相、用三大莫過。乘者約用，謂即佛性三位成運，自性住佛性爲所乘，引出佛性爲能乘，至得果佛性爲乘所至處。三義體用，唯一心轉，是故亦乘亦大，持業釋也。

又，依雜集論，由與七種大性相應，故名大乘。一、境大性，以菩薩道緣百千等無量諸經、廣大教法爲境界故。二、行大性，正行一切自利利他廣大行故。三、智大性，了知廣大補特伽羅法無我故。四、精進大性，於三大劫阿僧祇耶方便勤修無量難行行故。五、方便善巧大性，不住生死及涅槃故。六、證得大性，得如來法身、無所畏、不共法等無量無數大功德故。七、果大性，窮生死際，示現一切成菩提等，建立廣大諸佛事故。解云：前五約因，後二就果。瑜伽、顯揚亦同此說。莊嚴論中，六名果大，謂得法身等；七名事大，謂示成菩提等。餘同此也。又有七義釋大乘，如十二門論辨。

起謂發起，以有本覺内熏爲因，善友聞熏用大爲緣，於此勝境發希有信，能令心淨如水清珠。唯識論中，信別有三：一、信實有，謂於諸法實事理中，深信忍故。二、信有德，謂於三寶真淨德中，深信樂故。三、信有能，謂於一切世出世善，深信有多力能得能成，起希望故。依梁攝論，亦有三種：一、信實有自性住佛性，二、信可得引出佛性故，三、信無窮功德至得果佛性。又，下文四種信心具尋辨之，何故但明信而不言餘行？以是行本故，論爲初機故。故下文云：“自信己性，知心妄動，修遠離行”等。又，華嚴云：“信爲道源功德母”等。此中起信，據信成就處説，謂入住不退，使前信心成根不失故也。論者，是集義論也，謂假立賓主，往復折徵，論量正理，故名爲論。是故名爲大乘起信論也。

言馬鳴菩薩造者，馬鳴之名，依諸傳記，略有三釋：一、以此菩薩初生之時，感動諸馬悲鳴不息，故立此名也。二、此菩薩善能撫琴以宣法音，諸馬聞已，咸悉悲鳴，故立此名。三、此菩薩善能説法，能令諸馬悲鳴，垂淚不食七日，因此爲名也。言菩薩者，依諸論解，亦有三釋：一云，若具言之，應云菩提薩埵。菩提，此云大覺，即所求也；薩埵，此云有情，即所度也。從境爲名耳。若從心説，即唯悲與智也。二云，菩提是所求法，薩埵是能求人。心境合明，人法雙稱，故云菩提薩埵。三云，薩埵名勇猛，謂有志有能，於大菩提勇猛求故，立此名也。言造者，製作也。

第八、造論時節者，諸説不同。今依摩耶經云，如來滅後六百歲已，九十六種諸外道等邪見競興，毀滅佛法，有一比丘，名曰馬鳴，善説法要，降伏一切諸外道輩。七百歲已，有一比丘，名曰龍樹，善説法要，滅邪見幢，燃正法炬。以此經文爲定説也。

第九、翻譯年代者，譯經紀云：沙門波羅末陀，此云真諦，亦云拘那羅陀，此曰親依，西印度優禪尼國人。景行澄明，器宇清肅，風神爽拔，悠然自遠，羣藏廣部，罔不措懷，藝術異解，偏素諳練，歷遊諸國，隨機利見。以梁武帝太清二年歲次戊辰，見帝於寶雲殿，帝勅譯經。即以太清二年，訖承聖三年歲次甲戌，於正觀寺等譯金光明經、彌勒下生經、大乘起信論等，總一十一部，合二十卷。此論乃是其年九月十日，與京邑英賢慧顯、智愷、曇振、慧旻等，並黄鉞大將軍太保蕭公勃等，於衡州建興寺所譯。沙門智愷筆受，月婆首那等譯語，並翻論旨玄文二十卷。屬侯景作亂，乃適豫章、始興、南康等，雖復栖遑，譯業無輟。即汎舶西歸，業風賦命，還飄廣州。屬廣州刺史穆國公歐陽頠延住制止寺，請譯經論。自陳永定元年歲次丙子，至訖泰建元年己丑歲，更譯佛阿毗曇經論，及俱舍、攝論等。總陳梁二代，勅譯經論四十四部，一百四十一卷。然真諦或鋪坐具跏趺水上，若乘舟而濟岸。接對吏君，而坐具無汙。或以荷藉水，乘而度之。如斯神異，其例甚多。

（選自金陵刻經處本大乘起信論義記卷一）

十四、華 嚴 策 林

夫華嚴宗旨，其義不一，究其了說，總明因果二門。因即普賢行願，果即舍那業用。以諸界爲體，緣起爲用，體用全收，圓通一際。語其所以，不出緣起，以義迴轉，銷達有空。隨智鑑用，即說多門，隨體湛宗，即說一義。若論玄旨，一多不可，然以不〔一〕爲了一，不多爲了多，恒存常空常有，大況如此，粗陳梗概。今就要義，略申問答，但述大意，餘屬經文，庶得道君子，探其趣焉。

一徵普眼　　二明理事　　三辨正因　　四融大小

五結成壞　　六通二界　　七明隱顯　　八明因果

九達色空

一、徵　普　眼

問：眼色相依，應有其事，根塵和合，其旨非無，緣會現時，云何得不象境？云何方名普眼？私答曰：立緣爲因，稱眼爲果，若緣發現,即以緣名爲眼。若以因没果中,緣皆號眼。然則,全色爲眼,恒見而無緣;全眼爲色,恒稱見而非我。非我離於情想,無緣絶於貪求,收萬象於目前,全十方於眼際。是以,緣義無盡,隨見見而不究("究"或作"窮",下同);物性難("難"或作"追")見思,應法法而難準。十法則眼普義通,乃見通體久自隱,隱照之遂重重。然究十方於眼際,鏡空有而皎明;收萬象以成身,現理事而通徹。謹對。

二、明 理 事

問:緣起事相,分齊歷然,法界理性,無有〔能〕所。若以存壞一,體用不朽,亦通事理,收爲不二,爲袪茲弊,庶皎玄宗。私對:緣起事相,必收性而方成,法界玄宗,亦依緣而現空。有有交徹,體用玄通,言事即有徹空源,談有乃空透有表。或時雙奪,纖毫之論不具,或時相成,廣大之談並見。理全收事全舉("舉"或作"奪")事而爲理,事非別事,物具理而爲事。何方空隨有現理遂事彰,一際通觀,萬物可定者矣。謹對。

三、辨 正 因

問:今時修道入行,必應見佛求法,從因至果,函蓋相依。若見三十二相爲因,遂即無相可視,若詮一空爲因,後恐理事懸別。請辨其佛之因,希聞成佛之果。私對:佛以無生空寂爲身,亦以法界無起爲體。但證此理,佛隨理以現身,但入無生;法隨智以顯相,相即無相。色身未足失理,無則不無,空門何得爲寔?久離寂默,三世之所未審,當已去色聲,六根之所罕接,然後證心内,照理成佛。亦同成静息外緣,智就法亦同就;因滿即果,克發心已成正覺之基。果滿即因成,得道蓋自初心之本,何必全因至果?恐招所得之基全理事,將涉有性之論。謹對。

四、融　大　小

問：有大有小，相狀歷然；一廣一狹，事物差別。若以小收大，或恐大失本形；若以大收小，亦恐小傷無質。寬隘卽其不等，出入何得相容？遮（"遮"或作"庶"）却蒙雲，皎斯智日。私對：大必收小方得名大，小必容大乃得稱小。各無自性，大小所以相容，並不竟成，廣狹以之齊納。是知大是小大，小是大小。小無定性，終自遍於十方；大非定形，歷刼皎於一世。則知小時正大，芥子納於須彌；大時正小，海水納於毛孔。若不各壞性，出入何得不備？又以皆存本形，舒卷自然無礙。謹對。

五、結　成　壞

問：成壞之義，其勢難（"難"或作"雖"）明，差別異陳，復乖其致。今者成時壞居何所，壞時成在何方？若異聖乃不容，若同凡又不信，請以珠玉來酬，袪茲瓦礫。私對：壞卽成處壞，亦壞卽成法界。空而恒有，存壞卽有徹於空壞，實存卽空彰於有表，然後異亦不異同，體之自皎明，迷之自蒙昧。若以性端結空有二邊，若以智照來通成壞一際。謹對。

六、通　二　界

問：衆生爲迷，諸佛爲悟，體雖是一，約用有差。若以衆生通佛，諸佛合迷，若以佛通衆生，衆生合悟。冀拂塵境以顯大明，庶關玄關，爲開暗室。私對曰：恒以非衆生爲衆生，亦非諸佛爲諸佛，不礙約存而恒奪，不妨壞而常成。隨緣具立衆生之名，豈有衆生可得？約體權施法身之號，寧有諸佛可求？莫不妄徹真源，居一相而恆有；真該妄末，入五道而常空。情該則二界難説，智通乃一如易説。然後雙非雙立互成，見諸佛於衆生身，觀衆生於佛體。

七、明 隱 顯

問：隱顯之義，旨趣難原，依空色以通玄，約一多而顯密。若顯時有隱，觀色卽合見空；若隱時有顯，見寂應常視動。請開法藏，〔輝〕此智珠。私對：此能攝〔彼〕，卽此〔隱彼顯〕；彼若收此，亦此顯彼隱。隱在卽是顯在，顯時正是隱時。一壞全攝，多成此顯，全收彼隱。法體而恒明，明亦非顯；佛動而常寂，寂亦非隱。隱由顯立，法界開乎緣起中；顯由隱成，萬物鏡於一空之上。然見空卽是見色，了妄卽是了真，詎歷八萬，體心之首。謹對。

八、明 因 果

問：因果相依，其猶函蓋。若從因獲果，卽果成異於因時，若卽因是果，衆生同於佛地，不得稱爲斷德。兹又落常，幸旨迷方，開斯正路。私對曰：因果二位，同一緣起，相因成立，義不孤興。因徹果源，果究因末，普賢行願，方號圓因，舍那十身，遂稱滿果。然則，法無前後，隨了處而因圓；佛雖（“雖”或作“離”）斷常，遂悟時而理現。果果非是得，因亦不亡，猶是發心方驗；果究因際，菩薩已成正覺，卽知因源果位相望。自招斷常之失，同體一解，復招體用之識，自可緣起門中。許因相卽，法界證處果異預談。

九、達 色 空

問：緣起事，分齊差別，法界空理，離於限量。一通一礙，自在之義有乖；或隱或顯，融會之端莫準。欲使力齊一味，義顯同源，希聽德音，願開高唱。私對：色攬空成，如動波之收水；事含理就，似金器以隨形。色依空立，空約色明，互奪則二義必亡，互成則兩門俱現。現時卽隱，故觀色而常空；空時卽顯，故觀空而恆色。色既非色，空亦非空，互有力而互無，互相成而互奪，故無生之義遂彰。由相成，故緣起之門乃現。色無自性，舉體全空；空無自體，舉空全色；色空無二，圓通一際。更使一通一礙，溥在相而未亡（"亡"或作"融"），有隱解（"解"或作"顯"）在性而方中。謹對。

（選自大正大藏經卷四五，並酌取其校勘）

〔附〕法　藏　傳

　　釋法藏，字賢首，姓康，康居人也。風度奇正，利智絶倫。薄遊長安，彌露鋒穎。尋應名僧義學之選，屬奘師譯經，始預其間。後因筆受證義潤文，見識不同而出譯場。

　　至天后朝傳譯，首登其數。實又難陀齎華嚴梵夾至，同義淨復禮譯出新經。又於義淨譯場，與勝莊大儀證義。

　　昔者，燉煌杜順傳華嚴法界觀，與弟子智儼講授此晉譯之本，智儼付藏。藏爲則天講新華嚴經，至天帝網義十重玄門、海印三昧門、六相和合義門、普眼境界門，此諸義章皆是華嚴總別義網。帝於此茫然未決，藏乃指鎮殿金師子爲喻，因撰義門徑捷易解，號金師子章，列十門總別之相，帝遂開悟其旨。又爲學不了者設巧便，取鑑十面，八方安排，上下各一，相去一丈餘，面面相對，中安一佛像，然一炬以照之，互影交光，學者因曉刹海涉入無盡之義。藏之善巧化誘，皆此類也。

　　其如宣翻之寄，亦未能捨，蓋帝王歸信，緇伍所憑之故。洎諸梵僧龍譯，帝於聖歷二年己亥十月八日，詔藏於佛授記寺講大經。至華藏世界品，講堂及寺中地皆震動，都維那僧恒景具表聞奏。敕云："昨請敷演微言，闡揚秘賾，初譯之日，夢甘露以呈祥，開講之辰，感地動以標異。斯乃如來降迹，用符九會之文，豈朕庸虛，敢當六種之震。披覽來狀，欣愓於懷"云。其爲帝王所重，實稱非虛。所以華嚴一宗付授澄觀，推藏爲第三祖也。著般若心經疏，爲時所貴，天下流行。復號康藏國師是歟。

（選自金陵刻經處本宋贊寧高僧傳三集卷五）

續法：三祖賢首國師傳

　　三祖諱法藏，字賢首，帝錫別號國一法師，俗姓康氏。其先康居國人，高曾相繼爲彼國相。祖自康居來朝，占風聖代。考諱謐，太宗贈左侍中，弟諱寶藏，爲中宗朝議郎，行統萬監。師托胎時，母氏夢吞日光而孕，當貞觀十七年十一月初二日生也。及生而慕無上，至顯慶三年，十六歲時，煉一指於岐州法門寺舍利塔前，作法供養，誓悟佛乘。次年志銳擇師，遂辭親，求法於太白山，閱方等諸典。後聞慈親不悅，歸奉庭闈，綿歷歲月，能竭其力。時儼和尚於雲華講大經，師禮爲弟子，深入無盡。

　　總章元年，二十六歲時，往釋迦彌多羅尊者所請受菩戒。衆告曰："是居士能誦華嚴，兼講梵網。"尊者驚歎曰："但持淨行一品，已得菩薩大戒，況義解耶¡"

　　咸亨元年，師二十八歲，屬榮國夫人楊氏奄歸，武后廣樹福田，捨宅爲太原寺，成、塵諸大德受儼和尚顧託者，連狀薦舉，由是奉勑削染於太原道場，仍詔爲住持。上元元年，有旨命京城十大德爲師授滿分戒，賜號賢首。復詔師於太原寺講華嚴。端午節，天后遣使送衣五事。

　　調露元年五月間，雍州萬年縣何容師嗜食雞子無算，暴死。同七百人入鑊湯獄，附信返魂者，令第四子行證，懇求師贖罪，師令誦寫華嚴經。至永隆元年八月寫就莊嚴，請僧齋懺，會衆乃見何容師等七百鬼徒到席禮謝。

師於晉譯，每歎缺而不全，是年日照之藏齎梵本至京，高宗詔於魏國西寺翻譯經論，師往就問之。照曰："晉第八會文，亦來至此。"遂與三藏對校，果獲善財求天主光等十善友文，乃請譯補缺。就於西太原寺，譯出法界品内兩處脱文。一從摩耶夫人後，彌勒菩薩前，中間天主光等十善知識。二從彌勒菩薩後，至三千大千世界微塵數善知識前，中間文殊申手過一百一十由句按善財頂。依此六十卷本爲定。尋奉綸旨，與日照三藏及道成律師、薄塵法師、大乘基法師等同譯蜜嚴等經，顯識等論，十有餘部，合二十四卷。復禮法師潤文，慧智法師度語。

永淳元年四月間，雍州長安縣郭神亮者，修淨行，暴終。諸天引至兜率内院，禮敬慈氏，有一菩薩謂曰："何不受持華嚴？"亮以無人講解爲辭。曰："現有賢首菩薩弘揚，何得言無？"

文明元年，師與日照三藏在西太原寺翻經暇，躬親問曰："西域古德，於一代聖教，判權實否？"答曰："近代天竺有二論師，一名戒賢，遠承慈氏、無著，近踵護法、難陀，立法相宗。二稱智光，遠宗文殊、龍勝，近禀青目、清辨，立法性宗。"自是判教疑決。

時成、塵二德問："京兆有王明幹，死入地獄，地藏菩薩教誦偈曰：'若人欲了知，三世一切佛，應當如是觀，心諸如來。'入見閻王，王聞之放免。三日後方蘇，向空觀寺僧定法師説之，然不知有出否？"師答曰："此乃華嚴第四夜摩會中偈。"檢之果是十行頌也。

垂拱二年，師於慈恩寺講雜華。永昌元年二月四日，遇于闐三藏因陀羅般若於神都魏國東寺，告以沙彌般若彌伽薄昇天誦華嚴，能破修羅陣事。天授元年，覲親於夏州，郡牧邑宰靡不郊迎。天授二年，曾州牧宰迎講大經，因論邪正。會中有左道者，不信佛法，口發惡言，身面忽疱，眉鬚盡爛，遽來求懺。師誡勸曰：“此猶華報耳，汝當禮敬三寶，虔捧華嚴百徧，罪可滅矣。”讀經未半，形質如舊。長壽年間，師於雲華講百千經，有光明現從口出，須臾成蓋，衆所具載。延載元年講至十地品，天華四散，五雲凝空，崇朝不輟，香彩射人。

證聖元年三月，詔於東都大徧空寺同實叉難陀再譯華嚴，弘景、圓測、神英、法寶諸德共譯，復禮綴文，師爲筆受。譯堂前陸地開百葉蓮華，衆覩禎祥，競加精練。太后時幸其寺，親受筆削，施供食饌。次移佛授記寺譯。登封元年，詔師於太原寺講大經。神功元年，邊寇拒命，出師討之，特詔師依經呪法遏除寇虐。師疊浴更衣，建立十一面觀音像，準神呪經，行道始數日，賊城之外，將士聞天鼓之聲，良鄉縣中，賊衆覩觀音之像，月捷以聞，優詔慰勞。

聖歷二年十月八日譯畢，佛授記寺諸大德請師開演。勅令十五日啓講，至臘月十二晚，講華藏世界海震動之文，講堂及寺宇忽然震吼，道俗數千，歎未曾有。難陀三藏並當寺龍象，具表奏聞。十九日御批下云：“因敷演微言，弘揚祕賾，初譯之日，夢甘露以呈祥，開講之辰，感地動而標異。斯乃如來降跡，用符九會文耳。豈朕庸虛，敢當瑞應。”

新譯唐經，雖增現相普賢世界華藏十定諸品，却脫日照三藏所補文殊按善財文。師以新舊兩經對勘梵本，將日照補者，安喜學脫處，遂得文續義連。今之所傳，卽第四本。久視元年五月五日，詔於東都三陽宮，與實叉三藏同譯入楞伽經。長安二年，於西京清禪寺，與實叉譯文殊授記經。時禮部滎陽鄭公持心經數千萬徧，再三請解。師爲著般若略疏。長安三年，詔與義淨三藏等華梵十四人，共譯金光明最勝王經等二十一部，一百十五卷。師爲證譯。長安四年冬杪，勅衆僧於內道場建華嚴法會，有雙浮圖放五色光，現於冰内，師親見之，指呈衆德。時天后召師於長生殿，問六相十玄之旨，師指殿隅金師子爲喻曉之。至一一毛頭各有金師子，一一毛頭師子同時頓入一毛中，一一毛中皆有無邊師子，如是重重無盡，后乃豁然。隨貢金師子章一篇。

因對揚，言及岐州舍利是阿育王靈跡，特命鳳閣侍郎崔玄暐與師偕往法門寺迎之。時師爲大崇福寺主，遂與應大德、綱律師等十人，俱至塔所，行道七晝夜，然後啓之，舍利於掌上騰光，隨人福善，感見天殊。臘月除日至西京崇福寺中，正月十一達東都洛陽城下。凡摛瑞光者七，抱戴者再。

神龍元年，詔與彌陀山譯無垢淨光陀羅尼經。其年，張易之叛逆，因師内弘法力，外贊皇猷，及除凶徒已後，賜以鴻臚卿職，固辭固授，遂奏請與弟朝議郎行統萬監康寶藏歸里養親，中宗降勅褒之。冬十一月朔旦，勅令寫師真儀，御製讚四章。

神龍二年，詔與菩提流支就於西崇福寺譯寶積經，命爲證義。景龍二年，中夏憫雨，勅師集百法師於薦福寺以法禱之，近七朝，遂致滂沱。詔曰：“敷百座以祈恩，未一旬而獲應，師等精誠，均沾法液。”七月復旱，感驗如初。敕曰：“慈雲演陰，法雨含滋，師等熏修，遽蒙昭感。”由是中宗禮爲菩薩戒師，賜號國一。

師因萬乘歸心，八紘延首，遂奏請於兩都及吳越清涼山五處起寺，均榜華嚴之號，仍寫三藏並諸家章疏貯之，於是乎像圖七處，數越萬家。故人於師皆不稱諱，面以大乘法師華嚴和尚名焉。後又召師入内，同義淨三藏譯七佛藥師等經。景雲元年，詔與菩提流支譯寶積經，帝亦親躬筆受。

景雲二年，冬不雪，召師入禁中問之。師曰：“有經名隨求卽得大自在陀羅尼，若結壇作法，寫是呪語，投於龍湫，應時必獲。”詔可其請。遽往藍田山悟真寺龍池所作法，未洵大雪。表奏上聞，制報曰："勅華嚴師,啓請祈恩,三寶流慈,兩度降雪,精誠上感, 遂乃盈尺。"慮不周洽,且未須出,及六出徧四方,復降詔曰："勅華嚴師,法體如何,焚香纔畢,旋降瑞雪,雖則如來演覎,實由啓懇誠切。"太極元年七月,慧星現,睿宗詔華嚴和尚爲菩薩戒師,受心地戒。遂傳位,改號先天元年,脫屣忘機,褰衣養德。

是年十一月初二日,太上皇以師壽誕,錫衣財暨食味。誥曰:"勅華嚴師,欣承載誕之祥,喜遇高禖之慶,乘茲令日,用表單心,故奉法衣,兼陳湯餅。願壽等恒沙,年同刧石。別賜絹二千匹,俾瞻興福所須。"

和尚雖爲五帝門師,王臣並皆禮事,然猶糞掃其衣,禪悅其食,惟以戒忍自守,弘法利生爲務。前後講華嚴經三十餘徧,間有不了無盡法界重重帝網義者,又爲設巧方便,取鏡十面,八方安排,上下各一,相去一丈餘,面面相對,中安一佛像,然一燈以照之,互影交光,學者因曉刹海涉入重重無盡之旨。由此,輪下從學如雲,莫能悉數。錚錚嗣法者,曰宏觀、文超、東都華嚴寺智光、荷恩寺宗一、静法寺慧苑、經行寺慧英。其著疏約百餘卷。晉譯華嚴經探玄記四十卷、一乘教義分齊章四卷、旨歸一卷、綱目一卷、玄義章一策、策林一卷、華嚴三昧觀一卷、華藏世界觀一卷、妄盡還源觀一卷、翻譯晉經梵語一卷、唐譯新經音義一卷、華嚴佛菩薩名五卷、華嚴感應傳五卷、楞伽經疏七卷、密嚴經疏三卷、梵網經疏三卷、法華經疏七卷、起信論疏三卷、別記一卷、十二門論宗致義記二卷、法界無差別論義疏一卷、三寶別行記一卷、流轉章一卷、法界緣起章一卷、圓音章、法身章、十世章共一卷,晚述新經略疏共十二卷。

和尚預知時至,解到唐譯第六行文,遂越次釋十定品,僅了九定,便辭帝別衆,於西京大薦福寺吉祥而逝,屬先天元年十一月十四日也。世壽七十歲,僧臘四十三。帝聽若驚,聖聞如失。越五日，賜諂賻，贈鴻臚卿，絹一千二百匹，葬事準僧例，餘皆官供。以其月二十四日葬於神禾原華嚴寺南，勅謚賢首。送葬之儀，皆用追寵典，屬國三品格式禮也。門人請秘書少監閻朝隱撰碑文，概表行述。若欲詳覽，具如西京華嚴寺千里法師別錄，與海東法師光嚴記、翰林侍講崔致遠傳明。

（選自金陵刻經處本清續法法界宗五祖略記）

崔致遠：唐大薦福寺故寺主翻經大德法藏和尚傳

案纂靈記云：西京華嚴寺僧千里撰藏公別錄，縷陳靈跡，然是傳未傳海域，如渴聞梅，耳目非長，難矜井識。今且討片文別記中，概見藏之軌躅，可聳人視聽者，掇而聚之。古來爲傳之體不同，或先統其致，後鋪所因，或首標姓名，尾縮功烈。故太史公每爲大賢如夷、齊、孟軻輩立傳，必前冠以所聞，然後始著其事。此無他，德行既峻，譜錄宜異故爾。愚也，雖慚郢唱，試效越顰，仰彼圓宗，列其盈數。仍就藏所著華嚴三昧觀，直心中十義而配譬焉。一族姓廣大心，二遊學甚深心，三削染方便心，四講演牢固心，五傳譯無閒心，六著述折伏心，七修身善巧心，八濟俗不二心，九垂訓無礙心，十示滅圓明心。深悲兩心，互準可見。書云："措諸枉"，"思無邪"，經曰："爲淨土"，"是道場"，乃直心之謂也。事將顯實，語不芟繁，悉舉因緣，聊彰本跡。其傳：

第一科曰：釋法藏者，梵言達摩多羅，字賢首，梵言跋陀羅室利，帝賜別號國一法師。俗姓康氏，本康居國人。屠門濫説，解在字釋。雖僧會異時，而曇諦同跡。亦如法護，月氏人，支氏；吉藏，安息人，安氏，外所謂因生以賜姓也。諦護後稱支竺，蓋從西師改焉。猶吉法二藏，皆歸釋氏。內所謂四河入海是也。高曾蟬聯爲彼國相，祖父自康居來朝，庇身輦下。考諱諡，皇朝贈左衛中郎將。母氏夢吞日光而孕。以貞觀十七年癸卯暢月旁死魄而生。身當四方合統之朝，值三寶重興之運，庸詎非商頌所謂"自天降康"者乎｜康居地接竺乾，人侔梵衆，既饒師子，能胤法王。偉矣哉｜弟寶藏以忠孝聞。此之謂族姓因緣。豈非以廣大心誓願觀一切法，悉如此乎｜

第二科曰：年甫十七顯慶四年己未，志銳擇師，遍謁都邑緇英。懊其拙於用大，遂辭親求法於太白山，餌術數年，敷閱方等。後聞親疾，出谷入京。時智儼法師於雲華寺講華嚴經，藏於中夜忽覩神光來燭庭宇，迺歎曰："當有異人弘揚大教。"翌日就寺膜拜已，因設數問，言皆出意表。儼嗟賞曰："比丘義龍輩尚罕扣斯端，何計仁賢發皇耳目｜"或告曰："是居士雲棲絕食，久玩雜華，爲覲慈親乍來至此。"藏既浹儼之妙解，以爲真吾師也。儼亦喜傳炷之得人。自是預流徒中，後發前至高超二運。白牛也，力騁通衢，俯視六宗；赤象也，躬行實土，不由他悟，莫若自知。此之謂遊學因緣。豈非以甚深心誓觀真如，要盡源底乎｜

第三科曰：及總章元年，儼將化去，藏猶居俗時年二十六。儼乃累道薄、塵二大德曰："此賢者注意於華嚴，蓋無師自悟，紹隆遺法，其惟是人｜幸假餘光，俾沾制度。"至咸亨元年藏年二十八，榮國夫人奄歸冥路，則天皇后廣樹福田度人，則擇上達僧捨宅，乃成太原寺。於是受顧托者連狀薦推。帝諾曰：俞仍額新刹，周羅遂落，復拔常科。此之謂削染因緣。豈非以方便心推求簡擇，趣真方便乎｜

第四科曰：既出家，未具進，承旨於所配寺講百千經。時屬端午，天后遣使送衣五事，其書曰："莸賓應節，角黍登期，景候稍炎，師道體清適，屬長絲之令節，承命縷之嘉辰，今送衣裳五事，用符端午之數。願師承兹采艾之序，更茂如松之齡，永耀傳燈，常爲導首，略書示意，指不多云。"後於雲華寺講，有光明現從口出，須臾成蓋，衆所具瞻。延載元年講至十地品，香風四合，端霧五彩，崇朝不散，縈空射人。又感天華糝空如霰中宗讚所云講集天華是。後於佛記寺譯新經畢，衆請藏敷演，下元日序題入文，洎臘月望前三日晚講至華嚴海震動之説，講室及寺院歘然震吼，聽衆稻麻，歎未曾有，當寺龍象狀聞天上。則天御筆批答云："省狀具之。昨因敷演微言，弘揚秘賾，初譯之日，夢甘露以呈祥，開講之辰，感地動而標異，斯乃如來降祉，用符九會之文，豈朕庸虛敢當六種之動。披覽來狀，欣暢兼懷。"仍命史官編於載籍。無慮前後，講新舊兩經三十餘遍。大帝永隆年中，雍州長安縣人郭神亮者，修淨行暴終，諸天引詣知足天宮禮敬慈氏，有一菩薩讓之云，何不受持華嚴？亮以無人講爲辭。曰，有人現講，胡得言無？及甦委説，衆驗藏之弘轉妙輪，人天咸慶矣。故演義鈔顯證云："講得五雲凝空，六種震地。"向非入慈悲之室，著和忍之衣，昇空觀之座，而能融智海，播辯河者，孰能與於是乎！此之謂講演因緣。豈非以牢固心設逢極苦，樂受深觀，心不捨離乎！

第五科曰：夫華嚴大不思議經者，乃常寂光，如來於寂場中覺樹下，與十方諸佛召塵沙菩薩而所説也。龍、勝誦傳下本滿十萬偈，東晉廬山釋慧遠，以經流江東，多有未備，乃令弟子法淨、法領等踰越沙雪，遠尋衆經。法領遂至遮拘槃國，求得前分三萬六千偈來歸。時有佛賢三藏爲僞秦所擯，投趾東林，遠善視之，馳使飛書解其擯事。賢後至建康，於道場寺譯出領所獲偈。南林寺法業筆受，成五十卷。則知西天應北天之運，契期金水之年；東林助南林之緣，發光木火之用，共成大事，益耀中華。東安寺慧嚴、道場寺慧觀及學士謝靈運等潤文，分成六十卷。然於入法界品內有兩處脫文。一從摩耶夫人後至彌勒菩薩前中間，天主光等十善知識。二從彌勒後至普賢前中間，脫文殊申手案善財頂等半紙餘文。歷年僅乎四百，製疏餘乎五三。經來未盡之言，猶如射地，義有不安之處，頗類窺天，莫究闕遺，强成箋釋。唯藏每慨百城之説多虧一道之文，捧香軸以徒悲，擁疑襟而莫決，引領西望，日庶幾乎。果至聖唐調露之際，有中天竺三藏地婆訶羅此云日照，齎此梵本來屆。藏乃親共讎校，顯驗缺如，聲聞于天。尋奉綸旨，與成塵、基師等譯出補之，復禮潤文，慧智度語，依六峽本爲定。暨女皇革命，變唐爲周，遣使往于闐國求索梵本，仍迎三藏實叉難陀此言喜學，譯在神都，作起乎證聖牂年，功成乎聖歷狶歲，計益九千偈，勒成八十卷通舊翻合四萬五千偈。命藏筆受，復禮綴文，梵僧戰陀、提婆二人譯語。仍詔唐三藏義淨、海東法將圓測、江陵禪師弘景及諸大德神英法寶而下審覆證義。於譯堂前陸地開百葉蓮華，衆覩禎祥，競加精練。然攻木後其節目，致貫華眩彼文心，雖益數品新言，反脫日照所補。文既乖緒，續者懵焉。藏以宋唐兩翻對勘梵本，經資線義，雅協結鬘，持日照之補文，綴喜學之漏處，遂得泉始細而增廣，月暫虧而還圓。今之所傳第四本是。清涼山鎮國沙門澄觀疏玄義云："其第三本先已流行，故今代上之經猶多脫者，願諸達識見闕而續之。"則觀之累詞悃愊後進，宜勿忘焉。久視年中，又奉詔翻大乘入楞伽經七卷進內。璽書褒之曰："得所譯楞伽經，補求那之闕文，蔪流支之繁句，鈎深致遠，文要義該，唯識論宗，於兹顯矣。"凡與日照譯密嚴等經論十有餘部，合二十四卷。並則天制序，深加讚述。復至神龍年中，與喜學奉詔於林光殿譯大寶積經、文殊師利授記會三卷。藏本資西胤，雅善梵言，生寓東華，精詳漢字。故初承日照，則高山擅價，後從喜學，則至海騰功，得以備詢西宗，增衍東美，拔乎十得之萃，擷其九會之芳。此之謂傳譯因緣。豈非以無閡心觀其真理，盡未來際，不覺其久乎！

第六科曰：初，至相儼和尚每嗟大教久阻中興，會驪光統摧輪，益仰聖尊大路因蹋。扶纖指於慧表，緝妙宗於毫端，成華嚴經中搜玄義鈔五卷。其文也玉寡，其理也金相，追琢爲難，鎔裁有待。藏以親窺室奧，獨擅國工，善巧逞能，其器甚利。乃效同耻者之述，撰探玄記二十通。俾璞玉耀嚴身之華，渾金成刮膜之具。既玉無泣者，或金可懸乎！抑且味搜探之二言，品先後於一字。先搜則艱矣搜者，索求具擇，閱聚具七訓，後探則便焉探者，取試循引候五訓。其難也，擇而聚之之勞；其易也，引而取之之速。蓋師列十門，而搜已資尋一經而探之然。或沿淺就深，陟遐自邇，聊憑俗諦，試較真談，則周禮夏官條職名中有搜人焉，有探人焉。搜人掌十二閑務，審行九政，以導悟昏蒙。其猶儼之搜玄，統十二分教宗，舉九部以開示知見耶？探人掌誦敘王志，道國政事，以巡天下而喻說諸侯，使不迷惑，曉萬民之心，正向王化。亦猶藏之探玄，傳通佛意，演法宗趣，以喻世間而掩映衆說，使不混淆，開羣生之目，深感佛恩耶？窮一化之始終，資二玄之廣略，可謂立之斯立，正是玄之又玄。若向二峽不倚五編，則撫持也儼然靡暢；或據五編不憑二峽，則咀嚼也澹乎無味。野諺云：師明弟子哲。豈前後相成之謂乎！舉要言之，搜玄者索隱之離辭，探玄者鉤深之異語。隱能心索，十玄之妙旨霞張；深可力鉤，十義之圓科月滿。儼公搜玄分齊者，豈謂大經玄旨有分齊而可搜乎，但自立十玄義門以通經旨，俾通智境應，指言搜十玄義之分齊耳。冒陳瞽言，幸詳其致。遂使包羞者前哲，受賜者後生，儼、藏連稱，提挈具審。古所謂死且不朽，久而彌芳者歟！自餘鐘虛而有問，必醰劍利而無疑不剖，涉華嚴之緼者，撮機要而補之。其名數曰：教分記三卷、指歸一卷、綱目一卷、玄義章一卷、策林一卷，就是示歸路之十科也。各標十義，通顯百門，移海影於目前，簇蓮界於掌上。復以行願所極，止觀方成，乃擬天台法華,著華嚴三昧觀、華藏世界觀、妄盡還願觀各一通。可令有目得珠,孰曰我心匪鑑,蔚傳盛觀,雅契沖宗。又顧象教誕敷,龍經窴盛,<small>大經結集之後,龍王收入其宮,龍樹誦傳下本,亦是大龍菩薩所導化</small>焉。<small>況初譯經時,龍變青衣童子,躬自給侍,道英講説海神來聽。致雨救旱,亦是二龍,故輒號曰龍經。亦猶儒教春秋感麟而作,目爲麟史,或稱麟經。四靈標題,義亦無爽。</small>讀誦者竹葦聲訓爲篳橇,而況天語土音,燕肝越膽,苟非會釋,焉可辨通。遂別鈔解晉經中梵語爲一編,新經梵語華言共成音義一卷,自敍云:"讀經之士,實所要也。"<small>新經音義不見東流,唯有弟子慧苑音義二卷。或者向秀之注南華,後傳郭象之名乎? 或應潤色耳。</small>實顯言題,誨人不倦。古有華嚴經内佛名二卷、菩薩名一卷,莫知集者,而鳩聚闕如,藏乃閱載其名,略無遺漏,添成五軸,爲世所珍。經出虬宮已來,西東靈驗繁蔚,而或班班僧史,或聒聒俚談,義學之徒心均愒日,耳功是競,躬覽者稀,由是簡二傳而聚異聞,考百祥而騰近説,緝華嚴傳五卷,或名纂靈記,<small>此記未畢而逝,門人慧苑、慧英等續之,別加論贊,文極省約,所益無幾。</small>使千古如面,知祖習之無妄焉。楞伽實難於住入,密嚴非易得鉤深,梵網真詮,法門嚴憲,三界無怙,唯戒可恃,皆成義疏,備舉源流。<small>楞伽、密嚴疏未詳卷數,梵網經疏三卷,見行於世。</small>加且發蒙即山下出泉,升進乃地中生木,三根雖異,十信是資,蓋導義流俾歸教窴,於是製起信論疏兩卷,別記一卷。<small>疏或分爲上中下三。</small>十二門論、法界無差別論,亦編正義。如別流行,多心雖小不輕,疏出塵中經義,法華或云有疏,餘光未照扶桑。媧皇之代太皞也,玉鏡披圖,金輪輝德。顧貝葉之書甚博,祈悉檀之訣稍頻,迺貢金師子章一篇而仰悟之。此作也,搜奇麗水之珍,演妙祇林之寶,數幅該義,十音成章。疑觀奮吼於猣猊,勝獲賚賕於鵝雁,雖云遠取諸物,實乃近取諸身。以領下之光爲掌中之寶,則彼玉龍子之實玩,豈如金師子之虛求。玉龍子之靈異,<small>具如明皇雜錄。</small>啓沃有餘,古今無比。復念妙度餘六真歸在三,般若母於勃陀，引無極也，僧伽孫於曇摩，續莫大焉，故製三寶別行記一卷，均曉盲聾故也。晚以新經既加一會，舊疏或涉三思，爰隨補袞之文，聊括提綱之義，重述略疏，始妙嚴品至第六行迎知報盡，因越次析十定微言，僅了九定，未絕筆而長逝。料簡有十二卷。演義鈔云，聖后所翻文詞富博，賢首將解，大願不終，方至十九經，奄歸寂滅，遺恨何極。門人宗一、慧苑兩續遺藁，一師足二十軸，頗近從蠅。苑上成十六編，或譏繼組，是惟尺有所短，詎得寸無所遺？演義鈔云：苑公言續，而前疏亦刊。筆格文詞不繫先古，致令後學輕夫大經。使遮那心源道流莫挹，普賢行海後進望涯。將欲弘揚，遂發慨然之歟云云。故製疏十意中，第三扶昔大義者，皆顯藏公之述。此之所謂著述因緣。豈非以折伏心，或若失念，煩惱暫起，即便觀察折伏，使觀心相續乎！

第七科曰：藏年十六，鍊一指於阿育王舍利塔前，以申法供。越翌載因入山學道。屬慈親不愈，歸奉庭闈。綿歷歲時，能竭其力。總章初，藏猶爲居士，就婆羅門長年，請授菩薩戒。或謂西僧曰：“是行者誦華嚴，兼善講梵網。”叟愕且喑曰：“但持華嚴，功用難測矧解義耶？若有人誦百四十願已，得爲大士具足戒者，無煩別授，號天授師。”及後曆日，永隆元年覲親于夏州。道次，郡牧邑宰靡不郊迎，緇侶爲榮。屬神龍初張柬之（按，當爲張易之）叛逆，藏乃内弘法力，外贊皇猷。妖孽既殲，策勳斯及，賞以三品，固辭固授，遂請迴與弟，俾諧榮養。至二年，降勅曰：“朝議郎行統萬監副監康寶藏，頗著行能，早從班秩。其兄法藏，夙參梵侶，深入妙門，傳無盡之燈光照暗境，揮智慧之劍降伏魔怨。兇徒叛逆，預識機兆，誠懇自哀，每有陳奏，姦回既殄，功効居多。雖攝化無著理，絕於酬賞，而宅生有緣，道存於眷顧，復言就養，實寄天倫，宜加榮祿，用申朝獎。寶藏可游擊將軍行威衛隆平府左果毅都尉，兼令侍母，不須差使，主者施行。”斯惟智鏡如磨，戒珠無類，進度協忠貞之節，慈光融孝友之規，故得神人無功匪伐其善，君子不械能尊其親。曾子所言："國人稱願。"然曰幸哉？有子如此。所謂孝也已者，法師其人也。此之謂修身因緣。豈非以善巧心靜觀真理，不礙隨事巧修萬行乎，

　　第八科曰：垂拱三載，雲漢之詩作矣。詔藏於西明寺立壇祈之。長安邑尹張魯客爲請主，每夕齋戒，未七日雨沾洽。天册萬歲中，雍州長吏建安王綰留務值愆陽，亦求藏致之，應如響答。嘗於曹州講場適辨教宗邪正，有道士謂誉玄元，含怒問曰：諸法爲平等以不？答：平等不平等。又問：何有二耶？答：真俗異故，非一槩。黃冠益戁，大訴三寶。翌旦頗面欻見，鬚眉隨手墮落，遍體瘡疱遽來。懺過願轉華嚴百遍，讀經未半，形質復舊。神功元年，契丹拒命，出師討之，特詔藏依經教遏寇虐。乃奏曰："若令摧伏怨敵，請約左道諸法。"詔從之。法師盥浴更衣，建立十一面道場，置光音像行道。始數日，羯虜覩王師無數神王之衆，或矚觀音之像，浮空而至。犬羊之羣，相次逗撓，月捷以聞。天后優詔勞之曰："刬城之外，兵士聞天鼓之聲，良鄉縣中，賊衆覩觀音之像。醴酒流甘於陳塞，仙駕引纛於軍前，此神兵之掃除，蓋慈力之加被。"長安四年冬杪，於内道場因對欻言及岐州舍利是阿育王靈跡，即魏册所載扶風塔是，則天特命鳳閣侍郎博陵崔玄暐，與藏偕往法門寺迎之。時藏爲大崇福寺主，遂與應大德、綱律師等十人，俱至塔所，行道七晝夜，然後啓之，神輝煜爛。藏以昔嘗鍊指，今更瀝肝，乃手擎輿願，顯示道俗，舍利於掌上騰光洞照逴邇，隨其福力，感見殊殊。或覩銑鋈晬容，或觀纓毳奇像，璇姿瑋質，乍大乍小，大或數尺，小或數寸。於是頂缸指炬者爭先，捨寶投財者耻後。歲除日，至西京崇福寺。是日也，留守會稽王率官屬及五部衆，投身道左，競施異供香華鼓樂之妙，矇矓亦可視聞。洎新年端月孟旬有一日入神都。勑

令王公已降，洛城近事之衆，精事幡華幢蓋，仍命太常具樂奏迎，置於明堂。觀燈日，則天身心護淨，頭面盡虔，請藏捧持，普爲善禱。其真身也，始自開塔，戒道達于洛下，凡擒瑞光者七日，抱載者再。初發匣日，一也；行至武功縣界其光傍亘法門寺，二也；宿崇福寺置皇堂內，光如火焰，又似星流，三也；行次崇仁坊門，因光高舉，且抱且藏，四也；宿渭南縣興法寺，夜如畫，五也；行至壽安縣界，光既衝天，日又抱藏，六也；安置于明堂，以兜羅綿襯，天后及儲君頂戴時，七也。崔致遠曰：愚於咸通十五年甲午春在西京，于是懿宗皇帝命使迎奉真身來自鳳翔，視瑞應多是類焉。至有牛駕香車而禮拜者三，鶴當寶輿而迴翔者四，諸坊堅塔，多致動搖。中宗復位，神龍元年冬，勅令寫藏真儀，御製讚四章曰："宿植明因，專求正真，菴園晦跡，蓮界分身。闡揚釋教，拯濟迷津，常流一兩，恆淨六塵其一。辯囿方開，言泉廣濬，護持忍辱，勤修精進。講集天華，徵符地震，運斯法力，殄茲魔陣其二。爰標十觀，用契四禪，普斷煩惱，退祛蓋纏。心源鑒徹，法鏡澄懸，慧筏周運，茲燈永傳其三。名簡紫震，聲流紺域，梵衆綱紀，僧徒楷則。鎮洽四生，曾無懈息，播美三千，傳芳百億其四。"三十二句，百二十八言。雖文表虛宗，而事皆實錄。景龍二年，中夏憫雨，命藏集百法師於薦福寺以法禱之，近七朝，遽致滂沱，過十夜，皆言浹洽。狀告，詔批曰："法王乖範，調御流慈，敷百座以祈恩，未一旬而獲應，師等精誠講說，當致疲勞。"省表循環，再三欣悅。後踰再朏，救歎如初。勅曰："三寶熏修一本云重修，或謂再設百座講乎，一旬流液，慈雲演陰，法雨含滋，師等精誠，遽蒙昭感。"由是中宗、睿宗皆請爲菩薩戒師，崆峒之遺美是追。萬乘歸心，八絃延首，無機見阻，有苦待除。藏顧新經化大行焉，知真丹根遍熟矣，因奏於兩都及吳越清涼山五處起寺，均牓華嚴之號，仍寫摩訶衍三藏，並諸家章疏貯之。善顧天從，功侔踊出。尋復請許，雍洛閭閻爭趣梵筵，普締香社。於是乎像圖七處，數越萬家。南齊王之精修，西蜀宏之善誘，重興茲日，敻掩前朝。故人皆不名而稱華嚴和尚焉。景雲再春，時雨罕潤，冬又不雪，人皆籲天，君命召藏禁中，懇訊救農之術。乃啓沃曰："有經名隨求，則得大自在陀羅尼，若結壇淨寫是總持語，投於龍湫，應時必獲。"詔可其請。遽往藍田山悟真寺龍池所作法，未旬大雪。表聞，制報曰："勅華嚴師。比屬衍陽，憂纏寢食，故令潭所啓請祈恩，遂得三寶流慈，兩度降雪。師等精誠上感，遂乃盈尺呈祥。欣稔歲之有期，喜豐年之可望。慮不周洽，且未須出山，屈師重更用心，待後進止。"及六出遍四方，復降詔曰："勅華嚴師。寒光稍切不委，法體如何？昨者使還云，師燒香纔畢，旋降甘雪，雖則如來演脫，實由啓懇虔誠。預喜豐年，略茲示意。"至先天元年十一月二日，太上皇以藏誕辰，賜衣財暨食味。誥曰："勅華嚴師。黃鐘應律，玄序登司，欣承載誕之祥，喜遇高禖之慶，乘茲令日，用表單心。故奉法衣兼長命索餅，既薦四禪之味，爰助三衣之資。願壽等恒沙，年同刼石，霜景微冷，法體安和。近阻音符，每增翹仰，因書代敍，筆不宣心。"橋陵脫屣褰衣，忘機養德，以藏乃心王室，每著精勤悟道，有因嚴師無怠。別賜絹二千匹，俾贍興福所須。至如井中騰素咀纜之光，耳飡奇說，冰內現宰，覩波之影，目驗嘉祥，偈排地獄之災二十字，俾知心佛經拔鑊湯之苦，七百人來跪羣僧。藏乃或辨彼金言所從，或假其玉軸令寫其如華嚴傳內所述，王氏及何客師之事。莫不隋學者起懸頭之志，阽危者荷援手之慈。此之謂濟俗因緣。豈非以不二心隨事萬行，與一味真理融無二乎！

第九科曰：世寡尚賢，皆慚下問，人多自聖，莫悟大迷。加復語異華戎，教分權實，而唯尋末派，罕究本源。信若飛蓬，窺同側管，致使廓上之義多臆斷，罋中之言或面從。縱有梵旅來儀，伽譚委悉，翻加擯黜之辱，懶致諮諏之勤。藏也蓄銳俟時，解紛爲念，既遇日照三藏，乃問："西域古德，其或判一代聖教之昇降乎？"答曰："近代天竺有二大論師，一名戒賢，二稱智光。賢則遠承慈氏、無著，近踵護法、難陀，立法相宗。以一乘爲權，三乘爲實，唐三藏奘之所師宗。光卽遠體曼殊、龍勝，近禀青目、清辯，立法性宗。以三乘爲權，一乘爲實。青目有本云提婆。"由是華梵兩融，空色雙泯，風除惑靄，日釋疑冰。具如探玄所釋。外訓有言，醫不三世，不服其藥。矧於聖典，巨謬憲章。以梁陳間有慧文禪師學龍樹法授衡岳思，思傳智顗，顗付灌頂，三葉騰芳，宛若前朝佛澄、安、遠。聽憶靈山之會，夢聆臺嶺之居，説通判四教之歸，圓悟顯一乘之極。藏以寢處定慧，異代同心，隨決教宗，加頓爲五。其一曰小乘教，其二曰始教，其三曰終教，其四曰頓教，其五曰圓教。就是或開或合，有別有同。融正覺之圓心，變方來之邪見，永標龜鏡，實淬牛刀。從學如雲，莫能悉數，其錚錚者略舉六人：釋宏觀、釋文超、東都華嚴寺智光、荷恩寺宗一、靜法寺慧苑、經行寺慧英，並名雷於時，跡露於後。至比丘尼衆從問道者，多誦晉經，大都禀教僧尼，僉以護律栖禪爲恒務，卽知華嚴本祖自阿難海而來，龍猛佛賢，禪風靡墜，觀行雙翼可缺一乎？初，藏與海東義想法師同學，其後藏印師説，演述義科，寄示於想，仍寓書曰："夙世同因，今生同業，得於此報。俱沐大經，特蒙先師授兹奧典，希傍此業，用結來因。但以和上章疏義豐文簡，致令後人多難趣入，是以具録微言妙旨，勒成義記，傳之彼土，幸示箴誨。"想乃自閱藏文，如耳聆儼訓，掩室探討，涉旬方出。召門弟子可器瀉者四英真定、相圓、亮元、表訓，俾分講探玄，人各五卷。告之曰："博我者藏公，起予者爾輩。因桷出桷，執柯伐柯，各宜勉旃，無自欺也。"且海表覺母，想爲始祖，然初至止若東家丘，及法信迢傳，得羣迷遍曉。斯實闇燭龍之眼，頓放光明；織火鼠之毛，益彰奇特。誘令一國，學遍十山。海東華嚴大學之所，有十山焉。中岳公山美理寺，南岳知異山華嚴寺，北岳浮石寺，康州迦耶山海印寺、普光寺，熊州迦耶峽普顧寺，鷄龍山岫寺，括地志所云鷄藍山是，朔州華山寺，良州金井山梵語寺，毘瑟山玉泉寺，全州母山國神寺，更有如漢州員兒山青潭寺也，此十餘所。雜華盛耀蟠桃，蓋亦藏之力爾。日出月走俱在於東，頓漸兩圓文義雙美。此之謂垂訓因緣。豈非以無礙心理事，既全融不二，還令全理之事，互相即入乎」

第十科曰：先天元年，龍集壬子，周正月，月幾望，右脇于西京大薦福寺，享年七十，僧夏未悉。誕以辜月，歿亦如之，則李巡有任養之評，孫炎有蟄伏之解，應茲兩釋，終彼浮生。矧乃其來也居朔後，其去也在望前。是表漸圓，先標等覺。豈非菩薩清涼，月遊於畢竟空者哉」越五日，太上皇賜誥賻贈曰："中使故僧法藏，德業天資，虛明契理，辯才韞識，了覺融心。廣開喻筏之開，備闡傳燈之教，隨緣示應，乘化斯盡。法真歸寂，雖證無生之空；朝序飾終，宜有褒賢之命。可贈鴻臚卿，賻絹一千二百匹，葬事準僧例官供。"唐制，文武官薨卒，一品賻物二百端，粟二百碩，降及九品，限止十端，今茲厚禮，可驗皇恩。有司給營墓夫卒人功十日，諸王公降及士庶，禮懺施捨叵歷數焉。以其月二十四日葬於神禾原華嚴寺南。送葬之儀皆用追寵典屬國三品格式禮也。門人請秘書少監閻朝隱撰碑文，概表行跡，翌載中春建于塔所。古所謂其生也榮，其死也哀。此之謂示滅因緣。豈非以圓明心頓觀法界無障無礙乎」

麟史稱歿有令名者三立焉，則法師之遊學、削染、示滅，三立德也；講演、傳譯、著述，三立言也；修身、濟俗、垂訓，三立功也。演一乘圓旨，憑十節妙緣，廣記備言，庶或有中。傍詬訶者，引文心云："舊史所無，我書則博，欲偉其事，此訛濫之本源，述遠之巨蠹也。子無近之乎？"雖多奚焉，以少是貴，愚嘿焉曰，敬佩良箴。然立定哀之時，書隱元之事，信以傳信，疑以傳疑，自古常規，非今妄作。況此皆憑舊說，豈衒新聞？且記藏公之才之美也，實得面無怍色，口無媿辭。顧起信多小之詮，讚成行廣略之錄，一傳一碑，又史者使也，執筆左右使之記也。傳者轉也，轉授經旨，傳廣碑略，使授於後。恭以師兄大德玄準爲名，仍以大乘遠爲別號，體葉偈之旅，首華嚴之座，嗣仍孫於想德，欽益友於藏公。且曰：古賢以取其言而棄其身，心爲盜也；今學則稟其訓而昧其迹，顏實靦焉。況有小鳴之徒，或陳大噱之說，玷污前哲，眩惑後生，雖復閻朝隱有碑，釋光嚴有傳，惰於披閱，勇在矯誣矣。至有譏史學爲魔宗，黜僧譜爲廢物，及談疏主緣起，或作化人笑端，是謂讟朋不無忝祖，可掩耳而走，豈俾躬處休以致遠。嘗宦玉京，濫名金榜，聊翻缺語，或類象胥，遂命直書，難從曲讓，有乖卽正，無異不編。猶恨目瞻寶洲，耳驚金奏。仙枰一遇，因路盡而坐忘；帝樂九成，俄曲終而夢覺。罪知相半，用捨在緣，緬徵關右之評，覬續遼東之本，後博瞻者，幸刪補焉。

　　　　　　　　（選自大正大藏經卷五〇史傳部二）

澄　觀

【簡介】　澄觀，俗姓夏侯，生於公元七三八年（唐玄宗開元二十六年），死於公元八三九年（唐文宗開成四年），越州山陰（今浙江紹興）人。他十一歲從寶林寺霈禪師出家，早年到處求學，廣學佛教經、律、論典籍。他曾從法藏再傳弟子法銑研習華嚴經，深得玄旨，也曾從天台宗湛然學天台止觀學，從牛頭山惠忠、經山、道欽等研究禪宗。以後他長期住在清涼山（卽五臺山），專講華嚴經，並作注疏。唐德宗貞元十二年（七九六年）應詔入長安，參加般若譯場，共同譯出四十卷本華嚴經。德宗朝賜號清涼，稱爲清涼國師。

澄觀生時，法藏已去世二十餘年，他並沒有能親承法藏的傳受。他之所以被尊爲華嚴宗四祖，直承法藏，是由於他以恢復華嚴宗正統爲己任，維護和弘揚了法藏的教義。法藏晚年曾爲新譯八十卷華嚴經作疏，著新譯華嚴經略疏，但只寫到第十九卷卽去世。他的一位弟子慧苑，繼承師業，作續華嚴經略疏刊定記十五卷，但是其中所述往往與法藏的旨意相違背。如在判教問題上，慧苑不同意法藏把頓教列入，認爲這在理論上有混亂、矛盾之處，因而另判四教。於是，慧苑的說法被正統的華嚴宗斥爲異說。同時，又有李通玄者，作新華嚴經論、略釋新華嚴經修行次第決疑論等，也與智儼、法藏一系的說法有所不同，於華嚴宗中別樹一幟。因此維護法藏的正統，在當時是華嚴宗中一個重要的問題。慧苑的弟子法銑曾作刊定記纂釋，對慧苑的異說進行了指摘。澄觀繼承法銑，寫成華嚴經疏六十卷和華嚴經疏演義鈔九十卷兩部巨著，力破慧苑異說，以恢復法藏的思想。如在判教問題上，他爲法藏辯護説，所以列入頓教，是因爲法藏已看到禪宗開始抬頭。其實，澄觀把頓教歸之禪宗，顯然與法藏的原意也是有出入的，但他對華嚴思想的闡述，是與法藏一脈相承的。澄觀把禪宗引入教法，開了禪教結合的先河，這一點到他弟子宗密手中，則有了進一步的發展。

澄觀的著作除本書選入者外，重要的還有：華嚴疏鈔一百五十卷（卽上述華嚴經疏和華嚴經疏演義鈔的合刊本），這是華嚴經注疏中一部最重要的著作。此外尚有貞元新譯華嚴經疏十卷、華嚴經綱要三卷、五蘊觀一卷等。

一、華嚴法界玄鏡

卷　一

余覃思大經，薄修此觀，羅其旨趣，已在疏文。恐墮業於深經，少讚演兹玄要，精誠之者時一發揚，數子懇求叩余一闡。咸言注想訪友尋源，或學或傳，徧求衆釋，積歲疑滯，今方煥焉，夕惕勤勤，願釋深旨。顧以西垂之歲，風燭難期，恐妙觀之淪湑，使枝辭之亂轍，乃順誠請，略析幽微，名法界玄鏡，冀將來道友，見古賢之深衷矣。

修大方廣佛華嚴法界觀門，略有三重，終南山釋法順，俗姓杜氏。大等六字，所依之經，略無經字；法界觀下，能依之觀。今先略釋經名。大方廣者，一切如來所證法也；佛華嚴者，契合法界能證人也。法分體相用，人有因果。大者，體大也，則深法界，諸佛衆生之心體也，曠包如空，湛寂常住，强稱爲大。故經云：“法性徧在一切處，一切衆生及國土。三世悉在無有餘，亦無形相而可

得"。卽大義也。方廣者,相用周徧,卽體之相;相德之法無邊,卽
相之用;業用廣而無盡,三無障礙,舉一全收,聖智所緣,爲所證
之法界也。佛者,果也。萬德圓明,華喻因也;衆行榮曜,嚴通能
所,而有二重:一、華因能嚴。佛果所嚴,以十度因,成十身果,無
行不備,無德不圓。二、華爲能嚴。大方廣者則所嚴也,嚴體相
用,成佛三德。稱體而嚴,顯眞常德;如相而嚴,辯修成德;依用
修嚴,成大用德。徧嚴如德,成德無邊之華嚴也。故一總題,有
體相用;人有因果,人法雙題。法喻齊舉,一經三大,皆大方廣,
五周因果,並佛華嚴。一題七字,各有十義,今當略釋。大十義
者,則七字皆大。一、大者體大,法界常徧故。二、方者相大,性
德無際故。三、廣者用大,稱體用周故。四、佛者果大,十身皆悉
徧法界故。五、華者因大,普賢行願自體徧故。六、嚴者智大,佛
智如空能爲嚴故。七、經者教大,竭海墨不能書一句故。八者義
大,上六字所證皆稱性故。九者境大,總斯七字普以衆生爲所緣
故。十者業大,以斯教旨橫徧豎窮無休息故。具十無盡,故稱大
也。方廣十義者,如體之相,稱體之用,卽十方法十大用也。佛
十義者,一、大者法身,佛以法爲身,佛身充滿於法界故。二、方
者智身,智如法故。三、廣者具於二身:一者化身,一身普周爲無
量故;二者意生身,一多隨意無不周故。佛者含五六身:一菩提
身,覺樹道成故;二者威勢身,初成正覺映菩薩故。華者含七八
身,七福德身,三世所行衆福大海因不可盡故;八者願身,毗盧願
因周法界故。嚴者第九相好莊嚴身,十蓮華藏相好嚴故。經者第
十力持身,舍利圓音聲教無盡故,則經七字皆成佛也。華嚴十義
者,以十度華嚴於十身,爲嚴不同,卽十嚴故。略無經字,十義亦
略。是攝是貫,是常是法,並可知也。無盡教海,不出七字,故依
此教以成觀門。修法界觀門略有三重者,略標綱要。修之一字,

總貫一題，止觀熏修，習學造詣也。言法界者，一經之玄宗，總以
緣起法界不思議爲宗故。然法界之相，要唯有三，然總具四種：
一事法界，二理法界，三理事無礙法界，四事事無礙法界。今是
後三。其事法界歷別難陳，一一事相皆可成觀，故略不明，總爲
三觀所依體。其事略有十對：一教義，二理事，三境智，四行位，
五因果，六依正，七體用，八人法，九逆順，十感應。隨一一事，皆
爲三觀所依之正體。其製作人名，德行因緣，具如傳記。

真空觀第一，理事無礙觀第二，周徧含容觀第三。

此列三名，真空則理法界，二如本名，三則事事無礙法界。言真
空者，非斷滅空，非離色空。即有明空，亦無空相，故名真空。如
文具之。二理事無礙者，理無形相，全在相中，互奪存亡，故云無
礙。亦如文具。三周徧含容者，事本相礙，大小等殊；理本包徧，
如空無礙。以理融事，全事如理，乃至塵毛皆具包徧。此二相
望，成於十門，亦如下說。然事法名界，界則分義，無盡差別之分
齊故。理法名界，界即性義，無盡事法同一性故。無礙法界，具
性分義，不壞事理而無礙故。第四法界，亦具二義，性融於事，一
一事法不壞其相，如性融通重重無盡故。

第一真空觀法，於中略作四句十門：

此標章也，前二各四，加第三四，故爲十門。

一、會色歸空觀，二、明空即色觀，三、空色無礙觀，四、泯絕無寄觀。

此列名也。

就初門中爲四：

四觀皆有三段，謂標釋結。然準下文，前三以法揀情，第四正顯
法理。揀情三句，標名則同，釋義則異。今先總明三句所揀。所
揀有三：一、揀即離，二、揀亂意，三、揀形顯。初中就通相說，三句
皆揀即離。從多分說，初句明空不離色，以揀離色；次句明空不

卽色，以揀太卽；第三句雙明不卽不離，揀具卽離。由揀三情，故第四句顯其正理。第二揀亂意者，謂實性論明地前菩薩有三種空亂意，以不了知真如來藏生死涅槃二際平等，執三種空。一謂斷滅故空，初句揀之；二取色外空，第三句揀之；三者謂空爲有，第二句揀之。既揀三種不正之空，故第四句說真空也。第三揀形顯者，有云：第一句形色體空非斷空，第二句顯色無體自性空，第三句空無形顯一體空，第四句色空不二俱空空。解曰：此第三義乍觀有理，以見第二有青黃言，謂爲顯色，第一第三無青黃言，便爲形色，故爲此釋。細詳有違。何者？一三何以不言形色長短等耶？第二何以偏言顯色耶？何以形色揀非斷滅，顯色不得揀斷滅耶？第二顯色何以得言青黃之相非卽真空之理，形色何以不得言長短方圓非真空耶？故第三釋，非爲愜當，但揀前二，足顯真空。而文第二偏言青黃非真空者，顯色明相，相顯著故。又形色是假，顯色是實，實色卽空，例假形色亦卽空矣，是知三句皆含形顯二皆卽空。次正釋文。

一、色不卽空，以卽空故。何以故？以色不卽斷空，故不是空也；以色舉體是真空也，故云以卽空故。良由卽是真空，故非斷空也，是故言由是空故，不是空也。

今初第一句有三：初標，次何以，下釋。此揀離色明空及斷滅空。言離色者，空在色外。色外復二：一、對色明空。如牆處不空，牆外是空，此第三句揀。二、滅色明空。謂如穿井，除土出空，要須滅色。今正揀此。故中論云：“先有而後無，是卽爲斷滅。”然外道二乘，皆有斷滅，外道斷滅，歸於太虛；二乘斷滅，歸於涅槃。故肇公云：“大幻莫若於有身，故滅身以歸無；勞勤莫先於有智，故絕智以淪虛。”又云：“智爲雜毒，形爲桎梏，故灰身滅智，撥喪無餘。”若謂入滅同於太虛，全同外道。故楞伽云：“若心體滅，不異外道斷見戲論。"故今文云："不卽斷空。"次，"以色舉體"下，釋上"以卽空故"。三、"良由"下結成。於中先約義結，由卽眞空，故非斷滅。後"是故"下，結成標名。

二、色不卽空，以卽空故，何以故？以青黃之相，非是眞空之理，故云不卽空。然青黃無體，莫不皆空，故云卽空。良以青黃無體之空，非卽青黃，故云不卽空也。

亦標釋結。釋中揀二妄情：一、揀太卽。是聞色空，不知性空，便執色相以爲眞空，故須揀之。故云"青黃之相，非是眞空之理"。此唯揀凡也，小不計色爲卽空故。次，"然青黃"下，明亦非離相有性，要卽青黃無體爲眞空耳。由此義故，則似雙揀，亦揀小乘。然是舉法雙揀情。後明不離，是舉法耳。二、亦用上文，以揀亂意。三種空中，以空爲有，彼謂別有一物，是於空體，故今揀之。故十地經云："有不二不盡。"此一句經，揀三亂意空。以有揀斷滅空，以不二揀異色明空，以不盡揀空爲有。不謂有體盡滅，今當不盡。謂空若是物，則有盡滅，若有盡滅，則有生起。今法空相不生不滅，豈有有耶？故般若云："是諸法空相，不生不滅"等。又，青黃之相，尚非眞空，要須無性，豈得以空而爲有耶？三、"良以"下結成。舉其無體之空，結非色相，明空非有，豈得色耶¡

三、色不卽空，以卽空故。何以故？以空中無色，故不卽空；會色無體，故是卽空。良由會色歸空，空中必無有色，是故由色空故，色非空也。上三句，以法揀情訖。

此中文二，先釋當句，後結前三。前中亦三：初標，次釋。釋中先雙揀卽離，以空中無色，故色不卽空；以離色無體，故色不離色；不卽不離，方爲眞空。二，揀亂意異色明空。彼執色外有空，與色爲異。如前對色明空，今明空中尚無有色，何得有空與色相對？又，會色無體，故說卽空，豈於色外有空對色？古人云：色去不留空,空非有邊住也。三,"良由"下,結成上義。以下卽空,結上不卽空也。特由會色爲空,安得空中有色? 二上三下,總結三門。

四、色卽是空。何以故? 凡是色法,必不異真空。以諸色法必無性故,是故色卽是空。如色空既爾,一切法亦然。思之。

此中有二: 先正顯真空之義,後結例諸法。前中亦三: 初標,次釋。以色從緣必無性故者,依他無性,卽真空圓成。三,"是故"下結。既非滅色異色,不卽不離,故卽真空,空非色相,無徧計矣。緣生無性,卽依他無性,無性真理,卽是圓成。故此真空,該徹性相。二,"如色空既爾"下,結例諸法。上之四門,但明色空。色卽法相之首,五蘊之初,故諸經論,凡說一義,皆先約色。故大般若等,從色已上,種智已還,八十餘科,皆將色例。今此亦爾,例一切法。若略收法,不出上之十對。所依體事,無不卽空,皆須以法揀情,顯卽事歸理。

第二,明空卽色觀。於中亦作四門:

此總標也。然此四門總相,但翻上四,亦前三句以法揀情,第四句正顯法理。就揀情中,翻前色空,義則大同,取文小異。亦標語則同,釋義有別。今先總揀,亦有三義: 一、揀卽離,二、揀亂意,三、揀形顯。今初第一句明真空不離前色,第二句明真空非卽色相,第三句明真空雙非卽色離色。第二,揀三亂意者,第一句明斷空非是實色,第二句明相有非真空,卽揀相有,第三句明所依非能依,卽揀能依。其第三義揀形顯者,有云: 第一句明非斷空,不礙形色; 第二句明自性空,不礙顯色; 第三句明一體空,俱不礙形顯; 第四句明俱空空,不礙二空色。解曰: 前會色歸空觀,第三揀義,既違正理,今雖列之以對前文,亦不取也。次正釋文,四句亦各有三,後二復加有二。

一、空不卽色，以空卽色故。何以故？斷空不卽是色，故云非色；真空必不異色，故云卽色。要由真空卽色，故令斷空不卽色也。

此門亦三：初標，二釋。釋上二句，初句明斷空非真色，對前色卽空中實色非斷空。下句明真空不異色，對前不離色明空，雖含卽離。下句則是舉正，上句是所揀情，情謂離色。二，揀亂意者，揀斷空非實色，對前會色歸空觀，實色非斷空。三、“要由真空”下結成，以下句舉正，結上句是所揀情。

二、空不卽色，以空卽色故。何以故？以空理非青黃，故云空不卽色。然非青黃之真空，必不異青黃故，是故言空卽色。要由不異青黃，故不卽青黃，故言空卽色不卽色也。

此亦有三：初標。釋中先揀卽離，明真空非卽色相。云空不卽色，正揀太卽，對前會色歸空中色相非真空。後然非青黃之理必不異青黃者，明不卽色之空，亦非全在色外，對前亦非離相有性。二，揀亂意者，揀謂空爲有。既空理非青黃，豈是有耶？對前真空不是相有。三、“要由”下結，舉不異之正，結前太卽之情。

三、空不卽色，以空卽色故。何以故？空是所依，非能依故，不卽色也；必與能依作所依故，卽是色也。良由是所依故不卽色，是所依故卽是色，是故言由不卽色故卽是色也。上三句，亦以法揀情訖。

就文亦二，先釋此句，後結上三句。前中亦三：初標。釋中雙揀卽離，可知。但前約空中無色揀，此約能依非所依揀，次下當知。然正反前，應云色中無空故。今不云爾者，空中無色，有理有文，色中無空，文理俱絕。以空中無色，由事卽理，理絕相故；色必有空，無空之色非實故，故不反上。別就能所依以釋其義。二，揀亂意者，唯取下句。必與能依爲所依故，揀於異空之色，對前異色明空。三、“良由”下結，以一所依雙結不卽不離。意云，既是所依之空，必非能依之色，故云不卽色。二既是色之所依，非餘所依，故不離色也。結離亂意者，既必與能依之色而爲所依，明色非空外，對前空非色外也。二上三句下，總結三門，義如前説。

四、空即是色。何以故？凡是真空，必不異色。以是法無我理，非斷滅故，是故空即是色。如空色即爾，一切法皆然。思之。

此門亦二，先釋第四，後結例諸法。今初亦三：初標，二釋。言以是法無我理等者，出所以也，無我即空。以是法空，即法無我，故空是色。三是故空即是色者，結此門也。二，“如空色”下結例。

舉上四門，空即是色，則例此空是一切法況，不是十對所依耶！

第三，色空無礙觀者，謂色舉體不異空。全是盡色之空故，即色不盡而空現，空舉體不異色；全是盡空之色故，即空即色而空不隱也。是故菩薩觀色無不見空，觀空莫非見色，無障無礙，爲一味法。思之可見。

此觀有三：謂標釋結。二謂色下釋。釋相云，全是盡色之空者，有本無“盡色之”三字，但云“全是空故”耳，而釋義亦通。以不對下文，理非全現故。今依有本釋。然色是有中之別稱，通是空有二門耳。空有各有二義：空二義者，謂空非空；有二義者，謂有非有。空中言空者，以空必盡有故；言非空者，亦無空相故，又不礙有故。有中言有者，有必盡空故；非有者，有相離故，又不礙空故。今明色空無礙中，初明色不礙空，取空上盡色之義；次明空不礙色，取色上盡空之義。其不相礙，即是舉體全是之義。其離空有相義，在第四泯絶門中。然今文中，色空之上，各有三句，皆初句標無礙，下句出無礙相。色中出相，言色不盡而空現者，以色不礙空，故色不盡也，即是盡色之空故而空現也。空中出相，云即空即色而空不隱者，以空不礙色，故空即色也，而是盡色之空故空不隱也。若總相言，但色舉體即空，即色不盡，以即空故，空便現也。空上亦然，以空舉體爲色，故空即色，既即是空，空不隱也。若依此釋，前無三字義理亦通，則應後句減卻"盡空之"三字。今依有本，三是，故下結成無礙，亦是。前明所觀，此正明能觀，故云菩薩見色等。

第四，泯絶無寄觀者，謂此所觀真空，不可言即色不即色，亦不可言即空不即空。一切法皆不可，不可亦不可。此語亦不受，迥絶無寄，非言所及，非解所到，是謂行境。何以故？以生心動念，即乖法體，失正念故。

此第四觀大分爲二，先正釋第四，後對前三觀會釋成總。今即初也，文中三：初標名，二、"謂此"下釋相，三、"何以"下徵結。此中大意，但拂跡現圓。若細釋者，然色空相望，乃有多義。一、融二諦義：初、會色歸空，明俗即是真；二、明空即色，顯真即是俗；三、色空無礙，明二諦雙現；四、泯絶無寄，明二諦俱泯。若約三諦：初即真諦，二即俗諦，後一即中道第一義諦。若約三觀：初即空觀，二即假觀，三四即中道觀。三即雙照明中，四即雙遮明中。雖有三觀，意明三觀融通爲真空耳。二者，色空相望，總有四句，取文小異。初、會色歸空觀中四句，前三句明色不異空，第四句明色即是空。第二、明空即色觀中四句，前三句明空不異色，第四句明空即是色。第三、觀明但合前二。今第四句，拂四句相，現真空相，不生不滅，乃至無智亦無得，真空觀備矣。若約三觀，就心經意，色不異空，明俗不異真；空不異色，明真不異俗；色空相即，明是中道。即上四句爲空假中之三觀也，與今義同，取文小異耳。三者，色空相望，總有三義：一相成義，二無礙義，三相害義。廣如第二理事無礙觀中。今文含有三，前二相即，亦相成義，第三色空無礙觀，正明無礙義。今第四觀，即相害義，相害俱泯故。雖有此三意，俱顯於真空義耳。若別消文者，不可言即色不即色者，拂前第二明空即色觀；不可言即色者，正拂第四句；不可言不卽色者，亦拂前三句。以空非空故，無可言卽色不卽色。
又，理本絶言故，約觀卽心冥真極故，方成妙色觀耳。次云亦不
可言卽空不卽空者，拂第一會色歸空觀。不可言卽空，正拂第四
句; 不可言不卽空，亦拂前三句。以色亦卽非色，無可言卽空不
卽空故，卽事同理故，理本絶言故，心冥真極無心卽故，方成卽空
觀耳。又，上會色歸空，無增益謗，明空卽色，無損減謗，色空無
礙，無雙非戲論謗。今無可相卽，無相違謗，四謗既無，百非斯
絶，故迥絶無寄。又云，一切法皆不可者，結例總拂。言結例者，
非獨色法成其三觀並皆拂之，受想行識萬化之法，皆同前色。言
總拂者，總拂前三，會色歸空觀等皆不可也。亦無四句可絶，三
觀可拂，故不可亦不可。言此語亦不受者，若受不可說言，是則
有受，有受則有念，有念者皆是心言之跡，故迥絶無寄。二邊既
離，中道不存，心境兩亡，亡絶無寄，般若現矣。若生心動念，皆
不會理，言語道斷，故言不及，心行處滅，故解不到。言是謂行境
者，結成上行。然有二意: 一者上是行家之境，今心與境冥，智與
神會，亡言虛懷，冥心遣智，方詣茲境，明唯行能到，非解境故。
二者卽上心智契合，卽是真行，行卽是境行分齊故。三，"何以"
下，反釋成行。

又，前四句中，初二句八門，皆揀情顯解，第三句一門，解終趣行，此
第四句一門，正成行體。若不洞明前解，無以躡成此行; 若不解此
行法絶於前解，無以成其正解; 若守解不捨，無以入茲正行; 是故行
由解成，行起解絶也。

此卽第二總結四門。然上第四門唯結當門成行，今總結四門。
然云上二句八門者，則句大門小。前總標中，亦云四句十門，皆
句大門小。上結中云，上三句以法揀情，此第四句一門。是則門
句互通，應合門大句小。義既互通，此隨文釋。於中三句，初正

分解行，二若不洞明下，反顯相資，如目足相資。於中初以解成行，次若不解下，絶解成解，後若守下，捨解成行。三是故下，結成二相，總成真空絶相觀也，則內外並冥，緣觀俱寂也。

卷　二

理事無礙觀第二。

卽理事無礙法界也。

但理事鎔融，存亡逆順，通有十門：

此觀文三，初總標，二別釋，三結勸。今則初也，卽總顯觀名，具爲十門。本就前色空觀中亦卽事理，不得此名者，有四義故。一、雖有色事，爲成空理，色空無礙，爲真空故。二、理但明空，未顯真如之妙有故。三、泯絶無寄，亡事理故。四、不廣顯無礙之相，無爲而爲，無相而相，諸事與理，炳現無礙，雙融相故。爲上四義，故不得名，至此獨受，是以今標，具下十門無礙之根。鎔融是總，該下十門，似如洪鑪鑄衆像故。鎔謂鎔冶，卽初銷義；融謂融和，卽終成一義。以理鎔事，事與理和，二而不二，十門無礙，其義同故。又，此二理事鎔融，別當相徧，相徧互融故。次，存卽九十，真理非事，事法非理，二相存故。亡卽七八，真理卽事，事法卽理，廢己同他，各自泯故。逆卽五六，真理奪事，理逆事也，事能隱理，事逆理故。順卽三四，依理成事，理順事也，事能顯理，事順理也。故此二句，總攝十門，方爲事理無礙之義，成第二觀。然事理無礙，方是所觀，觀之於心，卽名能觀。此觀別說，觀事俗觀，觀理真觀，觀事理無礙，成中道觀。又，觀事兼悲，觀理是智，此二無礙，卽悲智相導，成無住行，亦卽假空中道觀耳。

一、理徧於事門。謂能徧之理，性無分限，所徧之事，分位差別。一一事中，理皆全徧，非是分徧。何以故？以彼真理不可分故，是故一一纖塵，皆攝無邊真理，無不圓足。

此第一門。然下十門，應卽爲十。以釋二意，便總料揀，故分五對：第一理事相徧對，第二理事相成對，第三理事相害對，第四理事相卽對，第五理事相非對，亦名不卽對。然此五對，皆先明理，尊於理故，又皆相望。一三五七九，以理望事，二四六八十，以事望理。初對爲二，先正釋，二料揀。前中二門，卽分爲二。今初也，文中有三：初標名。二，"謂能徧"下，釋事理相，性空真理，一相無相，故不可分，則無分限，事約緣起，故分位萬差。三，"一一事中"下，釋其徧相，理非事外，故要徧事。經云："法性徧在一切處，一切衆生及國土"故。次，"何以"下，釋全徧所由。謂要全徧者，若不全徧，理可分故，非如浮雲徧滿虛空，隨方可分故。"是故"下，別指一事顯其徧相，以塵含理，顯理全徧。

二、事徧於理門。謂能徧之事，是有分限，所徧之理，要無分限。此有分限之事，於無分限之理，全同非分同。何以故？以事無體，還如理故，是故一塵不壞，而徧法界也。如一塵，一切法亦然。思之。

文亦有三：初標。二，"謂能徧"下，示能所相。三，"此有分"下，明徧理之相。於中，初正明以全同名徧。次，"何以"下，釋同所以，有分之事，全如理故，若不徧同，事有別體。次，"是故"下，結示徧相。後，"如一塵"下，例一切法。此對爲下四對之本，由相徧故，有相成等。

此全徧門，超情難見，非世喻能況。

第三料揀上二門也。於中三：初標難喻，二寄喻別顯，三問答解釋。今初也，言難見者，以道理深故。有本云"離見"，離見卽超情義耳。言難見者，容有見理，故下寄喻，以明難言，世喻難喻耳。言難喻者，事理相殊，而互相徧。理徧事故，無相全在相中；事徧理故，一塵便無涯分。一塵既無涯分，何有法之當情；無相

全在相中,至理何曾懸遠? 卽相無相,五目難覩,其容全理之事,
世法何能爲喻? 故經云:"譬如法界徧一切,不可見取爲一切。"
又云:"三界有無一切法,不能與此爲譬喻。"顯下海喻亦分喻耳。
如全大海在一波中而海非小,如一小波帀於大海而波非大; 同時全
徧於諸波而海非異,俱時各帀於大海而波非一。又,大海全徧一波
時,不妨舉體全徧於諸波; 一波全帀大海時,諸波亦各全帀,互不相
礙。思之。

第二寄喻以明也。既無可喻而舉喻者,借其分喻通其玄意,令諸
達識因小見大,亡言領旨。文有三重無礙: 初以大海對一波,明
大小無礙。此舉喻上事理相徧二義竟也。文但舉喻,略無法合。
若總相合,以海喻理,以波喻事, 配文可解。然意猶難見。大海
何得全在一波? 以海無二故。一理何得全在於一事? 以理無二
故。一波何以全帀大海? 以同海故。一塵何以全徧於理? 事同
理故。二,"同時全徧"下,以一海對諸波,明一異無礙。約法卽
一理對於諸事,以辯無礙。又,上卽非大非小,此卽非一非異。其
一異等相,至下問答自明所以。三,"又大海全徧一波"下,以大
海雙對一波諸波,互望齊徧無礙。約法卽以一理對一事多事,相
望齊徧無礙。

問: 理既全體徧一塵,何故非小? 既不同塵而小,何得說爲全體徧
於一塵? 又,一塵全帀於理性,何故非大? 若不同理而廣大,何得
全徧於理性? 既成矛盾,義極相違。

第三問答解釋,雙釋法喻。而其文中但就法說,例使曉喻。上喻
之中文有三節,今但合爲兩重問答。一問牒大小,而答兼一異。
二對前第三,以大海雙對一波諸波,互望齊徧無礙爲問。前中先
問後答。今初問也,文中二: 先以理望事問,約喻。卽前大海全
在一波而海非小,故云"理既全體徧"等,卽以徧難小。"既不同

塵而小"下，以非小難徧。二，"又一塵全帀"下，約事望理難，先以一塵難大。次云"若不同理而廣大"下，以非廣難徧，約喻。卽前一波全徧於大海而波非大。"既成矛盾"下，結難。矛者，鑱也；盾者，排也。昔人雙賣二事，歎盾卽云矛刺不入，歎矛卽云能穿十重之盾。買者云：我買汝矛，還刺汝盾，豈不傷哉？意明二語互相違。

答：理事相望，各非一異，故得全收而不壞本位。

此下答中二：先雙標，後雙釋。今卽初也，上問但問大小，今正答一異，兼於大小。由於理事二法相望，故云各非一異。

先理望事有其四句：一、真理與事非異故，真理全體在一事中。二、真理與事非一故，理性恆無邊際。三、以非一卽是非異故，無邊理性全在一塵。四、以非異卽是非一故，一塵理性無有分限。

此釋理望事四句中，前二正明徧塵非小之相。初句徧塵，第二句非小。其三四二句，偏酬其難。難意云，徧塵非小，二義相違，何得互通？今第三句明大理徧在一塵，第四句明雖徧非小，其無分限，則非小也。卽雙答徧塵難非小，及非小難徧一塵。難雖兩段，但一相徧耳。

次，以事望理亦有四句者，一、事法與理非異故，一塵全帀於理性。二、事法與理非一故，不壞於一塵。三、以非一卽非異故，一小塵帀無邊真理。四、以非異卽非一故，帀無邊理而塵不大。思之。

答事望理，卽答前一塵徧理何故非大等。亦初二句正明徧理非大之相。初句一塵徧理，第二句明其非大。亦三四句正答相違之難。亦第三句明一小塵徧於大理，亦第四句雖徧於理而塵不大。但明事理非一非異，兩義難通。

問：無邊理性全徧一塵時，外諸事處爲有理性爲無理性？若塵外有理，則非全體徧一塵；若塵外無理，則非全體徧一切事。義甚相違。

此下第二番對。前以大海雙對一波諸波、互望齊徧無礙之喻而爲問答，今此問也。彼前喻云："又，大海全徧一波時，不妨舉體全徧於諸波；一波全徧大海時，諸波亦各全徧，互不相礙。"文中先正問，後答。"若塵外有"下，結成妨難。若約喻問，應云：大海全徧一波時，餘諸波處爲有大海爲無大海？若波外有海，則非全體徧一波；若波外無海，則非全體徧一切波。對難文可知。

答：以一理性融故，多事無礙故，故得全在內而全在外，無障無礙，是故各有四句：

此下答中文，則雙標二門：一理性融故，標約理四句；多事無礙故，標約事四句。餘可知。

先就理四句者：一、以理性全體在一切事中時，不礙全體在一塵處，是故在外卽在內。二、全體在一塵中時，不礙全體在餘事處，是故在內卽在外。三、以無二之性各全在一切中故，是故亦在內亦在外。四、以無二之性非一切故，是故非內非外。前三句明與一切法非異，此之一句明與一切法非一。良爲非一非異，故內外無礙。

此就理中文二：先正明，後結無礙。今初，卽答前無邊理性全徧一塵時，外諸事處爲有理性爲無理性。今第二句正答，明餘處有，卽釋喻中大海全徧一波時，不妨舉體全徧於諸波。其第一句，兼明在一切中時，亦全在一塵，前略無問。若爲問者，應云：理性全在諸法時，爲全在一塵不？今此明全在一塵，以徧一切，豈揀一塵？第三句，明其總徧內外，此是恆理，故亦無問。若問應云：爲齊徧不？第四句雙非，亦非徧義，故不爲問。義理無妨故，具出四句。後，"前三"下，結成無礙，亦酬前結難義甚相違之言。內外無礙，故不相違。

次，就事四句者：一、一事全帀於理時，不礙一切事法亦全帀，是故在內卽在外。二、一切事法各帀於理時，不礙一塵亦全帀，是故在外即在内。三、以諸事法同時各帀故,是故全在内亦全在外,無有障礙。四、以諸事法各不壞故,彼此相望,非内亦非外。思之。

此約事四句,前問所無,今影出之。前喻卻有喻云,一波全帀大海時,諸波亦各全帀,互不相礙。先舉一波以望於海,故是就事四句。故前標云,多事無礙故。若別爲問者,應問云:一事徧於理時,餘事亦徧理不? 若亦徧者,則理有重重; 若不徧者,多事則不如理。故今答云: 多事如理,同理而徧,則無重重。何以故? 理無二故,但事同理,即無分限,故云徧耳。於中第一句,一事徧,不礙多事徧; 第二句,多事徧,不礙一事徧; 第三句,諸法同時徧; 第四句,一多之相歷然。問: 理望於事,在一事爲在内,在多事爲在外。今事望理,以何爲内外耶? 答: 亦以一事爲内,多事爲外。若爾,何異前門理望於事? 答: 前門先舉理徧於事,名理望事,今門先舉事徧於理,名事望理,故分二門。本意但問多事徧理,一事徧不,前門答之。又問一事徧理,多事徧不,故用此門答之。通相皆以事爲内外,故前門中但有一重之問, 即第一句一事全徧理,故在内; 不礙一一亦徧理,故即在外。以其一多皆即理故,故云全徧,非有多理與事徧也。故第四句云, 彼此相望非内非外。以前約理,第四但以性非一切,居然非内非外,今此約事望理,理無内外,何有非一非異? 故言各不壞相,要須一事之中非是一切,一切事中非是一故,方成第四,故須彼此相望非内非外。已釋第一相徧對竟。

三、依理成事門。謂事無別體,要因真理而得成立。以諸緣起皆無自性故,由無性理事方成故,如波攬水以成動,水望於波能成立故。依如來藏得有諸法,當知亦爾。思之。

此下第二相成對。然下八門,皆先標名,後謂字下解釋,下更不料揀。就此對中,先明理望於事,即第三門,先正釋。後"以諸"

下，出所以。所以有二：一由無性故，二真如隨緣故。而文有三：初明由無性成。中論云："以有空義故，一切法得成；若無空義者，一切則不成。"大品云："若諸法不空，則無道無果。"二，如波下喻。喻有二義：一、上喻無性，由水不守水自性，故而能成波；二、下喻真如，隨緣成故。謂若無水，則無有波。若無真如，依何法成？三，"依如來藏"下，合於上喻真如隨緣。卽勝鬘經云："依如來藏故有生死，依如來藏故有真如。"謂若無真如，將何合妄而成生死？以一切法，離於真心無自體故。其如來藏，卽生死門之真如也。故問明品文殊難云："心性是一，云何見有種種差別？"覺首答云："法性本無生，示現而有生，則是真如隨緣答。"

四、事能顯理門。謂由事攬理故，則事虛而理實；以事虛故，全事中之理挺然露現。如由波相虛，令水體露現。當知此中道理亦爾。思之。

此第四門事望理也。文有法喻合，今釋之。然躡前門成，謂無第三，則離理有事。今第四門何能顯理？如離水無波，波起現水，既攬理成，故能現理。以法從緣，則無性故，況從無性理而成於事？事必無性，故從緣無性，卽是圓成。夜摩偈云：分別此諸蘊，其性本空寂，空故不可滅，此是無生義。由蘊之事方顯性空，性空卽是無生真理。又，須彌偈云："了知一切法，自性無所有，如是解法性，則見盧舍那。"一切法，事也；無所有，卽真理也。

五、以理奪事門。謂事既攬理成，遂令事相皆盡，唯一真理平等顯現。以離真理外，無片事可得故。如水奪波，波無不盡，此則水存，已壞波令盡。

此下第三相害對。言相害者，形奪兩亡故。今此第五，理望於事，故理奪事。文有法喻，亦攬第三成此第五。以全將理而爲事故，事本盡矣。先正釋，後"以離真"下，出其所以。真外無事故，則奪事也。如攬水爲波，波唯是濕，波自虛矣。故出現品云：“設一切衆生，於一念中悉成正覺，與不成正覺，亦無有異。”何以故？菩提無相，無非相故。物物無相，斯理顯現，生佛兩亡。

六、事能隱理門。謂眞理隨緣成諸事法，然此事法旣違於理，遂令事顯理不顯也。如水成波，動顯靜隱。經云：“法身流轉五道，名曰衆生。”故衆生現時，法身不現也。

此事望理也。文分爲三：初正釋，亦由第三門成。以全理成事，事有形相，理無形相故，事覆理故。然此事法旣違於理，故隱也。有本云“旣帀於理”，不及“違”也。次，喻顯，取靜爲水，隱義明故。三，“經云”下，引證，卽法身經，下當更釋。財首亦云：“世間所言論，一切是分別，未曾有一法，得入於法性”者，事隱理故。

七、眞理卽事門。謂凡是眞理，必非事外。以是法無我故，事必依理；理虛無體故，是故此理擧體皆事，方爲眞理。如水卽波，無動而非濕，故卽水是波。思之。

此下第四相卽對也。前明隱奪，事隱於理而理不亡，理奪於事而事猶存。雖言奪事皆盡，而意在彼事相虛，非無彼事也。今明相卽，廢己同他，各唯一耳。今第七門理望於事，亦有法喻。法中先略釋，後“以是法無我”下，出所以。若是但空，出於事外，則不卽事。今以卽法爲無我理，離於事外有何理耶？故理虛無體，全將事法本來虛寂爲眞理耳。喻中無動而非濕，以事卽理，意明全將濕爲動，故理卽事耳。

八、事法卽理門。謂緣起事法，必無自性，無自性故，擧體卽眞，故說衆生卽如，不待滅也。如波動相，擧體卽水，故無異相也。

事望理也，亦有法喻。中論曰：“若法從緣生，是則無自性。”若無自性者，云何有是法？無自性者，是眞理也，故事卽理。“故說衆生卽如”下，闇引淨名，淨名彌勒章云：“一切衆生皆如也。”又云:"若彌勒得滅度者,一切衆生亦應滅度。"所以者何?一切衆生卽真如相,不復更滅。森羅及萬象,一法之所印,觸事而真,不壞假名而說實相,舉喻可知。是卽第八衆生寂滅卽是法身,第七法身隨緣名曰衆生。衆生法身,體一名異,從本已來,未曾動靜,亦無隱顯。以名異故,有互相卽,有互隱奪;以一體故,得互相卽,得互隱顯。由此相卽,真俗二諦曾不相違。夜摩偈云:"如金與金色,展轉無差別。"法非法亦然,體性無有異。理卽事故,雖空不斷;事卽理故,雖有不常。理卽事故,無智外如爲智所入;事卽理故,無如外智能證於如。

九、真理非事門。謂卽事之理,而非是事,以真妄異故,實非虛故,所依非能依故。如卽波之水非波,以動濕異故。

此下第五相非對也,卽雙存義。若不雙存,無可相成相卽隱奪等。此門則隨緣非有之法身,恆不異事而顯現。後門則寂滅非無之衆生,恆不異真而成立。謂於此門理望於事而有三對:一是真,二是實,三是所依。卽顯第十門是妄、是虛、是能依故。

十、事法非理門。謂全理之事,事恆非理,性相異故,能依非所依故。是故舉體全理,而事相宛然。如全水之波,波恆非水,以動義非濕故。

此第十門事望於理,但有二對:一、明事是於相,則影出第九理是於性,都有四對。二、能依所依,不異前門,文並可知。若依此對二諦時立,卽於諦常自二。七八卽於解常自一,五六則二而不二,三四則不二而二。由初一對,則令前義皆得相成。

此上十義,同一緣起。約理望事,則有成有壞有卽有離;事望於理,有顯有隱有一有異。逆順自在,無障無礙,同時頓起。深思令觀明現,是謂理事圓融無礙觀。

第三結勸,於中二:先結束前義,後勸修成觀。前中先總標,若闕一義,非真緣起;後約理下,別收十門,以成八字。然一三五七九,理望於事;二四六八十,事望於理。先理望於事:有成者,第三依理成事門;有壞者,第五真理奪事門;有卽者,第七真理卽事門;有離者,第九真理非事門。事望理中:有顯者,第四事能顯理門;有隱者,第六事能隱理門;有一者,第八事法卽理門;有異者,第十事法非理門。然成壞等就功能説,言有成者,理能成事,非理自成,餘七亦然。則一一門皆有事理無礙之義,故云約理望事等。不會相徧者,有三義故;一是總相,後八依此相徧而得成故;二者相徧無別異相,非如成壞隱顯等殊故;三者大同相,卽相卽攝故。言逆順自在者,理事相望,各二順二逆。三成七卽,理順事也;四顯八卽,事順理也;五奪九非,理逆事也;六隱十非,事逆理也。其相徧言,亦是順也。欲成卽成,欲壞卽壞,欲顯卽顯,欲隱卽隱等,故云自在。成不礙壞,壞不礙成等,故云無礙。正成之時,卽壞時等,故曰同時。五對無前後,故云頓起。又,上四對,理望於事,但有成等,而無顯等;事望於理,但有顯等,而無成等。事從理成故,可許言成;理非新有故,但可言顯。事成必滅,故得言壞;真理常住,但可言隱。理無形相故,但可卽事,事有萬差,可與理冥,故得云一;理絶諸相,故云離事,事有差異,故云異相。上約義別,有此不同,統而收之,但成五對。五中前四,明事理不離,後一,明事理不卽。不卽不離,方爲緣起相。又,五對之中,共有三義:成顯一對,是理事相作義;奪隱不卽此之二對,卽是事理相違義;相徧相卽二對,是事理不相礙義。又,由相徧故有相作,有相作故有於相卽,由相違故有於不卽。又,若無不卽,則無可卽乃至相徧,由相徧故四對皆成,故説真空妙有各有四義。約理望事,有真空四義:一、廢己成他義,卽依理成事門;二、泯他顯己義,卽真理奪事門;三、自他俱存義,卽真理非事門;四、自他俱泯義，卽真理卽事門。由其相卽，故得互泯。又，由初及三有理徧事門以自存故，舉體成他，故徧他也。後約事望理，有妙有四義：一、顯他自盡義，卽事能顯理門；二、自顯隱他義，卽事能隱理門；三、自他俱存義，卽事法非理門；四、自他俱泯義，卽事法卽理門。又，由初及三有卽事徧於理門以自存故，而能顯他，故徧他耳。故約有存亡無礙、真空隱顯自在故，故逆順自在無障無礙。二，"深思"下，勸修成觀。學而不思，同無所得，體達於心，卽凡成聖矣。

卷　三

周徧含容觀第三。

　　卽事事無礙法界也。

事如理融，徧攝無礙，交參自在，略辯十門：

　　此觀有三：初總標舉數，二別顯觀相，三結勸修行。今則初也，卽總名之意，以事事無礙。若唯約事，則彼此相礙，若唯約理，則無可相礙。今以理融事，事則無礙，故云事如理融。然理含萬有，無可同喻，略如虛空。虛空中略取二義：一、普徧一切色非色處，卽周徧義；二、包含無外，無有一法出虛空故，卽含容義。理亦如空具於二義，無不徧故，無不包故。卽事如理，乃至纖塵亦能包徧，故云事如理融，徧攝無礙。攝卽含容義。無礙二義：一、徧不礙攝，二、攝不礙徧。故事事能攝能徧等皆無礙，其交參自在，亦徧十門。

一、理如事門。謂事法既虛，相無不盡；理性真實，體無不現，是則事無別事，卽全理爲事。是故，菩薩雖復看事，卽是觀理，然說此事爲不卽理。

　　此下十門展轉相生，然事理相如，大同前門相徧門也。卽爲總意,能成下八。此二猶兼理事無礙,有此二故,得有事事無礙之義,屬事事攝。而有本云:"理如事現,事如理徧。"乍觀釋文,多徧現義,細尋成局,但有徧現,闕餘義故。徧現二字,諸本多無。無則義寬,今依無本。今理如事者,如事之現,如事之局,如事差別,如事大小一多等故。後門事如於理,非但如理徧,亦如於理無相無礙非內外等。又,若有徧現,亦似事理無礙觀中事理相徧。故無徧現,於義爲正。十門皆先標名,後解釋。今初理如事中,先正釋。既以事虛理實理體現,是則真理如事之虛。以虛名爲實體,虛即是實,名無別事。次,"是故菩薩"下,以人證成,由見事實。是故,見事即是見理。後"然說此事"下,不壞相故,若壞於相,理何所如? 是則,真理如事相大小。

二、事如理門。謂諸事法與理非異,故事隨理而圓徧。遂令一塵普徧法界,法界全體徧諸法時,此一微塵亦如理性全在一切法中。如一微塵,一切事法亦爾。

據初釋文,似但明徧義。徧是理之別稱,相無分限故。既一微塵舉體全在一切法中,亦如理之不可分也。文中先出所因,由不異理故。由第一門理如事故,遂得此門事全如理。言圓徧者,無分故圓,體周故徧。次,"遂令"下,別示徧相,謂徧理法界。從"法界全體"下,明事徧事,由塵如理,故徧諸事。次,"如一塵"下,舉微塵例諸事,即事事皆徧,斯則事事重重無礙矣。

三、事含理事無礙門。謂諸事法與理非一,故存本一事而能廣容。如一微塵其相不大,而能容攝無邊法界。由刹等諸法既不離法界,是故俱在一塵中現。如一塵,一切法亦爾。此事理融通非一非異故,總有四句:一、一中一,二、一切中一,三、一中一切,四、一切中一切。各有所由,思之。

文有三:一正釋,二結例,三融通。今初,由上一事含於理故,餘一切事與所含理體不異故，隨所含理皆在一事中。而言與理非一者，前門與理非異，同理而徧，此門亦是如理而含，則亦不異。由不壞一相，方有能含，對前非異，故言非一。下通局中，則顯第二亦不壞相。"如一微塵其相"下，出事含相。二，"如一塵"下，結例。三，"此事理"下，融通。就廣容門有此四句。此中能含所含，不出一多，交絡成四，爲能含邊皆具與理非一非異義。由非一故，有體爲能含；由非異故，有用方能含，爲所含邊但約與理非異義耳。如初一中一者，上一不壞相故，有能含體，而與下一理非異故，便能包含下一；而下一由與上一理非異故，隨所含理在上一中，以離理無事故。二，一切中一者，以一切不壞相故，有能含體，與下之一理不異故，能含於下一；下之一與上一切理不異故，隨下自一之理在上一切中。三，一中一切者，由一不壞相故，得爲能含，而與下一切理不異故，能含一切；所含一切與上一理不異故，隨自一切之理在上一中。四，一切中一切者，由上一切不壞相故，有能含體，與下一切理非異故，含下一切；下之一切與上一切理非異故，隨下一切之理在上一切之中。是故結云各有所由。前第二門是廣徧義，此第三門是含容義，已具此觀之總名矣。此下之七門，並皆不離廣徧含容之二義也。

四、通局無礙門。謂諸事法與理非一卽非異故，令此事法不離一處卽全徧十方一切塵內。由非異卽非一故，全徧十方而不動一位，卽遠卽近，卽徧卽住，無障無礙。

此門重釋第二。第二俱徧，今不壞相，有不徧義。徧卽是通，不徧是局。文中與理非一故局，非異故通。卽遠下結，徧卽是通，住則是局。

五、廣陿無礙門。謂諸事法與理非一卽非異故，不壞一塵而能廣容十方刹海。由非異卽非一故，廣容十方法界而微塵不大。是則一塵之事，卽廣卽陿，卽大卽小，無障無礙。

此重釋第三門。三明如理包含，今由與理有非一義，不壞陿相而能廣容。文中非一故陿，非異故廣，先明非一卽非異故，明不壞廣容。下句反上，"是則一塵"下結。

六、徧容無礙門。謂此一塵望於一切，由普徧卽是廣容故。徧在一切中時，卽復還攝彼一切法全住自一中。又由廣容卽是普徧故，令此一塵還卽徧在自內一切差別法中。是故此一塵自徧他時，卽他徧自，能容能入，同時徧攝無礙。思之。

此門正合前四五二門，兼合二三。以四五二門釋二三故，廣容普徧不相離故，名中徧卽普徧，容卽廣容。釋文中先標，次釋，後結。今初，以一望多，有徧容義。以有彼多可得徧故，此一能容。若多望一，卽無徧容。以所望之一無可言徧，能望之多而容於一，不可得言爲廣容故。次，"由普徧"下釋有二對：初徧卽是容，唯一徧一容。後"又由"下，容卽是徧，亦是一容一徧。前中徧卽是容者，一徧多時，還攝所徧之多在我一內。猶如一鏡徧九鏡時，還攝九鏡在一鏡內。後"容卽是徧"，約法反上。謂如一鏡容多鏡時，能容之一鏡卻徧所容多鏡影中，故云還徧自內一切差別法中。是故下結可知。

七、攝入無礙門。謂彼一切望於一法，以入他卽是攝他故。一切全入一中之時，卽令彼一還復在自一切之內，同時無礙。又由攝他卽是入他故，一法全在一切中時，還令一切恆在一內，同時無礙。思之。

釋相之中，先標，後釋。今初，但約以多望一。能攝卽前能容，入卽前徧。而前一爲能徧，有多可徧，今入但入於一，不得言徧。前門有多可容，故得言容，今一無多可容，故但云攝。次，"以入他卽是攝他故"下，別釋其相，亦有二對。前對多爲能入故，還攝所入之一在能入多中。如九鏡入於一鏡，還攝所入一鏡在能入多鏡之中。後對但反前多能入，爲多能攝耳。謂多攝一時，多爲能攝，一爲所攝，而多卽能入故，還將此多入於所攝一法之中。如九鏡爲能攝，還將九鏡入所攝一鏡之中。然上二對能入能攝，皆是於多卽攝卽入，名攝入無礙，而一但爲所攝所入，不得能攝能入之名，至第八門方有能攝能入耳。後“同時無礙”者，結也，結上多能入時，卽爲能攝，故云同時。

八．交涉無礙門。謂一法望一切，有攝有入。通有四句：謂一攝一切，一入一切；一切攝一，一切入一；一攝一法，一入一法；一切攝一切，一切入一切，同時交參無礙。有本後二句入在頭。

釋文亦三：初標所依，次釋，三結。初中，但一望多，有攝有入。次，“通有四句”下釋，以一望一切，故一在初。然第六門亦一望多，但有容徧二句，而無攝入；第七門但多望一，有攝有入，亦唯二句。今第八門雖一望一切，而一與多俱爲能攝能入，得交涉名。又，交涉者，前第七門多能攝一，卽多亦爲能入，今第八門多攝於一，所攝之一亦能攝多，故能攝之多卻爲所攝，故入一中，得交涉名。既一之與多俱爲能攝能入，便有四句。雖似八句，二二合故，故但四句。四句皆具攝之與入。第一句云一攝一切，一入一切者，謂上句一爲能攝，一切爲所攝，而所攝一切亦得爲能攝。卽上能攝之一卻爲所攝，故上之一卻入一切之中。故云一入一切。第二句云一切攝一，一切入一者，上句一切爲能攝，一爲所攝，而所攝一亦爲能攝，故上之一切卻爲所攝。云一切入一，此句但反上第一句耳。三卽以一望他一，四卽第三句中一切復望別一切。以其四句爲能攝邊同理之包，爲能入邊同理之徧故。又，四句皆由與理非一非異故，由與理非一，有一多體可爲攝入；由與理非異，便能攝入。若以十鏡爲喻，一鏡爲一，九鏡爲多，謂初句云一攝一切，一入一切者，應云：一鏡攝九鏡，一鏡入九鏡。謂上一鏡爲能攝，則九鏡爲所攝，而所攝九鏡亦爲能攝。故上能攝之一鏡卻入九鏡之中，云一鏡入九鏡。下三例然。第二句云一切攝一，一切入一者，應云：九鏡攝一鏡，九鏡入一鏡。謂上九鏡爲能攝，則一鏡是所攝，以所攝一鏡亦爲能攝，故上能攝之九鏡卻入所攝一鏡中，云九鏡入一鏡。第三句一攝一法，一入一法者，應云：一鏡攝一鏡，一鏡入一鏡。謂第一一鏡攝第二一鏡，第一一鏡亦入第二一鏡。第四句云一切攝一切，一切入一切者，應言：十鏡各攝於九鏡，十鏡皆入於九鏡。而所入所攝但云九鏡者，留一爲攝入故。言"有本云後二句入在頭"者，云一入一法，一攝一法；一切入一切，一切攝一切，以不例前故。依現本四句皆攝在初。

九、相在無礙門。謂一切望一，亦有入有攝，亦有四句：謂攝一入一，攝一切入一，攝一入一切，攝一切入一切，同時交參，無障無礙。初標名云相在者，自己攝法入他法中，他又攝法在我己中，故云相在，至下句中當見。釋中亦三：謂標釋結。標云一切望一者，一切在初，正反第八。二，"亦有四句"下釋。釋四句中，上標既云一切望一則有四句，四句之首，皆合有一切之言以爲能攝，今並略耳。但取所攝所入以成四句。然此四句，與前全異。如前一攝一法，一入一法，但明自一隨對他一，自一攝他一時，亦入他一耳。今則不然，謂第一句云攝一入一者，此謂一切隨攝一法將入一法。約十鏡説，總以九鏡爲能攝：第一句者，九鏡攝第一一鏡入第二一鏡之中；二、攝一切入一者，謂九鏡皆攝九鏡入一鏡中；三、攝一入一切者，九鏡各攝一鏡徧入九鏡之中；四、攝一切入一切者，九鏡皆攝九鏡各入九鏡之中。攝將隨一入彼一中，復攝彼一在此多中等，故名相在。約法一一作者，且約諸佛望衆生説，總以諸佛爲一切是能攝，衆生爲所攝所入：第一句者，諸佛攝一衆生入一衆生中；二者，諸佛攝一切衆生入一衆生中；三者，諸佛身攝一衆生入一切衆生身毛中；四者，諸佛各攝一切衆生入一切衆生中。餘法相望，一多皆爾。三，“同時”下，總結。由此互攝互在，故有帝網重重之義。問：此一切望一，皆一切在初，前一望一切，何不四句皆一在初？答：若但一在初，唯有兩句：謂一攝一切，一入一切爲一句，一攝一法，一入一法爲兩句耳。今由相涉，第二句一切，是前所攝爲能攝故，第三句互一相對，第四句唯一切對，故成四句耳。故不得四句皆一在初。然正義如前，更有一意。如攝一入一，謂一切正攝一時，卽能入一等。若爾，何異第八？第八一攝一，一入一者，一入所攝一中，今趣舉一，其一皆入，以正同理廣容，卽同理普徧故。若爾，何異第七？第七但有二句，亦自入所攝一中，故此中一切正攝一，亦入餘一，亦入一切等故。若約十鏡作者，一鏡爲一，九鏡爲一切。一者，九鏡攝一鏡，九鏡亦能入一鏡；二者，九鏡攝九鏡，九鏡入一鏡；三者，九鏡攝一鏡，九鏡卽入九鏡；四者，九鏡攝九鏡，九鏡亦卽入九鏡。爲攝一切入一切，雖通此釋，今不取之。亦有云，前第八門是複四句，一攝一，一入一，兩句方成一句故。今一攝一者，但攝其一入我一中，二但攝一切入我一中等。若爾，但有一攝句耳，亦無入義，故不取之。

十、普融無礙門。謂一切及一，普皆同時，更互相望，一一具前兩重四句，普融無礙。準前思之。

此第十門，總融前九，近且收三。第八門一望一切，第九門一切望一，今具此二。以一望一切，有第八門四句；以一切望一，有第九門四句。其第七門雖不具四句，而是一切攝一中收，故近收三。言總收九者，九門不出一多故。由其初門理如事故，一可爲多; 由第二門事如理故, 多可爲一。二四如理之徧, 三五如理之包, 二卽二而不二, 四卽不二而二。以不壞相故, 三卽非廣而廣, 五卽廣卽非廣; 亦以不壞相故, 六卽雙含一多, 容徧無礙, 七便攝入自在, 八含一多交涉, 九含攝入自在, 十卽融成一致。故第十門, 卽同時具足相應門, 九卽因陀羅網境界門。由第八交涉, 互爲能所, 有隱顯門。其第七門, 相卽相入門。五卽廣陜門, 四不離一處, 卽徧有相卽門。三事含理事, 故有微細門。六具相卽廣陜二門。前三總成諸門事理相如, 故有純雜門。隨十爲首, 有主伴門; 顯於時中, 有十世門。故初心究竟, 攝多劫於刹那; 信滿道圓, 一念該於佛地。以諸法皆爾, 故有託事門。是故十玄亦自此出。

令圓明顯現, 稱行境界, 無障無礙。深思之, 令現在前也。

第三結勸修學。謂若圓明在心, 依解生行, 行起解絕, 雖絕而現。解行雙融, 修而無修, 非唯周徧一門, 實亦三觀齊致。無心體極, 無間常行, 何障不消, 何法能礙? 斯觀顯現, 聖遠乎哉! 體之則神矣。體非權小, 聖亦難思矣。故初生王宮, 貴極臣佐, 離此成觀, 安造茲玄。余久探玄籍, 注想華嚴, 此之一觀, 久而究盡, 不鏡方寸, 虛負性靈, 故名法界玄鏡。時已從心之歲矣。本文結云華嚴法界玄一卷, 有本無玄字, 今依有本也。今夾本文在內, 別題云華嚴法界玄鏡。

（據金陵刻經處本）

二、大華嚴經略策

第一釋經題目　　　第二明經宗趣

第一釋經題目

問：諸經得名，或人或法，或因或果，體勢多端。不審此經從何立稱，仰當剖析，以示詮題。答：某聞至趣無言，非言莫顯，欲窮妙理，必假筌罤，故無名之中，强立名字。大方廣者，所證法也；佛華嚴者，能證人也。大以體性包含，方廣乃業用周徧，佛謂果圓覺滿，華喻萬行披敷，嚴乃飾法成人，經乃貫穿常法。一經體用，盡大方廣；五周因果，皆佛華嚴。斯乃人法雙題，法喻齊舉，有體有用，有果有因，理盡義圓，該攝無外。包難思之義理，爲一部之宏綱，委細宣陳，恐煩視聽。謹對。

第二明經宗趣

問：夫言必有本，理必有歸。未知此經，宗何法門？意趣何向？仰當具答，示其所歸，使於簡文，得見幽致。答：夫舉領提綱，毛目自整；尋根得本，條流自明；無宗之宗，宗說兼暢。此經以法界緣起、理實因果不思議爲宗也。法界者，是總相也。包事包理，及無障礙，皆可軌持，具於性分。緣起者，稱體之大用也。理實者，別語理也。因果者，別明事也。此經宗，明修六位之圓因，契十身之滿果，一一皆同理實，皆是法界大緣起門。語理實，則寂寥虛曠。故經云："法性本寂無諸相，猶如虛空不分別，超諸取著絕言道，真實平等常清淨。"語緣起，則萬德紛然。故經云："而於第一實義中，示現種種所行事。"此二無礙，故事理交徹，互奪雙亡；此二相成，則事理照著。以理實而融因果，則涉入重重；會斯二而歸法界，則融通隱隱。故經云："於有爲界示無爲法，而不滅壞有爲之相；於無爲界示有爲法，而不分別無爲之性。"由斯自在，靡所不通，唯證相應。故超言念，包含無外，盡是經宗；論其意趣，覽之成觀，速證佛果。謹對。

第三解釋佛名（前文列目中作"釋佛名號"）

問：諸經論內，多說釋迦，或談遮那，則三身別稱。此經何理，即此釋迦，或名毗盧遮那，仰出所以，兼釋梵名。答：夫教隨機異，權實多途。分三身名目，自是三乘教內，今一乘玄旨，一體不分。

卽實之權，釋迦標號，卽權之實，卽是遮那。故經云："或名毗盧遮那，或名釋迦牟尼，名無二也。"釋迦，此云能仁；牟尼，此云寂默。毗盧遮那，此云光明徧照。身智一光，事理齊照，圓明獨朗，假立其名。實則一娑婆界，有百億十千之名。窮法界中名名無盡，隨宜攝物，一多在機。亦假無盡之名，彰無盡之德耳。謹對。

第四處會法主

問：說時方人，爲生物信。法身雖徧，說必有方。未知此經於何而說，復幾會說？爲佛獨說，爲託他人？仰答事由，使無惑也。答：法身無在而無不在，卽體之用，應必有方。略說七處不同。實則處窮法界。言七處者，第一會菩提場，第二會普光明殿，第三會切利天，第四會夜摩天，第五會兜率天，第六會他化自在天，第七會逝多園林。而三會普光，故會有九。第一會在菩提場，說如來依報因果；第二會普光法堂，說十信法門；第三會切利天宮，說十住法；第四會夜摩天宮，說十行法；第五會兜率陀天，說十迴向法；第六會他化自在天，說十地法。賢聖有隔，故越化樂。第七重會普光法堂，說因圓果滿法。有十一品經，前六因圓，後五果滿。第八三會普光法堂，說普賢大行法，六位頓成。第九會室羅伐城逝多園林，說入法界法門。而第九會末歸菩提場，則十會圓明，頓彰玄極。言爲佛獨說，爲託他人者，此經欲表諸佛齊說。故於諸會多是十方諸佛加菩薩說，欲明一說一切說故。第一會十方諸佛加普賢菩薩說。普賢是華嚴海會主故，表普法故。第二會文殊爲主，而十首共談，表十信門萬德首故。第三會法慧菩薩說，表十住法慧心增故。第四會功德林菩薩說，表十行法門行森聳故。第五會金剛幢菩薩說，表十迴向高出歸向義故。第六會金剛藏菩薩說，表十地法含藏出生不可壞故。第七會亦普賢菩薩說，表因圓果滿，普周法界，行德皆普故。

第八會亦普賢菩薩説，没六位名，收六位行，爲二千行法，舉一圓收。始自初心，終極等覺，皆共同修，乃至成佛，不捨因故。第九會如來自入師子頻申三昧，令諸大衆頓證法界，示相而説。普賢文殊，二聖開發；百城善友，並皆同説。故此一會，曲分爲二：一、卽本會，如來現相，二聖開顯，頓證法界；二、卽六十一經末，終盡八十，諸善知識爲善財説。明漸證法界，漸頓該羅，本末交映，皆證法界故。略明會處，顯文若斯，若散取經文，總有十處：初此閻浮，二周百億，三徧十方，四盡塵道，五通異界，六該刹塵，七重攝刹，八復重收，九猶帝網，十餘佛同。則約會略舉三千界塵，廣周法界無盡，説主通三種世間無不説也。束此九會以爲四分：第一會從世主妙嚴品至毗盧遮那品，有十一卷經文，名舉果勸樂生信分。第二，從第二會如來名號品至如來出現品，有三十一品，四十一卷經文，名修因契果生解分。第三，以第八會離世間一品，有七卷經文，名託法進修成行分。第四，以第九會入法界一品，有二十一卷經文，名依人證入成德分。若展九會爲三十九品，初會六品：一、世主妙嚴品，二、如來現相品，三、普賢三昧品，四、世界成就品，五、華藏世界品，六、毗盧遮那品。第二會亦有六品：一、如來名號品，二、四聖諦品，三、光明覺品，四、菩薩問明品，五、淨行品，六、賢首品。第三會亦有六品：一、昇切利天宮品，二、切利宮中偈讚品，三、十住品，四、梵行品，五、初發心功德品，六、明法品。第四會有四品：一、昇夜摩天宮品，二、夜摩宮中偈讚品，三、十行品，四、十藏品。第五會三品：一、昇兜率天宮品，二、兜率宮中偈讚品，三、十迴向品。第六會一品：十地品。第七會有十一品：一、十定品，二、十通品，三、十忍品，四、阿僧祇品，五、如來壽量品，六、菩薩住處品。上六，明等覺因圓。七、佛不思議法品，八、如來十身相海品，九、隨好光明功德品，十、普賢行品，十一、如來出現品。第八會唯一品：卽離世間品。第九會亦唯一品：即入法界品。初三會各六品，爲十八品；四五兩會共有七品，成二十五品；第七會十一品，故有三十六品；六八九三會各唯一品，故有三十九品。又，束三十九品以爲三分：初、世主妙嚴品，爲序分；二、現相品已下，爲正宗分；三、從入法界品六十一經，爾時文殊從善住樓閣出已下竟經，爲流通分。三十九品，調冠真宗；九會四分，彰其大格。現文若此，其本難彰，尋其名題，方知綱要。謹對。

第五不起昇天

問：去住不同，人天處別，如何經説不起覺樹而昇三天？又，許不起而昇，理應齊等，如何獨三賢會而有此言？故昇切利天宫品云："爾時如來不離一切菩提樹下，而昇須彌頂帝釋殿，二昇夜摩，三昇兜率。"獨有此言，其故何耶？答：法性寥廓，緣起難思。我佛世尊，融法界以爲身，總緣起而爲用，體用無礙，一多自在。不分而徧，不去而周，感而遂通，見有前後。閻浮有感，見在閻浮，天宫有感，見上昇天。非移覺樹之佛，而昇彼天。故法慧菩薩云："佛子！汝應觀如來自在力。一切閻浮提，皆言佛在中，我等今見佛，住於須彌頂，十方悉亦然。"如來自在力，明知去住皆物見也。請以喻顯：譬如澄江一月，三舟共觀，一舟停住，二舟南北，南者見月千里隨南，北者見月千里隨北，停舟之者見月不移，是爲此月不離中流而往南北。設百千共觀，八方各去，則百千月去。去住見殊，諸有智人自曉玄旨。又，問言帶前赴後，事理應齊，何以三賢獨有斯旨者，顯異義故。謂初二會相鄰次故，不假帶前；此三人天隔越，故須連帶。又，此三會同詮賢位，六已證入，不假帶前。第七即位中普賢及於妙覺，居然不假。第八頓彰六位，體用已融。第九唯明證入，體用一味，故並皆不假。唯三會要令成鈎鎖一法界會故。謹對。

第六説經時節

問：如來出現，垂五十年，一化始終，三時五時之異。不審此經何時説耶？仰具説時，以祛疑滯。答：夫心冥至道，則渾一古今，法界無生，本亡時分。況無涯之説，念劫圓融？實則正覺始成，頓彰圓妙。自狹至闊，略有十重之別：初唯一念，二盡七日，三徧三際，四攝同類劫，五收異類劫，六以念攝劫，七劫念重收，八異類界時，九彼此相入，十以本收末。即非劫爲劫，略敍十重。舉一全收，非長非短，能長能短。謹對。

第七經之部類

問：聖教之詮，廣略非一。未知此教，爲廣爲略，爲具爲闕耶？答：無言之言，言窮法界；無説之説，物無非詮。略就言詮，以爲十重差別：一、略本經，即今所傳八十卷三十九品是。以其梵本有十萬偈，今所譯四萬五千故。二、下本經，即是具本。十萬偈文，四十八品，即龍樹菩薩於龍宮所見總有三本，此當下本。三、中本經，即彼所見本有四十九萬八千八百偈，一千二百品。四、上本經，亦彼所見，有十三千大千世界微塵數偈，一四天下微塵數品。此中上二本，並非世人心力能傳。五、普眼經，即善財童子所見，第三善友海雲所持，以大海量墨，須彌聚筆，書此普眼法門。一品中一門，一門中一法，一法中一義，一義中一句，尚不得少分，何況能盡？總持菩薩方能受持故。六、同説經，即一類世界，盡法界虛空界容毛端處，以言聲説無窮盡故。七、異説經，謂樹形等刹，世界既異，施設亦殊，不可定其若色若言，部類難準。八、主伴經，如遮那佛説，則十方佛爲伴；如十方爲主，則遮那等盡爲伴故。九眷屬經，謂餘非器，不聞此通方之説，隨宜説教，皆入此門，故名眷屬經耳。十、圓滿經，謂上諸本，總融爲一無盡敎海故，一文一句，皆攝無遺。以所詮難思，故能詮難喻，略申十類，以示玄門。然其略詮，亦收義理，猶如海滴，濕性同故。謹對。

第八翻譯傳通

問：夫敎自西天，東流華夏，貝多梵字，紙素翻傳，必承明詔之恩，要假羣賢詳議。未知此典，譯在何朝，譯主何人，而新舊同異？仰申旨的，令識鴻源。答：自佛日沈輝，西天結集，漢明之代，敎始東垂。此不思議經，晉朝方有。前後傳異，四本不同。一、晉義熙十四年，北天竺三藏佛度跋陀羅，唐言覺賢，於揚州謝司空寺，卽今上元興嚴寺，翻梵本三萬六千偈，成晉經六十卷。沙門法業筆受，慧嚴慧觀潤色。二、大唐永隆元年，中天竺三藏地婆訶羅，此云日照，於西京太原寺，卽今長安崇福寺，譯出入法界品内兩處脱文：一從摩耶夫人後，至彌勒菩薩前，中間天主光等十善知識；二從彌勒菩薩後，至三千大千世界微塵數善知識前，中間文殊申手摩善財頂十五行經，卽八十卷經之初。大德道成律師，薄塵法師，大乘法師等同譯，復禮法師潤文。三、大周證聖元年，于闐三藏實叉難陀，此云喜學，於東都佛授記寺，卽今敬愛寺，再譯梵文，兼補諸闕計九千頌，通舊總有四萬五千偈，合成唐本八十卷。其梵本卽則天大聖皇后遣使于闐迎來。此方大德義淨三藏，弘景禪師，圓測法師，神英法師，法寶法師，賢首法師等同譯，復禮法師潤文。四、卽於前第三本中，雖益數處，卻脱日照所補文殊菩薩案善財頂十五行經，賢首法師以新舊兩經勘以梵本，將日照補文安喜學脱處，遂得文續義連。今之所傳，卽第四本。若有八十卷初，無文殊案善財頂之經，卽第三本也。然如來説敎，能隨類音，結集成經，事準西域。賢達傳譯，必音善兩方，一言三詳，競競誠慎，使上冥聖意，下隨時機,故得傳通,功深益遠。謹對。

第九華藏體相

問:華藏剎海,<u>如來依報</u>,修淨土觀所感,未知於中安立形體,有何形狀?莊嚴法化,可得聞乎?修何等因,成茲剎海,立何行業,遊處其間?仰示入門,知所歸趣。答:我佛國土,依正圓融,體卽真如,量周法界。語其嚴飾,等一切之剎塵,法化橫周,豎窮無際。修因曠遠,算數難量,圓機圓修,方造其境。然隨機隱顯,淨穢虧盈,稱物淺深,大小互現。雖虧盈而淨穢交徹,雖大小而通局相融,識智巨量,言豈能盡?故依經說,略示其狀:此華藏世界,有二十重。其最下一重到第二重近遠者,卽一佛剎微塵數世界,方至第二重也。從第二至第三第四,乃至二十重,漸漸增遠近數等也。今此娑婆,卽第十三重也。於華嚴藏最下,先布<u>須彌山</u>微塵數風輪,此風輪上,持普光摩尼香水海,海出蓮華,名種種光明藥香幢。華持剎海其藥香華,內有蓮臺,臺上有金剛輪圍山,周帀旋繞,裏面卽是大地。四方均平,清淨堅固,於中有不可說佛剎塵數香水海。一海一種,一一種中,各有不可說佛剎微塵數世界。其一一海間,各有四天下微塵數香水河,右旋圍繞。然其地面,體是金剛,衆雜妙寶以爲嚴飾。一一境界,皆具世界海微塵數清淨功德之所莊嚴。經云:"華藏世界所有塵,一一塵中見法界,寶光現佛如雲集。"此是<u>如來</u>剎自在,皆我世尊往修多劫大行所招。故經云:"世尊往昔,於諸有微塵佛所,修功德淨業,故獲種種寶光明華藏莊嚴世界海。"又云:"華藏世界海,法界無差別,莊嚴悉清淨,安住於虛空。"是知雖有無盡莊嚴,一一皆稱法界。若觀成者,卽生其中。萬行之因,無不趣往,然其總意,若報若應,皆無障礙。略申其十,以顯難思:一事理無礙,二成壞無礙,三廣狹無礙,四相入無礙,五相卽無礙,六微細無礙，七隱顯無礙，八重現無礙，九主伴無礙，十時處無礙。隨一無礙，卽具一切無礙，觀成居然自往。謹對。

第十生佛交徹

問：衆生與佛，迷悟不同，生則六道循環，佛則萬德圓滿。如何有説，卽生卽佛，二互相收，渾亂因果，全乖法理。答：夫真源莫二，妙旨常均。特由迷悟不同，遂有衆生及佛。迷真起妄，假號衆生；體妄卽真，故稱爲佛。迷則全迷真理，離真無迷；悟則妄本是真，非是新有。迷因無明橫起，似執東爲西；悟稱真理而生，如東本不易。就相假稱生佛，約體故得相收。不見此源，迷由未醒；了斯玄妙，成佛須臾。經云：“法界衆生界，究竟無差別，一切悉了知，此是<u>如來</u>境。”<u>如來</u>纔成正覺，普見衆生已成正覺，衆生正在迷中，向佛心中受苦。冀希玄之士，無捨妄以求真。謹對。

第十一十信圓妙

問：十信爲初，智滿爲後。合抱雖因毫末，毫末尚未凌雲；妙覺雖由信成，信心豈能攝位。今云信中攝位，圓妙頓彰，雖聞斯言，未曉斯旨，仰陳所以，用遣疑情。答：夫教有淺深，根有勝劣。從微至著，漸教誘於劣機；初心頓圓，圓教被於上士。既圓信圓解，萬行圓修，頓悟頓成，萬德圓備。若朝爲<u>越</u>女，暮作<u>吳</u>妃，夕產王宮，且稱太子，豈要階降，方爲人君？謹對。

第十二惑障不同

問：二障塵沙，尚非所喻，阿僧祇劫，未得斷名，十地聖人，分分漸損，如何一斷一切斷耶？既越常規，難以取信。答：惑本無從，迷真忽起，迷而不返，瀾漫無涯。若纖雲拂空，其來無所，須臾彌滿，六合黯然。長風忽來，倏爾雲盡，千里無點，萬像歷然。方便風生，照惑無本，性空顯現，衆德本圓。八萬塵勞，皆波羅密，恆沙惑障，並是真門。眼翳未除，空華亂起，但淨法眼，何惑不消？滯執堅牢，居然多劫。謹對。

第十三如來十身

問：經論共説佛有三身，或開，不出受用自他；或合，但分真應。據何理致，遂説十身？請陳十名，兼示體相。答：夫真身寥廓，與法界合其體；包羅無外，與萬化齊其用。窮源莫二，執迹多端，諸佛就機，一多異説。約體相用，略説三身，總約自他，分二受用，及與真應。盡理而説，十身方圓。言十身者，略有二種：一融三世間以爲十身，二如來一身自有十身。謂：一、菩提身，二、願身，三、化身，四、力持身，五、相好莊嚴身，六、威勢身，七、意生身，八、福德身，九、法身，十、智身。然此十身，卽佛十德，具體具用，有應有真。但融無二門，故稱圓妙。云何十德？一、覺樹道成，朗然大悟；二、願周法界，兜率上昇；三、化應多端，若水分衆月；四、力持永久，有全身碎身；五、相好無邊，碎塵難數；六、威勢映奪，如月映星；七、感而遂通，如意速疾；八、福德深厚，若海包含；九、法性真常，湛然周徧；十、智慧決斷，頓覺圓明。十德不離一身，更無別佛，不同三身四智，體用不同。言融三世間十身者：一、衆生身，二、國土身，三、業報身，四、聲聞身，五、緣覺身，六、菩薩身，七、如來身，八、智身，九、法身，十、虛空身。於一如來身既有十身，餘九身亦然，便成百身。又互相作，便成千身。而真應相觸，一多自在。冀當仰信，無滯常聞。謹對。

第十四聖賢位次

問：十小乘經，皆立次位，未知此教次位如何？答：理無淺深，證有階降，以無爲法，賢聖不同。或階位歷然，或無所位次，各取一義，未盡源流。今無位無差，不礙位次差別，略有二門：一者行布，二者圓融。此二相資，互無障礙。言行布者，次位歷然，故涉四天，別陳六位。第二會雜修十信，顯十甚深；第三會忉利天宫，方説十住；第四會夜摩天内，彰十行法門；第五兜率陀天，説十迴向；第六他化天内，説十地法門；第七普光法堂，正説等妙二覺；第八一會，正顯圓融。言十信者，一、信心，二、進心，三、念心，四、定心，五、慧心，六、戒心，七、不退心，八、護法心，九、願心，十、迴向心。雖具十心，未成次位，不立階差，但彰十種甚深，以顯隨緣行願。而其德用該攝始終，已如上説。言十住者，一、發心住，二、治地住，三、修行住，四、生貴住，五、具足方便住，六、正心住，七、不退住，八、童真住，九、法王子住，十、灌頂住。文義宏深，備於本會。言十行者，一、歡喜行，二、饒益行，三、無違逆行，四、無屈撓行，五、離癡亂行，六、善現行，七、無著行，八、難得行，九、善法行，十、真實行。然即如次是布施等行十度法門，雖兼多門，十度爲主。言十迴向者，一、救護衆生離衆生相迴向，二、不壞迴向，三、等一切佛迴向，四、至一切處迴向，五、無盡功德藏迴向，六、隨順堅固一切善根迴向，七、等隨順一切衆生迴向，八、真如相迴向，九、無縛無著解脱迴向，十、入法界無量迴向。一一位中，備修諸度，而爲所迴向。一一迴向三處，一、迴向無上菩提，二、迴向一切衆生，三、迴向真如實際。前二爲隨相迴向，後一爲離相迴向。隨離不二，事理齊修，悲智雙運，則親能證入。言十地者，一、歡喜地，二、離垢地，三、發光地，四、餘慧地，五、難勝地，六、現前地，七、遠行地，八、不動地，九、善慧地，十、法雲地。然此十地，由修十勝行，斷十種障礙，證十真如，故分十地。一一地皆有四道：一、方便道，二、證道，三、助道，四、無住道。謂各修加行，爲方便道；正證真如，以爲證道；兼修諸行，以爲助道；權實雙流，不住生死及與涅槃，爲不住道。言第七會明等妙二覺者，有十一品經。前之六品，明等覺位，謂：一、十定品，二、十通品，三、十忍品，四、阿僧祇品，五、如來壽量品，六、菩薩住處品。言等覺者，已超十地，等於妙覺。約等妙覺，亦名如來，雖等而修，亦名菩薩，經廣顯相。言妙覺者，有五品經，謂：一、佛不思議法品，總明佛德；二、十身相海品，別顯大相；三、隨好光明功德品，別明隨好；四、普賢行品，總顯圓因；五、出現品，總彰果用。朗然大悟，離覺所覺，故名妙覺。上辨行布前後階差淺深不雜。二、明圓融者，以性融相，一位之中具一地位，或初攝後，或後攝初，初後攝中，中攝初後，四十二位，成四十重相攝之義。故第八會，具有六位所明行法，而没位名。頓彰諸行，初心頓覺，亦許頓修。故普慧菩薩發二百問，普賢菩薩申二千答，爲二千行一一圓收。謂隨一行卽攝二千行，行行皆爾，爲圓融也。然行布圓融，説有前後，義乃一時。若不備歷四天，無以彰其行布；若不一會頓説，安能顯其圓融？行布是教相施設，圓融乃理性德用。相是性之相，故行布不礙圓融；性是相之性，故圓融不礙行布。圓融不礙行布故，則一爲無量；行布不礙圓融故，則無量爲一。無量爲一，則融通隱隱；一爲無量，則涉入重重。故唯智知，凡情難測。謹對。

第十五　十波羅密

問：諸經之中，多説六度，今言有十，其故何耶？答：欲登妙位，非行不階，行雖千門，不出十度。爲治六弊，説六度門；欲顯圓融，復治十障，故説十度。然一一度各各相收，從其增微以爲十種。一施、二戒、三忍辱，四精進，五禪定，六般若，七方便，八願，九力，十智。施謂財法無畏，無不皆捨。戒乃防非止惡，內外無瑕。忍則順違不干，諦察忍可。精進則離身心相，萬行增修。禪定則念慮皆亡，安心理境。般若則心無分別，善達性空。方便則涉有常空，施爲無礙。願度則上求下化，窮盡未來。力度則思修功成，萬境不動。智度則決斷無惑，證法怡神。或一念之中，十度齊起，故經云："不取衆相而行施，本絕諸惡堅持戒，解法無害常堪忍，知法性離常精進，已盡煩惱入諸禪，善達性空分別法，具足智力能博濟，滅除諸惡稱大士。"十度廣義，備於大疏。謹對。

第十六說十之由

問：諸經之中，法相隨義，三身、四智、五眼、六通，隨數減增，不可一準，如何此教多說十耶？答：真理圓融，非相不顯，欲彰圓妙，故寄十以明之。十是一周數之圓故，多則難盡，少不顯圓。又，盡理而言，十方備足，故五眼開爲十眼，三身具說十身，欲令觸目圓融，一一皆入法界，故多說十。斯可知也。謹對。

第十七地獄頓超

問：罪有淺深，位有階降。阿毗地獄極惡罪人，如何頓超便階十地？若言經力，或推佛光，何不獄中談經？何借光明常照？仰申所以，用遣大疑。答：圓滿教海，德用難思，諸佛威神，利樂頗測，然其化物，要在有緣。地獄罪人，昔聞圓法，具金剛種。得遇佛光，光流成道之時，卽是根機已熟。冥機扣聖，感應道交，亦似萌芽，久含陽氣，東風一拂，頓爾抽條。位雖頓圓，因亦積善，若非其器，亦不遇光。次第久修，果無頓得，其由影隨質妙，響逐聲倫，理數而然，亦何致惑」謹對。

第十八　二乘聾瞽

問：地獄極惡，尚遇佛光，聲聞聖流，何頓聾瞽？又，法華拂席，遣而不聞，不輕令聞，久而獲益，如何此典，獨異餘經？仰出所由，以曉疑網。答：因緣多門，教化萬品，根有大小，益有淺深。地獄圓種，成益頓超，二乘無機，對而不見。其猶雷霆震地，聾者不聞，日月麗天，盲者不覩。斯理昭著，其何惑哉？又，大聖化儀，理非一準，法華威遣，以勵會中，不輕令聞，知有遠益。諸聲聞輩，不謗不修，留其不聞，以彰絕分。顯法圓妙，不共二乘，各有指歸，義無乖越。謹對。

第十九　普賢行願

問：此經他經，皆說普賢行願，何者是耶？請具分析。答：一乘教旨，創燭於高山；十身妙因，必資於大行。行皆稱理，一一普周，一行之中攝一切行，一切行海全在一塵。以萬行沸騰，而一道真善，當體已稱普賢行矣。斯之普行，普賢所行，亦以此行成普賢矣。人法相假，皆得此名，簡非次第行布之行。德周法界曰普，至順調善曰賢。略收十門，以顯無盡：一、所求普，要求一切如來平等證故；二、所化普，要化無盡衆生界故；三、所斷普，要斷無邊煩惱海故；四、事行普，要無一行而不行故；五、理行普，一一事行徹性源故；六、無礙行普，事理二行互交徹故；七、融通行普，隨一一行攝無盡故；八、所起用普，用無不周故；九、所行處普，上之八門徧帝網剎一切處故；十、所行時普，窮三際時念劫圓融無竟期故。上之十行，參而不雜，爲普賢行，散在諸經，本教徧具。謹對。

第二十文殊祖師

問：文殊菩薩，現是因人，那稱佛母。既爲法身菩薩，何以偏住清涼？或言親稟釋迦，復言來自金色，或言諸佛之祖，或説菩薩之師。仰盡源流，彰其準的，使參玄之者，不惑見聞。答：至聖至神，難窮其本，憑教憑理，略述見聞。示跡因人，久成正覺，體周法界，應必有方。得果不捨因門，跡爲釋迦弟子，昔爲妙光菩薩，以爲九世祖師。況無不從其發心，故爲諸佛之祖。偏主摩訶般若，復爲佛母之名。依不動之真源，言自金色世界，震旦之人有感，偏居清涼之山矣。首楞嚴經，略陳其本。曰：龍種上尊王如來。央崛經説其現成，即謂摩尼寶積。處胎經説十方皆證菩提，數越塵沙，聖莫能計。同萬類之變化，入帝網之刹塵，湛一寂之真源，無成無滅。口欲談而詞喪，心將緣而慮息，無相現相。清涼應現於多端，即身無身。金容焕目而無覩，執相者迷其至趣，觀空者惑其見聞。惑見聞者，偏求有外之空；迷至趣者，執水月爲珠寶。故中人悦象或滯於二途，下士忽虛相以爲妖異。妖異乍生於日夕，豈千秋萬歲之常然？況宣公上稟於諸天，神僧顯彰於靈境，高齊八州以傾俸，有唐十帝之迴光，清涼聖居，理無惑矣。真源普徧，復何疑焉？冀當仰其聖靈，無得測其深淺。謹對。

第二十一悲智雙流

問：甚深般若，直造心源，何要悲心，涉事流動？答：佛法大海，要唯此二，智造真境，悲以兼濟。有悲無智，愛見是生；有智無悲，墮二乘地。今以忘機之智，導無緣之悲，不滯空有二邊，不住涅槃生死。故雖涉有化物，而未始迷空；雖觀寂滅無心，而化四生九類。如二輪之致遠，具悲智而果圓。謹對。

第二十二止觀雙運

問：於佛法中，智爲上首，但應修智，六度萬行，皆證菩提。何以經中偏明定慧，或説雙行？雙行之相，云何可見？答：智慧雖尊，非定不深其照；萬行雖廣，此二獨尊。其猶易之乾坤，亦似天之日月。禪非智，無以窮其寂；智非禪，無以深其照。故寂智雙流，方成佛果。經云："佛自住大乘，如其所得法，定慧力莊嚴，以此度衆生。"謹對。

第二十三動寂自在

問：契夫寂理，内外並冥，何能施爲，更起大用？答：聲聞事寂，事外求真，動而非寂，菩薩體理。即事而真，動而無動，不礙常寂，故不起滅定而現威儀。謹對。

第二十四事理相融

問：事相萬差，理唯一味，如何經説事理無礙而相即耶？答：事外求理，二乘偏真；照事即理，菩薩大悟。色外無空，全色爲空；空外無色，全空是色。色謂緣生之法，空謂無性之理。由緣生故無性，即色事而是真空；由無性故從緣，即空理而爲色事。一體二義，有事理之名；二義一體，故得交徹也。謹對。

第二十五彰其十玄

問：切聞華嚴深義，謂之十玄，請列其名，略申其義。答：十表無盡，一一造玄，隨舉一法，即具斯十。一、謂同時具足相應門。如大海一滴，含百川之味。二、廣狹自在無礙門。如徑尺之鏡，見千里之影。三、一多相容不同門。若一室千燈，光光涉入。四、諸法相即自在門。如金與金色，二不相離。五、秘密隱顯俱成門。如片月澄空，晦明相並。六、微細相容安立門。如瑠璃瓶，盛多芥子。七、因陀羅網境界門。若兩鏡互照，傳曜相寫，遞出無窮。八、託事顯法生解門。如立像豎臂，觸目皆道。九、十世隔法異成門。如一夕之夢，翺翔百年。十、主伴圓明具德門。如北辰所居，衆星同拱。十無前後，擧一全收，斯爲華嚴不共玄旨。謹對。

第二十六辨玄所以

問：事理懸隔，一多不同，如何無礙，重重涉入？答：因廣難量，略陳一二。一、法無定性故，以一非定一，故能即多；多非定多，故能即一。經云："金剛圍山數無量，悉能安置一毛端，欲知至大有小相，菩薩以此初發心。"二、法性融通故，謂若唯約事，則互相礙，不得即入；若唯約理，則唯一味，無可即入。今不異理之一事，全攝理性時，令彼不異理之多事，隨所依理皆於一中現。若一事攝理不盡，則理有分限失；若一事攝理皆盡，而多事不隨現，則事在理外失。今既一事攝理皆盡，多事豈不於一中現？故經云："一切法門無盡海，同會一法道場中"等。謹對。

第二十七法界名體

問：何名法界？法界何義？答：法者軌持爲義，界者有二義：一約事說，界即分義，隨事分別故；二者性義，約理法界，爲諸法性不變易故。此二交絡，成理事無礙法界。事攬理成，理由事顯，二互相奪，即事理兩亡。若互相成，則常事常理。四、事事無礙法界，謂由以理融彼事故，義如前說。謹對。

第二十八證入淺深

問：有得有證，爲增上慢，如何説有漸頓證入？答：有得有證，取相爲非；無得無證，是真證入。故般若心經云："以無所得故，菩薩心無罣礙，諸佛則得菩提。"理無淺深，何有頓漸？寄淺顯理，漸入漸深，故名爲漸。直就體明，理不可分，故名爲頓。頓外無漸，漸卽頓收，漸頓該羅，非一非異。如斯證悟，漸頓兩亡，假以言詮，强名頓漸。謹對。

第二十九善財南求

問：道無不在，善友普周，十室之中，必有忠信。如何求友，要往南方？答：理無方隅，人無不在，欲有表示，寄於一方。以事理求，略有五義：一者，舉一例餘，一方既爾，餘方亦然故。二者，西域居人，宅多東向，自東向南，順日月轉，表於善財隨順人法故。三，南者正也，表離二邊東西邪僻故。四，南者明也，發生萬物，聖人南面，意在此故。五，南者生義，北主於陰，表法盡滅，南主陽也，萬德是生。略表法門，故云南矣。亦有非要南方，如諸夜神，表地證相離方所故。聖纔立意，海印發揮，未有一法而無所表。謹對。

第三十知識別證

問：既爲善友，必解行已周，何乃各得一門，皆云彼非我分？豈可一文一藝，而爲師傅者耶？答：法門無邊，入門各異，欲表所主各別，不盡難思法門，故言唯知一門，餘非我分。故經云："諸佛境界無有邊，各隨解脱能觀見，猶如百川同歸於海。"又，令善財歷事無厭，若一友具説，則不假詣多。不得善財徧求徧事，此一乃卽多之一，故至普賢一時頓圓，多是卽一之多。一多無礙，故難思議也。

謹對。

第三十一圓融行布

此義已見行位之中，但徧歷一切耳。

第三十二果海離言

問：修因契果，諸教爰同。華嚴之中，自説五周因果，依正二報，燦然可觀，十身圓融，前後頻有。何言果海本離言詮？若離言詮，何由證入？答：佛法雖廣，略有二門：一者宗通，二者説通。宗亦名證，説亦名教。卽教證二道，宗通示修行，説通示未悟。尋言契理，必以教爲筌罤；得意亡言，必在虛心體極。今言果海，約證相應，可寄言詮，皆名因分。因則可修可説，果則亡修離言。然果假因成，證須修入，攬因成證，證乃心冥。境智尚亡，言詮何有？欲令亡言得旨，故稱果海離言。得意亡言，因果本亡能所。謹對。

第三十三十定之名

問：何名十定？答：定謂心一境性，體離一多，隨境用差，故百千不等。今寄十顯圓，以表難思，皆從體用得名，而相融無礙。一、普光大三昧，二、妙光大三昧，三、次第徧往諸佛國土大三昧，四、清淨深心行大三昧，五、知過去莊嚴藏大三昧，六、智光明藏大三昧，七、了知一切世界佛莊嚴大三昧，八、一切衆生差別身大三昧，九、法界自在大三昧，十、無礙輪大三昧。謹對。

第三十四十通差別

問：何名十通？請列其名，及其體用。答：通謂無壅，精義入神，大用自在。亦寄十顯圓。言十通者，一、他心智通，二、天眼智通,三、知過去劫宿住智通,四、盡未來際智通,五、無礙清淨天耳智通,六、住無體性無動作往一切佛刹智通,七、分別一切言詞智通,八、無數色身智通,九、一切法智通,十、入一切滅盡三昧智通。皆以無障礙大智而爲其體。有此十用,故立十名。謹對。

第三十五十通六通

問:十通六通,有何差別?仰申同異,以釋疑情。答:十通六通,大同少異,欲彰圓極,開六爲十。言六通者,一、神境通,二、天眼通,三、天耳通,四、他心通,五、宿命通,六、漏盡通。云何開耶?答:他心、宿命,此二不開,餘四各分爲二,故成爲十。謂天眼約見現在未來,分成十中第二、第四:二名天眼,即見現在;四名盡未來際劫,是見未來。天耳約聞音聲言辭,分成五、七:五名天耳,即聞音聲;七名分別,即言辭也。神境約業用色身,分成六、八:六名無體性無作往一切佛刹,即是業用;八名無數色身,偏語現身。漏盡約定慧不同,分成九、十:九約智中無漏,名一切法智通;十約定中漏盡,名滅盡三昧。故六成十。然其業用,皆同法界,色攝難思,全異六也。謹對。

第三十六十忍名體(前文列目中作“十忍淺深”)

問:何名十忍?仰列名體。答:忍謂忍可,即智慧爲體。深淺法喻,寄十顯圓:一、音聲忍,聞深教聲,不驚怖故;二、順忍,隨順理事故;三、無生忍,了法無生,妄念不起故;四、如幻忍,了法緣生,如幻不實故;五、如燄忍,了境如燄,不可取故;六、如夢忍,了心如夢,從思起故;七、如響忍,音聲如響,緣合虛故;八、如影忍,身等如影,業緣現故;九、如化忍,無而忽有,無真實故;十、如空忍,究竟如空,不可取故。謹對。

第三十七佛不思議法（前文列目中無"法"字）

問：何名佛不思議法？答：諸佛果法，名之爲法，無不離相，一一融通，爲不思議。心行處滅，故不可思；言語道斷，故不可議。心言罔及，爲不思議。經云："菩薩住此不思議，於中思議無有盡；入是不可思議處，思與非思俱寂滅。"如是方名真不思議。謹對。

第三十八十身相海

問：何名十身相海？答：十身之義，即菩提願化等，已見上文。言相海者，觀佛三昧經説如來相，略有三類：一、下品説，有三十二相八十種好；二、中品説，有八萬四千相，一一相有八萬四千好，一一好有八萬四千光明；三、上品説，相具無盡相。如雜華經爲普賢説。雜華，即華嚴也。此經文列九十七大人相，結文云有十蓮華藏世界海微塵數相，一一體以衆寶莊嚴，用周法界。深廣難思，故名爲海。廣如本經。謹對。

第三十九功無功用

問：成功立德，三教所同，如何此經，贊無功用？答：緣修積行，即説立功；造極體真，須亡功用。無功則功流萬世，無用則用周十方，無功之功，曰真功矣。如乘船入海，頓息篙橈，而舉帆隨風，萬里非遠。功用行息，是息篙橈；無相智圓，即錦帆高舉；無依無住，即乘無功用風，則永處法流，長遊智海。謹對。

第四十教起源由

問：諸佛設教，各有源由，以何因緣，華嚴教起？答：因緣無量，略有其十：一、謂法爾常規。如大王路，千聖同轍故。二、酬昔行

願。昔發大願救度一切，非此法門無能救故。三、遂通物感。凡厥
生靈，皆含佛智，若無有感，佛應不生，下有澄潭，方落月影，機宜叩
聖，應彼説經故。四、明示真門。謂不識寶玉，不得其用，不知妙法，
安可求之？五、開物性源。以諸衆生，性含智海，識洞真空，衣蔽明
珠，室埋寶藏，但妄隨境變，體逐相遷，鼓擊真源，浩蕩無際。今令
知心合體，達本亡情，瑩模内之金容，剖塵中之經卷，使少作功力，
疾至菩提。故談斯經，以爲顯示。六、宣説勝行。謂行布圓融。
七、令知地位，亦具二種，並如前説。八、彰果德莊嚴。謂依正二
果，依報如華藏世界，正報如上下身。九、示其終歸，令歸法界。法
界之義，亦如前説。十、廣利今後，令一披讀，終獲菩提，暫少聽聞，
成金剛種。謹對。

第四十一　三藏二藏

　　問：經説三藏，復説二藏，此經爲屬何藏所收？答：三藏之中，
正唯脩多羅藏，兼詮餘二。言三藏者，一、脩多羅，此云契經。二、
毗奈耶，此云調伏。三、阿毗達磨，此云對法。卽經律論三，各爲三
藏也。言二藏者，一、聲聞藏，二、菩薩藏。卽上三藏，隨大小乘開
合不同。此經卽大乘菩薩藏攝也。謹對。

第四十二　十二分教

　　問：何名十二部經？答：十二分教，舊名十二部經，恐濫部帙，
改名分教。十二分者，一、脩多羅，此云契經。此有三相：初總相，二
別相，三本相。總者，始從如是我聞，終至歡喜奉行，皆曰脩多羅。
別者，於前總中，分出十一部也。本者，於彼別中，初略後廣也。
二、祇夜，此云應頌。如十住品發心住品頌故。三、和伽羅那，此云
授記。如發心品及出現品是也。四、伽陀，此云諷誦。如三天偈

讚。五、尼陀那，此云因緣。如三家五請及觀善財。六、優陀那，此云自説。如十地初本分是，及普賢行品是也。七、伊帝目多伽，此云本事。如大威光經文是也。八、闍陀伽，此云本生。如説諸善友往生時事也。九、毗佛略，此云方廣。此經一部全受斯稱。涅槃經云："所謂大乘方廣經典，其義廣大，猶如虛空故。"又，雜集論開爲五義：方廣者，謂菩薩藏相應言説故；亦名廣破，廣破一切障故；亦名無比法，無有諸法能比類故，一切有情利益安樂所依處故、演説廣大甚深義故。十、阿浮達摩，此云未曾有。如不起而昇四天，及示行七步等。十一、阿波陀那，此云譬喻。如出現品是。十二、優婆提舍，此云論義。如問明品是。又問：因何有斯十二分教？答：梁攝論云："從真如流出正體智，正體智流出後得智，後得智流出大悲心，大悲之流出十二分教也。"謹對。

（據金陵刻經處本）

三、答順宗心要法門（附宗密注）

至道本乎其心，諸佛衆生迷悟本也。心法本乎無住，萬法之宗，本乎無住，卽心體也。淨名經云："依無住本，立一切法。無住心體，靈知不昧。瑩淨之理。

性相寂然，性卽空空絶跡，相卽星象粲然。包含德用，性色含於神用，具塵沙之無邊。該攝内外，相該攝於内外，亦不在於中間。能廣無外也。能深。無内也。

非有非空，妙有不空，真空不有。不生不滅。非四相所遷也。求之不得，棄之不離。明一真心地，絶取捨之情。

迷現量則惑苦紛然，迷本逐末。悟真性則空明廓徹，返本還源，雖卽心卽佛，唯證者方知。凡聖一真，猶來見隔，見在卽凡，情忘卽佛，智與理冥，境與神會者，方知也。

然有證有知，則慧日**沈没**於有地；若存證知，則棄内而外求，卽滯於有。若無照無悟，則昏雲**掩蔽**於空門。若忘智忘照，則外忘緣而内忘照，卽滯於無。

但一念不生，前後際斷，妄心不生，二際俱斷。照體獨立，**物我皆如**。真智現前，我及我所，悉皆同體。

直造心源，無智無得，至理虛玄，言忘慮絶，不可以識識，不可以行得。**不取不捨**，性自天真，本無取捨。無對無修。本非對待，豈有修作。

然迷悟更依，真妄相待。迷卽六凡，悟則四聖。真智生，妄念滅；妄若起，真智隱。

若求真去妄，如避影以勞形。若有取捨，勞形役智。

若體妄卽真，似處陰而影滅。妄無自性，舉體卽真。

若無心忘照，則萬累都捐。既忘心照，煩惱自空。

若任運寂知，則衆行圓起。起卽體之用，用而無用，何假因耶？

放曠任其去住，不著彼此。静鑑見其源流。動静不失理也。

語默不失玄微，語默全真。動静豈離法界。去住合道。

言止則雙忘智寂，止觀俱泯。論觀則雙照寂知。止觀齊彰。

語證不可示人，寂然之理，不可説示。說理非證了。咋證相應。

悟寂無寂，智與理冥。真智無知。真如之理，泯能知智。以知寂不二之一心，以卽理之智也。契空有雙融之中道。證不二之理也。無住無著，二邊不立，中道不安。莫攝莫收，住法界性，延促無礙。是非兩忘，能所雙絶。

斯絶亦絶，般若現前。法界真性，思慮叵窮，若絶能所，則真智現前也。

般若非心外新生，不從外得。智性乃本來具足。非新新有。

然本寂不能自見，實由般若之功。理非智不能顯。

般若之與智性，翻覆相成。智非理不能生。

本智之與始終，兩體雙絕。 本末俱泯。

證入則妙覺圓明，體無瑕翳。悟本則因果交徹。 凡聖相入。

心心作佛，無一心而非佛心；念念全真。處處證真，無一塵而非佛國。 即染而淨。

真妄物我，舉一全收；二而不二。心佛衆生，炳然齊致。 不二而二。

迷則人隨於法，法法萬差而人不同。 迷真逐妄。

悟則法隨於人，人人一致而融萬境。 物象無體。

言窮慮絕，何果何因？ 本離言念。體本寂寥，孰同孰異？ 非同異境。

唯志懷虛朗，消息沖融。 佩道之士，契之即神。

其猶透水月華，虛而可見；喻也。無心鏡像，照而常空矣。 虛心之鑑。

心要法門頌

欲達心源淨，所迷之理須知我相空，萬物自虛形容何處實，緣生本無念慮本無從，起處不真豁爾靈明現，似日初出儵然世界通，即無障礙真金開伏藏，情忘理現赫日出暝曚，智起惑忘試將心比佛，性無異故與佛始終同。 真妄無別

（據金陵刻經處本）

四、三聖圓融觀門

夫上聖觀人設教，言不虛陳，按指發揮，觸事皆通。因有妙德叩示以三聖表法之二義，遂著三聖圓融觀。一毛之智觀，無難以度成，粗依教理，略示綱要。惟冀遠識，虛己而求之焉。

三聖者，本師毗盧遮那如來，普賢、文殊二大菩薩是也。大覺

應世,輔翼塵沙,而華嚴經中獨標二聖爲上首者,託以表法,不徒然也。今略顯二門:一、相對明表,二、相融顯圓。

　　且初門中,三聖之內,二聖爲因,如來爲果。果超言想,且説二因。若悟二因之玄微,則知果海之深妙。然二聖法門,略爲三對:一、以能信所信相對。謂普賢表所信之法界,即在纏如來藏。故理趣般若云:"一切衆生皆如來藏。普賢菩薩自體徧故,初會即入如來藏身三昧者",意在此也。文殊表能信之心。佛名經云:"一切諸佛皆因文殊而發心者,表依信發故。善財始見發大心者,當信位故。"經云:"文殊菩薩出生一切菩薩無休息故。"然信但有信而未能見,又所信所證無二理故,無初普賢。信可始生,理唯極見,故文殊居初,普賢居後。二、以解行相對。普賢表所起萬行,上下諸經皆言普賢行故。文殊表能起之解,通解事理窮方便故。慈氏云:汝先得見諸善知識,聞菩薩行,入解脱門,皆是文殊威神力故。又云,文殊常爲一切菩薩師故。又云,文殊師利心念力故。三、以理智相對。普賢表所證法界,即出纏如來藏,善財童子入其身故。又云,得究竟三世平等身故。一毛廣大即無邊者,稱法性故,普賢身相如虛空故。又,見普賢即得智波羅蜜者,明依於理而發智故。文殊表能證大智,本所事佛名不動智故。慈氏云:文殊師利常爲無量百千億那由他諸佛母故,文殊於諸經中所説法門多顯般若智故。又云,從文殊師利智慧大海所出生故。見後文殊方見普賢,顯其有智方證理故。是以古德銘後文殊爲智照無二相,不現身相者,表極智甚深,心境兩亡,信解雙絶故。又,理開體用,智分權實,故以文殊二智,證普賢體用。此之一門,古德親問三藏,言有經説,未傳此方。又,此一門亦表定慧,理本寂故,智即慧故,亦表體用。普賢理寂以爲心體,文殊智照爲大用故。

　　第二相融顯圓者亦二:先明二聖法門各自圓融。謂文殊必因於信方能成解。有解無信，增邪見故；有信無解，長無明故；信解真正，方了本原，成其極智。極智反照，不異初心。故初發心時，便成正覺。又，前方便之智，不離智體，故後文殊名智照無二相。照信不殊於智，故從無身相而展右手，是以文殊三事融通隱隱。次普賢三事自相融者，理若無行，理終不顯；依體起行，行必稱體；由行證理，理無行外之理；由理顯行，行無理外之行。故隨所證，理無不具。一證一切證，故見普賢一毛所得法門，過前不可説倍。又，是卽體之用，故毛孔法門，緣起無盡。由是，普賢三事涉入重重。二者，二聖法門互相融者，謂要因於信，方知法界。信不信理，信卽爲邪，故能所不二，不信自心有如來藏，非菩薩故。次要藉於解，方能起行。稱解起行，行不異解，則解行不二，次以智是理用，體理成智，還照於理，智與理冥，方曰真智，則理智無二。故經云：“無有如外智，能證於如；亦無智外如，爲智所入。”又，法界寂照名止，寂而常照名觀，觀窮數極，妙符乎寂，卽定慧不二。又，卽體之用曰智，卽用之體曰理，卽體用無二。是以文殊三事融通隱隱，卽是普賢三事涉入重重。此二不異，名普賢帝網之行。故普賢行品及上下諸經，廣顯理事圓融，爲普賢行，非獨事行名普賢行。既二聖相融，而不名文殊行者，攝智屬理，唯一心法界，故舉一全收。二聖法門既相融者，則普賢因滿，離相絕言，没同果海，是名毗盧遮那光明徧照，唯證相應故。法界品中，普賢之後，便偈讚佛德者，顯果相也。品初如來自入三昧，現相無言，表所證絕言，而普賢開顯，放光令悟，表能證絕言，而文殊開顯者，卽斯意也。

　　若合三聖法門以爲經目者，普賢是大，所證理體無不包故；文殊是方廣，理上之智爲業用故。又，通是普賢，理含體用，通爲所證故，文殊、普賢二俱華嚴。萬行披敷，信智解行皆是因華用嚴本寂體故。舍那是佛，通圓諸因，證上體用故，説卽爲經，因言顯故。既包題目無遺，則攝大經義盡，亦一代時教，不離於此理智等。然上理智等並不離心，心佛衆生無差別故。若於心能了，則念念因圓，念念果滿。出現品云："菩薩應知自心，念念常有佛成正覺故，而卽一之異，不礙外觀，勿滯言説。若與此觀相應，則觸目對境，常見三聖及十方諸菩薩，一卽一切故，心境無二故。"依此修行，一生不剋，三生必圓矣。

（據金陵刻經處本）

〔附〕澄 觀 傳

釋澄觀，姓夏侯氏，越州山陰人也。年甫十一，依寶林寺^{今應天山}霈禪師出家，誦法華經。十四遇恩得度，便隷此寺。

觀俊朗高逸，弗可以細務拘，遂徧尋名山，旁求祕藏，梯航既具，壺奧必臻。乾元中，依潤州棲霞寺醴律師學相部律，本州依曇一隷南山律。詣金陵玄璧法師傳關河三論，三論之盛于江表，觀之力也。大歷中，就瓦棺寺傳起信、涅槃，又於淮南法藏受海東起信疏義，卻復天竺詵法師門，溫習華嚴大經。七年，往剡溪，從成都慧量法師覆尋三論。十年，就蘇州，從湛然法師習天台止觀、法華、維摩等經疏。解從上智，性自天然，所學之文如昨抛捨，鮑靜記井、蔡邕後身，信可知矣。又謁牛頭山忠師、徑山欽師、洛陽無名師咨決南宗禪法，復見慧雲禪師了北宗玄理。

觀自謂己曰："五地聖人，身證真如，棲心佛境，於後得智，中起世俗念，學世間技藝，況吾學地，能忘是心？"遂翻習經傳子史、小學蒼、雅，天竺悉曇諸部異執，四圍五明祕呪儀軌，至於篇頌筆語書蹤，一皆博綜。多能之性，自天縱之。

大歷十一年，誓遊五臺，一一巡禮，祥瑞愈繁。仍往峨嵋，求見普賢。登險陟高，備觀聖像。卻還五臺，居大華嚴寺，專行方等懺法。時寺主賢林請講大經，並演諸論。因慨華嚴舊疏文繁義約，慨然長想。況文殊主智，普賢主理，二聖合爲毗盧遮那，萬行兼通，卽是華嚴之義也。吾卽遊普賢之境界，泊妙吉之鄉原，不疏毗盧，有辜二聖矣。觀將撰疏，俄於寤寐之閒，見一金人當陽挺立，以手迎抱之，無何咀嚼都盡。覺卽汗流，自喜吞納光明徧照之徵也。起興元元年正月，貞元三年十二月畢功，成二十軸，乃飯千僧以落成也。後常思付授，忽夜夢身化爲龍，矯首於南臺，蟠尾於山北，拏攫碧落，鱗鬣耀日，須臾蜿蜒，化爲千數小龍，騰躍青冥，分散而去。蓋取象乎教法支分流布也。

四年春正月，寺主賢林請講新疏。七年，河東節度使李公自良，復請於崇福寺講。德宗降中使李輔光宣詔入都，於罽賓三藏般若，譯烏荼國王所進華嚴後分四十卷。觀苦辭，請明年入，敕允。及具行至浦津，中令梁公留安居，遂於中條山棲巖寺住。寺有禪客，拳眉顒髮，字曰癡人，披短褐，操長策，狂歌裸語，凡所指斥，皆多應驗。觀未至之前，狂僧驅衆僧灑掃曰：“不久菩薩來此。”復次壁畫散脂大將，及山魈之怪，往往不息。觀既止此寺，二事俱靜。五月，內中使霍仙鳴傳宣催入。觀至，帝頗敦重，延入譯場刊正，又詔令造疏。遂於終南草堂寺，編成十卷進呈，敕令兩街各講一徧。爲遂時，堂前池生五枝合歡蓮華，一華皆有三節，人咸歎伏。

尋譯守護國界主經，觀綴文潤色。順宗在春宮，嘗垂教，令述了義一卷、心要一卷，並食肉得罪因緣。泊至長安頻加禮接。朝臣歸向，則齊相國抗、韋太常渠牟，皆結交最深。故相武元衡、鄭絪、李吉甫、權德輿、李逢吉、中書舍人錢徽，兵部侍郎歸登、襄陽節度使嚴綬、越州觀察使孟簡、洪州韋丹，咸慕高風，或從戒訓。

以元和年卒，春秋七十餘。弟子傳法者一百許人，餘堪講者千數。觀嘗於新創雲花寺般若閣下，畫華藏世界圖相，又著隨疏演義四十卷。允齊相請，述華嚴經綱要一卷、法界玄鑑一卷、三聖圓融觀一卷，華嚴、法華、楞伽、中觀論等。別行小鈔疏共三十卷。設無遮大會十二，中具諸塑繪形像，繕寫經典，不可殫述。

門人清沔，記觀平時行狀云，觀恆發十願：一、長止方丈，但三衣鉢，不畜長。二、當代名利，棄之如遺。三、目不視女人。四、身影不落俗家。五、未捨執受，長誦法華經。六、長讀大乘經典，普施含靈。七、長講華嚴大經。八、一生晝夜不臥。九、不邀名惑衆伐善。十、不退大慈悲，普救法界。觀逮盡形期，恆依願而修行也。

（選自金陵刻經處本宋贊寧高僧傳三集卷五）

續法：四祖清涼國師傳

四祖諱澄觀，字大休，俗姓夏侯氏，越州會稽人也。身長九尺四寸，雙手過膝，口四十齒，聲韻如鐘，目光夜發，晝乃不眴，日記萬言，七行俱下。生於玄宗開元二十六年，母誕之辰，光明滿室，同徹鄰右。每童戲，聚沙建塔。年九歲，禮本州寶林寺體真禪德爲師，歲曜一周，解通三藏。

天寶七年，師十一歲，奉恩試經得度，纔服田衣，思冥理觀，乃講般若、涅槃、蓮華、淨名、圓覺等一十四經，起信、寶性、瑜伽、唯識、俱舍、中、百、因明等九論。肅宗至德二年，師受具戒於曇一大師門下，行南山止作事，遂爲衆德講演律藏。又禮常照禪師，授菩薩戒。原始要終，十誓自勵：體不損沙門之表，心不違如來之制，坐不背法界之經，性不染情愛之境，足不履尼寺之塵，脅不觸居士之榻，目不視非儀之彩，舌不味過午之餚，手不釋圓明之珠，宿不離衣鉢之側。

　　從牛頭忠，徑山欽問西來宗旨，又謁洛陽無名禪師，印可融寂，自在受用。卽曰：明以照幽，法以達迷，然交暎千門，融冶萬有，廣大悉備，盡法界之術，唯大華嚴。復參東京大詵和尚，聽受玄旨，利根頓悟，再周能演。詵曰："法界宗乘，全在汝矣。"次後，名價日高。迨代宗大曆三年，詔師入內，與大辨正不空三藏於大興善寺譯經，命爲潤文大德。帝一日問佛經大旨，師答條然有緒，帝於言下豁悟，遂事以師禮，恩渥彌厚。至六年，進所譯經凡七十七部，一百二十卷。

　　及出譯場，辭謝帝後，卽開闡華嚴，講至住處品，審文殊隨事，觀照五頂，遂不遠萬里委命棲托，於大華嚴寺住錫十稔。山上緇侶，懇命敷揚。因思五地聖人，身棲佛境，心證真如，尚起後得智，學世間解。由是博覽六藝圖史，九流異學，華夏訓詁，竺乾梵字，四圍五明，聖教世典等書靡不該洽。至德宗建中四年，欲下筆著疏，先求瑞應，卽於般若院，啓曼拏羅，優游理觀，祈聖佑之。一夕夢金容，挺持山嶽，月滿毫相，卓立空際，仍於寐內，捧咽面門。既覺而喜，知獲光明徧照徵矣。是月也，設無遮會以慶之。從此，落筆恍若有神，絶無停思。當興元元年爲始，舊疏中唯賢首得旨，遂宗承之。經前開十門談玄，釋文以四分分科，至貞元三年告就，疏成二十卷。其夕又夢自身爲龍，頭枕南臺，尾蟠北臺，鱗鬣耀空，光逾皎日，須臾奮迅，化成百千小龍，分照四方而去。遂悟此是流通大疏之兆也。

　　初，爲衆講，感景雲凝停空中，逾時不散。後又爲僧睿等百餘講者，造隨疏演義鈔四十卷，隨文手鏡一百卷。貞元七年，河東節度使李自良，請師於崇福寺講新疏，德宗聞其風，遣中使李輔光宣詔入都問佛法大意。貞元十二年，宣河東節度使禮部尚書李詵，備禮迎師入京，詔同罽賓三藏般若翻譯烏荼國所進華嚴後分梵夾。

師承睿旨,於六月五日爲始翻譯,帝親預譯場。一日不至,即命僧寂光依律説欲云:"皇有國事因緣,如法僧事,與欲清淨。"至十四年二月二十四日譯就,共四十卷,進上。

是年四月,帝生誕,詔請師於麟德殿開示新譯華嚴宗旨。羣臣大集,師陞高座説曰:"我皇御宇,德合乾坤,光宅萬方,重譯來貢,特回明詔,再譯真詮。觀顧多天幸,承旨幽讚。極虛空之可度,體無邊涯,大也;竭滄溟而可飲,法門無盡,方也;碎塵刹而可數,用無能測,廣也;離覺所覺,朗萬法之幽邃,佛也;芬敷萬行,榮耀衆德,華也;圓兹行德,飾彼十身,嚴也;貫攝玄微,以成真光之彩,經也。總斯經題之七字,乃爲一部之宏綱。將契本性,非行莫階,故説普賢無邊勝行。行起解絶,智證圓明,無礙融通,現前受用。"帝大悦,讚曰:"妙哉言乎! 微而且顯。"賜紫衲方袍,禮爲教授和尚。五月,遣中使霍仙鳴傳宣催入,詔令造新譯華嚴後分經疏。師奉旨,述後分疏十卷。行願品經別行疏一卷。

貞元十五年,詔受鎮國大師號,進天下大僧録。四月,帝誕節,勅有司備儀輦迎教授和尚入内殿,闡揚大經。師陞座曰:"大哉真界,萬法資始,包空有而絶相,入言象而無跡。我佛得之,妙踐真覺,廓盡塵習,融身刹以相含,流聲光而退燭。我皇得之,靈鑒虛極,保合太和,聖文掩於百王,淳風扇於萬國。華嚴經者,即窮斯旨趣,盡其源流,故恢廓宏遠,包納冲邃,不可得而思議矣。失其旨也,徒修因於曠刼;得其門也,等諸佛於一朝。諦觀一塵,法界在掌,理深智遠,識昧辭單,塵黷聖聰,退座而已。"帝時默湛海印,朗然大覺。顧謂羣臣曰:"朕之師,言雅而簡,辭典而富,扇真風於第一義天,能以聖法清涼朕心。"仍以清涼賜爲國師之號,由是中外台輔重臣,咸以八戒禮而師之。

時順宗在東宮,以心要遣問於師。師答書曰:"至道本乎一心,心法本乎無住，無住心體，靈知不昧，性相寂然，包含德用。迷現量則惑苦紛然，悟真性則空明廓徹。雖卽心卽佛，惟證者方知。"又請述了義一卷，並食肉得罪因緣一篇。永貞元年，順宗登帝位，詔師於興唐寺，爲造普光殿、華嚴閣，塑華藏刹，圖法界會。

憲宗元和二年，南康王韋皋、相國武元衡請著法界觀玄鏡一卷。元和五年，詔師入內談法，帝問華嚴所詮，何謂法界？師曰："法界者，一切衆生身心之本體也。從本已來，靈明廓徹，廣大虛寂，唯一真境而已。無有形貌而森羅大千，無有邊際而含容萬有。昭昭於心目之間而相不可覩，晃晃於色塵之內而理不可分。非徹法之慧目，離念之明智，不能見自心如此之靈通也。故世尊初成正覺，歎曰：奇哉！我今普見一切衆生，具有如來智慧德相，但以妄相執著，而不能證得。於是稱法界性，説華嚴經，全以真空揀情，事理融攝，周徧凝寂。是之謂法界大旨。"帝聽玄談已，廓然自得，卽勅有司，別鑄金印，遷賜僧統清涼國師之號，統冠天下緇侶，主教門事。

穆宗、敬宗，咸仰巨休，悉封大照國師。文宗太和五年，帝受心戒於師，誓不食蛤。開成元年，帝以師百歲壽誕，賜衣財食味，加封大統國師。大經前後講五十徧，無遮大會一十五設。

凡著述現流傳者，總四百餘卷。相國齊抗、鄭餘慶、高郢，請撰華嚴綱要三卷。相國李吉甫、侍郎歸登、駙馬杜琮，請述正要一卷。僕射高崇文，請著鏡燈説文一卷。司徒嚴綬、司空鄭元、刺史陸長源，請撰三聖圓融觀一卷。節度使薛華、觀察史孟簡、中書錢徽、拾遺白居易、給事杜羔等，請製七處九會華藏界圖心鏡説文十卷。又與僧録靈邃大師、十八首座、十寺三學上流，製華嚴、圓覺、四分、中觀等經律論關脈三十餘部。又述大經了義備要三卷。七聖降誕節對御講經談論文，兼一家詩牋表章，總八十餘卷。

　　弟子爲人師者，三十有八。海岸、寂光爲首，稟受學徒一千。唯東京僧睿、圭山宗密，獨得其奧。餘皆虛心而來，實腹而去。

　　開成三年三月六日，召上足三教首座寶印大師海岸等，囑曰："吾聞偶運無功，先聖悼歎，復質無行，古人耻之。無昭穆動静，無綸緒往復，勿穿鑿異端，勿順非辨僞，勿迷陷邪心，勿固牢鬪静。大明不能破長夜之昏，慈母不能保身後之子，當取信於佛，無取信於人。真界玄微，非言説所顯，要以深心體解，朗然現前，對境無心，逢緣不動，則不孤我矣。"言訖，趺坐而逝。師生歷九朝，爲七帝師。俗壽一百二，僧臘八十三。言論清雅，動止作則，學瞻九流，才供二筆，盡形一食，不蓄餘長。文宗以祖聖崇仰，特輟朝三日，重臣縞素。蜕經三七，顔光益潤，端身凜嶽。其月二十七日，承旨奉全身塔於終南山。

　　初期，有梵僧到闕，表稱於葱嶺見二使者凌空而過，以呪止而問之，答曰，余乃北印度文殊堂神也，東震取華嚴菩薩大牙，歸國供養。有旨啓塔驗之，果失一牙，唯三十九存焉，璨然如霜，面貌如生。遂闍維，得舍利數千粒，明光瑩潤。舌如紅蓮，火不能變。上勅謚，仍號清涼國師，賜塔額曰妙覺。詔相國裴休撰碑記，勅寫國師真儀，奉安大興唐寺，文宗御製像讚八章。餘如別傳。

（選自金陵刻經處本清續法法界宗五祖略記）

宗　密

　　【簡介】　宗密，俗姓何，生於公元七八〇年（唐德宗建中元年），死於公元八四一年（唐武宗會昌元年），果州西充（今屬四川）人。他出身富家，少年時習儒，二十八歲從荷澤宗道圓出家，習禪宗。後來，他讀到澄觀的華嚴經疏，深得旨趣，於是又往澄觀門下，求教華嚴數年。以後他長期住在陝西終南山草堂寺南圭峰，因此學者又稱他爲圭峰大師。

　　宗密被後人尊爲華嚴宗五祖，其實他的思想中已不是單純的華嚴教義，而是夾雜了大量的禪宗南宗的思想。他在佛教内部是會通禪教，而在外部則有會通儒、釋、道三家的傾向。因此，宗密的思想比起法藏和澄觀來，要複雜得多了。

　　宗密在原人論一文中，提出了他的“五教”説，即所謂：一、人天教，二、小乘教，三、大乘法相教（即大乘有宗），四、大乘破相教（即大乘空宗），五、一乘顯性教。這個教判説與法藏的教判説有很顯著的不同，其中特別表現在第五最高這一等上。在法藏那裡，第五一乘圓教是專指華嚴宗而言的，而在宗密這裡，實際上則是合華嚴與禪宗爲一，同歸之爲一乘顯性教。此外，宗密還把禪分爲三宗，教分爲三教，而認爲兩者又是各各相對應的，更爲明顯地把禪教不同的説法會通起來。但是，宗密的注華嚴法界觀門，基本上還是依據法藏、澄觀的思想來闡發華嚴宗“四法界”、“十玄門”理論的。

　　宗密又是一位研究禪宗思想和傳承史系的專家。他曾集禪宗各家論述編輯爲禪源諸詮集（亦名禪那理行諸詮集）一書，據稱收人其中著名禪宗大師的論述"殆且百家"，而按其"宗義別者，猶將十室"（都序卷一）。可惜這部集子已佚失。所幸者，宗密爲這部集子所寫的總序還保留着，卽本書所選入的禪源諸詮集都序。我們從中可以比較清楚地看到唐代禪宗發展與分化的情況。此外，他爲回答裴休之問而寫的禪門師資承襲圖，用簡明的圖表和文字，說明了禪宗的發展歷史，以及禪宗各派思想理論上的同異，也是一篇重要的禪宗史研究資料。然而應當指出，宗密對禪宗思想和傳承史的研究，是從荷澤宗（卽南宗）的立場出發的。因此，他對禪宗各派思想均有所批判，而對從慧能到神會南宗一派則竭誠推崇，認爲唯此"是釋迦降世，達摩遠來之本意也"（中華傳心地禪門師資承襲圖）。

宗密的著作，重要的還有：華嚴經行願品別行疏鈔、起信論注疏、圓覺經大疏等。

一、華嚴原人論

序

萬靈蠢蠢，皆有其本；萬物芸芸，各歸其根。未有無根本而有枝末者也，況三才中之最靈，而無本源乎？且知人者智，自知者明，我今禀得人身，而不自知所從來，曷能知他世所趣乎？曷能知天下古今人事乎？故數十年中，學無常師，博考內外，以原自身。原之不已，果得其本。然今習儒道者，祇知近則乃祖乃父，傳體相續，受得此身，遠則混沌一氣，剖爲陰陽之二，二生天地人三，三生萬物，萬物與人，皆氣爲本。習佛法者，但云近則前生造業，隨業受報，得此人身，遠則業又從惑，展轉乃至阿賴耶識，爲身根本。皆謂已窮，而實未也。然孔、老、釋迦皆是至聖，隨時應物，設教殊途，內外相資，共利羣庶。策勤萬行，明因果始終；推究萬法，彰生起本末，雖皆聖意，而有實有權。二教惟權，佛兼權實。策萬行，懲惡勸善，同歸於治，則三教皆可遵行；推萬法，窮理盡性，至於本源，則佛教方爲決了。然當今學士各執一宗，就師佛者，仍迷實義，故於天地人物不能原之至源。余今還依內外教理，推窮萬法，初從淺至深。於習權教者，斥滯令通，而極其本，後依了教，顯示展轉生起之義，會偏令圓，而至於末。末即天地人物。文有四篇，名原人也。

斥迷執第一習儒道者

儒道二教，説人畜等類，皆是虛無大道生成養育，謂道法自然，生於元氣。元氣生天地，天地生萬物。故智愚貴賤，貧富苦樂，皆稟於天，由於時命，故死後卻歸天地，復其虛無。然外教宗旨，但在乎依身立行，不在究竟身之元由，所説萬物，不論象外，雖指大道爲本，而不備明順逆起滅、染淨因緣，故習者不知是權，執之爲了。今略舉而詰之：

所言萬物皆從虛無大道而生者，大道即是生死賢愚之本，吉凶禍福之基，基本既其常存，則禍亂凶愚不可除也，福慶賢善不可益也，何用老莊之教耶？

又，道育虎狼，胎桀紂，夭顏冉，禍夷齊，何名尊乎？

又言，萬物皆是自然生化，非因緣者，則一切無因緣處悉應生化。謂石應生草，草或生人，人生畜等。

又，應生無前後，起無早晚，神仙不藉丹藥，太平不藉賢良，仁義不藉教習，老莊周孔何用立教爲軌則乎？

又言，皆從元氣而生成者，則歘生之神，未曾習慮，豈得嬰孩便能愛惡驕恣焉？若言歘有自然便能隨念愛惡等者，則五德六藝悉能隨念而解，何待因緣學習而成？又，若生是稟氣而歘有，死是氣散而歘無，則誰爲鬼神乎？且世有鑑達前生，追憶往事，則知生前相續，非稟氣而歘有。又，驗鬼神靈知不斷，則知死後非氣散而歘無，故祭祀求禱，典籍有文。況死而蘇者説幽途事，或死後感動妻子，讐報怨恩，今古皆有耶？

外難曰：若人死爲鬼，則古來之鬼，填塞巷路，合有見者，如何不爾？答曰：人死六道，不必皆爲鬼，鬼死復爲人等，豈古來積鬼常存耶！且天地之氣本無知也，人稟無知之氣，安得歘起而有知乎？草木亦皆稟氣，何不知乎？

又言，貧富貴賤，賢愚善惡，吉凶禍福，皆由天命者，則天之賦命，奚有貧多富少，賤多貴少，乃至禍多福少？苟多少之分在天，天何不平乎？況有無行而貴，守行而賤，無德而富，有德而貧，逆吉義凶，仁夭暴壽，乃至有道者喪，無道者興。既皆由天，天乃興不道而喪〔有〕（按，“有”字據金陵刻經處華嚴原人論合解補）道，何有福善益謙之賞，禍謠害盈之罰焉？

又，既禍亂反逆皆由天命，則聖人設教責人不責天，罪物不罪命，是不當也。然則詩刺亂政，書讚王道，禮稱安上，樂號移風，豈是奉上天之意，順造化之心乎？是知專此教者，未能原人。

斥偏淺第二習佛不了義教者

佛教自淺之深，略有五等：一、人天教，二、小乘教，三、大乘法相教，四、大乘破相教，上四在此篇中。五、一乘顯性教。此一在第三篇中。

一、佛爲初心人，且説三世業報，善惡因果，謂造上品十惡，死墮地獄，中品餓鬼，下品畜生。故佛且類世五常之教，天竺世教，儀式雖殊，懲惡勸善無別，亦不離仁義等五常，而有德行可修。例如，此國歛手而舉，吐番散手而垂，皆爲禮也。令持五戒，不殺是仁，不盜是義，不邪淫是禮，不妄語是信，不飲酒噉肉，神氣清潔，益於智也。**得免三途，生人道中。修上品十善，及施戒等，生六欲天；修四禪八定，生色界無色界天；**題中不標天鬼地獄者，界地不同，見聞不及。凡俗尚不知末，況肯窮本？故對俗教，且標原人，今敘佛經，理宜具列。**故名人天教也。**然業有三種：一惡、二善、三不動；報有三時：謂現報、生報、後報。**據此教中，業爲身本。**今詰之曰：既由造業受五道身，未審誰人造業，誰人受報？若此眼耳手足能造業者，初死之人眼耳手足宛然，何不見聞造作？若言心作，何者是心？若言肉心，肉心有質，繫於身內，如何速入眼耳，辨外是非？是非不知，因何取捨？且心與眼耳手足俱爲質閡，豈得內外相通，運動應接，同造業緣？若言但是喜怒愛惡發動身口令造業者，喜怒等情乍起乍滅，自無其體，將何爲主而作業耶？設言不應如此別別推尋，都是我此身心能造業者，此身已死，誰受苦樂之報？若言死後更有身者，豈有今日身心造罪修福，令他後世身心受苦受樂？據此，則修福者屈甚，造罪者幸甚，如何神理如此無道？故知但習此教者，雖信業緣，不達身本。

二、小乘教者，**說形骸之色，思慮之心，從無始來，因緣力故，念念生滅，相續無窮，如水涓涓，如燈燄燄。身心假合，似一似常，凡愚不覺，執之爲我。寶此我故，卽起貪，**貪名利以榮我。**瞋、**瞋違情境，恐侵害我。**癡、**非理計校。**等三毒。三毒擊意，發動身口，造一切業，業成難逃，故受五道苦樂等身，**別業所感。**三界勝劣等處，**共業所感。**於所受身，還執爲我，還起貪等，造業受報。身則生老病死，死而復生；界則成住壞空，空而復成。**從空劫初成世界者。頌曰：空界大風起，傍廣數無量，厚十六洛叉，金剛不能壞，此名持界風。光音金藏雲，布及三千界，雨如車軸下，風遏不聽流，深十一洛叉，始作金剛界。次第金藏雲，注雨滿其內，先成梵王界，乃至夜摩天。風鼓清水成，須彌七金等，滓濁爲山地，四洲及泥犁，鹹海外輪圍，方名器界立。時經一增減，乃至二禪福盡，下生人間，初食地餅林藤，後粳米不銷，大小便利，男女形別，分田立主，求臣佐，種種差別。經十九增減，兼前總二十增減，名爲成刼。議曰：空界刼中是道教指云虛無之道，然道體寂照靈通，不是虛無。老氏或迷之，或權設務絕人欲，故指空界爲道。空界中大風，即彼混沌一氣，故彼云：道生一也。金藏雲者，氣形之始，即太極也。雨下不流，陰氣凝也。陰陽相合，方能生成矣。梵王界，乃至須彌者，彼之天也；滓濁者地，即一生二矣。二禪福盡下生，即人也，即二生三，三才備矣。地餅以下，乃至種種，即三生萬物。此當三皇已前，穴居野食，未有火化等。但以其時無文字記載，故後人傳聞不明，展轉錯謬，諸家著作種種異説。佛教又緣通明三千世界，不局大唐，故内外教文不全同也。住者，住刧，亦經二十增減。壞者，壞刧，亦二十增減。前十九增減壞有情，後一增減壞器界，能壞是水火風等三災。空者，空刧，亦二十增減。中空無世界，及諸有情也。刧刧生生，輪迴不絶，無終無始，如汲井輪，道教只知今此世界未成時，一度空刧，云虛無混沌一氣等，名爲元始，不知空界已前，早經千千萬萬徧成住壞空，終而復始。故知佛教法中，小乘淺淺之教，已超外典深深之説。都由不了此身本不是我。不是我者，謂此身本因色心和合爲相。今推尋分析，色有地水火風之四大，心有受能領納好惡之事。想能取像者。行能造作者，念念遷流。識能了別者。之四蘊，若皆是我，即成八我。況地大中復有衆多，謂三百六十段骨一一各別，皮、毛、筋、肉、肝、心、脾、腎各不相是。諸心數等亦各不同，見不是聞，喜不是怒，展轉乃至八萬四千塵勞。既有此衆多之物，不知定取何者爲我。若皆是我，我即百千，一身之中，多主紛亂，離此之外，復無別法。翻覆推我，皆不可得，便悟此身但是衆緣，似和合相，元無我人，爲誰貪瞋，爲誰殺盜施戒？知苦諦也。遂不滯心於三界有漏善惡，斷集諦也。但修無我觀智，道諦。以斷貪等，止息諸業，證得我空真如，滅諦。乃至得阿羅漢果，灰身滅智，方斷諸苦。據此宗中，以色心二法，及貪瞋癡爲根身器界之本也，過去未來，更無別法爲本。今詰之曰：夫經生累世爲身本者，自體須無間斷，今五識闕緣不起，根境等爲緣。意識有時不行，悶絶、睡眠、滅盡定、無想定、無想天。無色界天無此四大，如何持得此身世世不絶？是知專此教者，亦未原身。

三、大乘法相教者，説一切有情，無始以來，法爾有八種識，於中第八阿賴耶，是其根本。頓變根、身，器界種子，轉生七識，皆能變現，自分所緣，都無實法。如何變耶？謂我法分別熏習力故，諸識生時，變似我法；第六七識，無明覆故，緣此執爲實我實法。如患重病心昏，見異色人物也。夢夢想所見可知。者，患夢力故，心似種種外境相現，夢時執爲實有外物，寤來方知唯夢所變。我身亦爾，唯識所變，迷故執有我及諸境，由此起惑造業，生死無窮。廣如前説。悟解此理，方知我身唯識所變，識爲身本。不了之義，如後所破。

四、大乘破相教者，破前大小乘法相之執，密顯後真性空寂之理。破相之談，不唯諸部般若偏在大乘經，前之三教，依次先後，此教隨執卽破，無定時節。故龍樹立二種般若：一共，二不共。共者，二乘同閩信解，破二乘法執故。不共者，唯菩薩解，密顯佛性故。故天竺戒賢、智光二論師，各立三時教，指此空教。或云在唯識法相之前，或云在後。今意取後。將欲破之，先詰之曰：所變之境既妄，能變之識豈真？若言一有一無者，此下部將彼喻破之。則夢想與所見物應異，異則夢不是物，物不是夢，寤來夢滅，其物應在。又，物若非夢，應是真物，夢若非物，以何爲相？故知夢時則夢想夢物，似能見所見之殊，據理則同一虚妄，都無所有。諸識亦爾，以皆假託衆緣，無自性故。故中觀論云：“未曾有一法，不從因緣生，是故一切法，無不是空者。”又云：“因緣所生法，我説卽是空。”起信論云：“一切諸法，唯依妄念而有差別，若離心念，卽無一切境界之相。”經云：“凡所有相，皆是虚妄，離一切相，卽名諸佛。”如此等文，徧大乘藏。是知心境皆空，方是大乘實理。若約此原身，身元是空，空卽是本。今復結此教曰：若心境皆無，知無者誰？又若都無實法，依何現諸虚妄？且現見世間虚妄之物，未有不依實法而能起者，如無濕性不變之水，何有虚妄假相之波；若無淨明不變之鏡，何有種種虚假之影？又，前説夢想夢境同虚妄者，誠如所言，然此虚妄之夢，必依睡眠之人，今既心境皆空，未審依何妄現？故知此教但破執情，亦未明顯真靈之性。故法鼓經云："一切空經，是有餘說。" 有餘者，餘義未了也。大品經云："空是大乘之初門。"

上之四教，展轉相望，前淺後深，若且習之，自知未了，名之爲淺，若執爲了，即名爲偏，故就習人，云偏淺也。

直顯真源第三佛了義實教

五、一乘顯性教者，說一切有情，皆有本覺真心，無始以來，常住清淨，昭昭不昧，了了常知，亦名佛性，亦名如來藏。從無始際，妄想翳之，不自覺知，但認凡質，故就著結業，受生死苦。大覺愍之，說一切皆空，又開示靈覺真心清淨，全同諸佛。故華嚴經云："佛子，無一衆生而不具有如來智慧，但以妄想執著而不證得。若離妄想，一切智、自然智、無礙智即得現前。"便舉一塵含大千經卷之喻，塵況衆生，經況佛智。次後又云："爾時如來普觀法界一切衆生，而作是言：奇哉，奇哉！此諸衆生，云何具有如來智慧，迷惑不見？我當教以聖道，令其永離妄想，自於身中得見如來廣大智慧，與佛無異。"評曰：我等多刼，未遇真宗，不解返自原身，但執虛妄之相，甘認凡下，或畜或人，今約至教原之，方覺本來是佛。故須行依佛行，心契佛心，返本還源，斷除凡習，損之又損，以至無爲。自然應用恒沙，名之曰佛，當知迷悟同一真心。大哉妙門！原人至此。

然佛說前五教，或漸或頓，若有中下之機，則從淺至深，漸漸誘接。先說初教，令離惡住善；次說二三，令離染住淨；後說四五，破相顯性，會權歸實，依實教修，乃至成佛。若上上根智，則從本至末。謂初便依第五，頓指一真心體。心體既顯，自覺一切皆是虛妄，本來空寂，但以迷故，託真而起，須以悟真之智，斷惡修善，息妄歸真，妄盡真圓，是名法身佛。

會通本末第四_{會前所斥，同歸一源，皆爲正義。}

真性雖爲身本，生起蓋有因由，不可無端忽成身相，但緣前宗未了，所以節節斥之，今將本末會通，乃至儒道亦是。_{初唯第五性教所說，從後段已去節級，方同諸教，各如注説。}謂初唯一真靈性，不生不滅，不增不減，不變不易。衆生無始迷睡，不自覺知，由隱覆故，名<u>如來藏</u>，依<u>如來</u>藏故，有生滅心相。_{自此方是第四教，亦同破此已生滅諸相。}所謂不生滅真心，與生滅妄想和合，非一非異，名爲阿賴耶識。此識有覺不覺二義，_{此下方是第三，法相教中，亦同所説。}依不覺故，最初動念，名爲業相。又不覺此念本無故，轉成能見之識，及所見境界相現。又不覺此境從自心妄現，執爲定有，名爲法執。_{此下方是第二，小乘教中，亦同所説。}執此等故，遂見自他之殊，便成我執。執我相故，貪愛順情諸境，欲以潤我，瞋嫌違情諸境，恐相損惱。愚癡之情，展轉增長，_{此下方是第一，人天教中，亦同所説。}故殺盜等，心神乘此惡業，生於地獄鬼畜等中，復有怖此苦者。或性善者，行施戒等，心神乘此善業，運於中陰，入母胎中，_{此下方是儒道二教，亦同所説。}禀氣受質。_{會彼所説，以氣爲本。}氣則頓具四大，漸成諸根，心則頓具四蘊，漸成諸識，十月滿足，生來名人，卽我等今者身心是也。故知身心各有其本，二類和合方成一人，天修羅等大同於此。然雖因引業受得此身，復由滿業故，貴賤貧富，壽夭病健，盛衰苦樂。謂前生敬慢爲因，今感貴賤之果，乃至仁壽殺夭，施富慳貧，種種別報，不可具述。是以此身，或有無惡自禍，無善自福，不仁而壽，不殺而夭等者，皆是前生滿業已定，故今世不同所作，自然如然。外學者不知前世，但據目覩，唯執自然。_{會彼所説，自然爲本。}復有前生少者修善，老而造惡，或少惡老善，故今世少小富貴而樂，老大貧賤而苦，或少貧苦老富貴等故，外學者不知，唯執否泰由於時運。_{會彼所説，皆由天命。}然所禀之氣，展轉推本，卽混一之元氣也；所起之心，展轉窮源，卽真一之靈心也。究實言之，心外的無別法，元氣亦從心之所變，屬前轉識所現之境，是阿賴耶相分所攝，從初一念業相，分爲心境之二。心既從細至粗，展轉妄計，乃至造業，如前紋列。境亦從微至著，展轉變起，乃至天地。卽彼始自太易，五重運轉乃至太極，太極生兩儀。彼說自然大道，如此說眞性，其實但是一念能變見分。彼云元氣，如此一念初動，其實但是境界之相。業既成熟，卽從父母禀受二氣，與業識和合，成就人身。據此，則心識所變之境乃成二分，一分卽與心識和合成人，一分不與心識和合，卽是天地山河國邑。三才者，唯人靈者，由與心神合也。佛說內四大與外四大不同，正是此也。哀哉寡學，異執紛然！寄語道流，欲成佛者，必須洞明粗細本末，方能棄末歸本，返照心源。粗盡細除，靈性顯現，無法不達，名法報身；應現無窮，名化身佛。

（據金陵刻經處印同治十三年雞園刻經處本）

二、注華嚴法界觀門

修

止觀熏習造詣。

大方廣佛華嚴

所依經也。大方廣是所證法，佛華嚴是能證人。大者，體也，諸佛衆生之心體。方廣，卽體之相用。佛者，果也。華嚴，因也。華喻萬行，嚴卽大智。大智爲主，運於萬行。嚴大方廣，成佛果也。略無經字，意不在文。

法界

清涼新經疏云：統唯一真法界，謂總該萬有，卽是一心。然心融

萬有，便成四種法界：一、事法界。界是分義，一一差別，有分齊
故。二、理法界。界是性義，無盡事法，同一性故。三、理事無礙
法界。具性分義，性分無礙故。四、事事無礙法界。一切分齊事
法，一一如性融通，重重無盡故。

觀

情盡見除，冥於三法界也。

門

此八九紙文，約此成觀故。

略有三重

除事法界也。事不獨立故，法界宗中無孤單法故。若獨觀之，卽
是情計之境，非觀智之境故。若分析義門，卽有其四，今以對能
觀之智，故唯三重。此三但是一道豎窮，展轉玄妙，非初法界外，
別有第二第三。既不旁橫，故云三重，不云三段。

京終南山釋杜順集

姓杜，名法順，唐初時行化，神異極多，傳中有證，驗知是文殊菩
薩應現身也。是華嚴新舊二疏初之祖師。儼尊者爲二祖，康藏
國師爲三祖。此是創製，理應云作，今云集者，以祖師約自智，見
華嚴中一切諸佛、一切衆生，若身心、若國土，一一是此法界體
用，如是義境，無量無邊，遂於此無量境界，集其義類，束爲三重，
直書於紙，生人觀智，不同製述文字，故但云集。此則集義，非集
文也。

真空第一

理法界也。原其實體，但是本心。今以簡非虛妄念慮，故云真；
簡非形礙色相，故云空。

理事無礙第二

卽此名之法界。

周徧含容第三

事事無礙法界。

真 空 觀

第一、真空觀法,於中略開四句十門:一、會色歸空觀,二、明空卽色觀,三、空色無礙觀,四、泯絕無寄觀。

就初門中爲四:

前三簡情,後一顯理。前三中:一、簡斷空。文中結釋云:是真非斷故。二、簡實色。文中結釋云:無體之空,非青黃故。言實色者,約妄情計爲確然實有自體,故不以形顯二色,分假實也,約情計於形顯俱爲實故,然此文中以顯色例形色也。三、雙簡。文中直云:會色歸空,空中必無色,故據義則句句皆簡情計斷空、實色。據文,則初二句影略互彰,第三方雙簡也。寶性論亦簡空亂意菩薩計三種空,恐煩觀智,不必和會,和會亦不全同也。

一、色不卽空,以卽空故。

標也。

何以故?

徵也。次下釋也,最後結也。餘皆倣此。

色不卽是斷空,故不是空也。

釋上句也。斷空者,虛豁斷滅,非真實心,無知無用,不能現於萬法。此有二種:謂色明空,及斷滅空。離色空者,空在色外,如牆處不空,牆外是空。斷滅空者,滅色明空,如穿井除土出空,要須滅色也。今簡異此,故云不是斷空也。故中論云:"先有而後無,是則爲斷滅。"然外道、小乘皆有斷滅,外道斷滅歸於太虛,二乘斷滅歸於涅槃。故肇論云:"大患莫若於有身,故滅身以歸無;勞勤莫若於有智,故絕智以淪虛"。又云:"形爲桎楷，智爲雜毒。"楞伽云："若心體滅，不異外道斷滅戲論。"

以色舉體是真空也，故云以卽空故。

　　釋下句也。以色等本是真如一心，與生滅和合，名阿黎耶識等，而爲能變，變起根身器界，卽是此中所明色等諸法。故今推之都無其體，歸於真心之空，不合歸於斷滅之空，以本非斷空之所變故。所言歸者，下有其文。

良由卽是真空，故非斷空也。

　　結成所釋。

是故言由是空：

　　真也。

故不是空也。

　　斷也。結所標也。上結下句，下結上句。

二、色不卽空，以卽空故。何以故？以青黄之相非是真空之理，故云不卽空。

　　釋上句也。以聞經説色空，不知色性空，便執色相以爲真空，故須簡也。此簡凡夫及初心菩薩不簡小乘，小乘不計色爲卽空故。

然青黄無體，莫不皆空，

　　空，無也。

故云卽空。

　　真也。釋下句。然前云色舉體是真空，此云青黄無體莫不皆空者，雖云青黄，卽兼長短等，必依質礙有青黄等故。空有三義以破於色：一、無邊際義。謂空若有邊，則有色法在空界外；空既無有際畔，則占盡十方邊量，無有其外，更於何處而有色等法耶？二、無壞義。謂惑者云：空雖無外，何妨色等秖在空界之中？故以無壞義破之：謂若有物入於空中，則隨此物大小分量，穿破於空，以容其物。如橛入地中，釘錐之類入於木中，皆隨橛等大小分量穿於地等。若地等不破,則不容檝等而入。救曰:如水不可穿破,而容物入水中,何妨虛空亦爾?破曰:水雖不破,然物入時,隨物大小分量,排之以容其物,以水性至柔,不妨流動移轉故。虛空豈同此水被排之動轉耶?三、無雜義。謂惑者又云:空界無外,空體無壞,不妨萬物皆在空中。以空是虛通無罣礙故,能含容故。破曰:若物在空中,空又不壞不轉,其物與空,應相混雜,如一團堅密之物。方亭一尺,此方尺分量之空,既不壞不轉,元在本方一尺分量之處,則與此方尺之物,豈非雜耶?若言不雜,則須一去一存,若言俱存,又不雜者,則一尺之分,各占五寸之地,如此轉不相應也。若言俱存俱徧一尺之分,理亦不然。何者?以空與色有二相違,不應全體同徧當處。何者二違?一、空是無物,色是有物。二、空是虛通,色是質礙。不可方尺分中,言全是無物,復言全是有物;又不可言全是虛通,復言全是質礙,豈有此理耶?故上云,青黃之相非是真空之理,此云,青黃莫不皆空也。是知,虛空既無邊、無壞、無雜,則空中必定無有色,故云即空也。

良以青黃無體之空,非即青黃,故云不即空也。

舉其無體之空,結非色相,明空非有,豈得色耶?

三、色不即空,以即空故。何以故?以空中無色,故不即空;會色無體,故即是空。

釋也。

良由會色歸空,空中必無色,

決定而斷也。般若心經云:"是故空中無色,無受想行識,十二處、十八界、十二因緣、四諦等"。佛頂云:"云何是中,更容他物?"

是故由色空故,

無也。

色非空也。

真也。上皆當句。

上三門以法簡情訖。

總結三門。

四、色即是空。何以故？凡是色法，必不異真空，以諸色法必無性故。

從緣有故，依他無性，即圓成故。

是故色即是空。

既非滅色存色，不即不離，故即真空。空非色相，無徧計矣。依他緣起無性，無性真理，即是圓成。古人云：色去不留空，空非有邊住。

如色空既爾，一切法亦然。思之。

色是法相之首，五蘊之初，故諸經凡欲説空義，皆約色説。如大般若列八十餘科名數，皆將色例也，舉要而示，則六道衆生，及十方諸佛菩薩二乘人等，五蘊、十二處、十八界也。此宗染淨無二相故，應云受想行識不即是斷空等。其青黃等文，即云領納等相非是真空之理等。乃至諸佛，即云神通光明等相非是真空之理等，即不可以身相見如來也。

第二、明空即色觀者，於中亦有四門：

簡情顯解，標徵釋結等，一一如前。四門但文勢相翻，以成後文空色無礙，泯絶無寄，當般若心經空即是色等文也。唯第三句，非敵對相翻，義亦不異，一一反上以成中道，更無別義也。

一、空不即色，以空即色故。何以故？斷空不即是色，故云非色。

釋上句也。

真空必不異色，故云空即色。

釋下句也。

要由真空卽色，

　　結下句也。

故令斷空不卽色也。

　　結上句也。

二、空不卽色，以空卽色故。何以故？以空理非青黃，故云不卽色。

　　釋上句也。

然不異青黃，故言空卽色。

　　釋下句也。

要由不異青黃，故不卽青黃，

　　結釋。

故云卽色不卽色也。

　　結標。

三、空不卽色，以空卽色故。何以故？空是所依非能依，故不卽色。

　　釋上句也。對上空中無色，無色方是色之所依故，如鏡中之明無影也。

必與能依作所依，故卽是色也。

　　釋下句也。無色故能與色爲依，如鏡中之明，無影像故，方能與影像作所依也，故不卽是影。此不敵對反上文者，以空中無色，有理有文，色中無空，文理俱絕，故但約能所依持而簡也。有理者，摩尼珠中必有黑等色；有文者，如上所引經云。是故空中無色，無受想等也。理絕者，珠所現色，色處必有明珠也；文絕者，諸聖教中悉不見有色中無空之文也。

良由是所依，故不卽色，是所依，故卽是色。

　　結釋。

是故由不卽色，故卽色也。

以義結標。

上三門亦以法簡情訖。

四、空卽是色。何以故？凡是真空，必不異色，以是法無我理，
卽真空體也，謂二空所顯之真如也。

非斷滅故，

真如不守自性也。上皆釋竟。

是故空卽是色。

結也。

如空色既爾，一切法皆然，思之。

真空既不異色，亦不異一切法也。如前所例。

第三、空色無礙觀。

雖有空色二字，本意唯歸於空，以色是虛名虛相，無纖毫之體，故
修此觀者意在此故也。文中舉色爲首云空現，舉空爲首不言色
現，還云空不隱也，是故但名真空觀，不言真空妄色觀。

謂色舉體不異空，全是盡色之空故，則色盡而空現。空舉體不異
色，全是盡空之色故，則空卽色而空不隱也。

色空之文，各有二句，皆先標無礙所以，下出無礙之相。謂若色
是實色，卽礙於空，空是斷空，卽礙於色，今既色是幻色，故不礙
空，空是真空，故不礙色也。有本云“色不盡而空現”，亦通，然不
如無。

是故菩薩看色無不見空，觀空莫非見色，無障無礙，爲一味法。思
之可見。

第四、泯絕無寄觀。

文二：初釋此觀，後總辨四門。初中二：初正泯絕，後徵釋所以。
初中文云不可等者，既本文自釋，今不注亦得，然文勢展轉不同，

今亦略別配釋於文下。

謂此所觀真空，不可言即色，

　　空若即色者，聖應同凡見妄色，凡應同聖見真空，又應無二諦。

不即色，

　　若不即者，見色外空，無由成於聖智，又應凡聖永別，聖不從凡得

　　故。上二句拂前第二觀也。

亦不可言即空、

　　色若即空者，凡迷見色，應同聖智見空，又亦失於二諦。

不即空。

　　若不即空者，凡夫見色應不迷，又凡夫所見色，長隔真空，應永不

　　成聖。上二句拂前初觀也。

一切法皆不可，

　　拂上結例，上云如色空既爾，一切法亦然，是也。

不可亦不可，

　　見彼等皆不可，亦同分別。

此語亦不受，

　　受即是念。

迴絶無寄，

　　般若現前。

非言所及，

　　言語道斷。

非解所到，

　　心行處滅故，不可智知故。

是謂行境。

　　有二境：一是行之境。今心與境冥，冥心遣智，方詣茲境，明唯

　　行能到，非解境故。二者，如是冥合，即是真行，行即是境，行分

齊故。

何以故？以生心動念，即乖法體，失正念故。

第二徵而釋也。真空理性，本自如然，但以迷之，動念執相，故須推破，簡情顯理。今情忘智泯，但是本真，何存新生之解數？若有解數，即爲動念，動念生心，故失正念。正念者無念而知，若總無知，何名正念？此下總辨四門。

又，於前四句中，初二句八門，皆簡情

各前三句。

顯解，

各當末句。

第三句一門，解終趣行，第四句一門，正成行體。

已上正分解行也，此下反顯相須，如目足更資也。又，初句會色歸空，無增益謗；二明空即色，無損減謗；三空色無礙，不是雙非，無戲論謗；四泯絕無寄，不是亦空亦色，無相違謗。四謗既無，百非斯絕，已當八部般若，無相大乘之極致也，況後二觀，展轉深玄！又，初句當色即是空，次句當空即是色，第三當色不異空，空不異色，第四即當不生不滅，乃至無智亦無得也。又，乍觀文相，似當初句空觀觀真諦，次句假觀觀俗諦，三四二句中道觀觀第一義諦。三即雙照明中，四即雙遮明中。細詳觀文所宗，即不然也，以雖有空色等言，但爲成於真空觀也，名題昭然。若此即空假真俗三觀三諦已備，次理事無礙，復是何觀？故知不然。次下反顯行解相資云。

若不洞明前解，無以躡成此行；

由前成此。

若不解此行法，絕於前解，無以成其正解；

絕解爲真解也，由此成前。

若守解不捨,無以入茲正行。

　捨解成行。

是故行由解成,行起解絕。

理事無礙觀

理事無礙

　所觀。

觀

　能觀。

第二,

　前雖説色,是簡情計以成真空,空色無礙,泯絕無寄,方爲真如之
　理,未顯真如妙用,故唯是真空觀門,未爲理事無礙。今諸事與
　理炳然雙融,故得此觀名也。文三,謂一標、二釋、三結勸也。

但理事

　對對理在上者,是所依本故。

鎔

　鎔,冶也,謂初銷義。

融,

　融,和也,謂相成義。以理鎔事,事與理而融和也,即初二門。二
　門互融,故互徧也。

存、

　九、十,

亡、

　七、八,

逆、

　五、六,

順，

三、四。

通有十門。

標也。具此等十，方名理事無礙。觀之於心，即名能觀。觀事當俗，觀理當真，令觀無礙，成中道第一義觀。自然悲智相導，成無住行，己當大乘同教之極致，故下第三觀是別教一乘，迥異諸教。上釋所標訖。次下別釋十門者，有五對：一相徧，二相成，三相害，四相即，五相非。初對中四：一正釋，二歎深，三喻指，四問答。初中文二也。

一、理徧於事門。謂能徧之理，性無分限，

性空真理，一相無相故。

所徧之事，分位差別，

染淨心境，互爲緣起，起滅時分，此彼相貌不可具陳。

一一事中，理皆全徧，

不全即是可分。

非是分徧。

經云："法性徧在一切處，一切衆生及國土，三世悉在無有餘，亦無形相而可得。"三句即全徧，末句即不可分也。

何以故？彼真理不可分故。

釋全徧所以也。

是故，一一纖塵，皆攝無邊真理，無不圓足。

二、事徧於理門。謂能徧之事，是有分限，所徧之理，要無分限，此有分之事，於無分之理，全同非分同。

以全同名徧。

何以故？以事無體，還如理故。

非如浮雲徧空。

是故一塵不壞而徧法界也，如一塵、一切法亦然。思之。

　上正釋二門竟。此下結以歎深。

此全徧門，超情離見，

　一塵既無涯分，何有法之當情，卽不可以識識也。真理全在塵
　中，何五眼而可覩，卽不可以智知也。有本云"難見"，似明容有
　可見之分，然不及"離"字。

非世喻能況。

　經云："三界有無一切法，不能與此爲譬喻。"此因結歎，便簡後
　喻，亦不得以世俗情所見矣。世人焉見全一大海在一波中耶！
　上釋結歎竟。此下喻指，文三：一喻大小無礙，二喻一異無礙，
　三喻諸法各各全徧。此但以海波指理事之位，以分義相，非全
　喻法。

如全一大海在一波中，而海非小；

　海無二故，俱鹹濕故。

如一小波帀於大海，

　卽同海故。

而波非大。

　不壞相故，此以喻上理事相徧竟。

同時全徧於諸波，而海非異；俱時各帀於大海，而波非一。

　非一異者，下自問答明示。

又，大海全徧一波時，不妨舉體全徧諸波；一波全帀大海時，諸波亦
各全帀，互不相礙。思之。

　思之者，將此合於理事也。但以大海字爲真理字，以波字爲事字
　讀之，卽見義分齊也。故下文不合之。上釋第三喻指竟。此下
　第四，問答細釋也。有兩重問答：一、對喻中初兩節所喻爲問答，
　二、對後一節所喻爲問答。初云。

問：理既全徧一塵，何故非小？

　　以徧難小。

既不同塵而小，何得説爲全體徧一塵？

　　以小難徧。上皆約理望事難也。

一塵全帀於理性，何故非大？

　　以徧難大。

若不同理而廣大，何得全徧於理性？

　　以大難徧。上皆約事望理難也。

既成矛盾，

　　矛，鑱也，卽槍戈之類。盾，干也，排也。昔人雙賣二事，各歎其
　　勝，難盾云矛刺不入，歎矛卽云能穿十重之盾。智者語云：我買
　　汝矛，還刺汝盾，入與不入？卽無辭矣。

義極相違！

　　問以大小意兼一異。答以一異，兼之大小。

答曰：理事相望，各非一異，故令全收而不壞本位。先，理望事，有
其四句：

　　初二句正明徧塵非小之相。

一、真理與事非異故，

　　因也。

真理全體在一事中。

　　宗也。上全徧，下非小。

二、真理與事非一故，真理體性恒無邊際。

　　上定義宗，下正答難。

三、以非一卽非異故，

　　因也。

無邊理性，全在一塵。

宗也。

四、以非異卽非一故，一塵理性，無有分限。

宗因例上，以非一非異爲因，答理全徧塵而非小之宗矣。

次，事望理，亦有四句：

一、事法與理非異故，全帀於理性。

二、事法與理非一故，不壞於一塵。

亦上定宗，下正答也。

三、以非一卽非異故，一小塵帀於無邊眞性。

四、以非異卽非一故，一塵帀無邊理而塵不大。思之。

宗因例上也。以非一非異爲因，答塵全帀理而不大之宗矣。初問答竟。二，對後一節所喻爲問答云。

問：無邊理性全徧一塵時，外諸事處，爲有理性，爲無理性？

上開兩關，下牒之而難。

若塵外有理，則非全體徧一塵；若塵外無理，則非全徧一切事，義甚相違。

每以理性字爲大海字，以事字爲波字，讀之爲問亦得。

答：以一理性融故，

標下約理四句。

多事無礙故，

標下約事四句。此皆因也。

故得全在內，而全在外，無障無礙。

宗也。

各有四句。先，就理四句：

一、以理性全體在一切事中時，不礙全體在一塵處，是故在外卽在內。

前問外諸事處理性有無，今答云有也；前問有則非全，今答云全。

謂理與多塵非異，故理性全體徧多塵，亦與一塵非異，故不妨還
徧此一塵。且約名字而言，如一父對十子，一一全爲其父也。

二、全體在一塵中時，不礙全體在餘事處，

前問有無，今答有，父子反上也。

是故在内卽在外。

三、以無二之性，各全在一切中故，是故亦在内亦在外。

理與内外非異故，同時能徧於内外。

四、以無二之性非一切故，是故非内非外。

理性雖能徧内外，理性恒非是内外。

前三句明與一切法非異，此之一句明與一切法非一，良爲非一非
異，故内外無礙。

前難外事有理，則不全徧於一塵，若全徧一塵，則不全徧於外事。

今以非一非異，故内外皆全而無礙也。

次，就事四句：

卽前總標多事無礙故也。此就事者，前問所無，海波喻有，今影
出之。若問者，應云一塵全徧理時，一切事亦全徧否？若徧，則
有重重之失；若不徧，則多事不如理也。

一、一塵全帀於理時，不礙一切事法亦全帀，是故在内卽在外。

一徧不礙多徧也，謂一塵與理非異故，云云。

二、一切法各帀理性時，不礙一塵亦全帀，是故在外卽在内。

多徧不礙一徧也。父子反上。

三、以諸法同時各帀故，是故全内亦全外，無有障礙。

諸法同時徧也。謂内外與理非異故，内外同時帀理性也。

四、以諸事法各不壞故，彼此相望，非内非外。

一多之相，歷然不壞，則性非一多，故居然非内外也。

思之。

問：前理望事，以理在一爲内，在多爲外，今此以何爲内外？答：
亦以一多爲内外。但前先舉理，此先舉事，故分二門爾，故但一
重問也。以一多皆卽理，故全徧，非有多理，令事各徧。故第四
句云，非内外也。

三、依理成事門。謂事無別體，要因真理而得成立。

上宗下因。

以諸緣起，

此有二因。

皆無自性故；

一也。

由無性理，事方成故。

二也。真如隨緣故。中論云："以有空義故，一切法得成。"大品
云："若諸法不空，卽無道無果。"

如波要因於水能成立故，依如來藏得有諸法，當知亦爾。思之。

勝鬘云："依如來藏，故有生死，依如來藏，故有涅槃。"楞伽亦
説："如來藏造業受報"。起信論云："依如來藏，故有生滅心"等。
問明品云："法性本無生，示現而有生"等。

四、事能顯理門。

如影像表鏡明，識智表本性。起信云："因無明能知名義，爲説真
覺"等。

謂由事攬理故，則事虛而理實；以事虛故，全事中之理挺然露現。猶
如波相虛，令水體露現。當知此中道理亦爾。思之。

須彌偈云："了知一切法，自性無所有，如是解法性，卽見盧
舍那。"

五、以理奪事門。

由前門理顯，故此奪也。

謂事既攬理，遂令事相皆盡，唯一真理，平等顯現。

　　上宗下因。

以離真理外，無片事可得故。如水奪波，波無不盡，此則水存以壞波令盡。

　　出現品云：“設一切衆生，於念念中悉成正覺，與不成正覺亦無有異，如化人化心化成正覺也。”

六、事能隱理門。

　　由第三成事故，即隱理也。

謂真理隨緣成諸事法，然此事法，即違

　　亦云帀。

於理，遂令事顯理不顯也。如水成波，動顯靜隱。經云：“法身流轉五道，名曰衆生，故令衆生現時，法身不現也。”

　　問明品亦云：“未曾有一法，得入於法性。”

七、真理即事門。謂凡是真理，必非事外。

　　上宗下因。

以是法無我理故，事必依理，虛無體故。

　　若但是空，出於事外，則不即事，今以即法爲無我理，離事何有理耶？

是故，此理舉體皆事，方爲真理。如水即波，無動而非濕故，即水是波。思之。

八、事法即理門。謂緣起事法，必無自性，無自性故，舉體即真。故說衆生即如，不待滅也。

　　淨名云：“一切衆生皆如也。”又云：“一切衆生即寂滅相，不復更滅。”

如波動相，舉體即水，無異相也。

　　前門法身流轉，名曰衆生，此門衆生寂滅，即是法身。法身、衆生，義一名異。

九、真理非事門。謂卽事之理，而非是事，以真妄異故，實非虛故，所依非能依故。

　　後門義，應一一反此三對，但文小異爾。

如卽波之水非波，以動濕異故。

十、事法非理門。謂全理之事，事恒非理，相性異故，

　　前云真妄虛實，今但有一對。

能依非所依故，是故舉體全理，而事相宛然。如全水之波非水，以動義非濕故。

　　七、八於解常一，九、十於諦常二。此下結勸也，先結束前義云。

此上十義，同一緣起。

　　真空四義：一廢己同他，第三門也；二泯他存己，五也；三自他俱存，九也；四自他俱泯，七也。妙有四義：一隱他存己，六也；二顯他自盡，四也；三卽十也，四卽八也。一、二是總，故不配之。上結束，下別收十門。

約理望事，則有成

　　三也

有壞，

　　五也。

有卽

　　七也。

有離；

　　九也。

事望於理，有顯

　　四也。

有隱，

六也。

有一

八也。

有異。

十也。

逆

五、六、九、十。

順

三、四、七、八。

自在，

卽成卽壞等。

無障無礙，

成不礙壞等。

同時頓起。

非前後也。又，事無體藉緣，可言成壞等，不可言隱顯等；理性本有，可言隱顯等，不可言成壞等。不會初二者，是總相故，餘之八門，依此成也。又，相徧門無別異相，非如隱顯等殊故。此下勸修云。

深思令觀明現。是謂理事圓融無礙觀。

周徧含容觀

周徧含容觀第三。

事事無礙也。文三：一標、二釋、三結勸。

事如理融，

一一事皆如理，故融通也。謂若唯約事，卽彼此相礙，若唯約理，卽無可相礙，亦無可徧容，今以事如理融，故有十門無礙。

徧

周徧。

攝

含容。

無礙,

理含萬德,無可同喻,略如虛空二義,謂溥徧含容。

交參

彼此涉入。

自在,

同時互爲能所。

略辨十門:

一爲法義體用之本,二是周徧,三是含容,此三備矣。四釋二也,五釋三也,六七皆收四五也,八九融攝六七,十收八九也。

一、理如事門。

由此真理全爲事故,如事顯現,如事差別,大小一多,變易乃至無量無盡也。有本標云,"理如事現,事如理徧"。乍觀釋中,多徧現義,細尋成局,闕餘義相故。

謂事法既虛,相無不盡,

不待泯之。

理性真實,體無不現。

真理卽與一切千差萬別之事俱時歷然顯現,如耳目所對境也。亦如芥餠,亦如真金,爲佛菩薩比丘及六道衆生形像之時,與諸像一時顯現,無分毫之隱,亦無分毫不像。今理性亦爾,無分毫隱,亦無分毫不事,不同真空觀及以理奪事門中,唯是理現也。故次云。

此則事無別事,卽全理爲事,

上釋也，下以人證云：

是故，菩薩雖復看事，卽是觀理。然説此事，爲不卽理。

不壞事故。

二、事如理門。

一一事皆如理溥徧廣大，如理徹於三世，如理常住本然。

謂諸事法與理非異，

> 先出徧之所由，由前門理如事，故卽；事不異理，故徧。此與前
> 門，互相如爲一對，又與後門，以非一非異互望，能徧能含爲
> 一對。

故事隨理而圓徧，

> 總標宗也，下別示徧相。

遂令一塵溥徧法界。法界全體徧諸法時，此一微塵，亦如理性全在
一切法中。

> 且指一事爲例釋之。

如一微塵，一切事法亦爾。

> 例諸佛菩薩，緣覺聲聞，及六道衆生，一一皆爾。

三、事含理事門。

> 文二：一正釋此門，二總融二門。

謂諸事法與理非一故，存本一事而能廣容，

> 標宗。

如一微塵，其相不大而能容攝無邊法界。由刹等諸法，既不離法
界，是故俱在一塵中現。

> 指一爲例也。由上一事含於理故，餘一切事，與所含理體不異
> 故，隨所含理皆於一事中現也。然此亦與理非異方能含，今但標
> 非一者，約存本一事爲能含法故，又以對前門故。

如一塵，一切法亦爾。

結例。

此理事融通，非一非異故，總有四句：

爲能含邊，皆具與理非一非異義。由非一故，有體爲能含；由非異故，有用方能含也。

一、一中一，

上一中有下一也。上一是能含，下一是所含；下一是能徧，上一是所徧也。餘三句一一例知。

二、一切中一，三、一中一切，四、一切中一切。各有所由，思之。

通論四句，皆上爲能含，卽當所徧，下爲能徧，卽當所含。若準下一多相望不同，卽第二句是徧義，第三句是含義，未句互爲含徧，初句皆闕也，但應云攝入。至下

當明。

四、通局無礙門。

釋第二門。二門唯通，今不壞相，有不徧故兼局。

謂諸事法與理，非一

故局。

卽非異故，

故通。

令此事法不離一處，卽全徧十方一切塵内。由非異卽非一故，全徧十方而不動一位，卽遠卽近，卽徧卽住，無障無礙。

五、廣陿無礙門。

釋第三門。

謂事與理，非一

故陿。

卽非異故，

故廣。

不壞一塵而能廣容十方剎海。由非異即非一故，廣容十方法界而微塵不大。是則，一塵之事，即廣即陜，即大即小，無障無礙。

六、徧容無礙門。

六七二門，皆合前四五，兼之二三。以廣容溥徧不相離故，二四唯徧，三五唯容，故今合之，同時具二。但以一多反覆相望，故成六七二門。文中有兩對，初明徧即是容，後明容即是徧。初中云：

謂此一塵望於一切，由溥徧即是廣容。

以一望多，故有徧容義，以有彼多，可一一徧故，可悉容受故。若多望一，即無此義，以所望唯一，無可言徧言容，但應云攝入，即當後門。

故徧在一切中時，即復還攝一切諸法全住自中。

謂一徧多時，還攝所徧之多在我一內，若以鏡燈喻者，如四方四維布八鏡，又上下各安一鏡爲十，於中安一燈，即十鏡互入。如一鏡徧九鏡時，即容九在一內也。

又，由廣容即是溥徧故，令此一塵還即徧在自內一切差別法中。

但覆上也。一容九時，即能徧九。

是故，此塵自徧他時，即他徧自，能容能入，同時徧攝無礙。思之。

七、攝入無礙門。謂彼一切望於一法，

反上也，故名義皆殊。亦有兩對。

以入他即是攝他，

入即前徧，攝即前容。以多望一，無多可徧，故云入也，無多可容，故云攝也。

故一切全入一中之時，即令彼一還復在自一切之內，同時無礙。思之。

多入一時，還攝所入之一，在我能入多內。如九鏡入彼一鏡中時，卽攝彼一鏡還在能入九鏡之内，同時交互，故云無礙。

又，由攝他卽是入他，

反上能入爲能攝也。

故一法

此是所攝。

全在一切中時，

彼多攝之。

還令一切

是能入也。

恒在一内，

一是所入。

同時無礙。思之。

謂九各攝一在己中時，九卽同入彼一鏡内也。

八、交涉無礙門。

六七二門，約一多互望，能所義別，故有徧容攝入之殊。今此多能攝一入一，卽此一亦能攝多入多，卽能卽所，卽攝卽入，卽一卽多，一切一時，溥收無礙，故云交涉。謂交相關涉也。

謂一法望一切，有攝有入，通有四句：

雖似八句，二二合故。問：既總上二門，何得但云攝入，不言徧容？答：前約一多相望義別，故分二門名殊。今同時互卽，故徧卽是入，容卽是攝。若更開徧容四句，卽文義成重。若句句云攝容一切，徧入一切等，卽文句繁雜，故但云攝入，卽是徧容也。問：若一多相卽，何得此還標云一望一切，後門云一切望一？答：雖且擧一爲首，而亦同時迴互，故釋中初句一望一切云攝入，次句一切望一云攝入。三卽一望一，四卽一切望一切，文昭然也。二門且相對各擧一例，其實一一迴互自具。故第十門總之名溥融也。然二門義不重者，至後門當示。

謂一攝

　　如舉東鏡爲能攝也，同時卽爲能入及所攝，是下一入字也。此能
入卽彼所攝，此能攝卽彼所入，彼謂一切也。故上釋云：卽能卽
所，卽攝卽入，卽一卽多矣。

一切，

　　如舉九鏡爲所攝也，同時卽爲所入及能攝，便是後舉一切字，一
一例上反之。

一入

　　卽上能攝之一，同時便爲此能入及所攝也。

一切；

　　卽上所攝，同時便爲此所入及能攝也，故以兩句爲一句。據此
句，以一望多，秪合云徧容，不合云攝入。今由此門一一反覆相
卽，故迴互無礙也。

一切攝一，

　　正是上一入一切也。

一切入一。

　　正是上一攝一切也。文勢一一反上釋之。

一攝一，一入一；

　　如東鏡攝彼西鏡入我東鏡中時，卽我東鏡便入彼西鏡中去。

一切攝一切，一切入一切。

　　圓滿常如此句，但以言不頓彰，故假前三句。三句皆徧也。

同時交參無礙。

　　同時具如上釋。

九、相在無礙門。

　　我攝餘法在他法中，他又攝餘法在我法中，此彼互在，故云相

在也。

謂一切望一，

以一切在初者，反於第八，其實亦一望一切，乃至四句。

亦有入有攝，亦有四句：

此與前句不同，前但此彼同時攝入，今則欲入彼時，**必別攝餘法，帶之將入彼中，發起重重無盡之勢也。**

攝一入一，

上一是所攝，下一是所入，二皆是所，則顯上必別有能攝之法爲主。本文恐句中雜鬧難會，故略之也。餘三句亦然。且此句者，應云一能攝一入一。如東鏡能攝南鏡，帶之將入西鏡之中，卽東鏡爲能攝能入，南爲所攝，西爲所入也。此卽<u>釋迦</u>世尊攝<u>文殊</u>菩薩入<u>普賢</u>中也。直舉一切佛爲能亦得。

攝一切入一，

如東鏡攝餘八鏡，帶之將入西鏡中時，卽東鏡爲能攝能入，八鏡爲所攝，西鏡爲所入也。則一佛攝一切佛、一切衆生，帶之同入一衆生中。都以九鏡及一切佛爲能亦得。

攝一入一切，

如東鏡攝南鏡將入八鏡中也，或九鏡皆攝東鏡將入九鏡中也。

攝一切入一切。

此中正明諸法互相攝入，一時圓滿，重重無盡也。前三句且趣舉其一，令漸次見其義用。論其諸法交涉相在，卽以同時，今現見鏡燈，但入一燈當中之時，卽鏡鏡中一時各有多多之燈，無先後也。卽諸佛菩薩，六道衆生，不有卽已，有則一刹那中便徹過去、未來，現在十方一切凡聖中也。

同時交參無礙。

前三句都在第四中，名同時也。

十、溥融無礙門。謂一切及一，溥皆同時，更互相望，

八九，互闕一也。

一一具前兩重四句，溥融無礙。

溥融八九，令各各一時頓具，故云一一具前兩重四句。然則亦總融前九。前九展轉相由，故不出一及一切，互相望故。前九又不頓顯，故此攝令同一剎那。既總別同時，即重重無盡也。

準前思之。

且準八九二門思之者。據第八門，初句云一攝一切，一入一切者，且明我之自一攝他一切時，此一即復單己入他一切，未言帶所攝一切復將入他一切。第九門云，我攝一入一等者，但明所攝所入，又不明一與一切，一一互望，皆爲能攝能入。今若合二門，令一望多時，即多望一，同時一一各具能所者，即成兩重四句：初，以一法爲能攝入，一一對四句所攝入者：一、一法攝一入一，此是八中第三句，全與九中初句合也。二、一法攝一切入一，此是八中初句上半，第三句下半，與九中次句合也。三、一法攝一入一切，此是八中第三句上半，初句下半，與九中第三句合也。四、一法攝一切入一切，此是八中初全句，與九中第四句合也。次，以一切法爲能攝入，一一對四句所攝入者：一、一切法皆攝一入一，此是八中次全句，與九中初句合也。二、一切法皆攝一切入一，此是八中末句上半，次句下半，與九中次句合也。三、一切法皆攝一入一切，此是八中次句上半，末句下半，與九中第三句合也。四、一切法皆攝一切入一切，此是八中全末句，與九中末句合也。如是二門交絡配屬，即重重無盡，主伴互融之門豁開也。將此十門，徧配一切法義，方成十玄之義，若但將此十以配於十玄，即久勢別也。

令圓明顯現，稱行境界，無障無礙。深思之，令現在前。

漩 澓 頌

若人欲識真空理	身内真如還徧外
情與無情共一體	處處皆同真法界
秖用一念觀一境	一切諸境同時會
於一境中一切智	一切智中諸法界
一念照入於多刧	一一念刧收一切
時處帝綱現重重	一切智通無罣礙

（據金陵刻經處本）

三、禪源諸詮集都序（亦名禪那理行諸詮集）

卷　一

禪源諸詮集者，寫録諸家所述詮表禪門根源道理文字句偈，集爲一藏，以貽後代，故都題此名也。禪是天竺之語，具云禪那，中華翻爲思惟修，亦名靜慮，皆定慧之通稱也。源者，是一切衆生本覺真性，亦名佛性，亦名心地。悟之名慧，修之名定，定慧通稱爲禪那。此性是禪之本源，故云禪源，亦名禪那。理行者，此之本源是禪理，忘情契之是禪行，故云理行。然今所集諸家述作，多談禪理，少談禪行，故且以禪源題之。今時有但目真性爲禪者，是不達理行之旨，又不辨華竺之音也。然亦非離真性別有禪體。但衆生迷真合塵，卽名散亂；背塵合真，方名禪定。若直論本性，卽非真非妄，無背無合，無定無亂，誰言禪乎？況此真性，非唯是禪門之源，亦是萬法之源，故名法性；亦是衆生迷悟之源，故名如來藏藏識；出楞伽經。亦是諸佛萬德之源，故名佛性；涅槃等經。亦是菩薩萬行之源，故名心地。梵網經心地法門品云：是諸佛之本源，是菩薩道之根本，是大衆諸佛子之根本。萬行不出六波羅密，禪門但是六中之一，當其第五，豈可都目真性爲一禪行哉？然禪定一行，最爲神妙，能發起性上無漏智慧，一切妙用，萬德萬行，乃至神通光明，皆從定發。故三乘學人，欲求聖道，必須修禪，離此無門，離此無路。至於念佛求生淨土，亦須修十六觀禪，及念佛三昧，般舟三昧。又，真性則不垢不淨，凡聖無差；禪則有淺有深，階級殊等。謂帶異計欣上厭下而修者，是外道禪；正信因果，亦以欣厭而修者，是凡夫禪；悟我空偏真之理而修者，是小乘禪；悟我法二空所顯真理而修者，是大乘禪。上四類，皆有四色四空之異也。若頓悟自心，本來清淨，元無煩惱，無漏智性本自具足，此心卽佛，畢竟無異。依此而修者，是最上乘禪，亦名如來清淨禪，亦名一行三昧，亦名真如三昧。此是一切三昧根本，若能念念修習，自然漸得百千三昧。達摩門下，展轉相傳者，是此禪也。達摩未到，古來諸家所解，皆是前四禪八定。諸高僧修之，皆得功用。南岳天台，令依三諦之理，修三止三觀，教義雖最圓妙，然其趣入門戶次第，亦只是前之諸禪行相。唯達摩所傳者，頓同佛體，迥異諸門，故宗習者難得其旨。得卽成聖，疾證菩提；失卽成邪，速入塗炭。先祖革昧防失，故且人傳一人，後代已有所憑，故任千燈千照。暨乎法久成弊，錯謬者多，故經論學人，疑謗亦衆。原夫佛說頓教漸教，禪開頓門漸門，二教二門，各相符契。今講者偏彰漸義，禪者偏播頓宗，禪講相逢，胡越之隔。宗密不知宿生何作，熏得此心，自未解脫，欲解他縛，爲法忘於軀命，愍人切於神情。亦如淨名云："若自有縛，能解他縛，無有是處。"然欲罷不能，驗是宿世難改。每歎人與法差，法爲人病，故別撰經律論疏，大開戒定慧門。顯頓悟資於漸修，證師說符於佛意。意既本末而委示，文乃浩博而難尋，泛學雖多，秉志者少。況跡涉名相，誰辨金鍮？徒自疲勞，未見機感。雖佛說悲增是行，而自慮愛見難防，遂捨衆入山，習定均慧，前後息慮，相計十年。云前後者，中間被勅追入內，住城三年，方卻表請歸山也。微細習情，起滅彰於靜慧；差別法義，羅列見於空心。虛隙日光，纖埃擾擾，清潭水底，影像昭昭，豈比夫空守默之癡禪，但尋文之狂慧者。然本因了自心而辨諸教，故懇情於心宗；又因辨諸教而解修心，故虔誠於教義。教也者，諸佛菩薩所留經論也。禪也者，諸善知識所述句偈也。但佛經開張，羅大千八部之衆；禪偈撮略，就此方一類之機。羅衆則溁蕩難依，就機即指的易用。今之纂集，意在斯焉。

問：夫言撮略者，文須簡約，義須周足，理應撮束多義在少文中。且諸佛說經，皆具法、法體。義、義理。因、三賢、十地、三十七品、十波羅密。果、佛之妙用。信、信法。解、解義。修、歷位修因。證。證果。雖世界各異，化儀不同，其所立教，無不備此。故華嚴每會每位，皆結十方世界悉同此說。今覽所集諸家禪述，多是隨問反質，旋立旋破，無斯綸緒，不見始終，豈得名爲撮略佛教？答：佛出世立教，與師隨處度人，事體各別。佛教萬代依憑，理須委示；師訓在即時度脫，意使玄通。玄通必在忘言，故言下不畱其跡，跡絕於意地。理現於心源，即信、解、修、證，不爲而自然成就，經律疏論，不習而自然冥通。故有問修道，即答以無修；有求解脫，即反質誰縛；有問成佛之路，即云本無凡夫；有問臨終安心，即云本來無事。或亦云此是妄，此是真，如是用心，如是息業。舉要而言，但是隨當時事，應當時機，何有定法名阿耨菩提？豈有定行名摩訶般若？但得情無所念，意無所爲，心無所生，慧無所住，即真信、真解、真修、真證也。若不了自心，但執名教，欲求佛道者，豈不現見識字看經，元不證悟？銷文釋義，唯熾貪瞋耶？況阿難多聞總持，積歲不登聖果，息緣反照，暫時即證無生。即知乘教之益，度人之方，各有其由，不應於文字而責也。

問：既重得意，不貴專文，即何必纂集此諸句偈？答：集有二意: 一、有雖經師授而悟不決究, 又不逢諸善知識處處勘契者, 今覽之, 徧見諸師言意, 以通其心, 以絕餘念。二、爲悟解了者, 欲爲人師, 令廣其見聞, 增其善巧, 依解攝衆, 答問教授也。卽上云羅千界卽溙蕩難依, 就一方卽指的易用也。然又非直資忘言之門, 亦兼垂禪教之益。非但令意符於佛, 亦欲使文合於經。既文似乖, 而令合實爲不易, 須判一藏經大小乘權實理, 了義不了義, 方可印定諸宗禪門, 各有旨趣, 不乖佛意也。謂一藏經論, 統唯三種, 禪門言教, 亦統唯三宗, 各在下文別釋。配對相符, 方成圓見。

問: 今習禪詮, 何關經論? 答: 有十所以須知經論權實, 方辨諸禪是非, 又須識禪心性相, 方解經論理事。一、師有本末, 憑本印末故; 二、禪有諸宗, 互相違阻故; 三、經如繩墨, 楷定邪正故; 四、經有權實, 須依了義故; 五、量有三種, 勘契須同故; 六、疑有多般, 須具通決故; 七、法義不同, 善須辨識故; 八、心通性相, 名同義別故; 九、悟修頓漸, 言似違反故; 十、師授方便, 須識藥病故。

初、言師有本末者, 謂諸宗始祖, 卽是釋迦, 經是佛語, 禪是佛意, 諸佛心口必不相違。諸祖相承, 根本是佛親付; 菩薩造論, 始末唯弘佛經。況迦葉乃至毱多, 弘傳皆兼三藏, 提多迦已下, 因僧静, 律教別行。罽賓國已來, 因王難, 經論分化。中間馬鳴、龍樹, 悉是祖師, 造論釋經, 數千萬偈, 觀風化物, 無定事儀, 未有講者毀禪, 禪者毀講。達摩受法天竺, 躬至中華, 見此方學人多未得法, 唯以名數爲解, 事相爲行, 欲令知月不在指, 法是我心, 故但以心傳心, 不立文字, 顯宗破執, 故有斯言, 非離文字説解脱也。故教授得意之者, 卽頻讚金剛楞伽, 云此二經是我心要。今時弟子, 彼此迷源, 修心者以經論爲別宗, 講説者以禪門爲別法。聞談因果修證, 便推屬經論之家, 不知修證正是禪門之本事; 聞説卽心卽佛, 便推屬胸襟之禪, 不知心佛正是經論之本意。前敍有人難云, 禪師何得講説, 余今以此答也。今若不以權實之經論，對配深淺禪宗，焉得以教照心，以心解教？

二、禪有諸宗互相違反者，今集所述，殆且百家，宗義別者，猶將十室。謂江西、荷澤、北秀、南侁、牛頭、石頭、保唐、宣什、及稠那、天台等，立宗傳法，互相乖阻。有以空爲本，有以知爲源，有云寂默方真，有云行坐皆是。有云見今朝暮，分別爲作，一切皆妄；有云分別爲作，一切皆真。有萬行悉存，有兼佛亦泯；有放任其志，有拘束其心；有以經律爲所依，有以經律爲障道。非唯汎語，而乃確言，確弘其宗，確毀餘類，争得和會也。問：是者即收，非者即揀，何須委曲和會？答：或空或有，或性或相，悉非邪僻，但緣各皆黨已爲是，斥彼爲非，彼此確定，故須和會。問：既皆非邪，即各任確定，何必會之？答：至道歸一，精義無二，不應兩存；至道非邊，了義不偏，不應單取，故必須會之爲一，令皆圓妙。問：以冰雜火，勢不俱全；將矛刺盾，功不雙勝。諸宗所執，既互相違，一是則有一非，如何會令皆妙？答：俱存其法，俱遣其病，即皆妙也。謂以法就人即難，以人就法即易。人多隨情互執，執即相違，誠如冰火相和，矛盾相敵，故難也。法本稱理互通，通即互順，自然凝流皆水，鐶釧皆金，故易也。舉要而言，局之則皆非，會之則皆是。若不以佛語，各示其意，各收其長，統爲三宗，對於三教，則何以會爲一代善巧，俱成要妙法門，各忘其情，同歸智海。唯佛所説，即異而同，故約佛經，會三爲一。

三、經如繩墨楷定邪正者，繩墨非巧，工巧者必以繩墨爲憑；經論非禪，傳禪者必以經論爲準。中下根者，但可依師，師自觀根，隨分指授。上根之輩，悟須圓通，未究佛言，何同佛見？問：所在皆有佛經，任學者轉讀勘會。今集禪要，何必辨經？答：此意即其次之文，便是答此問也。

四、經有權實須依了義者，謂佛説諸經，有隨自意語，有隨他意語；有稱畢竟之理，有隨當時之機；有詮性相，有頓漸大小，有了義不了義。文或敵體相違，義必圓通無礙。龍藏浩汗，何見旨歸？故今但以十餘紙都決擇之，令一時圓見佛意，見佛意後，卽備尋一藏，卽句句知宗。

五、量有三種勘契須同者，西域諸賢聖所解法義，皆以三量爲定：一比量，二現量，三佛言量。量者，如度量升斗，量物知定也。比量者，以因由譬喻比度也。如遠見煙，必知有火，雖不見火，亦非虛妄。現量者，親自現見，不假推度，自然定也。佛言量者，以諸經爲定也。勘契須同者，若但憑佛語，不自比度證悟自心者，只是泛信，於己未益。若但取現量自見爲定，不勘佛語，焉知邪正？外道六師，親見所執之理，修之亦得功用，自謂爲正，豈知是邪？若但用比量者，既無聖教及自所見，約何比度？比度何法？故須三量勘同，方爲決定。禪宗已多有現比二量，今更以經論印之，則三量備矣。

六、疑有多般須具通決者，數十年中，頻有經論大德問余曰：四禪八定，皆在上界，此界無禪。凡修禪者，須依經論，引取上界禪定，而於此界修習。修習成者，皆是彼禪。諸教具明，無出此者，如何離此別説禪門？既不依經，卽是邪道。又有問曰：經云漸修，祇劫方證菩提，禪稱頓悟，刹那便成正覺。經是佛語，禪是僧言，違佛遵僧，竊疑未可。又有問曰：禪門要旨，無是無非，塗割怨親，不瞋不喜。何以南能北秀，水火之嫌，荷澤洪州，參商之隙？又有問曰：六代禪宗師資傳授禪法，皆云內授密語，外傳信衣，衣法相資，以爲符印。曹谿已後，不聞此事，未審今時化人説密語否？不説，則所傳者非達摩之法，説則聞者盡合得衣。又有禪德問曰：達摩傳心，不立文字，汝何違背先祖，講論傳經？近復問曰：淨名已呵宴坐，荷澤每斥凝心，曹谿見人結跏，曾自將杖打起。今問汝，每因教誡，卽

勸坐禪。禪庵羅列，徧於嚴壑。乖宗違祖，吾竊疑焉。余雖隨時各
已酬對，然疑者千萬，愍其未聞。況所難之者，情皆偏執，所執各
異，彼此互違，因決申疑，復增己病，故須開三門義，評一藏經，總答
前疑，無不通徹。下隨相當文義，一一脚注指之，答此諸難。欲見答處，須檢注
文也。

七、法義不同善須辨識者，凡欲明解諸法性相，先須辨得法義。
依法解義，義卽分明；以善詮法，法卽顯著。今且約世物明之：如真
金隨工匠等緣，作鐶釧盌盞種種器物，金性必不變爲銅鐵。金卽是
法，不變隨緣是義。設有人問，說何物不變？何物隨緣？只合答
云，金也。以喻一藏經論義理，只是說心。心卽是法，一切是義。
故經云："無量義者，從一法生。"然無量義，統唯二種：一不變，二隨
緣。諸經只說此心隨迷悟緣，成垢淨、凡聖，須惱菩提，有漏無漏
等。亦只說此心垢淨等時，元來不變，常自寂滅真實如如等。設有
人問，說何法不變？何法隨緣？只合答云，心也。不變是性，隨緣
是相，當知性相皆是一心上義。今性相二宗互相非者，良由不識真
心。每聞心字，將謂只是八識，不知八識但是真心上隨緣之義。故
馬鳴菩薩以一心爲法，以真如生滅二門爲義。論云："依於此心，顯
示摩訶衍義。"心真如是體，心生滅是相用。只說此心不虛妄，故云
真；不變易，故云如。是以，論中一一云心真如，心生滅。今時禪者
多不識義，故但呼心爲禪；講者多不識法，故但約名說義，隨名生
執，難可會通。聞心爲淺，聞性謂深，或卻以性爲法，以心爲義，故
須約三宗經論相對照之。法義既顯，但歸一心，自然無諍。

八、心通性相名同義別者，諸經或毀心是賊，制令斷除；或讚心
是佛，勸令修習。或云善心惡心，淨心垢心，貪心瞋心，慈心悲心；
或云託境心生，或云心生於境，或云寂滅爲心，或云緣慮爲心，乃至
種種相違。若不以諸宗相對顯示，則看經者何以辨之？爲當有多

種心，爲復只是一般心耶？今且略示名體。汎言心者，略有四種，梵語各別，翻譯亦殊。一、紇利陀耶，此云肉團心，此是身中五藏心也。具如黃庭經五藏論説也。二、緣慮心，此是八識，俱能緣慮自分境故。色是眼識境，乃至根身種子器世界，是阿賴耶識之境。各緣一分，故云自分。此八各有心所善惡之殊。諸經之中，目諸心所，總名心也，謂善心惡心等。三、質多耶，此云集起心，唯第八識，積集種子生起現行故。黃庭經五藏論目之爲神，西國外道計之爲我，皆是此識。四、乾栗陀耶，此云堅實心，亦云貞實心，此是真心也。然第八識無別自體，但是真心，以不覺故，與諸妄想有和合不和合義。和合義者，能含染淨，目爲藏識；不和合者，體常不變，目爲真如，都是如來藏。故楞伽云："寂滅者名爲一心，一心者卽如來藏。"如來藏亦是在纏法身，如勝鬘經説："故知四種心，本同一體。"故密嚴經云："佛説如來藏，法身在纏之名。以爲阿賴耶，藏識。惡慧不能知，藏卽賴耶識。有執真如與賴耶體別者，是惡慧。如來清淨藏，世間阿賴耶，如金與指鐶，展轉無差別。指鐶等喻賴耶，金喻真如，都名如來藏。"然雖同體，真妄義別，本末亦殊。前三是相，後一是性，依性起相，蓋有因由；會相歸性，非無所以，性相無礙，都是一心。迷之卽觸面向牆，悟之卽萬法臨鏡，若空尋文句，或信胸襟，於此一心性相，如何了會？

九、悟修頓漸似反而符者，謂諸經論，及諸禪門，或云先因漸修功成，豁然頓悟；或云先須頓悟，方可漸修；或云由頓修故漸悟；或云悟修皆漸，或云皆頓；或云法無頓漸，頓漸在機。如上等説，各有意義，言似反者。謂既悟卽成佛，本無煩惱，名爲頓者，卽不應修斷，何得復云漸修？漸修卽是煩惱未盡，因行未圓，果德未滿，何名爲頓？頓卽非漸，漸卽非頓，故云相反。如下對會，卽頓漸非唯不相乖反，而乃互相資也。

十、師資傳授須識藥病者，謂承上傳授方便，皆先開示本性，方令依性修禪。性不易悟，多由執相，故欲顯性，先須破執，破執方便，須凡聖俱泯，功過齊祛。戒卽無犯無持，禪卽無定無亂，三十二相都是空花，三十七品皆爲夢幻。意使心無所著，方可修禪。後學淺識，便但只執此言爲究竟道，又以修習之門，入多放逸，故復廣說欣厭，毁責貪恚，讚歎勤儉，調身調息粗細次第。後人聞此，又迷本覺之用，便一向執相。唯根利志堅者，始終事師，方得悟修之旨。其有性浮淺者，纔聞一意，卽謂已足，仍恃小慧，便爲人師，未窮本末，多成偏執。故頓漸門下，相見如仇讎，南北宗中，相敵如楚漢。洗足之誨，摸象之喻，驗於此矣。今之所述，豈欲別爲一本？集而會之，務在伊圓三點。三點各別，既不成伊，三宗若乖，焉能作佛？故知欲識傳授藥病，須見三宗不乖，須解三種佛教。前敍有人難云，禪師何得講説？余今總以此十意答也。故初已敍西域祖師，皆弘經論耳也。

卷　二

上來十意，理例照然，但細對詳，禪之三宗，教之三種，如稱斗稱，足定淺深。先敍禪門，後以教證。禪三宗者，一、息忘修心宗，二、泯絕無寄宗，三、直顯心性宗。教三種者，一、密意依性説相教，二、密意破相顯性教，三、顯示真心卽性教。右此三教，如次同前三宗相對，一一證之，然後總會爲一味。

今且先敍禪宗。初、息妄修心宗者，説衆生雖本有佛性，而無始無明覆之不見，故輪迴生死。諸佛已斷妄想，故見性了了，出離生死，神通自在。當知凡聖功用不同，外境內心各有分限，故須依師言教，背境觀心，息滅妄念。念盡卽覺悟，無所不知。如鏡昏塵，須勤勤拂拭，塵盡明現，卽無所不照。又須明解趣入禪境方便，遠離憒鬧，住閑靜處，調身調息，跏趺宴默，舌拄上齶，心注一境。南侁、北秀、保唐、宣什等門下，皆此類也。牛頭、天台、惠稠、求那等，進趣方便，跡卽大同，見解卽別。

二、泯絶無寄宗者，説凡聖等法，皆如夢幻，都無所有，本來空寂，非今始無。卽此達無之智，亦不可得。平等法界，無佛無衆生。法界亦是假名。心既不有，誰言法界？無修不修，無佛不佛。設有一法勝過涅槃，我説亦如夢幻。無法可拘，無佛可作，凡有所作，皆是迷妄。如此了達本來無事，心無所寄，方免顛倒，始名解脱。石頭牛頭，下至徑山，皆示此理。便令心行與此相應，不令滯情於一法上，日久功至，塵習自亡，則於怨親苦樂一切無礙。因此，便有一類道士儒生閑僧汎參禪理者，皆説此言便爲臻極，不知此宗不但以此言爲法。荷澤、江西、天台等門下，亦説此理，然非所宗。

三、直顯心性宗者，説一切諸法，若有若空，皆唯真性。真性無相無爲，體非一切，謂非凡非聖，非因非果，非善非惡等。然卽體之用，而能造作種種，謂能凡能聖，現色現相等。於中指示心性，復有二類：一云，卽今能語言動作，貪瞋慈忍，造善惡受苦樂等，卽汝佛性；卽此本來是佛，除此無別佛也。了此天真自然，故不可起心修道。道卽是心，不可將心還修於心；惡亦是心，不可將心還斷於心。不斷不修，任運自在，方名解脱。性如虛空，不增不減，何假添補？但隨時隨處息業，養神聖胎，增長顯發，自然神妙，此卽是爲真悟、真修、真證也。二云，諸法如夢，諸聖同説，故妄念本寂，塵境本空，空寂之心，靈知不昧。卽此空寂之知，是汝真性。任迷任悟，心本自知，不藉緣生，不因境起。知之一字，衆妙之門。由無始迷之，故妄執身心爲我，起貪瞋等念，若得善友開示，頓悟空寂之知，知且無念無形，誰爲我相人相？覺諸相空，心自無念，念起卽覺，覺之卽無，修行妙門，唯在此也。故雖備修萬行，唯以無念爲宗。但得無念知見，則愛惡自然淡泊，悲智自然增明，罪業自然斷除，功行自然增進。既了諸相非相，自然無修之修，煩惱盡時，生死卽絶。生滅滅已，寂照現前，應用無窮，名之爲佛。然此兩家，皆會相歸性，故同一宗。

然上三宗中，復有遵教慢教，隨相毀相，拒外難之門户，接外衆之善巧，教弟子之儀軌，種種不同。皆是二利行門，各隨其便，亦無所失。但所宗之理，卽不合有二，故須約佛和會也。

次下判佛教總爲三種者。一、密意依性説相教。佛見三界六道悉是真性之相，但是衆生迷性而起，無別自體，故云依性。然根鈍者卒難開悟，故且隨他所見境相，説法漸度，故云説相。説未彰顯，故云密意也。此一教中，自有三類：一、人天因果教。説善惡業報，令知因果不差，懼三途苦，求人天樂，修施戒禪定等一切善行，得生人道天道，乃至色界無色界，此名人天教。二、説斷惑滅苦樂教。説三界不安，皆如火宅之苦，令斷業惑之集，修道證滅。以隨機故，所説法數，一向差別，以揀邪正，以辨凡聖，以分欣厭，以明因果。説衆生五蘊，都無我主，但是形骸之色，思慮之心，從無始來，因緣力故，念念生滅，相續無窮，如水涓涓，如燈燄燄，身心假合，似一似常，凡愚不覺，執之爲我，寶此我故，卽起貪、貪名利榮我。瞋、瞋違情境，恐侵損我。癡、觸向錯解，非理計校。等三毒。三毒擊於意識，發動身口，造一切業。業成難逃，影隨形，響應聲。故受五道苦樂等身，此是別業所感。三界勝劣等處。所居處，此是共業所感。於所受身，還執爲我，還起貪等，造業受報。身則生老病死，死而還生；界則成住壞空，空而復成。劫劫生生，輪迴不絕，無始無終，如汲井輪。都由不了此身本不是我。此上皆是前人天教中世界因果也。前但令厭下欣上，未説三界皆可厭患，又未破我，今具説之，卽苦集二諦也。下破我執，令修滅道二諦，明出世因果，故名四諦教。不是我者，此身本因色心和合爲相，今推尋分析，色有地水火風之四類，心有受、領納好惡之事。想、取像。行、造作一切。識、一一了別。之四類，此四與色，都名五蘊。若皆是我，卽成八我。況色中復有三百六十段骨，段段各別，皮毛筋肉肝心肺腎，各不相是，皮不是毛等。諸心數等，亦各不同，見不是聞，喜不是怒，既有此衆多之物，不知定取何者爲我。若皆是我，我卽百千，一身之中，多主紛亂；離此之外，復無別法，翻覆推我，皆不可得。便悟此身心等，但是衆緣，似和合相，元非一體；似我人相，元非我人。爲誰貪瞋，爲誰殺盜，誰修戒施，誰生人天？知苦集也。遂不滯心於三界有漏善惡，斷集諦也。但修無我觀智，道諦。以斷貪等，止息諸業，證得我空真如，得須陀洹果。乃至滅盡患累，得阿羅漢果。滅諦。灰身滅智，永離諸苦。諸阿含等六百一十八卷經，婆沙俱舍等六百九十八卷論，皆唯説此小乘及前人天因果，部帙雖多，理不出此也。三、將識破境教。説前所説境相，若起若滅，非唯無我，亦無如上等法，但是情識虛妄變起，故云將識破境也。説上生滅等法，不關真如，但各是衆生無始已來，法爾有八種識，於中第八藏識，是其根本，頓變根身器界種子，轉生七識，各能變現自分所緣。眼緣色，乃至七緣八見，八緣根種器界。此八識外，都無實法。問：如何變耶？答：我法分別熏習力故，諸識生時變似我法，六七二識無明覆故，緣此執爲實我、實法。如患病重心昏，見異色人物。夢夢相所見可知。者，患夢力故，心似種種外境相現，夢時執爲實有外物，寤來方知唯夢所變。我此身相，及於外境，亦復如是，唯識所變。迷故執有我及諸境，既悟本無我法，唯有心識，遂依此二空之智，修唯識觀，及六度四攝等行。漸漸伏斷煩惱所知二障，證二空所顯真如，十地圓滿，轉八識成四智菩提也。真如障盡，成法性身大涅槃也。解深密等數十本經，瑜伽唯識數百卷論，所説之理不出此也。此上三類，都爲第一密意依性説相教。然唯第三將識破境教，與禪門息妄修心宗而相扶會。以知外境皆空，故不修外境事相，唯息妄修心也。息妄者，息我法之妄；修心者，修唯識之心。故同唯識之教，既與佛同，如何毀他漸門？息妄看淨，時時拂拭，凝心住心，專注一境，及跏趺調身調息等也。此等種種方便，悉是佛所勸讚。淨名云："不必坐，不必不坐，坐與不坐，任逐機宜。凝心運心，各量習性。"當高宗大帝，乃至玄宗朝時，圓頓本宗，未行北地，唯神秀禪師，大揚漸教，爲二京法主，三帝門師，全稱達摩之宗，又不顯卽佛之旨。曹谿荷澤，恐圓宗滅絕，遂呵毀住心伏心等事，但是除病，非除法也。況此之方便，本是五祖大師教授，各皆印可，爲一方師。達摩以壁觀教人安心，外止諸緣，內心無喘。心如牆壁，可以入道，豈不正是坐禪之法？又，廬山遠公，與佛陀耶舍二梵僧，所譯達摩禪經兩卷，具明坐禪門戶漸次方便，與天台及侁秀門下意趣無殊。故四祖數十年中，脅不至席。卽知了與不了之宗，各由見解深淺，不以調與不調之行，而定法義偏圓。但自隨病對治，不須讚此毀彼。此注通前敘，有人問難余云，何以勸坐禪者，余今以此答也。

二、密意破相顯性教。據真實了義，卽妄執本空，更無可破。無漏諸法，本是真性，隨緣妙用，永不斷絕，又不應破。但爲一類衆生，執虛妄相，障真實性，難得玄悟，故佛且不揀善惡垢淨性相，一切呵破，以真性及妙用不無，而且云無，故云密意。又，意在顯性，語乃破相，意不形於言中，故云密也。説前教中所變之境既皆虛妄，能變之識豈獨真實？心境互依，空而似有故也。且心不孤起，託境方生；境不自生，由心故現。心空卽境謝，境滅卽心空。未有無境之心，曾無無心之境。如夢見物，似能見所見之殊，其實同一虛妄，都無所有。諸識諸境，亦復如是。以皆假託衆緣，無自性故，未曾有一法。不從因緣生，是故一切法，無不是空者。凡所有相，皆是虛妄，是故空中無色，無眼、耳、鼻、舌、身、意，無十八界，無十二因緣，無四諦，無智亦無得，無業無報，無修無證，生死涅槃，平等如幻。但以不住一切，無執無著，而爲道行。諸部般若千餘卷經，及中、百、門等三論，廣百論等，皆説此也。智度論百卷亦説此理，但論主通達不執，故該收大小乘法相，瀏同後一真性宗。此教與禪門泯絕無寄宗全同。既同世尊所説，菩薩所弘，云何漸門禪主？及講習之徒，每聞此説，卽謗云撥無因果。佛自云無業無報，豈邪見乎？若云佛説此言自有深意者，豈禪門此説無深意耶？若云我曾推徵覺無深意者，自是汝遇不解之流，但可嫌人，豈可斥法？此上一教，據佛本意雖不相違，然後學所傳，多執文迷旨。或各執一見，彼此相非，或二皆泛信，渾沌不曉。故龍樹提婆等菩薩，依破相教，廣説空義，破其執有，令洞然解於真空。真空者，是不違有之空也。無著天親等菩薩，依唯識教，廣説名相，分析性相不同，染淨各別，破其執空，令歷然解於妙有。妙有者，是不違空之有也。雖各述一義，而舉體圓具，故無違也。問：若爾，何故已後有清辨護法等諸論師互相破耶？答：此乃是相成，不是相破。何者？以末學人，根器漸鈍，互執空有，故清辨等破定有之相令盡，徹至畢竟真空，方乃成彼緣起妙有；護法等破斷滅偏空，意存妙有，妙有存故，方乃是彼無性真空。文卽相破，意卽相成。緻前疑南北禪門相競，今於此決也。由妙有真空有二義故。一、極相違義，謂互相害，全奪永盡；二、極相順義，謂冥合一相，舉體全攝。若不相奪全盡，無以舉體全收，故極相違，方極相順也。龍樹無著等，就極順門，故相成；清辨護法等，據極違門，故相破。違順自在，成破無礙，卽於諸法無不和會耳。哀哉此方！兩宗後學經論之者，相非相斥，不異仇讎，何時得證無生法忍？今頓漸禪者亦復如是，努力通鑒，勿偏局也。問：西域先賢相破既是相成，豈可此方相非便成相嫉？答：如人飲水，冷煖自知，各各觀心，各各察念。留藥防病，不爲健人，立法防奸，不爲賢士。

三、顯示真心卽性教。直指自心卽是真性，不約事相而示，亦不約心相而示，故云卽性。不是方便隱密之意，故云顯示也。此教説一切衆生，皆有空寂真心，無始本來性自清淨。不因斷惑成淨，故云性淨。寶性論云："清淨有二：一自性清淨，二離垢清淨。"勝鬘云："自性清淨心，難可了知；此心爲煩惱所染，亦難可了知。"釋云：此心超出前空有二宗之理，故難可了知也。明明不昧，了了常知，下引佛説。盡未來際常住不滅，名爲佛性，亦名如來藏，亦名心地。達摩所傳，是此心也。從無始際，妄想翳之，不自證得，耽著生死。大覺愍之，出現於世，爲説生死等法一切皆空，開示此心全同諸佛。如華嚴經出現品云："佛子！無一衆生而不具有如來智慧，但以妄想執著而不證得。若離妄想，一切智、自然智、無礙智，即得現前。譬如有大經卷，喻佛智慧。量等三千大千世界，智體無邊，廓周法界。書寫三千大千世界中事一切皆盡，喻體上本有恆沙功德，恆沙妙用也。此大經卷，雖復量等大千世界，而全住在一微塵中。喻佛智全在衆生身中，圓滿具足也。如一微塵，舉一衆生爲例。一切微塵皆亦如是。時有一人，智慧明達，喻世尊也。具足成就清淨天眼，見此經卷在微塵内，天眼力隔障見色，喻佛眼力隔煩惱見佛智也。於諸衆生無少利益，喻迷時都不得其用，與無不別。即起方便，破彼微塵，喻説法除障。出此大經卷，令諸衆生普得饒益。云云乃至。如來智慧亦復如是，無量無礙，普能利益一切衆生，合書寫三千世界事。具足在於衆生身中。合微塵中。但諸凡愚妄想執著，不知不覺不得利益。爾時如來，以無障礙清淨智眼，普觀法界一切衆生，而作是言：奇哉奇哉！此諸衆生，云何具有如來智慧？愚癡迷惑，不知不見，我當教以聖道，令其永離妄想執著，自於身中得見如來廣大智慧，與佛無異。即教彼衆生修習聖道，六波羅密，三十七道品等。令離妄想。離妄想已，證得如來無量智慧，利益安樂一切衆生。"問：上既云性自了了常知，何須諸佛開示？答：此言知者，不是證知，意説真性不同虛空木石，故云知也。非如緣境分別之識，非如照體了達之智，真是一真如之性，自然常知。故馬鳴菩薩云："真如者，自體真實識知。"華嚴迴向品亦云："真如照明爲性。"又據問明品："説知與智異，智局於聖，不通於凡，知即凡聖皆有，通於理智。故覺首等九菩薩，問文殊師利言：云何佛境界智？證悟之智。云何佛境界知？本有真心。文殊答智云：諸佛智自在，三世無所礙。過去未來現在事，無不了達，故自在無礙。**答**知云：**非識所能識**，不可識識者，以識屬分別，分別即非真知，真知唯無念方見也。**亦非心境界**，不可以智知。謂若以智證之，即屬所證之境。真知非境界，故不可以智證。瞥起照心，即非真知也。故經云："自心取自心，非幻成幻法。"論云："心不見心。"荷澤大師云："擬心即差。"故北宗看心是失真旨。心若可看，即是境界。故此云非心境界。**其性本清淨**，不待離垢惑方淨，不待斷疑濁方清，故云本清淨也。就實性論中，即揀非離垢之淨，是彼性淨，故云其性本清淨。**開示諸羣生。**既云本淨，不待斷障，即知羣生本來皆有。但以惑翳而不自悟，故佛開示皆令悟人。即法華中開示悟人佛之知見。如上所引，佛本出世，只爲此事也。彼云使得清淨者，即實性中離垢清淨也。此心雖自性清淨，終須悟修，方得性相，圓淨。故數十本經論，皆説二種清淨，二種解脱。今時學淺之人，或只知離垢清淨，離垢淨解脱，故毁禪門即心即佛。或只知自性清淨，性淨解脱，故輕於教相，斥於持律坐禪調伏等行。不知必須頓悟自性清淨，性自解脱，漸修令得離垢清淨，離障解脱。成圓滿清淨，究竟解脱，若身若心，無所壅滯，同釋迦佛也。"**寶藏論**亦云："**知有**　**有壞，知無無敗，**此皆能知有無之智。**真知之知，有無不計。**既不計有無，即自性無分別之知。"如是開示靈知之心，即是真性，與佛無異，故顯示真心即性教也。**華嚴**、**密嚴**、**圓覺**、**佛頂**、**勝鬘**、**如來藏**、**法華**、**涅槃等，四十餘部經，寶性**、**佛性**、**起信**、**十地**、**法界**、**涅槃等，十五部論，**雖或頓或漸不同，據所顯法體，皆屬此教，全同禪門第三直顯心性之宗。既**馬鳴**標心爲本源，**文殊**揀知爲真體，如何破相之黨，但云寂滅，不許真知？説相之家，執凡異聖，不許即佛？今約佛教判定，正爲斯人。故前敍西域傳心，多兼經論，無二途也。但以此方迷心執文，以名爲體，故**達摩**善巧，揀文傳心，標舉其名，心是名也。默示其體，知是心也。喻以壁觀，如上所敍。令絶諸緣。問：諸緣絶時，有斷滅否？答：雖絶諸念，亦不斷滅。問：以何證驗，云不斷滅？答：了了自知，言不可及。師即印云，只此是自性清淨心，更勿疑也。若所答不契，即但遮諸非，更令觀察。畢竟不與他先言知字。

直待自悟，方驗實是親證其體，然後印之，令絕餘疑，故云默傳心印。所言默者，唯默知字，非總不言。六代相傳，皆如此也。至荷澤時，他宗競播，欲求默契，不遇機緣。又，思惟達摩懸絲之記，達摩云："我法第六代後，命如懸絲。"恐宗旨滅絕，遂明言知之一字，衆妙之門。任學者悟之淺深，且務圖宗教不斷，亦是此國大法運數所至，一類道俗合得普聞，故感應如是。其默傳者，餘人不知，故以袈裟爲信；其顯傳者，學徒易辨，但以言說除疑。況既形言，足可引經論等爲證。前敍外難云，今時傳法者，說密語否？今以此答也。法是達摩之法，故聞者淺深皆益。但昔密而今顯，故不名密語。豈可名別法亦別耶？問：悟此心已，如何修之？還依初說相教中令坐禪否？答：此有二意，謂昏沈厚重難可策發，掉舉猛利不可抑伏，貪瞋熾盛觸境制者，即用前教中種種方便，隨病調伏。若煩惱微薄，慧解明利，即依本宗本教一行三昧。如起信云："若修止者，住於靜處，端身正意，不依氣息形色，乃至唯心無外境界。"金剛三昧經云："禪即是動，不動不禪，是無生禪。"法句經云："若學諸三昧，是動非坐禪，心隨境界流，云何名爲定？"淨名云："不起滅定現諸威儀，行、住、坐、臥。不於三界現身意，是爲宴坐，佛所印可。"據此，即以答三界空華，四生夢寐，依體起行，修而無修，尚不住佛不住心，誰論上界下界？前敍難云，據教須引上界定者，以管窺天，但執一宗之說，見此了教理，應懷慚而退。然此教中，以一真心性，對染淨諸法，全揀全收。全揀者，如上所說，但剋體直指靈知，即是心性，餘皆虛妄。故云非識所識，非心境等，乃至非性非相，非佛非衆生，離四句絕百非也。全收者，染淨諸法，無不是心。心迷故，妄起惑業，乃至四生六道，雜穢國界；心悟故，從體起用，四等六度，乃至四辨十力，妙身淨刹，無所不現。既是此心現起諸法，諸法全即真心。如人夢所現事，事事皆人，如金作器，器器皆金，如鏡現影，影影皆鏡。夢對妄想業報，器喻修行，影喻應化。故華嚴云："知一切法即心自性,成就慧身,不由他悟。"起信論云:"三界虛僞,唯心所作,離心則無六塵境界,乃至一切分別。即分別自心,心不見心,無相可得,故一切法如鏡中相。"楞伽云:"寂滅者名爲一心,一心者名如來藏,能徧興造一切趣生,造善造惡,受苦受樂。與因俱,故知一切無非心也。"全揀門,攝前第二破相教;全收門,攝前第一說相教。將前望此,此則迥異於前;將此攝前,前則全同於此。深必該淺,淺不至深。深者直顯出真心之體,方於中揀一切收一切也。如是收揀自在,性相無礙,方能於一切法悉無所住,唯此名爲了義。更有心性同異,頓漸違妨,及所排諸家言教,部帙次第,述作大意,悉在下卷。

卷　三

上之三教,攝盡佛一代所說之經,及諸菩薩所造之論。細尋法義,便見三義全殊,一法無別。就三義中,第一、第二,空有相對;第三、第一,性相相對,皆條然易見。唯第二、第三,破相與顯性相對,講者禪者同迷,皆謂同是一宗一教,皆以破相便爲真性。故今廣辨空宗、性宗有其十異:一、法義真俗異,二、心性二名異,三、性字二體異,四、真智真知異,五、有我無我異,六、遮詮表詮異,七、認名認體異,八、二諦三諦異,九、三性空有異,十、佛德空有異。

初,法義真俗異者,空宗緣未顯真靈之性,故但以一切差別之相爲法。法是俗諦,照此諸法無爲、無相、無生、無滅、無增、無減等爲義。義是真諦,故智度論以俗諦爲法無礙辯,以真諦爲義無礙辯。性宗則以一真之性爲法,空有等種種差別爲義,故經云:"無量義者,從一法生。"華嚴十地亦云:"法者知自性,義者知生滅;法者知真諦,義者知俗諦;法者知一乘,義者知諸乘。"如是十番釋法義二無礙義,皆以法爲真諦,以義爲俗諦。

二、心性二名異者,空宗一向目諸法本源爲性,性宗多曰諸法本源爲心。目爲性者，諸論多同，不必敍述。目爲心者，勝鬘云：
“自性清淨心。”起信云：“一切法從本以來，離言説名字心緣等相，
乃至唯是一心。”楞伽云：“堅實心。”良由此宗所説本性，不但空
寂，而乃自然常知，故應目爲心也。

三、性字二體異者，空宗以諸法無性爲性，性宗以靈明常住不
空之體爲性，故性字雖同，而體異也。

四、真智真知異者，空宗以分別爲知，無分別爲智，智深知淺；
性宗以能證聖理之妙慧爲智，以該於理智通於凡聖之靈性爲知，知
通智局。上引問明品已自分別，況十迴向品説真如云，照明爲性，
起信説真如自體，真實識知。

五、有我無我異者，空宗以有我爲妄，無我爲真；性宗以無我爲
妄，有我爲真。故涅槃經云：“無我者名爲生死，有我者名爲如來。”
又云：“我計無我，是顛倒法。”乃至廣破二乘無常無我之見，如春池
執礫爲實；廣讚常樂我淨而爲究竟，乃至無我法中有真我。良由衆生
迷自真我，妄執五蘊爲我，故佛於大小乘法相及破相教中，破之云無。今於性宗直明實
體，故顯之云有也。

六、遮詮表詮異者，遮謂遣其所非，表謂顯其所是；又，遮者揀
卻諸餘，表者直示當體。如諸經所説真妙理性，每云不生不滅，不
垢不淨，無因無果，無相無爲，非凡非聖，非性非相等，皆是遮詮。諸
經論中，每以非字非卻諸法，動即有三十五十箇非字也。不字無字亦爾，故云絕百非。
若云知見覺照，靈鑒光明，朗朗昭昭，惺惺寂寂等，皆是表詮。若無
知見等體，顯何法爲性，説何法不生滅等，必須認得見今了然而知，
即是心性，方説此知不生不滅等。如説鹽，云不淡是遮，云鹹是表；
説水，云不乾是遮，云溼是表。諸教每云絕百非者，皆是遮詞，直顯
一真，方爲表語。空宗之言，但是遮詮，性宗之言，有遮有表。但遮
者未了，兼表者乃的。今時學人，皆謂遮言爲深，表言爲淺，故唯重

非心非佛，無爲無相，乃至一切不可得之言。良由但以遮非之詞爲妙，不欲親自證認法體，故如此也。悟息後卽任遮表臨時。

七、認名認體異者，謂佛法世法，一一皆有名體。且如世間稱大，不過四物，如智論云：“地、水、火、風是四物名，堅、濕、煖、動是四物體。”今且説水，設有人問，每聞澄之卽清，混之卽濁，堰之卽止，決之卽流，而能溉灌萬物，洗滌萬穢，此是何物？舉功能義用而問也。答云：是水。舉名答也。愚者認名，便謂已解。智者應更問云：何者是水？徵其體也。答云：溼卽是水。剋體指也，此一言便定，更無別字可替也。若云水波清濁凝流是水，何異他所問之詞。佛法亦爾。設有人問，每聞諸經云，迷之卽垢，悟之卽淨，縱之卽凡，修之卽聖，能生世間出世間一切諸法，此是何物？舉功能義用而問也。答云：是心。舉名答也。愚者認名，便謂已識。智者應更問：何者是心？徵其體也。答：知卽是心。指其體也。此言最的，餘字不如。若云非性非相，能語言運動等是心者，何異他所問詞也。以此而推，水之名體，各唯一字，餘皆義用。心之名體亦然。溼之一字，貫於清濁等萬用萬義之中，知之一字，亦貫於貪瞋慈忍善惡苦樂萬用萬義之處。今時學禪人多疑云，達摩但説心，荷澤何以説知？如此疑者，豈不似疑云：比只聞井中有水，云何今日忽覺井中溼耶？思之思之，直須悟得水是名，不是溼，溼是水，不是名，卽清濁水波凝流無義不通也。以例心是名不是知，知是心不是名，卽真妄垢淨善惡無義不通也。空宗、相宗，爲對初學及淺機，恐隨言生執，故但標名而遮其非，唯廣以義用而引其意。性宗對久學及上根，令忘言認體，故一言直示。達摩云：指一言以直示，後人意不解，尋思何者是一言，若云卽心是佛是一言者，此是四言，何爲名一也。認得體已，方於體上照察義用，故無不通矣。

八、二諦三諦異者，空宗所説世出世間一切諸法，不出二諦，學者皆知，不必引釋。性宗則攝一切性相及自體，總爲三諦：以緣起色等諸法爲俗諦，緣無自性諸法卽空爲真諦，此與空宗相宗一諦義無別也。一真心體，非空非色，能空能色，爲中道第一義諦。其猶明鏡，亦具三義：鏡中影像，不得呼青爲黃，妍媸各別，如俗諦；影無自性，一一全空，如真諦；其體常明，非空非青黃，能空能青黃，如第一義諦。具如瓔珞大品本業等經所説。故天台宗，依此三諦，修三止三觀，成就三德也。

九、三性空有異者，三性，謂徧計所執性，妄情於我及一切法，周徧計度，一一執爲實有。如癡孩鏡中見人面像，執爲有命質礙骨肉等。依他起性，此所執法，依他衆緣，相因而起，都無自性，唯是虛相，如鏡中影像也。圓成實性，本覺真心，始覺顯現，圓滿成就，真實常住，如鏡之明。空宗云，諸經每説有者，卽約徧計、依他，每説空者，卽是圓成實性，三法皆無性也。性宗卽三法皆具空有之義，謂徧計，情有理無；依他，相有性無；圓成，情無理有，相無性有。

十、佛德空有異者，空宗説佛以空爲德，無有少法，是名菩提，色見聲求，皆行邪道。中論云："非陰不離陰，此彼不相在，如來不有陰，何處有如來。"離一切相，卽名諸佛。性宗則一切諸佛，自體皆有常樂我淨，十身十智真實功德，相好通光一一無盡，性自本有，不待機緣。

十異歷然，二門煥矣；雖分教相，亦勿滯情；三教三宗，是一味法。故須先約三種佛教，證三宗禪心，然後禪教雙忘，心佛俱寂。俱寂，卽念念皆佛，無一念而非佛心；雙忘，卽句句皆禪，無一句而非禪教。如此，則自然聞泯絕無寄之説，知是破我執情；聞息妄修心之言，知是斷我習氣。執情破而真性顯，卽泯絕是顯性之宗；習氣盡而佛道成，卽修心是成佛之行。頓漸空有，既無所乖，荷澤、江西、秀、能，豈不相契？若能如是通達，則爲他人説，無非妙方，聞他人説，無非妙藥。藥之與病，只在執之與通。故先德云，執則字字瘡疣，通則文文妙藥。通者，了三宗不相違也。

問：前云佛說頓教漸教，禪開頓門漸門，未審三種教中，何頓何漸？答：法義深淺，已備盡於三種。但以世尊說時儀式不同，有稱理頓說，有隨機漸說，故復名頓教漸教，非三教外別有頓漸。漸者爲中下根即時未能信悟圓覺妙理者，且說前人天小乘，乃至法相、上皆第一教也。破相，第二教也。待其根器成熟，方爲説於了義，即法華、涅槃等經是也。此及下逐機頓教，合爲第三教也。其化儀頓，即總攝三般。西域此方，古今諸德，所判教爲三時五時者，但是漸教一類，不攝華嚴經等。頓者復二：一逐機頓，二化儀頓。逐機頓者，遇凡夫上根利智，直示真法，聞即頓悟，全同佛果。如華嚴中，初發心時，即得阿耨菩提。圓覺經中，觀行成時，即成佛道。然始同前二教中行門，漸除凡習，漸顯聖德。如風激動大海，不能現像，風若頓息，則波浪漸停，影像漸顯也。風喻迷情，海喻心性，波喻煩惱，影喻功用。起信論中一一配合。即華嚴一分，及圓覺佛頂密嚴勝鬘如來藏之類，二十餘部經是也。遇機即説，不定初後，與禪門第三直顯心性宗全相同也。二、化儀頓，謂佛初成道，爲宿世緣熟上根之流，一時頓説性相理事，衆生萬惑，菩薩萬行，賢聖地位，諸佛萬德。因該果海，初心即得菩提；果徹因源，位滿猶稱菩薩。此唯華嚴一經，及十地論，名爲圓頓教，餘皆不備。前敍外難云，頓悟成佛，是違經者，余今於此通了。其中所説諸法，是全一心之諸法；一心，是全諸法之一心。性相圓融，一多自在，故諸佛與衆生交徹，淨土與穢土融通，法法皆彼此互收，塵塵悉包含世界，相入相即，無礙鎔融，具十玄門，重重無盡，名爲無障礙法界。此上頓漸，皆就佛約教而説，若就機約悟修説者，意又不同。如前所敍諸家有云，先因漸修功成，而豁然頓悟；猶如伐木，片片漸斫，一時頓倒。亦如遠詣都城，步步漸行，一日頓到也。有云因頓修而漸悟；如人學射，頓者箭箭直注意在中的，漸者日久方始漸親漸中。此説運心頓修，不言功行頓畢。有云因漸修而漸悟如登九層之臺，足履漸高，所見漸遠，故有人云，"欲窮千里目，更上一層樓"。等者，皆說證悟也。有云先須頓悟，方可漸修者，此約解悟也。約斷障說，如日頓出，霜露漸消。約成德說，如孩子生，即頓具四肢六根，長即漸成志氣功業。故華嚴說，初發心時，即成正覺。然後三賢十聖，次第修證。若未悟而修，非真修也。良以非真流之行，無以稱真，何有修真之行。不從真起，故彼經說，若未聞說此法，多劫修六度行，畢竟不能證真也。有云頓悟頓修者，此說上上智根性，樂欲俱勝，根勝故悟，欲勝故修。一聞千悟，得大總持，一念不生，前後際斷。斷障如斬一綟絲，萬條頓斷；修德如染一綟絲，萬條頓色也。荷澤云："見無念體，不逐物生。"又云："一念與本性相應，便具河沙功德，八萬四千波羅密門，一時齊用也。"此人三業，唯獨自明了，餘人所不見。金剛三昧經云："空心不動，具六波羅密。"法華亦說："父母所生眼耳，徹見三千界"等也。且就事跡而言之，如牛頭融大師之類也。此門有二意：若因悟而修，即是解悟；若因修而悟，即是證悟。然上皆只約今生而論，若遠推宿世，則唯漸無頓，今頓見者，已是多生漸熏而發現也。有云法無頓漸，頓漸在機者。誠哉此理！固不在言，本只論機，誰言法體？頓漸義意，有此多門，門門有意，非強穿鑿。況楞伽四漸四頓，義與漸修頓悟相類。此猶不敢繁云。比見時輩論者，但有頓漸之言，都不分析。就教有化儀之頓漸，應機之頓漸；就人有教授方便之頓漸，根性悟入之頓漸，發意修行之頓漸。於中唯云先頓悟，後漸修，似違反也。欲絕疑者，豈不見日光頓出，霜露漸消；孩子頓生，四肢六根即具。志氣漸立；肌膚人物業藝皆漸成也。猛風頓息，波浪漸停；明良頓成，禮樂漸學。如高貴子孫，於小時亂，沒落爲奴，生來自不知貴。時清父母訪得，當日全身是貴人，而行跡去就，不可頓改，故須漸學。是知頓漸之義其爲要矣。

然此文本意，雖但敍禪詮，緣達摩一宗是佛法通體，諸家所述又各不同，今集爲一藏，都成理事具足。至於悟解修證門戶，亦始終周圓，故所敍之頓漸，須備盡其意，令血脈連續，本末有緒。欲見本末綸緒，先須推窮此上三種頓說漸說。教中所詮之法，本從何來，見在何處？又須仰觀諸佛說此教意，本爲何事？卽一大藏經始終本末，一時洞然明了也。且推窮教法從何來者，本從世尊一真心體流出，展轉至於當時人之耳，今時人之目，其所說義，亦只是凡聖所依一真心體，隨緣流出，展轉徧一切處，徧一切眾生身心之中。但各於自心靜念，如理思惟，卽如是如是而顯現也。華嚴云："如是如是思惟，如是如是顯現"也。次觀佛說經本意者，世尊自云：我本意唯爲一大事因緣故，出現於世。一大事者，欲令眾生開佛知見，乃至入佛知見道故。諸有所作，常爲一事，唯以佛之知見示悟眾生，無有餘乘若二若三。三世十方諸佛，法亦如是。雖以無量無數方便，種種因緣譬喻言詞，而爲眾生演說諸法，是法皆爲一佛乘故。故我於菩提樹下初成正覺，普見一切眾生皆成正覺，乃至普見一切眾生皆般涅槃，華嚴妙嚴品云："佛在摩竭提國菩提場中始成正覺。其地堅固金剛所成，其菩提樹高廣嚴顯。"出現品云："如來成正覺時，普見眾生"等，一一如文。普見一切眾生貪恚癡諸煩惱中，有如來身智，常無染汗，德相備足。如來藏經文也。無一眾生而不具有如來智慧，但以妄想執著而不證得，我欲教以聖道，令其永離妄想，自於身中得見如來廣大智慧，如我無異。華嚴出現品文也。唯改當字爲欲字，令順語勢也。法華亦云："我本立誓願，欲令一切眾，如我等無異。"遂爲此等眾生，於菩提場，稱於大方廣法界，敷演萬德因華，以嚴本性，令成萬德佛果。其有往劫與我同種善根，曾得我於劫海中，以四攝法而攝受者，亦妙嚴品文也。始見我身，頻呻三昧，盧舍那身。聞我所說，說上華嚴。卽皆信受，入如來慧，乃至逝多林。我入師子頻呻三昧，大眾皆證法界，除先修習學小乘者，佛在法華會說昔在華嚴會中，五百聲聞如聾如盲，不見佛境界，不聞圓融法是也。次云，我今亦令得聞此經，入於佛慧，卽直至四十年後法華會中，皆得授記是也。　及溺貪愛之水等者。亦出現品云："如來智慧，唯於二處不能爲作生長利益。所謂二乘墮於無爲廣大深坑，及壞善根非器眾生,溺大邪見貪愛之水。然亦於彼曾無厭捨。"釋曰:卽華嚴所説學小乘者,法華會中還得授記,及不在此會,亦展轉令與授記,是此云不厭捨也。如是衆生諸根鈍著樂癡所盲,難可度脱。我於三七日,思惟如是事。我若但爲讚於佛乘,彼卽没在苦,毀謗不信故,疾入於惡道;若以小乘化,乃至於一人,我卽墮慳貪,此事爲不可。進退難爲遂,尋念過去佛,所行方便力,方知過去諸佛,皆以小乘引誘,然後令入究竟一乘,故我今所得道,亦應説三乘。我如是思惟時,十方佛皆現。梵音慰喻我,善哉釋迦文。第一之導師,得是無上法,隨諸一切佛,而用方便力。我聞慰喻,隨順諸佛意故,方往波羅奈國,轉四諦法輪,度憍陳如等五人。漸漸諸處,乃至千萬。如羊車也。亦爲求緣覺,説十二因緣;如鹿車也。亦爲求大乘者,説六波羅密。如牛車也。此上皆當第一密意依性説相教。此上三車,皆是宅中,指云在門外者,以喻權教三乘云云。中間又爲説甚深般若波羅密,陶汰如上聲聞,進趣諸小菩薩。此當第二密意破相顯性教也。漸漸見其根熟,遂於靈鷲山,開示如來知見,普皆與授阿耨多羅三藐三菩提記。究竟一乘,如四衢道中白牛車也。權教牛車大乘,與實教白牛車一乘不同者,三十餘本經論具有明文。顯示三乘法身平等,入一乘道。乃至我臨欲滅度,在拘尸那城,娑羅雙樹間,作大師子吼,顯常住法,決定説言:一切衆生,皆有佛性;凡是有心,定當作佛。究竟涅槃,常樂我淨,皆令安住秘密藏中。法華且收二乘,至涅槃經方普收六道,會權入實。須漸次故也。卽與華嚴海會,師子頻呻,大衆頓證,無有別異。法華涅槃是漸教中之終極,與華嚴等頓教,深淺無異,都爲第三顯示真心卽性教也。我既所應度者,皆以度訖,未得度者,已爲作得度因緣,故於雙樹間,入大寂滅定,反本還源,與十方三世一切諸佛,常住法界,常寂常照也。

評曰:上來三紙,全是於諸經中録佛自言也。但以抄録之故,不免於連續綴合之處,或加減改換三字兩字而已。唯敍華嚴處一行半,是以經題顯佛意,非佛本語也。便請將佛此自述本意,判前三種教宗，豈得言權實一般？豈得言始終二法？禪宗例教，誰謂不然？竊欲和會，良由此也。誰聞此説而不除疑，若猶執迷，則吾不復也。

卷　　四

然上所引佛自云，我見衆生皆成正覺，又云根鈍癡盲。語似相違，便欲於其中次第通釋，恐間雜佛語，文相交加。今於此後，方始全依上代祖師馬鳴菩薩，具明衆生一心迷悟，本末始終，悉令顯現，自然見全佛之衆生，擾擾生死；全衆生之佛，寂寂涅槃；全頓悟之習氣，念念攀緣；全習氣之頓悟，心心寂照。即於佛語相違之處，自見無所違也。謂六道凡夫，三乘賢聖，根本悉是靈明清淨一法界心，性覺寶光，各各圓滿，本不名諸佛，亦不名衆生。但以此心靈妙自在，不守自性，故隨迷悟之緣，造業受報，遂名衆生，修道證真，遂名諸佛。又雖隨緣而不失自性，故常非虛妄，常無變異，不可破壞，唯是一心，遂名真如。故此一心，常具真如生滅二門，未曾暫闕。但隨緣門中，凡聖無定，謂本來未曾覺悟，故説煩惱無始，若悟修證，即煩惱斷盡。故説有終，然實無別始覺，亦無不覺，畢竟平等。故此一心，法爾有真妄二義，二義復各二義，故常具真如生滅二門。各二義者，真有不變隨緣二義，妄有體空成事二義。謂由真不變，故妄體空，爲真如門；由真隨緣，故妄成事，爲生滅門。以生滅即真如，故諸經説無佛無衆生，本來涅槃，常寂滅相。又以真如即生滅，故經云法身流轉五道，名曰衆生。既知迷悟凡聖在生滅門，今於此門具彰凡聖二相，即真妄和合，非一非異，名爲阿賴耶識。

此識在凡，本來常有覺與不覺二義：覺是三乘賢聖之本，不覺是六道凡夫之本。今且示凡夫本末，總有十重：今每重以夢喻側注，一一合之。一、謂一切衆生，雖皆有本覺真心；如一富貴人，端正多智，自在宅中住。二、未遇善友開示，**法爾本來不覺**；如宅中人睡，自不知也。論云：依本覺故，而有不覺也。三、**不覺故，法爾念起**；如睡法爾有夢。論云：依不覺故，生三種相。此是初一。四、**念起故，有能見相**；如夢中之想。五、**以有見故，根身世界妄現**；夢中別見有身，在他鄉貪苦，及見種種好惡事境。六、**不知此等從自念起，執爲定有，名爲法執**；正夢時，法爾必執所見物爲實有也。七、**執法定故，便見自他之殊，名爲我執**；夢時必認他鄉貪苦身爲已本身。八、**執此四大爲我身故，法爾貪愛順情諸境，欲以潤我，瞋嫌違情諸境，恐損惱我，愚癡之情，種種計校**；此是三毒。如夢在他鄉，所見違順等事亦貪瞋也。九、**由此故，造善惡等業**；夢中或偷奪打罵，或行恩布德。十、**業成難逃，如影響應於形聲，故受六道業繫苦樂相**。如夢因偷奪打罵，被捉枷禁決罰，或因行恩得報，舉薦拜官署職。**此上十重，生起次第，血脈連接，行相甚明，但約理觀心而推照，即歷然可見**。

次辨悟後修證，還有十重，翻妄即真，無別法故。然迷悟義別，順逆次殊。前是迷真逐妄，從微細順次生起，展轉至粗，後乃悟妄歸真，從粗重逆次斷除，展轉至細。以能翻之智，自淺之深，粗障易遣，淺智即能翻故；細惑難除，深智方能斷故，故後十從末逆次翻破前十。唯後一前二，有少參差。下當顯示十重者：一、**謂有衆生，遇善知識，開示上説本覺真心，宿世曾聞，今得解悟**。若宿生未聞，今聞必不信，或信而不解，睢人人等有佛性，今現有不信不悟者，是此類也。**四大非我，五蘊皆空，信自真如及三寶德**。信自心本不虛妄，本不變異，故曰真如。故論云：自信己性，知心妄動，無別境界。又云：信心有四種：一、信根本，樂念真如；二、信佛有無量功德，常念親近供養；三、信法有大利益，常念修行；四、信僧能修正行，自利利他，常樂親近。悟前一，翻前二，成此第一重也。二、**發悲智願，誓證菩提**。發悲心者，欲度衆生；發智心者，欲了達一切法；發願心者，欲修萬行以資悲智。三、**隨分修習施戒忍進及止觀等，增長信根**。論云：修行有五，能成此信。止觀合爲一行，故六度唯成五也。四、**大菩提心從此顯發**。以上三心開發。論云：信成就發心者有三種:一者直心,正念真如法故;二者深心,樂集諸善行故;三發大悲心,欲拔一切衆生苦故。五、以知法性無慳等心。等者,貪欲、瞋恚、懈怠、散亂、愚癡。六、隨順修行六波羅密,定慧力用,初修名止觀,成就名定慧。我法雙亡,初發心時,已約教理,觀二執空,今即定慧力,觀自覺空也。無自無他,證我空五。常空常幻。證法空六,色不異空,空不異色,故常空常幻也。七、於色自在,一切融通。迷時不知從自心變,故不自在,今因二空智達之,故融通也。八、於心自在,無所不照。即不見心外別有境界,境界唯心,故自在也。九、滿足方便,一念相應,覺心初起。心無初相,離微細念,心即常住,直覺於迷源,名究竟覺。從初發心即修無念,至此方得成就,成就故即入佛位也。十、心既無念,則無別始覺之殊,本來平等,同一覺故。冥於根本真淨心源,應用塵沙,盡未來際,常住法界,感而即通,名大覺尊。佛無異佛,是本佛,無別新成故,普見一切衆生皆同成等正覺。

故迷與悟,各有十重,順逆相翻,行相甚顯。此之第一,對前一二,此十合前第一,餘八皆從後逆次翻破前八。一中悟前第一本覺,翻前第二不覺。前以不覺乖於本覺,真妄相違,故開爲兩重,今以悟即冥符,冥符相順,無別始悟,故合之爲一。又若據逆順之次,此一合翻前十,今以頓悟門中,理須直認本體,翻前本迷,故對前一二。上云參差,即是此也。二中由怖生死之苦,發三心自度度他,故對前十六道生死。三修五行,翻前第九造業。四三心開發,翻前第八三毒。悲心翻瞋,智心翻癡,願心翻貪。五證我空,翻前第七我執。六證法空,翻前第六法執。七色自在,翻前第五境界。八心自在,翻前第四能見。九離念,翻前第三念起。故十成佛,佛無別體,但是始覺,翻前第二不覺。合前第一本覺,始本不二,唯是真如顯現,名爲法身大覺,故與初悟無二體也。順逆之次參差,正由此矣。一即因該果海,十即果徹因源。涅槃經云:“發心畢竟二不別。”華嚴經云:“初發心時,得阿耨菩提”,正是此意。然雖順逆相對,前後相照,法義昭彰，猶恐文不頓書，意不並顯，首尾相隔，不得齊覩。今更畫之爲圖，令凡聖本末，大藏經宗，一時現於心鏡。此圖頭在中心，云衆生心三字是也。從此三字讀之，分向兩畔，朱畫表淨妙之法，墨畫表垢染之法，一一尋血脈詳之。朱爲此〇號，記淨法十重之次；墨爲此號，記染法十重之次。此號是本論之文，此點是義説論文爾。

迷有十重　　　此是迷真逐妄，從微細順次生起，展轉至粗之相。

○一本覺	○二不覺	○三念起	○四見起	◐五境現	◑六執法	◐七執我	◐八煩惱	◑九造業	●十受報
謂一切衆生皆有本覺真心。如富貴人，端正多智，在自宅中住也。	未通達反開示，法爾本來不覺。如貴知者，睡自不知也。	念起故，法爾念起。而有夢也。論云：依不覺故，心動，說名為業。三細相此其第一也。	念起故有能見相。如夢中之物無所有。則無見。論云：以依動故能見，不動則無見。此其第二也。	以有見故，夢身世界妄現。如夢中所見好惡事境也。說云：以依能見故，境界妄現。	不知境從自心起，執為實有。如夢中人不知是夢，執夢中見物為實有也。	執法定故，見有他身。計自為實我，計他為他。以他為他，計自為我也。	執我故，貪愛順情境，瞋嫌違情境，愚癡計校。如夢中或得財，或逢怨，於夢中或貪或瞋也。	由三毒擊發故，造善惡等業。如夢中所作事，或偷奪等事也。	業成難逃，如影響形聲。故六道業之苦，如夢之身，非由斷法。故無對治之法。如夢因偷奪，被捉伽鎖決罰，或行罰得報，或拜官署職也。

● 不覺　　六道凡夫之本
⊖ 阿黎耶識　頓悟
⊙ 覺　　三乘賢聖之本

謂有衆生遇善知識，開示上說本覺真心，宿世曾聞，今得悟解。四大非我，五蘊皆空，發起四種信心：一、信根本，樂念真如法故。二、信佛有無量功德，常念供養。三、信法有大利益，常念修行。四、信僧能正修行，常樂親近，精進無怠。

◉一本覺	○二不覺	○三念起	○四見起	◐五境現	◑六執法	◐七執我	◑八煩惱	●九造業	●十受報

悟身十重　　　此是悟妄歸真，從粗重漸次斷盡，展轉至細之相。

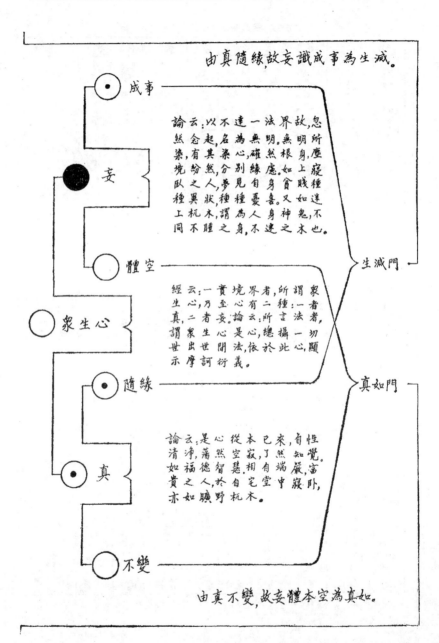

由真隨緣，故妄識成事為生滅。

成事

妄

體空

眾生心

隨緣

真

不變

生滅門

真如門

論云：以不達一法界故，忽然念起，名為無明，猶如迷人，依方故迷。界明無相，如人身上瘨種迷，不了然有端，妄見種種憂畏。所塵瘨種迷，如鬼如木也。染境紛然，分別自身，種種憂畏，謂為人身，不達之身。臥之人，夢見自身根上貧喜，又神速之木也。種工杌木，不同不睡。

經云：一實境界者，所謂眾生心，乃至心有二種：一者真，二者妄。論云：所言法者，謂眾生心是心，總攝一切世出世間法，依於此心，顯示摩訶衍義。

論云：是心從本已來，自性清淨，蕭然空寂，了然有端，如貴之人，於自宅堂，亦如曠野杌木。從本已來，自性清淨，蕭然空寂，了然有相，自宅堂中寢臥，知嚴富貴。

由真不變，故妄體本空為真如。

此上是標位，標此圖中之位也。云衆生心者，是在纏佛性本論及經皆目爲如來藏。及義門，真妄下各二義，是真如門及黎耶識根本義理。兩畔是所標心中性，真如。相、黎耶。染、不覺位中諸法。淨、覺中諸法。法、體也。迷時無漏，淨妙德用，但隱而不滅，故真如本覺，在有漏識中。一切衆生，皆有佛性，是此義也。悟時有漏，染相必無，故無明識相妄念業果等，不在真如門也。唯淨妙德用，獨在真如心中，名之爲佛也。

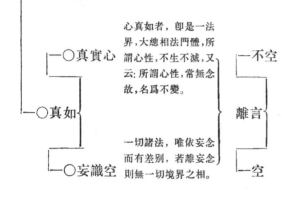

心真如者，即是一法界，大總相法門體，所謂心性，不生不滅，又云：所謂心性，常無念故，名爲不變。

一切諸法，唯依妄念而有差別，若離妄念則無一切境界之相。

以有自體，具足無漏性功德故。又云：已顯法體空無妄故，即是真心，常恆不變，淨法滿足。

是故一切法，從本以來，離言説相，離名字相，離心緣相，畢竟平等，無有變異，不可破壞，唯是一心，故名真如。

從本以來，一切染法不相應故，謂離一切差別之相，以無虛妄心念故，妄念分別皆不相應也。

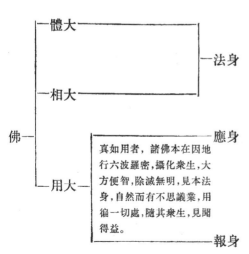

真如自體相者，有大智慧光明，徧照法界，真實知識，常樂我淨等義故，具足如是過恆沙不思議，佛法滿足，無有所少，名爲如來法身也。

依凡夫二乘心所見者，名爲應身。以不知轉識現故，見從外來取色分齊，不能盡知故。

真如用者，諸佛本在因地行六波羅密，攝化衆生，大方便智，除滅無明，見本法身，自然而有不思議業，用徧一切處，隨其衆生，見聞得益。

依諸菩薩從初發意乃至十地心所見者，名爲報身。身有無量色，色有無量相，相有無量好。所住依界，亦有無量種種莊嚴，隨所示現，即無有邊，不可窮盡，皆由無漏行熏及本覺，熏之所成就，具足無量樂相，故名爲報也。

詳究前述,諦觀此圖,對勘自他,及想賢聖,爲同爲異,爲真爲妄?我在何門,佛在何位?爲當別體,爲復同源?卽自然不執著於凡夫,不僭濫於聖位,不耽滯於愛見,不推讓於佛心也。然初十重,是一藏經所治法身中,第一重。煩惱之病,生起元由,次三重。漸漸加增,我法二執。乃至粗重,三毒造業。慧滅受報。之狀。後十重,是法身信方服藥,前三重汗出。汗出病差,菩提心開發。將理方法,六波羅密。漸漸減退,從六至九。乃至平復成佛。之狀。如有一人,在纏法身。諸根具足,恆沙功德。強壯常住不變,妄不能染。多藝,恆沙妙用。忽然得病,無始無明。漸漸加增,其次七重。乃至氣絶,第十重。唯心頭煖,賴耶識中無漏智種。忽遇良醫,大善知識。知其命在,見凡天人,卽心是佛。強灌神藥,初聞不信,頻就不捨。忽然蘇醒。悟解。初未能言,初悟之人,未能說法,答他問難,皆悉未得。乃至漸語,能說法也。漸能行履,十地十波羅密。直至平復,成佛。所解伎藝無所不爲,神通光明,一切種智。以法一一對合,何有疑而不除也。卽知一切衆生不能神變作用者,但以業識惑病所拘,非己法身不具妙德。今愚者難云:汝既頓悟卽佛,何不放光者?何殊令病未平復之人,便作身上本藝?然世醫處方,必先候脈,若不對病狀輕重,何辨方書是非?若不約痊愈淺深,何論將理法則?法醫亦爾。故今具述迷悟各十重之本末,將前經論,統三種之淺深相對照之,如指其掌,勸諸學者,善自安心。行卽任隨寄一門,解卽須通達無礙。又,不得慮其偏局,便游蕩無所指歸,須洞鑒源流,令分菽麥,必使同中見異,異處而同。鏡像千差,莫執好醜,鏡明一相,莫忌青黃。千器一金,雖無阻隔;一珠千影,元不混和。建志運心,等虛空界;防非察念,在毫釐間。見色聞聲,自思如影響否;動身舉意,自料爲佛法否?美饍糲飡,自想無嫌愛否;炎涼凍煖,自看免避就否?乃至利衰毀譽稱譏苦樂,一一審自反照,實得情意一種否。必若自料未得如此,卽色未似影,聲未似響也。設實頓悟,終須漸修，莫如貧窮人，終日數他寶，自無半錢分。六祖大師云："佛説一切法，爲度一切心，我無一切心，何須一切法。"今時人但將此語輕於聽學，都不自觀實無心否。若無心者，八風不能動也。設習氣未盡，瞋念任運起時，無打罵讐他心；貪念任運起時，無營求令得心；見他榮盛時，無嫉妒求勝心。一切時中，於自己無憂饑凍心，無恐人輕賤心。乃至種種此等，亦得名爲無一切心也，此名修道。若得對違順等境，都無貪瞋愛惡，此名得道。各各反照，有病即治，無病勿藥。問：貪瞋等即空，便名無一切心，何必對治？答：若爾，汝今忽遭重病痛苦，痛苦即空，便名無病，何必藥治？須知貪瞋空而能發業，業亦空而能招苦，苦亦空只麼難忍，故前圖中云，體空成事。如杌木上鬼全空，只麼驚人得奔走倒地，頭破額裂？若以業即空，空只麼造業，即須知地獄燒煮痛楚亦空，空只麼楚痛。若云亦任楚痛者，即現今設有人以火燒刀斫，汝何得不任？今觀學道者，聞一句遠情語，猶不能任，豈肯任燒斫乎！如此者，十中有九也。

問：上來所叙三種教，三宗禪，十所以，十別異，輪迴及修證，又各十重，理無不窮，事無不備，研尋玩味，足可修心，何必更讀藏經，及集諸禪偈，數過百卷？答：衆生惑病，各各不同，數等塵沙，何唯八萬？諸聖方便有無量門，一心性相有無量義，上來所述，但是提綱，雖統之不出所陳，而用之千變萬勢。況先哲後俊各有所長，古聖今賢各有所利。故集諸家之善，記其宗徒，有不安者，亦不改易。但遺闕意義者注而圓之，文字繁重者注而辨之，仍於每一家之首，注評大意。提綱意在張網，不可去網存綱；華嚴云：張大教綱，漉人天魚，置涅槃岸。舉領意在著衣，不可棄衣取領。若但集而不叙，如無綱之網；若但叙而不集，如無網之綱。思而悉之，不煩設難。然剋己獨善之輩，不必徧尋，若欲爲人之師，直須備通本末。好學之士，披閱之時，必須一一詳之，是何宗何教之義，用之不錯，皆成妙藥，用

之差互，皆成反惡。然結集次第，不易排倫，據入道方便，卽合先開
本心，次通理事，次讚法勝妙，呵世過患，次勸誡修習，後示以對治
方便，漸次門户。今欲依此編之，乃覺師資昭穆顚倒，交不穩便。
且如六代之後，多述一眞，達摩大師，卻教四行，不可孫爲部首，祖
爲末篇。數日之中，思惟此事，欲將達摩宗枝之外爲首，又以彼諸
家所教之禪，所述之理，非代代可師通方之常道。或因以彼修鍊功
至證得，卽以之示人；求那慧稠卧輪之類。或因聽讀聖教生解，卽以之
攝衆；慧聞禪師之類。或降其跡而適性，一時間警策羣迷；志公傅大士王
梵志之類。或高其節而守法，一國中軌範僧侣。 廬山遠公之類。其所製
作，或詠歌至道，或嗟歎迷凡，或但釋義，或唯勵行，或籠羅諸教，竟
不指南，或偏讚一門，事不通衆。雖皆禪門影響，佛法笙簧，若始終
依之爲釋迦法，卽未可也。天台言教廣本，雖備有始終，又不在此集之內。以
心傳嗣，唯達摩宗。心是法源，何法不備？所修禪行，似局一門，所
傳心宗，實通三學。況覆尋其始，始者迦葉阿難。親禀釋迦，代代相
承，一一面授，三十七世，有云西國已有二十八祖者，下祖傳序中，卽具分析。至
於吾師。緬思何幸，得爲釋迦三十八代嫡孫也。故今所集之次者，先錄達摩
一宗，次編諸家雜述，後寫印一宗聖教。聖教居後者，如世上官司
文案，曹判爲先，尊官判後也。唯寫文剠的者，十餘卷也。就當宗之中，
以尊卑昭穆展轉綸緒而爲次第。其中頓漸相間，理行相參，遞相解
縛，自然心無所住。淨名云：貪著禪味是菩薩縛，以方便生是菩薩解。又，瑜伽說
悲增智增，互相解縛。悟修之道既備，解行於是圓通。次傍覽諸家以廣
聞見，然後諕讀聖教，以印始終，豈不因此正法久住。在余之志，雖
無所求，然護法之心，神理不應屈我；繼襲之功，先祖不應捨我；法
施之恩，後學不應辜我。如不辜、不屈、不捨，卽願共諸同緣，速會
諸佛會也。

（據金陵刻經處本）

〔附　裴休：禪源諸詮集都序敍〕

圭峯禪師集禪源諸詮爲禪藏而都序之，河東裴休曰：未曾有也。

自如來現世，隨機立教，菩薩間生，據病指藥。故一代時教，開深淺之三門；一真淨心，演性相之別法。馬龍二士，皆弘調御之説，而空性異宗；能秀二師，俱傳達摩之心，而頓漸殊稟。荷澤直指知見，江西一切皆真，天台專依三觀，牛頭無有一法。其他空有相破，真妄相收，反奪順取，密指顯説，故天竺中夏，其宗實繁。良以病有千源，藥生多品，投機隨器，不得一同。雖俱爲證悟之門，盡是正真之道，而諸宗門下，通少局多。故數十年來，師法益壞。以承稟爲户牖，各自開張；以經論爲干戈，互相攻擊。情隨函矢而遷變，孟子曰：“矢人豈不仁於函人哉？函人唯恐傷人，矢人唯恐不傷人。蓋所習之術然也。”今學者但隨宗徒彼此相非耳。函字，唐韻從金。鎧者，鎧甲也。周禮“函人爲甲”，卽造甲之人。古字多單爲之，故孟子亦單作。法逐人我以高低，是非紛拏，莫能辨析。則向者世尊菩薩，諸方教宗，適足以起諍後人，增煩惱病，何利益之有哉？

圭峯大師久而歎曰：吾丁此時，不可以默矣。仲尼删詩書，正禮樂，皆不得已而爲之，故述而不作。乃聖人貴道不貴跡意。道吾久修，當宗佛法，今忽和會諸宗，豈欲立跡哉？不得已也。丁，當也。正當須和會之時也。於是以如來三種教義，印禪宗三種法門，融瓶盤釵釧爲一金，攪酥酪醍醐爲一味。振綱領而舉者皆順，荀子云：“如振裘領，屈五指而頓之，順者不可勝數也。”據會要而來者同趨。趨字平聲呼之。周易略例云：“據會要以觀方來，則六合輻輳，未足多也。”都序據圓教以印諸宗，雖百家亦無所不統也。尚恐學者之難明也，又復直示宗源之本末，真妄之和合，空性之隱顯，法義之差殊，頓漸之異同。遮表之迴互。權實之深淺，通局之是非，此下歎叙述顯明，而丁寧欲人悟也。莫不提耳而告之，毛詩云：“匪面命之，言提其耳。”當時疾彼人不修德荒亂，言我不對面向汝説，又提起其耳，就耳邊告汝，汝終不改也。意説丁寧之甚。指掌而示之，論語云：“知其説者之於天下也，其如視諸斯乎？指其掌。”言夫子語了，指自手掌示弟子。言見此事分明，如掌中之物易了。嚬呻以吼之，愛頓以誘之。此下歎慈悲憂念，如養赤子也。乳而藥之，憂佛種之夭傷也；無少善根而作闡提，是夭傷也。腹而擁之，毛詩云：“顧我腹我。”言慈母念幼子，腹中抱我，暫起去，又回頭顧我。念惜之深也。念水火之漂焚也；欲是水火。挈而導之，懼邪小之迷陷也；既有善根，又離五欲，復恐不入於大乘也。揮而散之，悲闘諍之牢固也。大明不能破長夜之昏，慈母不能保身後之子。此下歎悲智與佛同也。佛日雖盛，得吾師然後回光曲照；佛慈悲雖普，得吾師然後弘益彌多。若吾師者，捧佛日而委曲回照，疑曀盡除；順佛心而横亙大悲，窮劫蒙益。則世尊爲闡教之主，吾師爲會教之人。本末相扶，遠近相照，可謂畢一代時教之能事矣。自世尊演教，至今日會而通之，能事方畢。

或曰：自如來未嘗大都而通之，今一旦違宗趣而不守，廢關防而不據，無乃乖秘藏密契之道乎？答曰：佛於法華涅槃會中，亦已融爲一味，但昧者不覺。故涅槃經迦葉菩薩曰：諸佛有密語無密藏。世尊讚之曰：如來之言，開發顯露，清淨無翳。愚人不解，爲之秘藏，智者了達，則不名藏。此其證也。故王道興，則外户不閉，而守在戎夷；佛道備，則諸法總持，而防在魔外。涅槃圓教，和會諸法，唯簡別魔説，及外道邪宗耳。不當復執情攘臂於其間也。嗚呼！後之學者，當取信於佛，無取信於人，當取證於本法，無取證於末習。都序以佛語印諸宗，以本法照偏説，故丁寧勸其深信。能如是，則不孤圭峯劬勞之德矣！“哀哀父母，生我劬勞”。吾師之德，過於是矣。後之人觀其法，而不生悲感，木石無異。且須保重也。

（據金陵刻經處本）

四、中華傳心地禪門師資承襲圖

裴休相國問

禪法大行，宗徒各異，互相詆訿，莫肯會同。切要辨其源流，知其深淺。比雖留意，未得分明。撰録之時，恐有差錯，伏望略爲條流分別，三五紙示，及大抵列北宗南宗。南宗中，荷澤宗、洪州、牛頭等宗，具言其淺深頓漸得失之要，便爲終身龜鏡也。休再拜。

宗密禪師答

一、然達摩所傳，本無二法，後隨人變故，似殊途。扃之卽俱非，會之卽皆是。前者所述傳記但論直下一宗，若要辨諸宗師承，須知有傍有正。今且敍師資傍正，然後述言教淺深，自然見達摩之心流至荷澤矣。

第　一

二、牛頭宗者，從四祖下傍出。根本有慧融禪師者，道性高簡，神慧聰利。先因多年窮究諸部般若之教，已悟諸法本空，迷情妄執。後遇四祖，印其所解空理，然於空處顯示不空妙性故。不俟久學，而悟解洞明。四祖語曰："此法從上只委一人，吾已付囑弟子弘忍訖，卽五祖也。汝可別自建立。"後遂於牛頭山，別建一宗，當第一祖。展轉乃至六代。後第五祖智威，有弟子馬素，素有弟子道欽，卽徑山是也。此一宗都不關南北二宗。其南北二宗，自出於五祖門下，五祖已前都未有南北之稱。

三、北宗者，從五祖下傍出，謂有神秀等一十人，同是五祖忍大師弟子。大師印許各堪爲一方之師故，時人云忍生十子。 能和尚直承其嫡，非此十數也。於中，秀及老安智詵道德最著，皆爲高宗皇帝之所師敬。子孫承嗣，至今不絕。就中，秀弟子普寂化緣轉盛，爲二京法主，三帝門師。但稱達摩之宗，亦不出南北之號。

四、南宗者，卽曹溪能大師，受達摩言旨已來，累代衣法相傳之本宗也。後以神秀於北地大弘漸教，對之故稱南宗。承稟之由，天下所知，故不敍也。後欲滅度，以法印付囑荷澤，令其傳嗣。傳嗣之由，先已敍之呈上，然甚闕略，今蒙審問，更約承上祖宗傳記稍廣。傳中敍能和尚處中間云：有襄陽僧神會，俗姓高，年十四，卽荷澤也。荷澤是傳法時所居之寺名。來謁和尚。和尚問：“知識遠來，大艱辛，將本來否？”答：“將來。”〔問〕：“若有本卽合識主。”答：“神會以無住爲本，見卽是主。”大師云：“遮沙彌爭敢取次語。”便以杖亂打。神會杖下思性：大善知識歷劫難逢，今既得遇，豈惜身命！大師察其深悟情至故，試之也。如堯知舜歷試諸難。傳末又云：和尚將入涅槃，默授密語於神會。語云：“從上已來，相承準的只付一人，內傳法印，以印自心，外傳袈裟，標定宗旨。然我爲此衣幾失身命，數被北宗偷衣之事，在此傳之前文，今不能錄。達摩大師懸記云：至六代之後，命如懸絲，卽汝是也。此言在敍達摩傳中。是以，此衣宜留鎭山，汝機緣在北，卽須過嶺，二十年外，當弘此法廣度衆生。”和尚臨終，門人行滔超俗法海等問：“和尚法何所付？”和尚云：“所付囑者，二十年外於北地弘揚。”又問：“誰人？”答云：“若欲知者，大庾嶺上以網取之。”相傳云：嶺上者高也，荷澤姓高，故密示耳。

五、荷澤宗者全是曹谿之法，無別教旨。爲對洪州傍出故，復標其宗號。承稟之由，已如上説。然能和尚滅度後，北宗漸教大行，亦如上敍。因成頓門弘傳之障。曹谿傳授碑文已被磨換故，二十年中宗教沉隱。大師遭百種艱難等，皆如先所呈略傳，廣在本傳，他日具呈。天寶初，荷澤入洛，大播斯門，方顯秀門下師承是傍，法門是漸。既二宗雙行，時人欲揀其異故，標南北之名，自此而始。問：既荷澤爲第七祖，何不立第八，乃至九十？後既不立，何妨據傳衣爲憑，但止第六？答：若據真諦，本絕名數，一猶不存，何言六七？今約俗諦，師資相傳，順世之法，有其所表。如國立七廟，七月而葬，喪服七代，福資七祖；道釋皆同。經說七佛，持念遍數，壇場物色，作法方便，禮佛遶佛，請僧之限，皆止於七。過則二七，乃至七七，不止於六，不至八九。今傳受儀式，順世生信，何所疑焉？故德宗皇帝，貞元十二年，勅皇太子集諸禪師，楷定禪門宗旨，搜求傳法傍正。遂有勑下，立荷澤大師爲第七祖，内神龍寺見在銘記。又御製七代祖師讚文，見行於世。

六、洪州宗者，先卽六祖下傍出，謂有禪師，姓馬，名道一。先是劍南金和尚弟子也，金之宗源卽智詵也，亦非南北。高節至道，遊方頭陀，隨處坐禪。乃至南嶽，遇讓禪師，論量宗教，理不及讓，方知傳衣付法曹谿爲嫡，乃廻心遵稟，便住處州洪州。或山或郭，廣開供養，接引道流。後於洪州開元寺，弘傳讓之言旨，故時人號爲洪州宗也。讓卽曹谿門傍出之派徒，曹谿此類數可千餘。是荷澤之同學。但自率身修行，本不開法，因馬和尚大揚其教故，成一宗之源。

七、右且略敍諸宗師承，大槩如此。然緣傍正橫竪交雜難記，今畫出爲圖，冀一覽不遺於心腑。謹連次後。

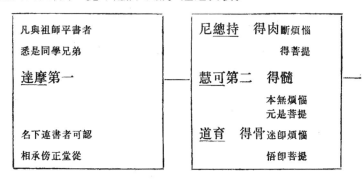

寶月禪師

僧璨第三

向居士
花閑居士

道信第四

黃梅朗禪師
荆州顯
舒州法藏

弘忍第五

法淨

牛頭山慧融 初祖

智嚴第二　　惠方第三
法持第四　　智威第五
惠忠　　馬素　　徑山道欽

襄州通　　潞州法如
北宗神秀六　普寂七
　　　西京山北章敬寺澄
　　　東京同德寺幹
越州方
果閬宣什

慧能第六

粲州法
資州侁　　資州處寂
益州金　　益州石
江寧持
老安　　陳楚章
保唐李了法　楊州覺

江陵悟兼稟徑山

南嶽讓　洪州馬　章敬暉

百丈海
西堂藏
興善寬

神會第七

印宗法師能和尚於座下聽涅槃經

魏州寂
荊州惠覺
太原光瑤
涪州朗
襄州寂芸
摩訶衍
西京大願
淨住晉平
河陽空

磁州智如

荊州衍
浮查無名花嚴疏主
東京恆觀
潞州弘濟
襄州法意
西京法海
陝州敬宗
鳳翔解脫　西京堅

```
┌─────────────────────────────┐
│                             │
│                    東京神照   │
│                    益州如一   │
│─────  益州南印      遂州道圓   │
│                    建元玄雅   │
│                             │
│                             │
└─────────────────────────────┘
```

第　二

一、上已敍諸宗師資，今次辨所傳言教深淺得失。然禪門之旨在乎内照，非筆可述，非言可宣。言雖不及，猶可強言，筆不可及，直難下筆。今不得已而書，望照之於心，無滯於文矣。

二、然達摩西來，唯傳心法，故自云："我法以心傳心，不立文字。"此心是一切衆生清淨本覺，亦名佛性，或云靈覺。迷起一切煩惱，煩惱亦不離此心；悟起無邊妙用，妙用亦不離此心。妙用煩惱，功過雖殊，在悟在迷，此心不異。欲求佛道，須悟此心，故歷代祖宗唯傳此也。然感應相契，則雖一燈傳百千燈，而燈燈無殊；若機教不投，則雖一音演説法，而各各隨所解。故諸宗異説過在後人。今且各敍諸宗，然始判其差當。

三、北宗意者，衆生本有覺性；如鏡有明性；煩惱覆之不見，如鏡有塵闇。若依師言教，息滅妄念，念盡則心性覺悟，無所不知。如摩拂昏塵，塵盡則鏡體明淨，無所不照。故彼宗主神秀大師呈五祖偈云：

身是菩提樹　　　　心如明鏡臺
時時須拂拭　　　　莫遣有塵埃

評曰：此但是染淨緣起之相，反流背習之門，而不覺忘念本空，心性本淨，悟既未徹，修豈稱真。劒南復有淨衆宗，旨與此大同。復有保唐宗，所解似同，修全異，不可繁敍，他日面奉一一辨之。

四、<u>洪州</u>意者，起心動念，彈指動目，所作所爲，皆是佛性全體之用，更無別用。全體貪嗔癡，造善造惡，受樂受苦，此皆是佛性。如麪作種種飲食，一一皆麪。意以推求此身，四大骨肉，喉舌牙齒，眼耳手足，並不能自語言見聞動作。如一念命終，全身都未變壞，卽便口不能語，眼不能見，耳不能聞，脚不能行，手不能作。故知能言語動作者，必是佛性。且四大骨肉，一一細推，都不解貪嗔煩惱，故知貪嗔煩惱並是佛性。佛性體非一切差別種種，而能造作一切差別種種。體非種種者，謂此佛性非聖非凡，非因非果，非善非惡，無色無相，無根無住，乃至無佛無衆生也。能作種種者，謂此性卽體之用故，能凡能聖，能因能根，能善能惡，現色現相，能佛能衆生，乃至能貪嗔等。若覈其體性，則畢竟不可見，不可證，如眼不自見眼等。若就其應用，卽舉動運爲，一切皆是，更無別法而爲能證所證。彼意準楞伽經云：“如來藏是善不善因，能遍興造一切趣生，受苦樂，與因俱。”又，佛語心。經云：“或有佛刹，揚眉動睛，笑欠謦欬，或動搖等，皆是佛事。”既悟解之理，一切天真自然。故所修行理，宜順此而乃不起心斷惡，亦不起心修道。道卽是心，不可將心還修於心；惡亦是心，不可將心還斷於心。不斷不造，任運自在，名爲解脫人。無法可拘，無佛可作，猶如虛空不增不減，何假添補。何以故？心性之外，更無一法可得故，故但任心卽爲修也。

評曰：此與前宗敵體相返。前則朝暮分別動作，一切皆妄，此則朝暮分別動作，一切皆真。奉問疑其互相詆肯會同，且所見如此，相違爭不詆訕，若存他則失己，爭肯會同。

五、<u>牛頭</u>宗意者，體諸法如夢，本來無事，心境本寂，非今始空。迷之爲有，卽見榮枯貴賤等事；事跡既有相，違相順故，生愛惡等情; 情生則諸苦所繫,夢作夢受,何損何益。有此能了之智,亦如夢心,乃至設有一法過於涅槃, 亦如夢如幻。既達本來無事,理宜喪己忘情,情忘卽絕苦因,方度一切苦厄。此以忘情爲修也。

評曰: 前以念念全真爲悟,任心爲修; 此以本無事爲悟,忘情爲修。

六、又,上三家見解異者,初一切皆妄,次一切皆真,後一切皆無。若就行說者,初伏心滅妄,次信任情性, 後休心不起。宗密性好勘會,一一曾參,各搜得旨趣如是。若將此語問彼學人,卽皆不招承。問有答空,徵空認有, 或言俱非,或言皆不可得,修不修等皆類此也。彼意者,常恐隨於文字,常怕滯於所得, 故隨言拂也。有歸心學者,方委細教授,令多時觀照, 熟其行解矣。然每宗復有多種方便,拒於外難,誘於徒屬, 不可具書。今但羅其意趣, 舉其宏綱也。

七、荷澤宗者,尤難言述, 是釋迦降世, 達摩遠來之本意也。將前望此,此乃迴異於前; 將此攝前,前卽全同於此,故難言也。今強言之,謂諸法如夢,諸聖同說, 故忘念本寂,塵境本空。空寂之心, 靈知不昧, 卽此空寂寂知, 是前達摩所傳空寂心也。任迷任悟,心本自知,不藉緣生,不因境起。迷時煩惱亦知, 知非煩惱; 悟時神變亦知,知非神變。然知之一字, 衆妙之源。由迷此知, 卽起我相, 計我我所,愛惡自生。隨愛惡心, 卽爲善惡, 善惡之報, 受六道形,世世生生,循環不絕。若得善友開示,頓悟空寂之知,知且無念無形,誰爲我相人相。覺諸相空, 真心無念,念起卽覺,覺之卽無, 修行妙門唯在此也。故雖備修萬行, 唯以無念爲宗。但得無念之心, 則愛惡自然淡薄, 悲智自然增明, 罪業自然斷除,功行自然精進。於解則見諸相非相, 於行則名無修之修。煩惱盡時,生死卽絕,生滅滅已,寂照現前,應用無窮,名之爲佛。

第 三

一、上已各敍一宗，今辨明深淺得失。然心貫萬法，義味無邊，諸教開張，禪宗撮略。撮略者，就法有不變隨緣二義，就人有頓悟漸修兩門。二義顯，卽知一藏經論之旨歸；兩門開，則見一切賢聖之軌轍，達摩深意實在斯焉。不變隨緣者，然象外之理，直說難證，今以喻爲衡鏡，定諸宗之是非。便隨喻以法合之，隨文以注對之，冀法喻一一相照易見也。然初覽時，但請且一向讀喻，辨本末了，然後却再以注文，對辨其理。

二、如一摩尼珠，一靈心也。唯圓淨明，空寂知也。都無一切差別色相。此知本無一切分別，亦無聖凡善惡。以體明故，對外物時，能現一切差別色相。以體知故，對諸緣時，能分別一切是非好惡，乃至經營造作世，出世間種種事數。此是隨緣義也。色相自有差別，明珠不曾變易。愚智善惡自有差別，憂喜愛憎自有起滅，能知之心不曾間斷，此是不變義也。然珠所現色，雖百千般，今且取與明珠相違者之黑色，以況靈明知見，與黑暗無明，雖卽相違，而是一體。法喻已具。謂如珠現黑色時，徹體全黑，都不見明。靈知之心，在凡夫時，全是迷愚貪愛，都不見如來知見大圓鏡智。故經云：“身心等性，皆是無明也。”如癡孩子，或村野人見之，直是黑珠。迷人但見定有凡夫。

有人語云，此是明珠，灼然不信，却嗔前人，謂爲欺誑。任說種種道理，終不聽覽。宗密頻遇如此之類。向道汝今了了能知，見是佛心，灼然不信，却云此是誘三婆二婦之言，直不肯照察。但言某乙鈍根，實不能入。此是大小乘，法相及人天教中，著相之人意見如此。縱有肯信是明珠者，緣自覩其黑，亦謂言被黑色纏裹覆障，擬待摩拭揩洗，去却黑暗，方得明相出現，始名親見明珠。北宗見解如此。

復有一類人，指示云，卽此黑暗便是明珠，明珠之體，永不可見，欲得識者，卽黑便是明珠，乃至卽青黃種種。皆是致令愚者的信此言，專記黑相，或認種種相爲明珠。或於異時，見黑槵子珠，米吹青珠，碧珠，乃至赤珠、琥珀、白石英等珠，皆云是摩尼。或於異時，見摩尼珠都不對色時，但有明淨之相，却不認之。以不可見有諸色可識認故，疑恐局於一明珠相故。洪州見解如此也。言愚者，彼宗後學也。異時見黑槵子等者，心涉世間，分別塵境時，見貪嗔愛慢之念也。琥珀石英者，如慈善謙敬之念也。不對色時者，無所念也。但有明淨者，了了自知無念也。疑局者，彼之唯認知是偏局也。

復有一類人，聞說珠中種種色皆是虛妄，徹體全空，卽計此一顆明珠都是其空。便云都無所得方是達，認有一法便是未了。不悟色相皆空之處，乃是不空之珠。牛頭見解如此也。聞說空等者，諸部般若說空之經也。計此一顆等者，計本覺性亦空，無有所認。認有等者，聞說諸法空寂之處，了了能知，是本覺真心，却云不了不知心體不空。不空者，涅槃經說："如瓶空者，謂瓶中無物，名爲瓶空，非謂無瓶。"言無者，心之中無分別貪嗔等念，名爲心空，非謂無心。言無者但爲遣卻心中煩惱也，故知牛頭但遣其非，未顯其是。從此下皆喻荷澤意。

何如直云唯瑩淨圓明，方是珠體。唯空寂知也。若但說空寂，而不顯知，卽何異虛空？亦如圓顆瑩淨之瓷圑，雖圓淨，而無明性，何名摩尼？何能現影？洪州牛頭但說無一物，不顯靈知，亦如此也。其黑色，乃至一切青黃色等，悉是虛妄。善惡分別，舉動運爲，如洪州所認，起心動念等，卽是一切相。此相皆妄，故經云："凡所有相，皆是虛妄。"當知彼宗認虛妄爲真性也。正見黑色時，黑元不黑，但是其明，青元不青，但是其明，乃至赤白黃等，一切皆然，但是其明。既卽於諸色相處，一一但見瑩淨圓明，卽於珠不惑。一切皆空，唯心不變。迷時亦知，知元不迷；念起亦知，知元無念。乃至哀樂喜怒愛惡，一一皆知。知元空寂，空寂而知，卽於心性了然不惑也。此上皆迴異諸宗也，故初標云將前望此，此卽迴異於前。但於珠不惑，則黑既無黑，黑卽是明珠。諸色皆爾，卽是有無自在，明黑融通，復何礙哉！此同彼二宗也。黑卽無黑同牛頭，牛頭但云一切皆無。黑卽是珠已下同洪州，洪州云一切皆是佛性，凡聖善惡皆無所礙。

故初標但云將此攝前，前即是全同於此。自此已下喻意，再將荷澤本宗，結束三宗也。

若認得明珠是能現之體，永無變易。荷澤。但云黑是珠，洪州宗。或擬離黑覓珠，北宗。或言明黑都無者，牛頭宗。皆是未見珠也。都結。問：據大乘經，及古今諸宗禪門，乃至荷澤所説，理性皆同。云無生無滅，無爲無相，無聖無凡，無是無非，不可證，不可説。今但依此即是，何必要須説靈知耶？答：此並是遮遣之詞，未爲顯示心體，若不指示現，今了了常知，不昧是自心者，説何爲無爲無相等耶？是知，諸教只説此知無生滅等也。故荷澤於空無相處，指示知見，令人認得便覺自心，經生越世，永無間斷，乃至成佛也。荷澤又收束無爲無住，乃至不可説等種種之言，但云空寂知一切攝盡。空者，空卻諸相，猶是遮遣之言，唯寂是實性，不變動義，不同空無也。知是當體表顯義，不同分別也，唯此方爲真心本體。故始自發心，乃至成佛，唯寂唯知，不變不斷，但隨地位，名義稍殊。謂約了悟時，名爲理智；理即寂也，智即知也。約發心修行時，名爲止觀；止息塵緣，契於寂也；觀照性相，冥於知也。約任運成行，多爲定慧；因止緣而心定，定者寂然不變；因觀照而發慧，慧者知無分別也。約煩惱都盡，功行圓滿，成佛之時，名爲菩提涅槃。菩提，梵語，此翻爲覺，即是知也。涅槃，梵語，此翻爲寂滅，即是寂也。當知，始自發心，乃至畢竟，唯寂唯知也。若如二宗，但言空寂無爲等者，則闕菩提義也。

問：洪州亦云靈覺及鑒照等，何異於知？答：若據多義，以顯一體，即萬法皆是一心，何唯靈覺鑒照等？今就覿體指示，即愚智善惡，乃至禽畜心性皆然，了了常知，異於木石。其覺智等言，即不通一切。謂迷者不覺，愚者無智，心無記時，即不名鑒照等，豈同心體自然常知？故花嚴疏主答順宗云："無住心體，靈知不昧。"又云"任運寂知"，又云"雙照寂知"。華嚴經亦揀知與智別。況洪州雖云靈覺，但是標衆生有之，如云皆有佛性之言，非的指示，指示則但云能言語等。若細詰之，卽云一切假名，無有定法。且統論佛教，有遣顯二門，推其實義，有真空妙有，空其本心，具體具用。今洪州牛頭，以拂跡爲至極，但得遣教之意，真空之義，唯成其體，失於顯教之意，妙有之義，闕其用也。問：洪州以能語言動作等，顯於心性，卽當顯教，卽是其用，何所闕耶？答：真心本體有二種：一者自性本用，二者隨緣應用。猶如銅鏡，銅之質是自性體，銅之明是自性用，明所現影，是隨緣用。影卽對緣方現，現有千差，明卽自性常明，明唯一味。以喻心常寂，是自性體，心常知，是自性用，此能語言能分別動作等，是隨緣應用。今洪州指示能語言等，但是隨緣用，闕自性用也。又，顯教有比量顯，現量顯，洪州云心體不可指示，但以能語言等驗之，知有佛性，是比量顯也。荷澤直云心體能知，知卽是心，約知以顯心，是現量顯也。洪州闕此。

　　三、已上述不變隨緣二義，今次明頓悟漸修兩門者。然真如之理尚無佛無衆生，況有師資傳授。今既自佛已來，祖祖傳授，卽知約人修證趣入之門也，既就人論，卽有迷悟始終凡聖。從迷而悟，卽頓轉凡成聖，卽頓悟也。頓悟者，謂無始迷倒，認此四大爲身，妄想爲心，通認爲我。若遇善友，爲說如上不變隨緣，性相體用之義，忽悟靈靈知見，是自真心，心本空寂，無邊無相，卽是法身，身心不二，是爲真我，卽與諸佛，分毫不殊，故云頓也。此下舉喻，便隨文注，以法合之。如有大官，佛性。夢迷也。在牢獄，三界。身本識。著枷鏁，貪愛。種種憂苦，一切業報。百計求出，問法勤修。遇人喚起，善知識也。忽然覺悟，聞法心開。方見自身，法身真我。元在自家，淨名經云：畢竟空寂舍也。安樂寂滅爲樂。富貴，體上本有河沙功德也。與諸朝寮，都無別異。同諸佛之真性。法合一一如注可知。據此法喻，一一分明，足辨夢悟身心本源雖一，論其相用，倒正懸殊，不可覺來還作夢事。以喻心源雖一，迷悟懸殊，夢時拜相，迷時修得大梵天王等位。不及覺時作尉，

悟後初入十信位也。夢得七寶，迷時修無量功德也。不及覺時百錢。悟時持
五戒十善。皆以一妄一真故，不可類。諸教皆云，施三千七寶，不如聞一句
偈，是此意也。今洪州但言貪嗔戒定一種，是佛性作用者，闕於揀辨
迷悟倒正之用也。彼意在真如心性。

〔次明漸修者，雖頓悟法身真心，全同諸佛，而多劫妄執四大爲
我，習與性成，卒難頓除故，須依悟漸修，損之又損，乃至無損，即名
成佛。非此心外，有佛可成也。然雖漸修，由先已悟煩惱本空，心
性本淨故，於惡斷斷而無斷，於善修修而無修，爲真修斷矣。

問：悟了後修者，據前夢喻，豈不似覺來，更求出獄脫枷乎？
答：前但喻頓悟義，不喻漸修義，良由法有無量義，世事唯一義故。
涅槃經雖談佛性，而八百喻各有配合，不可亂用。今明漸修喻者，
如水被風激，成多波浪，便有漂溺之殃，或陰寒之氣，結成冰凌，即
阻漑滌之用，然水之濕性，雖動静凝流，而未嘗變易。水者喻真心也，
風者無明也，波浪者煩惱也，漂溺者輪迴六道也，陰寒之氣者無名貪愛之習氣也，結成
冰凌者堅執四大雙質礙也。即阻漑滌之用者，漑喻雨大法雨，滋潤羣生，生長道芽；滌
喻蕩除煩惱，迷皆不能，故云阻也。然水之濕性，雖動静凝流，而未嘗變易者，貪嗔時亦
知，慈濟時亦知，憂喜哀樂變動未嘗不知，故云不變也。今頓悟本心，〕*常知如
不變之濕性，心即無迷，即非無明。如風頓止，悟後自然，攀緣漸
息；如波浪漸停，以定慧資薰身心，漸漸自在。乃至神變無礙，普利
羣生，如春陽冰泮漑灌洗滌，善利萬物也。洪州常云貪嗔慈善皆是
佛性，有何別者？如人但觀濕性始終無異，不知濟舟覆舟，功過懸

＊　這段闕文據日本學者宇井伯壽禪宗史研究第三卷引知訥（一一五
八——一二一〇）法集別行錄節要並入私記中所載禪門師資承襲圖文補出。
知訥本與續藏經本文字有很多出入，原隨文注釋亦不作雙行小注，今爲一致
起見，將注文改成小字排印。又，闕文前"今洪州但言貪嗔戒定一種"至"彼意
在真如性"一段，知訥本作"今既有師資傳授，即須簡辨倒正也"。闕文後"如春
陽冰泮，漑灌洗滌，善利萬物也"，知訥本只作"名之爲佛"。——編者。

殊。故彼宗於頓悟門雖近，而未的於漸修門，有誤而全乖。牛頭以達空故，於頓悟門而半了，以忘情故，於漸修門而無虧。北宗但是漸修，全無頓悟，無頓悟故，修亦非真。荷澤則必先頓悟，依悟而修。故經云："若諸菩薩悟淨圓覺，悟也。以淨覺心，取静爲行，由澄諸念，覺識煩動"等。修也。此頓悟漸修之意，備於一藏大乘，而起信圓覺華嚴是其宗也。若約各爲一類之機，善巧方便，廣開門户，各各誘引，熏生生之習種，爲世世之勝緣，則諸宗所説，亦皆是諸佛之教也。諸經諸論具有其文矣。

（據日本藏經書院刊印續藏經第一輯第二編第一五函第五册）

〔附〕 宗密傳

釋宗密，姓何氏，果州西充人也。家本豪盛，少通儒書，欲干世以活生靈，負俊才而隨計吏。元和二年，偶謁遂州圓禪師，圓未與語，密欣然而慕之，乃從其削染受教。此年，進具於拯律師，尋謁荆南張，張曰："汝傳教人也，當宣導於帝都。"復見洛陽照禪師，照曰："菩薩人也，誰能識之。"末見上都華嚴觀，觀曰："毗盧華嚴能隨我遊者，其唯汝乎₁"

初在蜀，因齋次受經，得圓覺十二章，深達義趣，誓傳是經。在漢上，因病僧付華嚴句義，未嘗隸習，即爾講之，由是乃著圓覺華嚴，及涅槃、金剛、起信、唯識、孟蘭盆法界觀行願經等疏鈔，及法義類例、禮懺修證圖傳纂略，又集諸宗禪語爲禪藏，總而序之，並酬答書偈議論等。又，四分律疏五卷、鈔懸談二卷。凡二百許卷，圖六面，皆本一心而貫諸法，顯真體而融事理，超羣有於對待，冥物我而獨運矣。

密累入内殿，問其法要。大和二年慶成節，徵賜紫方袍，爲大德。尋請歸山。**會昌**元年正月六日坐滅於**興福塔院**，儼若平日，容貌益悦。七日遷於函，其自證之力可知矣。其月二十二日，道俗等奉全身於**圭峯**，二月十三日茶毗得舍利數十粒，明白而潤大。後門人泣而求諸燼中，**必得而歸**，悉斂藏於石室，其無緣之慈可知矣。俗齡六十二，僧臘三十四。遺誡令舁屍施鳥獸，焚其骨而揵之，勿塔，勿得悲慕以亂禪觀，每清明上山，必講道七日而後去，其餘住持儀則，當合律科，違者非吾弟子。

初，**密**道既芬馨，名惟烜赫，内衆慕羶既如彼，朝貴答響又如此。當**長慶**、**元和**已來，中官立功執政者孔熾，内外猜疑，人主危殆。時宰臣**李訓**，酷重於**密**。及**開成**中，僞**甘露**發，中官率禁兵五百人出閣，所遇者一皆屠戮。時**王涯**、**賈餗**、舒元輿方在中書會食，聞難作，奔入**終南**投**密**。唯**李訓**欲求翦髮匿之，從者止之，**訓**改圖趨**鳳翔**。時**仇士良**知之，遣人捕**密**入左軍，面數其不告之罪，將害之。**密**怡然曰："貧道識**訓**年深，亦知其反叛，然本師教法，遇苦即救，不愛身命，死固甘心。"中尉**魚恒志**嘉之，奏釋其罪，朝士聞之，扼腕出涕焉。

或曰：**密**師爲禪耶？律耶？經論耶？則對曰：夫**密**者，四戰之國也，人無得而名焉，都可謂大智圓明，自證利他大菩薩也。是故**裴休**論讚云：

議者以師不守禪行，而廣講經論，遊名邑大都以興建爲務，乃爲多聞之所役乎，豈聲利之所未忘乎？嘻！議者焉知大道之所趣哉！

夫一心者，萬法之總也，分而爲戒定慧，開而爲六度，散而爲萬行。萬行未嘗非一心，一心未嘗違萬行。禪者六度之一耳，何能總諸法哉！且**如來**以法眼付**迦葉**，不以法行，故自心而證者爲法，隨願而起者爲行，未必常同也。然則一心者，萬法之所生，而不屬於萬法。得之者，則於法自在矣；見之者，則於教無礙矣。本非法不可以法説，本非教不可以教傳，豈可以軌跡而尋哉！

自迦葉至富那奢，凡十祖，皆羅漢，所度亦羅漢。馬鳴、龍樹、提婆、天親始開摩訶衍，著論釋經，摧滅外道，爲菩薩唱首。而導者闍夜，獨以戒力爲威神，尊者摩羅，獨以苦行爲道跡。其他諸祖，或廣行法教，或專心禪寂，或蟬蛻而去，或火化而滅，或攀樹以示終，或受害而償債。是乃法必同而行不必同也，且循轍跡者非善行，守規墨者非善巧，不迅疾無以爲大牛，不超過無以爲大士。

故師之道也，以知見爲妙門，寂静爲正味，慈忍爲甲盾，慧斷爲劍矛。破内魔之高壘，陷外賊之堅陣，鎮撫邪襟，解釋纆籠。遇窮子則叱而使歸其家，見貧女則呵而使照其室。窮子不歸，貧女不富，吾師耻之。三乘不興，四分不振，吾師耻之。忠孝不並化，荷擔不勝任，吾師耻之。避名滯相，匿我增慢，吾師耻之。故邅邅於濟拔，汲汲於開誘，不以一行自高，不以一德自聳，人有依歸者，不俟請則往矣，有求益者，不俟憤則啓矣。雖童幼不簡於接應，雖驚很不怠於叩勵。其以闡教度生，助國家之化也如此。

故親師之法者，貪則施，暴則斂，剛則隨，戾則順，昏則開，墮則奮。自榮者慊，自堅者化，徇私者公，溺情者義。凡士俗有捨其家，與妻子同入其法，分寺而居者；有變活業，絕血食，持戒法，起家爲近住者；有出而修政理以救疾苦爲道者，有退而奉父母以豐供養爲行者。其餘憧憧而來，欣欣而去，揚袂而至，實腹而歸，所在甚衆，不可以紀。真如來付囑之菩薩，衆生不請之良友。其四依之人乎？其十地之人乎？吾不識其境界、庭宇之廣狹深淺矣！議者又焉知大道之所趣哉？

其爲識達大人之所知心爲若此也。密知心者多矣，無如昇平相國之深者，蓋同氣相求耳。宣宗再闡真乘，萬善咸秩，追諡曰定慧禪師，塔號青蓮，持服執弟子禮，四衆數千百人矣。

系曰：河東相國之論譔，所謂極其筆矣。然非夫人之爲極筆，於他人豈極其筆乎！觀夫影響相隨，未始有異也。影待形起，響隨聲來，有宗密公，公則有裴相國，非相國曷能知密公？相續如環，未嘗告盡，其二公之道如然。則知諦觀法王法，則密公之行甚圓；應以宰官身，則裴相之言可度。今禪宗有不達，而譏密不宜講諸教典者，則吾對曰：達摩可不云乎？吾法合了義教，而寡學少知，自既不能，且與煩惑相應，可不嫉之乎？或有誚密不宜接公卿而屢謁君王者，則吾對曰：教法委在王臣，苟與王臣不接，還能興顯宗教以不？佛言力輪王臣是歟！今之人情，見近王臣者則非之，曾不知近王臣人之心，苟合利名，則謝君之誚也，或止爲宗教親近，豈不爲大乎！寧免小嫌，嫌之者，亦嫉之耳。若了如是義，無可無不可。吁哉！

（選自金陵刻經處本宗贊寧高僧傳三集卷六）

續法：五祖圭峰大師傳

五祖諱宗密，號圭峯，師居是山，因得斯稱。德宗建中元年生也，果州西充縣人，俗姓何氏，家世業儒。師髫齔時精通儒學，洎弱冠，聽習經論，止葷茹，親禪德。憲宗元和二年，將赴貢舉，偶值遂州大雲寺道圓禪師法席，問法契心，如針芥相投，遂求披剃，時年二十七也。

爲沙彌時，一日隨衆僧齋於府吏任灌家，師居末座。以次授經，得圓覺十二章，讀一二章，豁然大悟，身心喜躍。歸白於圓，圓曰："此經諸佛授汝耳，汝當大弘圓頓之教。汝行矣，無滯一隅。遂當年受具戒，奉命辭去。謁荆南忠禪師，忠曰："傳教人也。"復參洛陽照禪師，照曰："菩薩中人也。"

元和五年，抵襄漢，遇恢覺寺靈峯闍黎，病中授與清涼國師所撰華嚴大疏二十卷，大鈔四十卷。覽之，欣然曰："吾禪遇南宗，教逢圓覺，一言之下，心地開通，一軸之中，義天朗耀。今復得此大法，吾其幸哉！"卽爲衆講一徧。元和六年，往東都禮祖塔，駐錫永穆寺。四衆再請，講第二徧。聽徒中有泰恭者，不勝慶遇，斷臂酬恩。

師因未見清涼，遂修書一緘．並述領解新疏鈔中關節血脈一篇，遙敍門人之禮。差徒玄珪、智輝馳奉疏主。疏主卽批答云："不面不傳，得旨繫表，意猶吾心，未之有也。非憑聖力，必籍宿因，輪王真子，可以爲喻。儻得一面，印所懸解，復何加焉。"講畢，詣上都，禮覲清涼國師。師曰："毗盧華藏，能從我游者，舍汝其誰歟！"初二年間，晝夜隨侍，次後雖於諸寺講論，有疑則往來咨決不絕。

數年請益後，至元和十一年春，在終南山智炬寺出圓覺科文、纂要二卷。誓不下山，徧閱藏經三年。願畢，十四年於興福寺出金剛纂要疏一卷，鈔一卷。十五年春，於上都興福、保壽二寺，集唯識疏二卷。長慶元年，退居鄠縣草堂寺。二年春，重治圓覺經解。又於南山豐德寺製華嚴綸貫五卷。三年夏，於豐德寺纂四分律疏三卷。至冬初，圓覺著述功就，大疏三卷，大鈔十三卷。隨後又註略疏兩卷，小鈔六卷，道場修證儀十八卷。

太和二年慶成節，文宗詔入內殿，問諸法要，賜紫袍，勅號大德。朝臣士庶，咸皆歸仰。唯相國裴休，深入堂奧而爲外護。

山南溫造尚書問："悟理息妄之人，不復結業，一期壽終之後，靈性何依？"師曰："一切衆生，莫不具有覺性，靈明空寂，與佛無殊。但以無始劫來，未曾了悟，妄執身爲我相，故生愛惡等情，隨情造業，隨業受報，生老病死，長劫輪迴，然身中覺性，未曾生死。如夢被驅役，而身本安閑，如池水作冰，而濕性不易。若能悟此性卽是法身,本自無生,何有依托。真理雖然頓達,妄情難以卒除,須常覺察,損之又損。但可以空寂爲自體,勿認色身,以靈知爲自心,勿認妄念。妄念若起,都不隨之,卽臨命終時,業自不能繫,雖有中陰,所向自由,天上人間,隨意寄托。若愛惡之念已泯,卽不受分段之身。若微細流注寂滅,則圓覺大智朗然。隨機現化,名之爲佛。偈曰:作有義事,是惺悟心,作無義事,是狂亂心。狂亂隨情念,臨終被業牽,惺悟不由情,臨終能轉業。"

前後著涅槃、起信、蘭盆、行願、法界觀等經論疏鈔,並集諸宗禪言爲禪源諸詮,及酬答書偈議論等,總九十餘卷。

武宗會昌元年正月六日,於興福院誡門人,令舁屍施鳥獸,其骨焚而散之,言訖坐滅。其月二十二日,道俗奉全身於圭峯荼毗,得舍利數十粒,皆白潤。及火後,門人泣而求之,並得於煨燼內,乃藏之石室。閱世六十二,僧臘三十四。門弟子僧尼四衆得度脫者,凡數千人。

相國裴休撰碑文,略曰:"一心者,萬法之總也。分而爲定慧,開而爲六度,散而爲萬行。萬行未曾非一心,一心未嘗違萬行。故禪師之爲道也,以知見爲法門,以寂靜爲正味,慈忍爲甲胄,慧斷爲劍矛,鎮撫邪雜,解釋縲籠。窮子不歸,貧女不富,吾師恥之;三乘不興,四分不振,吾師恥之;忠孝不並化,荷擔不勝任,吾師恥之。故皇皇於濟拔,汲汲於開誘,不以一行自高,不以一德自聳。人有皈依者,不俟請而往也;有求益者,不俟憤則啓矣。雖童幼不簡於應接,雖傲狠不怠於扣勵。真如來付囑之菩薩,衆生不請之良友。其四依之一乎!其十地之人乎!"

至宣宗,追諡定慧禪師,塔曰青蓮。詳載他集。

(選自金陵刻經處本清續法法界宗五祖略記)